International Organizations
and Major Countries' Leadership

国际组织与大国领导力
考察美国和联合国教科文组织的互动

Reflection on the Interactions between
the US and UNESCO

刘莲莲　吴焕琼　著

上海人民出版社

前言　为何考察美国与联合国教科文组织的互动？

尽管中国是联合国的创始成员国之一，但联合国体系是在美英等西方大国的主导下创设的，中华人民共和国在成立后未能立即参与联合国的活动，而恢复合法席位后的一段时间内也主要扮演学习者、跟随者的角色，是一个"后来的大国"。20世纪80年代以来，中国与国际组织的互动日益密切，在全球治理中的角色也逐渐向积极参与者、引领者、规则创设者转变。角色的转变要求我们在政策上有更深远的布局。最近十余年来，党和国家在政策层面高度重视中国在国际机制创设上的引领作用。党的十九大报告指出，中国"将继续发挥负责任大国作用，积极参与全球治理体系改革和建设，不断贡献中国智慧和力量"[1]。2018年8月24日，习近平总书记在中央全面依法治国委员会第一次会议时指出，"全球治理体系正处于调整变革的关键时期，我们要积极参与国际规则制定，做全球治理变革进程的参与者、推动者、引领者"[2]。在实践中，中国通过参与筹建上海合作组织、金砖国家新开发银行与亚洲基础设施投资银行、发起"一带一路"国际合作高峰论坛、中国共产党与世界政党领导人峰会、"1＋N"区域合作机制等形式，在多边国际机制的倡导和设计上取得了初步的成就，在国际体系中已经实现了从后来的参与者向发挥建设性作用的后发大国转变。二十大报告进一步提出"中国积极参与全球治理体系改革和建设，践行共商共建共享的全球治理观，坚持真正的多边主义，推进国际关系民主化，推动全球治理朝着更加公正合理的方向发展"[3]。

上述角色转变和我国实现中华民族伟大复兴、构建人类命运共同体的远景目标一脉相承。然而从整体上看，中国担任国际组织规则设计者的时间尚短、经验不足，在重要的国际组织中尚未展示与中国的出资额相匹配的影响力，在全球治理中的领导力仍未得到充分的发挥，领导筹建的国际组织在整个国际格局中的影响力还有待提升。造成这一现状的原因主要有两方面。从外部环境看,第二次世界大战后美国等西方国家主导建立的国际秩序具有强大的制度惯性,对中国等新兴经济体的变革诉求构成了强大的结构性阻力;从自身条件看,中国作为后发大国,引领国际机制创设与改革的经验和理论储备尚存在缺口。

新的历史使命需要新的知识供给和理论支撑。根据法国社会学家布尔迪厄的场域理论,国际组织是一个具有严密规则体系和行动目标的实践场域,个体成员所掌握的权力资源及塑造集体行动走向的能力直接决定了其在国际组织中的行动趋向。[4] 社会角色理论也已经说明,个体在集群中有自己的角色,角色决定了个体在社会关系中的地位,暗喻着处于该地位的个体的社会职能。在国际组织研究中,认识个体在关系结构中的角色对于识别他们的利益偏好、责任意识、功能作用具有重要意义,用参与者视角解读领导者的角色可能误导具体国际组织政策的研判。[5] 近年来,中国学界加强了国际组织研究的力度,但相关研究主要聚焦中国与国际组织的历史互动及国际组织的活动规律等内容,缺乏对国际组织创设的动态进程及该过程中不同国家的角色区分,尤其缺乏针对国际组织设计者这一角色及其使命的专门研究。

"当家方知柴米贵。"作为国际秩序引领者和改革者的中国需要全面认识国际组织运作的基本逻辑以及大国与国际组织的互动关系。具体而言,中国在发起一项多边合作倡议或改革一项多边合作机制之前,需要解决下列问题:在哪些领域、哪些国家和地区之间拥有推进多边合作的必要性和可行性? 在哪些领域、哪些国家和地区之间推进多边合作符合自身的战略利益? 应该如何说服其他国家参加多边合作并有效凝聚合作共识? 如何在制度手段的选择中兼顾整体的合作目标、成员的合作意愿和引领者的利益诉求? 怎样在国际组织的制度架构中整合多边合作的社会基础、政治条件和法律要素,以促使其行稳致远? 学界需要为政策界寻求这类问题的答案提供理论依据。

对于后发大国而言,历史上先发大国成功的经验未必能够复制,但失败的教训理应避免。中国要确立大国在多边合作中的身份和策略意识,需要从自身参与多边合作的历史路径中去理解,更需要从他国领导和设计国际组织的思路和方法中去把握。要为新时代中国的多边合作与国际组织政策提供宏观理论指导,我们需要向历史上国际组织的发起者和制度设计者寻求经验和吸取教训。

回溯历史,欧洲国家曾经主导了 19 世纪至 20 世纪初期的国际机制设计。20 世纪中期以后,美国开始发挥核心领导力。美国时任总统富兰克林·罗斯福(Franklin D. Roosevelt)和国务院,参照国内政治制度和罗斯福所构想的世界蓝图,逐步完善其关于战后全球多边秩序的构想,并主导了以联合国为核心的国际组织体系的规划和落地。其中很多制度设计成为战后世界秩序的基础。例如美国在两次世界大战后主导建立的多边外交和集体安全制度成为当今国际社会的主流规范;[6]美国构建的布雷顿森林体系成为国际金融和发展领域的基石;而美国和英国二战后在国际社会大力推进的人权理念的规范化、法制化和机制化,也对当代全球治理的议程产生了持久的影响。[7]

然而美国的国际组织政策也并非一帆风顺。同样由美国主导创设与制度设计的联合国教科文组织自诞生后与美国之间风波不断,以至美国数次罢缴会费、两度退出又两度重返该组织。从联合国教科文组织成立至今,美国与教科文组织的关系演变,可以大致分为美国参与欧洲主导的国际机制建设、美国获取教科文组织创设的领导权、美国与教科文组织的初期互动、美国与教科文组织矛盾激化及第一次退出、美国重返教科文组织及第二次退出、美国再次重返教科文组织几个不同的阶段。贯穿着这几个阶段的整体线索是美国主导教科文组织的创设后,对教科文组织的影响力和控制力却低于其预期,其影响教科文组织内部活动尤其是大政方针政策和行政事务的能力始终没有达到其期望的结果。尽管学界似乎很容易从 20 世纪 60 年代的去殖民运动和南南合作带来的国际关系民主化浪潮中为这一现象找到解释,但和美国在联合国、国际货币基金组织、世界银行等全球性机构中所保持的持久影响力相比,美国与联合国教科文组织的关系只算得上是一个特殊的案例。

美国作为联合国教科文组织筹建的领导者和其主体结构的主要设计者,其与教科文组织的"离心离德"无疑是其多边外交政策的一次重大挫折。过去我们在认识这一问题时常常从权力政治的角度将之视为美国霸权主义的体现,或者从国际主义的角度将美国对教科文组织影响力的减弱视为国际关系民主化的信号,注重强调其积极意义。这种解读方式具有一定的局限性。美国作为主导教科文组织创设与制度设计的大国,却无法在教科文组织的制度结构之内通过合法渠道缓和彼此之间的矛盾,而只能借助其政治影响力通过舆论施压或以拒缴会费为威胁这种"下策"来达到其目的,这本身就说明了其作为教科文组织创设的重要领导者之一的初期制度设计及后续政策都存在问题——这种问题不仅仅是国际政治意义上的,更是国际组织与全球治理意义上的。如今,中国已经成为联合国教科文组织的第二大会费国——甚至在 2018 年至 2023 年美国退出教科文组织期间一度成为其第一大会费国的情况下,在处理与国际多边机构的关系上(例如如何防范国际组织机构的官僚化和议题的政治化、确保国际组织活动范围的合规性以及会费分摊及增长的合理性等问题)面临着很多与历史上的美国相同的处境,在相关议题领域与美国也存在一定的合作空间。当前中国在从国际组织参与者向改革者、设计者转变之际,需要从美国战后国际组织外交实践中借鉴经验,更需要汲取其教训,确保中国与自身发起和参与的国际多边机构的互动朝着良性方向发展,避免重蹈美国与教科文组织矛盾激化的覆辙,也避免国际合作与全球治理陷入政治化的漩涡。

基于上述认识,本书将从国际组织建设的领导者和制度设计者这一视角来分析 20 世纪中期以来美国引领联合国教科文组织建立的整体思路、制度方案及具体政策上的成败得失,为现阶段和未来中国在国际秩序中顺利实现角色转变提供理论参考和案例借鉴。

在方法上,本书将采取历史制度主义的分析思路,通过研究美国对外关系和教科文组织相关历史档案资料和学术文献,从史实中去追踪美国与教科文组织的互动历程,阐述美国在联合国教科文组织设计中扮演的角色、其战略意图以及具体措施,考察美国教科文组织制度方案与政策的特征和缺陷,总结美国在多边外交策略上的经验教训,并在普遍意义上为后发大国在国际秩序构建中发挥积极作用提供学理支持。

在结构上,本书共分为十章。第一章介绍第一次世界大战后至第二次世界大战期间法国和英国塑造国际教育文化秩序的尝试以及美国在这一阶段的参与状况。第二章介绍第二次世界大战期间至结束时美国国内多边外交政策的形成及其获取联合国教科文组织筹建和设计领导权的整体进程。第三章介绍联合国教科文组织成立初期,即 1946 年至 20 世纪 50 年代，美国积极通过影响组织内部人事任免、议程设置、制度变革来服务其国际战略利益，以及由此引发的矛盾和争议。第四章介绍 20 世纪 60 年代至 80 年代，随着广大发展中国家加入联合国教科文组织，美国在组织议程设置、预算制定等诸多重要问题上失去主导权，与教科文组织矛盾激化的过程，美国采取的反制措施及成效。第五章介绍美国里根政府上台后与教科文组织决裂并选择退出教科文组织的动态过程，由此引发的国际舆论，以及给教科文组织内部治理带来的影响。第六章介绍 20 世纪 90 年代至 2003 年美国退出后，教科文组织内部进行的各方面制度改革，美国及国际社会对此的评价以及美国再次加入教科文组织的背景、动因及程序。第七章介绍 2003 年美国再次加入后至 2018 年特朗普政府上台前美国参与教科文组织工作的主要方式，以及二者矛盾再次激化、美国再次退出的过程。第八章介绍 2020 年拜登政府上台后至 2023 年美国第二次重返教科文组织的历程、动因以及可能产生的影响。第九章分析美国主导设计下的教科文组织的制度特征及其缺陷。第十章探讨美国教科文组织政策给包括中国在内的后发大国留下的经验教训。

本书所搜集、阐述和整理的历史数据可以为试图深入理解 20 世纪美国联合国教科文组织政策、联合国教科文组织活动的政策界工作者和学界同行提供参考。本书在基于史料阐述历史进程的同时，将同步分析过去几十年来教科文组织在运行过程中遇到的困境及其与美国方案的相关性，探讨教科文组织的制度缺陷及美国作为教科文组织制度结构的主要设计者的责任，并分析过去几十年来美国与联合国教科文组织的互动情况给中国等后发大国未来引领国际组织改革和创设新国际机制所留下的经验教训，在一般意义上揭示了国际组织创设应遵循的客观规律和基本原则，以及国际组织的引领者和设计者应当如何促使国际组织有效践行其职能。其中对美国战后国际组织政策的检讨、对大国领导国际组织创设和制度设计所应遵循的原则的分析对于充实中国新时代全球治理与多边主义理论、推进国际法治和人类命运共同体构建具有一定的参考意义。鉴于本书的首要目标是从历史视角完整描述美国与教科文组织关系的动态发展过程，其内容虽然与中国应该如何推进多边主义和全球治理这一命题直接相关，但对于这一命题本身的讨论在篇幅上是有限的。本书主要以推进这一研究的案例和前期讨论的形式展开,为后续深入研究中国特色的多边合作与国际组织创设理论提供文献基础及思路方向上的启示。

本书是作者在推进"国际机制创设与大国领导力研究"课题过程中的阶段性思考。作者在写作的过程中曾多次参与中国联合国教科文组织全国委员会的会议,本书的顺利完成与该过程中得到的帮助和启示密不可分。本书中一些观点的形成与作者在近年参与王逸舟教授主持的国家社科基金重大项目"新时代中国特色大国外交能力建设研究"中得到的指导也具有密切联系。北京大学国际关系学院的宗华伟博士、孟子祺博士对联合国教科文组织有深入研究,她们在本书的写作过程中为其中用到的诸多资料提供了支持,为其中涉及的诸多观点提供了宝贵的意见,北京大学国际关系学院硕士研究生杜文韬承担了本书部分文献勘校工作,在此向他们表示衷心的感谢。作者同时也祈望本书在出版后能够得到联合国教科文组织领域的实务专家和国际组织与全球治理领域的理论研究者对存在的疏漏与问题不吝予以批评赐教,在此一并致谢。

2024 年 3 月 15 日于燕园

注释

1.《十九大报告全文》,https://www.spp.gov.cn/tt/201710/t20171018_202773.sht-ml?ivk_sa=1024320u,访问时间:2023 年 4 月 9 日。

2. 习近平:《加强党对全面依法治国的领导》,《求是》2019 年第 4 期,http://www.qstheory.cn/dukan/qs/2019-02/15/c_1124114454.htm,访问时间:2023 年 11 月 14 日。

3. 习近平:《高举中国特色社会主义伟大旗帜 为全面建设社会主义现代化国家而团结奋斗——在中国共产党第二十次全国代表大会上的报告(2022 年 10 月 16 日)》,人民出版社 2022 年版,第 62 页。

4. [法]布尔迪厄、[美]华康德:《反思社会学导引》,李猛、李康译,商务印书馆 2015 年版,第 123 页。

5. 刘莲莲:《后发大国视域下的国际组织创设逻辑》,《厦门大学学报(哲学社会科学版)》2024 年第 2 期。

6. 徐蓝:《国际联盟与第一次世界大战后的国际秩序》,《中国社会科学》2015 年第 7 期,第 186—204 页;舒建中、陈露:《敦巴顿橡树园会议与联合国的建立》,《史学月刊》2021 年第 6 期,第 93—101 页。

7. 毛俊响:《国际人权机制的生成逻辑》,《当代法学》2022 年第 6 期,第 42—53 页。

目 录

前言 为何考察美国与联合国教科文组织的互动? ···················· 1

第一章 欧洲主导下的国际智力合作及美国的旁观者角色 ·········· 1
    第一节 第一次世界大战后法国主导下的国际智力合作
          机构 ························· 1
    第二节 第二次世界大战期间英国主导下的盟国教育
          部长会议 ····················· 2
    第三节 从盟国教育部长会议到常设国际组织 ········ 4

第二章 美国获取联合国教科文组织创设的领导权 ············ 8
    第一节 美国立场的转变:从旁观到争取主导权 ········ 8
    第二节 美国教科文组织方案的形成 ············ 10
    第三节 美国教科文组织政策的转变 ············ 13
    第四节 伦敦会议与美国方案的胜出 ············ 16

第三章 美国与联合国教科文组织的初期互动 ············· 25
    第一节 美国的冷战目标与积极的国际组织政策 ······· 25
    第二节 美国的"期望"与"失望" ············· 31
    第三节 教科文组织权力格局的变化 ············ 35
    第四节 美国教科文组织政策的调整 ············ 43

第四章 美国与联合国教科文组织的矛盾激化 ············· 54
    第一节 美国影响力的式微与消极参与政策 ········· 54
    第二节 美国与教科文组织关系的第一次重大危机:
          中东问题 ··················· 56

第三节　美国与教科文组织关系的第二次重大危机：

　　　　"新世界信息与通信秩序" ···························· 59

第四节　美国教科文组织政策的转向 ····················· 68

第五章　美国第一次退出联合国教科文组织 ············· 76

第一节　"新世界信息与通信秩序"再起波折 ············· 76

第二节　美国的不满与宣布退出 ························· 79

第三节　各方反应与改革措施 ··························· 80

第四节　美国退出教科文组织的国内政治因素 ·········· 84

第五节　美国退出教科文组织的影响 ··················· 86

第六章　美国首次重返联合国教科文组织 ··············· 94

第一节　马约尔总干事任期内教科文组织的改革及与

　　　　美国关系的缓和 ······························· 94

第二节　总干事松浦晃一郎任内的改革 ················ 104

第三节　反恐战争与美国重返教科文组织 ············· 108

第七章　美国第二次退出联合国教科文组织 ············ 116

第一节　教科文组织在美国第一次重返后的工作重点

　　　　·· 117

第二节　美国与教科文组织关系再评估 ················ 122

第三节　巴勒斯坦会员身份问题与美国第二次退出

　　　　教科文组织 ·································· 130

第四节　教科文组织财政危机的应对措施 ············· 136

第八章　美国第二次重返联合国教科文组织 ············ 150

第一节　新任总干事的教科文组织战略转型与评估 ····· 150

第二节　教科文组织引领人工智能国际规范建立和在

　　　　教育中的应用 ································ 152

第三节　教科文组织在传统业务领域持续发力并为争议

　　　　议题降温 ···································· 159

　　第四节　美国第二次重返教科文组织始末……………… 162

第九章　教科文组织的机构特征及其影响……………… 178
　　第一节　美国塑造下的联合国教科文组织………… 179
　　第二节　教科文组织内部治理机制及其评述………… 183
　　第三节　组织规则的"棱镜"效应与成员权力结构的演变
　　　　　　………………………………………… 198

第十章　美国教科文组织政策的经验教训……………… 214
　　第一节　美国教科文组织政策的主要特征………… 215
　　第二节　美国教科文组织政策成效评述………… 221
　　第三节　美国在组织原初制度设计上的问题………… 225

结语　国际组织的创设运作与大国领导力……………… 243

参考文献…………………………………………………… 250

第一章
欧洲主导下的国际智力合作及美国的旁观者角色

联合国教科文组织产生于美国开始试图为世界绘制秩序蓝图的时代,其制度结构是法国、英国这两个主要欧洲国家和美国就教育科学文化领域的国际合作开展权力博弈和妥协的结果。三方面历史因素塑造了教科文组织的基础结构。其一,第一次世界大战后法国主导下的国际智力合作委员会与国际智力合作研究所,为国际智力合作奠定了基础。其二,第二次世界大战期间英国主导下成立了盟国教育部长会议,欧洲国家开始展望一个协调各国教育与文化合作的联合国机构,并勾勒了该组织的宗旨和机构形态。其三,第二次世界大战接近尾声时美国主导下成立了"开放会议",教科文组织的宗旨、组织结构、决策模式都产生于此。

第一节 第一次世界大战后法国主导下的
国际智力合作机构

联合国教科文组织的前身最早可以追溯到 20 世纪 20 年代。经历了第一次世界大战摧残后的国际社会在理想主义的影响下成立了国际联盟(以下简称"国联")。国联成立后不久,成员国便接受了法国政治家、学者、1920 年诺贝尔和平奖莱昂・布尔茹瓦(Léon Bourgeois)的思想,认为国际智力合作是实现和平的必要前提。为此,在 20 世纪 20 年代先后成立了国际智力合作委员会(International Committee of Intellectual Co-operation/Commission internationale de coopération intellectuelle, ICIC/CICI)、国际智力合作研究所(International Institute of Intellectual Co-operation/Institut international de coopération intellectuelle，IIIC/IICI）和国际教育局（International Bureau of Education，IBE）。[1]

国际智力合作委员会于 1922 年在瑞士日内瓦成立,是国际联盟大会和行政院的咨询机构,负责促进科学家、研究人员、教师、艺术家以及其他智力专家的智力工作和国际合作,同时改善智力工作者的工作条件,增进国家之间的理解,以最终实现和平的目标。[2] 由于国际智力合作委员会缺乏资金以及常任办公人员,国际智力合作研究所作为国际智力合作委员会的执行机构于 1925 年在巴黎成立,并于 1926 年开始工作。根据其内部规定,该机构由治理中心（Governing Body）和董事委员会（Committee of Directors）构成。前者由国际智力合作委员会在任的成员组成,并由委员会的一名法国成员主持,后者由治理中心任命、国际联盟行政院批准。[3] 国际智力合作研究所通过制定国际规范和标准,举办会议的方式,在语言和翻译工作、鼓励人们在重要的哲学课题上展开辩论、图书馆和博物馆领域的标准制定工作方面取得了突出的成就。[4] 国际教育局于 1925 年在日内瓦设立,自 1969 年起成为教科文组织秘书处的一部分。[5] 无论是从住所地还是人员选任来看,法国都在早期的国际智力合作中扮演着主要角色。

第二节 第二次世界大战期间英国主导下的盟国教育部长会议

第二次世界大战爆发前,整个欧洲都笼罩在法西斯主义的阴云之下。纳粹德国开动其强大的宣传机器,散播仇恨和军国主义思想。面对这一咄咄逼人的态势,欧洲国家采取措施回击纳粹思想和军国主义的文化侵略。在政府层面,各国政要深谙维护世界和平与安全的重要性,在积极筹建联合国的同时,开始就通过教育与科学文化领域的合作促进和平目标的可行性展开积极磋商。英国等欧洲国家开始协商战后欧洲教育体系重建与合作,其中成立于 1934 年、以"为海外国家创造友好理解的基础"为目标的英国文化教育协会（British Council）在战争中承担了许多组织援助、联系社会各界、建立各盟国的文化中心的工作,并作为最主要的发起方发起了盟国教育部长会议（Conference of Allied

Ministers of Education,CAME)。[6] 1942 年,响应文化教育协会主席马尔科姆·罗伯特森(Malcom Robertson)的倡议,时任英国教育委员会主席理查德·巴特勒(R. A. Butler)邀请流亡伦敦的欧洲八国(比利时、捷克斯洛伐克、法国、希腊、荷兰、挪威、波兰和南斯拉夫)的教育部长就有关战争期间与战后教育的一系列问题进行磋商。首次盟国教育部长会议于 1942 年 11 月 16 日召开。[7]

初期的盟国教育部长会议由英国主导,下设的许多委员会的主要领导职位的人事安排为英国人,部长会议和各委员会有关安排会议,拟定日程、工作文件、备忘录等秘书性质的工作也由英国文化教育协会的官员负责。[8]例如会议主席巴特勒任命了剑桥大学的厄内斯特·贝克(Ernest Baker)和理查德·西摩亚(Richard Seymour)作为教育部长会议的历史委员会的主席和干事。[9]英国设计下的部长会议旨在促进欧洲盟国间政府性的教育及文化双边交流活动,关注的议题主要局限于欧洲,强调双边合作而非多边主义,也并未考虑建立一个以教育文化合作作为主题的国际组织。[10]巴特勒一开始即指出,会议的主题应当聚焦于教育领域的"实际问题",而不是"模糊不清而且过于宏大以至于不具可操作性"的议题。[11]而且由于各成员国代表都坚持认为教育是一个国家的内部事务,不容外力干涉,因此坚定支持会议以双边文化合作协定的形式在英国和欧陆盟国之间展开。例如,捷克斯洛伐克内政部长尤拉伊·斯拉维克(Juraj Slavik)提议"起草一份文化公约,以此作为英国和盟国之间相互达成双边协定的基础"。比利时教育次长朱尔斯·霍斯特(Jules Hoste)和南斯拉夫教育部长米洛什·特里福诺维奇(Milosh Trifounovitch)分别呼吁以现有的双边安排为蓝本制定更高层次的文化协定,并开展"英国与巴尔干国家之间在工业、贸易、政治方面的合作"。而法国代表提出了不同的观点,战时"自由法国"的教育和司法专员勒内·卡桑(René Cassin)提议以巴黎的国际智力合作研究所的宗旨为基础形成盟国教育部长会议的一般性的指导原则,这一建议未被采纳。[12]

"英国和欧陆国家的知识合作"作为盟国教育部长会议 1942 年和 1943 年前两届会议的主基调,被载入第二届盟国教育部长会议的备忘录中。[13]前两届教育部长会议的合作议题也主要集中于"去纳粹化"教育、推动各国出版物的自由流动,以及教育救济和重建等方面。1943年之后,盟国教育部长会议相继成立了十个专门委员会,推动包括起草文化公约、促进书籍流动、教科书的修订、敌占区的去纳粹化再教育、文物保护与归还、科学与社会科学、科研基础设施等项目的研究活动。[14]盟国教育部长会议的召开,使得在此之前松散的、俱乐部性质的各国教育部长和知识分子之间的交流合作有了组织化的形式。在前两次盟国教育部长会议上,通过了一份文化委员会的公约草案,规定了国家间文化交流的双边形式,但是这一公约还没来得及真正被落实,就面临着将会议转型为国际组织的压力。[15]

第三节 从盟国教育部长会议到常设国际组织

随着战事的扩大和战后集体安全机制"联合国"的成型,将盟国教育部长会议进一步组织化的呼声日益高涨。促进这一转变的动力则来自会议之外。在 1943 年第二次盟国教育部长会议召开的前一天,伦敦国际会议(London International Assembly)[16]的独立个人参会者以全体一致的方式通过了一项决议,要求成立一个联合国教育重建局(United Nations' Bureau for Educational Reconstruction)来满足敌占区国家的迫切需求。[17]1943 年 3 月,在著名国际主义者吉尔伯特·穆雷(Gilbert Murray)主持下,伦敦国际会议和世界公民教育协进会(Council for Education in World Citizenship)[18]组成的联合委员会发布了一份报告,要求建立一个永久的国际教育机构来促进教育和国家间相互理解的事业,以及一个联合国家教育重建局为受战争影响的国家提供教育支援。[19]

1943 年 3 月 15 日召开的盟国教育部长会议第四次会议依据前述报告成立了一个由挪威内政部长斯拉维克(Juraj Slavik)担任主席的专门委员会,来审查这份提议的可行性。1943 年 7 月,该专门委员会在第五届全体会议上提交了两份重要的提议,建议盟国教育部长会议应当"(1)尽可能包含联合国的所有成员国,(2)建立一个执行局(Executive bureau),来协调多领域的项目"[20],并由此任命了一个计划委员会(Planning Committee),由巴特勒任主席。[21]会议决定邀请联合国的所有成员国加入并进行积极合作,这成为官方层面上盟国教育部长会议向教科文组织转变的第一步。[22]1943 年 10 月 5 日的盟国教育部长第六届全体会议上,这两份提议被纳入改革报告,连同另一份报告"会议的起源"被大会所采纳,该报告历史性地追溯了盟国教育部长会议的起源,认为教育部长会议本身就蕴藏着一个国际组织的萌芽。同时大会还成立了一个盟国间局(Inter-allied Bureau),除了负责大会的日常工作,还负责将"联合国教育局"作为一个长期项目来统筹谋划。[23]

　　盟国教育部长决定邀请联合国的所有成员国加入,会议向国际组织转变的改革进程正式开启。为响应这一号召,澳大利亚、加拿大、中国、印度和新西兰以及南非政府纷纷于 1943 年 7 月加入,盟国教育部长会议的多边基础更加壮大。[24]两届会议后,1944 年 2 月,法国代表卡桑(René Cassin)提请大会考虑制定关于建立一个国际教育组织的具体计划。为此,盟国教育部长会议执行局委托来自法国索邦大学的教授保罗・沃谢(Paul Vaucher)、挪威的阿尔弗・索默费特(Alf Sommerfelt)和波兰的斯蒂芬・格拉泽(Stephen Glaser)三位执委会成员研究各种方案的可行性。三人向 1944 年 4 月 6 日的第九届全体会议建议盟国教育部长会议建立一个类似于日内瓦国际教育局和巴黎智力合作机构的国际组织。这一建议提交给 1944 年 4 月 6 日的第九届全体会议。[25]大会在对各种方案进行吸收和调整之后,采取了以美国的方案为主体的"开放会议"(open meeting)方案,即召开一个包含所有联合国成员并给予每一个国家相同投票权的"开放会议"来讨论如何将盟国教育部长会议改革为一个联合国机构。

　　1944 年 4 月 19 日,在第十届盟国教育部长会议全会上,联合国教育和文化重建组织的宪章草案通过。建立一个在文化教育领域发挥重建和援助作用的、类似于联合国善后救济总署(United Nations Relief and Rehabilitation Administration, UNRRA)的国际组织的目标日渐清晰。[26]后来,在美国改弦更张的努力下,经过雅尔塔会议、敦巴顿橡树园会议、旧金山会议,文化和教育领域的任务重心逐渐从恢复重建转移到文化和教育领域的交流合作方面。第十九届盟国教育部长会议在 1945 年 7 月 12 日召开,会议的一个重要任务是通过一份"国际教育和文化合作机构"的宪章草案,为日后成立的联合国教育和文化会议的讨论提供素材。英国政府也宣布将于 1945 年 11 月召开联合国教育与文化会议。[27] 法国担心被排除在战后教育文化秩序之外，对于联合国教育与文化会议由盟国教育部长会议这一英美主导的平台来筹备的做法表示不满。在法国代表的坚持下，英国同意与法国共同发起联合国教育与文化会议。[28]

注释

1. ［丹麦］詹斯·鲍尔：《国际联盟：历经时间考验的全球梦想》，2020 年 2 月 3 日，https://zh.unesco.org/courier/2020-1/guo-ji-lian-meng-li-jing-shi-jian-kao-yan-quan-qiu-meng-xiang，访问时间：2022 年 9 月 16 日；"UNESCO 1945—1995：A Fact Sheet," https://unesdoc.unesco.org/ark:/48223/pf0000101118，p.1，访问时间：2022 年 10 月 21 日。

2. "International Committee on Intelletual Cooperation," https://libraryresources.unog.ch/lonintellectualcooperation/ICIC，访问时间：2022 年 10 月 21 日。

3. "Work of the Committee on Intellectual Co-operation," https://libraryresources.unog.ch/ld.php?content_id=31430653，访问时间：2022 年 10 月 21 日。

4. ［丹麦］詹斯·鲍尔：《国际联盟：历经时间考验的全球梦想》，2020 年 2 月 3 日，https://zh.unesco.org/courier/2020-1/guo-ji-lian-meng-li-jing-shi-jian-kao-yan-quan-qiu-meng-xiang，访问时间，2022 年 9 月 16 日。

5. UNESCO, "UNESCO 1945—1995：A Fact Sheet," August 1995，p.1，https://unesdoc.unesco.org/ark:/48223/pf0000101118，访问时间：2023 年 5 月 4 日。

6. The British Council, "Why the British Council was Created," https://www.britishcouncil.org/about-us/history，访问时间：2022 年 10 月 22 日；F. R. Cowell, "Planning the Organization of UNESCO 1942—1946, A Personal Record," *Journal of World History*，Vol.10，No.1，Jan. 1966，p.211.

7. F. R. Cowell, "Planning the Organization of UNESCO 1942—1946, A Personal Record," *Journal of World History*，Vol.10，No.1，Jan. 1966，p.210.

8. Ibid.，p.215.

9. J. P. Sewell, *UNESCO and World Politics*，Princeton：Princeton University Press，2015，p.38.

10. 闫晋、白建才：《美国在联合国教科文组织创立过程中的影响探析》，《近现代国际关系史研究》2015 年第 1 期，第 84 页。

11. H. H. Krill de Capello, "The Creation of the United Nations Educational, Scientific and Cultural Organization," *International Organization*，Vol.24，No.1，1970，p.2.

12. J. P. Sewell, *UNESCO and World Politics*，Princeton：Princeton University Press，2015，p.37.

13. CAME document AME/A/2, cited in, H. H. Krill de Capello, "The Creation of the United Nations Educational, Scientific and Cultural Organization," *International Organization*，Vol.24，No.1，pp.3—4.

14. F. R. Cowell, "Planning the Organization of UNESCO 1942—1946, A Personal Record," *Journal of World History*，Vol.10，No.1，1966，p.214.

15. H. H. Krill de Capello, "The Creation of the United Nations Educational, Scien-

tific and Cultural Organization," *International Organization*，Vol.24，No.1，1970，p.4.

16. 国际联盟创始者之一的罗伯特·塞西尔子爵于 1941 年发起伦敦国际会议,流亡英国的各国政要、英国及其海外自治领的政治家以个人身份参加,讨论除了战后领土安排以外的一切战后议题,在战争时期发挥着"战时国联大会"的作用。参见 Emma Edwards，"Tracking the Evolution of Wartime Internationalism the London International Assembly," Holinshed Revisited Irish，European and World History Blog，2014，https://holinshedrevisited. wordpress. com/2014/08/11/tracking-the-eVolution-of-wartime-internationalism-the-london-international-assembly/,访问时期:2023 年 4 月 9 日。

17. J. P. Sewell，*UNESCO and World Politics*，Princeton：Princeton University Press，2015，p.37.

18. 1939 年成立,旨在推动青年人的国际理解教育,参见"Council for Education in World Citizenship(CEWC)," https://creducation. net/intl-orgs/council-for-education-in-world-citizenship-cewc/,访问时间:2023 年 4 月 9 日。

19. Joint Commission of the Council for Education in World Citizenship and the London International Assembly & American Council on Public Affairs，*Education and the United Nations：a report*，Washington，D. C.：American Council on Public Affairs，1943，p.106，https://nla. gov.au/nla. obj-52879052/view? partId＝nla. obj-107740057 ♯ page/n113/mode/1up.

20. CAME document AME/A/20a，p.I，cited in H. H. Krill de Capello，"The Creation of the United Nations Educational，Scientific and Cultural Organization," *International Organization*，Vol.24，No.1，1970，p.5.

21. F. R. Cowell，"Planning the Organization of UNESCO 1942—1946，A Personal Record," *Journal of World History*，Vol.10，No.1，Jan. 1966，p.215；"The Ambassador in the United Kingdom(Winant) to the Secretary of State," London，July 30，1943，*Foreign Relations of United States(hereafter FRUS)*，1943，General，Vol.1，p.1152.

22. H. H. Krill de Capello，"The Creation of the United Nations Educational，Scientific and Cultural Organization," *International Organization*，Vol.24，No.1，1970，p.6.

23. Ibid.

24. Ibid.，p.5.

25. Ibid.，p.7.

26. Draft Minutes of 2nd Meeting of the Technical Subcommittee，May 16，1944，CAME/D/73，CR，Vol.5，cited in Sam Lebovic，*A Righteous Smokescreen：Postwar America and the Politics of Cultural Globalization*，Chicago and London：The University of Chicago Press，2022，p.14.

27. H. H. Krill de Capello，"The Creation of the United Nations Educational，Scientific and Cultural Organization," *International Organization*，Vol.24，No.1，1970，p.15.

28. F. R. Cowell，"Planning the Organization of UNESCO 1942—1946，A Personal Record," *Journal of World History*，Vol.10，No.1，Jan. 1966，p.223.

第二章

美国获取联合国教科文组织创设的领导权

盟国教育部长会议早期的合作议题、范围和形式都较为单一,美国也未参与第一届部长会议,但部长会议合作范围的扩大给美国提供了参与其中的契机。就美国自身来看,随着战争局势的发展,战后国际关系格局日益明朗,美国政界对于战后国际格局的认知逐渐形成,开始有意将盟国部长会议塑造成为战后教育文化合作的多边机制。美国从一开始派出代表作为观察员列席会议到正式参与,最终获取了创设教科文组织的领导权,并以其设想的蓝图方案影响其组织化的前进方向。这一过程充满了国家之间,以及不同设想之间的较量,最终以美国方案为核心,融合法国方案形成了组织法的最终草案。美国在这一过程中不断改弦更张,使得最终方案与盟国教育部长会议的宗旨目标大相径庭。美国急切地推动新的国际组织在战后国际秩序中发挥作用,对战后各国教育和文化重建的需求未予以关注,整个筹建的过程也缺乏举足轻重的大国——苏联的有效参与,这导致了教科文组织甫一成立就陷入重重矛盾之中。

第一节　美国立场的转变:从旁观到争取主导权

美国并未在一开始就参与盟国教育部长会议,但在盟国教育部长会议走向教科文组织的过程中扮演了重要角色。第二次世界大战之前,许多国际教育和文化领域的国际合作已经初具规模,[1]但是它们更多是欧洲各国知识分子内部的交流与合作,覆盖世界各个国家的国际教育文化合作并未开启。为了合作应对英国和其他欧洲盟国在战争时期和战后所面临的教育问题,盟国教育部长会议日益注意到成员多元化的重要性。[2]盟国教育部长会议初期已经有澳大利亚、加拿大、印度、新西兰和南非的代表参与。随着二战的推进,会议内部许多人认为教育部长会议在走向组织化和成员多元化的过程中需要更多的外部资金支持,因此希望美国能够正式参与会议的进程。[3]

　　美国很早就注意到教育文化议题的重要性。早在二战正酣的1940年,美国国务卿赫尔就认为,"在为公正而持久的和平而奠基的事业中,教育的重要性是第一位的"[4]。后来,由于许多历史和文化遗迹毁于战火,美国总统罗斯福计划成立一个组织,保护和抢救二战中受战火摧残的历史遗迹。[5]随着盟国部长会议出现向欧洲以外的区域拓展的倾向,其对美国的政治参与和经济支持的需求日益增加。[6]美国政府也开始关注到盟国教育部长会议的存在。

　　1943年5月,经美国国务院文化关系部(Divisions of Cultural Relations)[7]筛选,美国派前美国驻英大使理查德·约翰逊(Richard Johnson)作为观察员列席了会议。[8]这是美国第一次派出官方代表参与盟国教育部长会议。美国驻英国大使怀南特(John Gilbert Winant)在7月30日向国务卿科德尔·赫尔(Cordell Hull)介绍了第五次盟国教育部长会议的概况和发展动向。他报告了第五届教育部长会议在讨论扩大教育部长会议的基础问题的过程中,各方表达了期待美、苏、中能够加入的意愿。[9]在后续的一封电报中,他特别强调美国加入的意义,认为没有美国的援助,与提供图书、实验室和其他教育设施相关的项目将很难全面推进。[10]

　　由于盟国教育部长会议未来具体的合作形式和内容仍未确定,尤其是"尚未详细规划在物质救济领域与其他联合国机构的关系","美国的参与是否意味着提供一项道德承诺:为各国的教育重建项目斥巨资",[11]美国对盟国教育部长会议的态度是试探性的。1943年10月5日,美国派出了耶鲁大学文学系教授、国务院文化关系部官员拉尔夫·特纳(Ralph Turner)参加了盟国教育部长会议第六次会议,以调研美国和盟国教育部长会议在文化和教育重建援助领域内开展合作的可能性,并听取教育部长会议关于占领区的国家对教学材料需求的报告。

　　这次会议也是决定盟国教育部长会议未来发展方向的关键会议。特纳在会议伊始就强调了美国对盟国教育部长会议向联合国下属的教育局方向转变的浓厚兴趣。[12]在与盟国教育部长会议接触的过程中,他深切地感受到了其欧洲中心主义的倾向,并对此表示了忧虑。他认为英国人发起了盟国教育部长会议并主导会议进程,并试图将其改造为一个在文化和教育领域内的联合国机构,欧洲盟国政府的教育部长们在政策制定、资金支持和组织事务中似乎更加依赖英国。[13]在表决方式上,会议决策也并不是通过投票而是协商和达成一致的方式来达成的。[14]布鲁克林学院院长哈里·吉迪恩斯(Harry Gideonse)在向美国国务院的报告中也证实了这一点,"我们在组织的形成阶段的参与是非常必要的,会议充满了令人沮丧的欧陆地方主义的气氛"[15]。他还在报告中表示,作为盟国教育部长会议非欧陆参会方的中国、加拿大和澳大利亚也纷纷与美国接触,表达他们对于英国主导地位和欧洲中心主义的不满。而美国自 1943 年 5 月以来一直是以观察员国的身份参加会议,美国代表仅仅是将教育部长会议的讨论内容等信息反馈给国务院,很难对会议的进程产生实质性的影响。

在充分了解非欧陆盟国教育部长会议成员国的立场和对盟国教育部长会议的深入观察之下,美国国务院认为可以充分利用成员国对欧洲中心主义的不满,使美国获得一个更具全球性质的国际组织的中心领导地位。[16]对此,1943 年 11 月,美国的观察员向华盛顿发电报称:"如果我们希望成为其中一员的话我们应该尽早参加会议,游离于组织之外越久,组织的可塑性就越差,组织机构和它的目标就越难改变。"最终,美国国务院在 1944 年接受了教育部长会议的邀请,派出正式代表列席会议。[17]

第二节 美国教科文组织方案的形成

与此同时,美国参与盟国教育部长会议的主要目标也初步形成。1943 年 11 月,美国非正式地建议将盟国教育部长会议转变为联合国家教育和文化会议,以便制定在教育文化领域的国际合作计划。[18]随后几个月,国务院和罗斯福总统共同构想了战后教育文化领域重建与合作的蓝图。美国副国务卿爱德华·斯退丁纽斯(Edward Stettinius)于1944 年 2 月 14 日向罗斯福总统递交了一份备忘录,即《斯退丁纽斯备忘录》(*Memorandum by the Under Secretary of State* (*Stettinius*) *to President Roosevelt*),表示美国将与盟国教育部长会议在教育和文化重建中合作推动一个政府间合作机构的建立。[19]同年3月21日,国务卿赫尔在给驻英大使怀南特的电报中进一步阐释了美国的关注点:第一,战后的教育和文化重建,通过援助各类学校,提供专业教育人员培训,援助图书馆建设等方式展开;第二,实现这一目标的方式是与盟国教育部长会议合作直到在这一领域内出现一个联合国机构。[20]

从这一目标出发,1944年4月6日,美国派出由国会议员威廉·富布莱特(J. William Fulbright)、美国教育专员约翰·斯图贝克(John Studebaker)、斯坦福大学教育学院院长格雷森·基弗福(Grayson N. Kefauver)、[21]瓦萨学院院长米尔德雷德·汤普森(Mildred Thompson)、国会图书馆的阿奇博尔德·麦克雷什(Archibald Macleish)组成的五人代表团参加盟国教育部长会议第九次会议。富布莱特在会议上主要阐明了美国对欧援助政策框架中盟国教育部长会议的作用。他提出部长会议的两个战时任务:一是为从纳粹专制中解放出来的国家提供教育方面的物质援助并帮助培训足够的教师;二是负责图书馆和档案室的重建工作,以及将被轴心国政权掠夺的艺术品归还各国。[22]这两个提议与盟国教育部长会议提出的方案大体上一致。

然而在讨论创建一个战后教育和文化重建国际组织问题上,美国代表仅将盟国教育部长会议视为讨论美国方案的论坛,而非一个未来的国际组织,并不希望就这一问题展开与盟国教育部长会议的官方谈判。富布莱特提出建立一个筹备委员会,让所有的联合国成员国在其中有相同的投票权,以这样的方式来推进新的国际组织的筹备工作。法国代表沃谢的建议则是在上述的沃谢、索默菲尔特和格拉瑟三个执行委员的基础上,加入英美的代表和盟国教育委员会之外的专家代表形成筹备委员会。这与美国的初衷(即建立一个联合国的战后教育和文化重建组织机构的目标)不相符,而且也反映出明显的欧洲中心色彩,被富布莱特否决。最终,会议决定召开"开放会议"来调查研究建立一个"在战后重建阶段处理教育和文化问题"的联合国机构的可能性,在其中每一个成员国将有相同的投票权。[23]"开放会议"在事实上充当了盟国教育部长会议向一个战后重建的教育文化组织转变阶段的立法机构,所有经开放会议通过的协定都会经过盟国教育部长会议传达给各个成员国政府,其组织方式和议事规则为后来教科文组织大会继承,成为教科文组织大会的前身。

富布莱特被大会全体一致投票选举为"开放会议"的主席,美国由此获得了新组织方案起草工作的主导权。[24]美国在 1944 年 4 月 12 日的第一次开放会议上提出了一份备忘录,名为《关于将盟国教育部长会议发展为联合国教育和文化重建组织的若干建议》,希望将盟国教育部长会议转变成为一个"文化重建和教育机构",成员国资格覆盖所有的联合国成员国,原先的盟国教育部长会议则作为新的联合国机构下的欧洲区域局。[25]当时欧洲盟国的许多教育部长认为这样做会将盟国教育部长会议局限在欧洲内部,无法有效地影响非欧陆国家,尤其是美国。较为一致的意见是,盟国教育部长会议应当保留下来,其教育援助工作不应被干扰,因此美国的提议被否决。特纳基于美国"推动在文化和教育方面的广泛而民主的国际合作"的意图,重申了两阶段的合作方案,其中后一个阶段是"盟国教育部长会议与美国政府合作建立一个联合国的组织",而且美国与盟国教育部长的会议是以"大会接受美国提出的建立一个教育重建机构的方案"为前提的。[26]

为了实现美国的目标,以富布莱特为主席的组织法起草委员会[27]在吸收了两次"开放会议"成果的基础上形成了美国草拟的"联合国教育和文化重建组织"组织法草案。该草案规定了该组织战后文化和教育重建的一系列工作目标,包括报告文化和教育机构的受损情况、高质量教育人员的缺乏程度,制定恢复重建受损的学校教育系统的国际合作方案,拟定恢复重建研究和教育机构、图书馆、档案室、博物馆的计划。该组织的主体结构将由成员国组成的大会、执行局和执行局监督下负责组织日常工作的总干事和秘书处组成。[28]由于该组织的使命是修复战争的破坏,它预期只是在战后的一段短暂的时间内发挥作用。考虑到战后文化和教育重建需要大量的资金援助,该草案增加了有关设立一个紧急恢复基金(Emergency Rehabilitation Fund)的内容。紧急恢复基金由成员国支付并由一个管理委员会依据需求划拨,管理委员会由六人组成,三人为出资最多的三个国家的代表,另外三人由执行局选出。[29]对于资金使用的安排,美国代表乐见其成,基弗福(Grayson

N. Kefauver)认为:"基金将由一个主要由出资贡献大国组成的委员会来控制。"在其中美国作为最大的出资国享有管理权,通过管理资金使用美国在很大程度上能控制这一组织的管理活动,从而便于其打破欧洲战后援助的工作中欧洲国家的垄断地位。欧洲国家也乐见美国对战后援助项目做出资金支持的承诺。[30]

1944 年 4 月 19 日,在第十届盟国教育部长全体会议上,13 个国家同意接受新制定的《联合国教育和文化重建组织的初步草案》(*Tentative Draft for a United Nations Organization for Educational and Cultural Reconstruction*)。[31]美国的政策方案经充分讨论协商后获得了有关国家的一致认可,国际教育和文化领域的制度建设朝着美国预期的方向推进。[32]美国代表通过主导组织法文本的起草工作,实现了降低欧洲中心主义色彩的目的,欧洲国家也在其最关心的战后重建问题上初步获得了美国的援助承诺。

富布莱特在 1944 年 4 月 17 日向美国国务卿报告了这一喜讯。[33]然而 12 小时后,来自国务卿赫尔回电却指示富布莱特暂缓组织法草案在盟国教育部长会议的最终通过,在此之前须等待国务卿与国会方面讨论磋商。[34]这一国际组织的创立进程又出现了变数。

第三节 美国教科文组织政策的转变

按照最初的设想,拟建组织的领域的使命是清除纳粹政权在人民大众中灌输的战争思想,为教育和文化等领域的战后恢复和重建工作提供援助。美国在第十届盟国教育部长会议之前参与盟国教育部长会议的主要任务是扭转会议内部的欧洲中心局面,而非对重建的政策方向进行修正。此次会议前后美国又出于自身利益的考虑,叫停了此前其一直倡议的、为成员国所普遍接受的教育和文化重建组织下属提案。美国从 1944 年末开始调整其政策目标,从建立一个联合国的战后文化和教育重建组织向建立一个聚焦"促进国家间的思想交流与文化合作"的常设性组织转变。[35]

1944 年 8 月,美国国务卿赫尔在给驻英大使怀南特的电报中指示,"将在一个临时的基础上创建一个组织,国务院在此时并不打算提议考虑在这一领域创建一个永久组织的事务"。[36] 没过多久,随着筹建联合国的敦巴顿橡树园会议取得进展,筹建一个负责战后和平与安全事务的联合国组织的议程日益清晰。美国、英国、苏联这三个主要大国并不希望包括中国在内的"四大国"(the Big Four)安全合作的大方向因文化议题而发生偏离,同时出于对国际组织干预国家内政事务的可能性的担忧,未考虑过在联合国之下设立负责经济社会事务的部门,美国政府也需要等待国会批准法案,授权将美国的基本文化合作活动扩展至美洲大陆之外。新组织的草案问题于是被搁置。[37]

真正让这一议题重新回归建立联合国的多边议程之中的是中国。在敦巴顿橡树园会议上,中国代表提出联合国应当维护各国和各民族平等,在国际法和国际正义的基础上维护世界和平,在文化领域提议建立一个国际文化关系处(International Cultural Relations Office)促进文化和教育合作等主张。[38] 美、英、苏三国对"平等"和"国际法"相关主张极不赞成,美国国务卿斯退丁纽斯(Edward R. Stettinius)批评这些想法是"极端理想主义"。[39] 但是最终三国接受了中国关于将文化领域的合作加入未来联合国的使命之中的提议,中国也放弃了上述倡议中美、英、苏三国不赞同的主张。[40]

1944年12月16日,国务卿在给驻英大使怀南特的电报中表示美国要重新审议之前的新组织组织法草案,将指派基弗福与英国代表交换意见。在电报中,美国首次提出将拟议中的联合国家教育和文化重建组织更名为联合国教育和文化组织(United Nations Educational and Cultural Organization)。[41]

美国政府在1945年4月声明:"国务院已经基本完成了对草案的研究工作,决定建议成立一个永久的国际教育与文化机构。"[42] 基于此,1945年4月11日,参加盟国教育部长会议第十七次会议的基弗福宣称,美国政府目前认为:"以直接的或双边的渠道运作欧洲援助项目,将会比通过一个国际组织的重建基金提供援助更为有效。"[43] 考虑到这一新的变化,当届会议遂决定将成立这一国际组织的大会推迟于旧金山会议之后择期举办,并委托英国作为东道国向所有的联合国成员国发出邀请。[44] 美国意图以英国政府的名义召开会议,将其组织法草案文本作为盟国教育部长会议的共识成果。

在 1945 年 4 月至 6 月举行的旧金山会议上,美国提出在宪章中加入规定教育与文化合作相关的内容。美国总统杜鲁门表明了美国的立场,"我们必须在持久与全面的思想与观念交流方面创造一个有效的机构,而这将为世界各国与各民族之间的相互宽容与理解铺平道路"[45]。美国代表甚至威胁:"联合国教科文组织不应将其精力完全转向诸如教育重建等短期活动上去,且美国政府也不会参与诸如向国际组织提供基金进行援助的项目。"[46]美国政府反对新组织将重点聚焦于战后重建和为此提供援助基金的立场是担心国会会反对为任何战后多边援助设立基金的原因而全盘否定新组织。彼时美国国会坚持认为,法国、荷兰等西欧国家应当自力更生完成重建和复兴任务,同时对波兰、捷克、南斯拉夫等东欧国家不明朗的战后政治走向表示怀疑。由于联合国善后救济总署这一三分之二资助源于美国的国际组织被美国国会认为既腐败浪费又资助共产主义政权国家,这一"前车之鉴"使美国担心新成立的国际组织会重蹈这一覆辙。此外美国也担心帮助战后德国的文化重建的职责落入多边机构而不是占领国手中,国会也坚决反对盟国教育部长会议成员国对于战后援助特别是成立一个多边援助重建基金的提议。[47]美国已决议不再通过联合国机构的复兴和重建基金来运作对欧洲的重建援助,而是通过双边的直接援助来实现。[48]另外,这也反映了美国将目光放在了更加长远的思想和文化交流层面而不是战后临时的教育领域救援和重建等短期活动层面这一趋向。

由于担忧在战后教育和文化领域建立国际组织的构想可能会引起苏联向美国学校灌输共产主义思想,[49]美国还反对旧金山会议上墨西哥提出来的建立一个和经社理事会同等地位的联合国文化关系理事会的提议,认为此举将使美国丧失"在教育和文化事务上的国家主权"。[50]美国反对一切可能赋予国际组织以侵入主权事务、管控国内教育和文化事务权力的提案,仅仅有限度地支持联合国在推动国际文化交流和教育合作上的职能。[51]

旧金山会议闭幕之后,联合国的制宪工作结束,关于建立教育文化领域的永久性国际组织的组织法的终段工作提上了日程。1945 年 7 月 12 日,第十九届盟国教育部长会议召开,会议的重要任务是通过一份"国际教育和文化合作组织"的组织法草案,并讨论由英国政府召集的联合国会议的准备事宜。会上,法国质疑由英国向联合国的成员国发出会议邀请的合法性,主动提出以国际智力合作研究所为基底的方案,法国代表亨利·洛吉耶(Henri Laugier)对由英国代表盟国教育部长会议发起联合国家的教育和文化会议的权限进行了挑战,并提出不能仅仅以盟国教育部长会议提交的宪章草案作为新组织的基础。同时,他认为法国可以提供不同于盟国教育部长会议形成的方案,例如将以国际智力合作研究所为蓝本的方案,与盟国教育部长会议方案共同提交伦敦会议讨论表决。[52]双方经过协商最终决定由英国和法国作为共同的发起国,在同年11月邀请所有的联合国成员参加联合国教育和文化组织的创立大会。[53]

旧金山会议中美国的公开立场表明,美国既不愿意为新组织的战后援助工作提供资金,也不希望新组织过分强大干预其内部文化教育事务。因此,美国提出的新组织方案必然是建立一个职能较弱、缺乏物质基础、职权范围限于推动国际合作这种大而空泛的、思想意识层面的议题的国际组织。

第四节　伦敦会议与美国方案的胜出

有关建立联合国教育和文化组织的会议[54]最终于1945年11月1日至16日在伦敦的土木工程师协会(Institute of Civil Engineers)总部召开。[55]44个国家政府参与,作为联合国安理会五大常任国之一的苏联并没有参加。[56]美国派出了以阿奇博尔德·麦克雷什(Archibald Macleish)为团长,助理国务卿威廉·本顿(William Benton)为副团长,由34名代表组成的代表团出席了此次会议。拟议中的国际组织的职能在英美两国的推动之下得以拓展。1945年8月广岛长崎原子弹爆炸事件后,科学成为全球热点话题。有感于拟议中的教育文化国际组织对于这一议题的忽视,英国代表艾伦·威尔金森(Ellen Wilkinson)在伦敦会议中提出将"科学"纳入其中,将拟议中的联合国教育和文化组织扩展为教育、科学和文化组织,这一提议引发了各国代表的共鸣和支持,并在11月6日的会议中得到通过。[57]拟议中的国际组织更名为联合国教育、科学及文化组织,并于 11 月 16 日通过了《联合国教育、科学及文化组织章程》。会议决定设立一个筹备委员会(Preparatory Educational, Scientific and Cultural Commission),负责处理联合国教科文组织的秘书处的组建、第一届教科文组织大会的筹备事宜。

美国在伦敦会议上提议将基于自由原则的大众传媒的条款列入联合国教科文组织的章程中,甚至将大众传媒的作用和重要性提升到与教育、科学和文化同等重要的位置。美国代表麦克雷什声称,联合国教科文组织的目标应当集中于两个方面:一是致力于提高世界各国的大众教育水平,二是通过大众传媒以增进世界各国的相互了解以及自由的国际文化交流。[58]在美国的强力敦促下,伦敦会议接受了美国的主张,将大众传媒及其自由原则作为重要的条款列入联合国教科文组织章程。

然而会议进程并非顺风顺水。尽管与会代表纷纷认同英国首相克莱门特·艾德礼(Clement Atlee)提出的"战争源于人之思想"的警世名言,一致同意"务须于人们的思想中构筑保卫和平之屏障"的表述,但当与会代表深入讨论构建新组织的方案时,便争吵得不可开交。各国对筹建中组织的构想并不相同,法国作为国际智识合作的传统大国,其代表莱昂·布鲁姆(Léon Blum)提出了不同于英美方案的构想。[59]以盟国教育部长会议通过的草案为基础的英美方案《联合国教育与文化组织草案》(Draft Proposals for an Educational and Organization of the United Nations)与法国戴高乐政府的《法国关于联合国智力合作组织的章程草案》(French Proposals for the Constitution of the United Nations Organisation of Intellectual Cooperation)[60]出现了冲突。

尽管两种方案在组织目标上都强调通过在文化、教育和科学领域的交流合作方式维护和平,但法国方案在核心理念、组织规则、机构设置等方面都与英美方案大相径庭。法国方案与美国方案不同之处在于:其一,新组织的成员资格应当由政府实体和非政府实体共同享有,最重要的国际专业性组织应当享有代表权和投票权,同时还应赋予文教科学领域的名人以代表权。其二,新组织的内部权力分配应当是强大的执行局和相对弱小的总干事。其三,法国方案设想了大会、执行局和国家委员会三个机构。戴高乐政府在法国光复之后重启其文化和教育合作机构巴黎智力合作研究所,法国要求新组织的秘书处与智力合作研究所合并,新组织的总干事由执行局提名,总部设在巴黎。[61]其四,法国的建议更强调赋予新组织以实质性权力,而不是将其当作一个建议与咨询机构。[62]此外,将新生的国际组织落户在巴黎而不是瑞士是法国的核心关切之一,也是法国主张该国际组织的非政府性、智力合作的逻辑延伸。

法国的意图在于抵御美国对新组织的控制,并使新组织中成员的合作方式沿用其一直以来推崇的大众知识分子个人之间的合作的方式。这一合作方式与国联下的智力合作委员会较为类似,关于新组织在执行局、秘书处和大会的成员组成设置,都要求知识分子不同程度的参与,同时限制政府官员在组织内部各机构的影响和参与。[63]然而由于之前盟国教育部长会议的方案已经得到大多数成员国代表的接受,法国的此项意图最终没有实现。

尽管如此,教科文组织仍然吸纳了法国方案的部分内容。教科文组织正式成立时,执行局的设计保留了法国最初的设想,由 18 名来自艺术、人文、科教领域的知识界独立人士构成;执行局被要求行使权力时应尽量独立而非代表各自的政府;法国在智力合作中的理念和精神被纳入了组织法中,执行局同时还掌握总干事任命秘书处的高级官员的审批权。[64]教科文组织还保留了在成员国设立全国委员会(National Commission)的制度设计,这使教科文组织成为联合国系统中唯一有这一建制的国际组织。与此同时,法语被列为与英语同等地位的工作语言,教科文组织的总部设于巴黎——而这正是对于当时的法国来讲最为紧要的目标。[65]因此,纵然法国一贯坚持的知识分子之间的合作并未成为新组织的主要合作形式,但考虑到现实的可能性和方案对法国要求的部分妥协,法国还是接受了联合国教科文组织的最初安排。

美国的方案也受到来自饱受战争创伤的国家的质疑,争议的焦点在于筹备委员会是否应当承担战后援助的责任。1945 年 11 月 8 日,比利时、中国、荷兰、南斯拉夫、希腊、捷克和波兰代表表示他们的国家需要援助,且无法拖延至教科文组织成立之后。印度和南非政府代表提出军用剩余物资可以被用来支援战后重建,故而提议在联合国教科文组织设立一个共同基金。这一争议由伦敦会议第五委员会负责处理。在会议上,麦克雷什捍卫美国立场,拒绝同意教科文组织筹备委员会承担这一职能。作为让步,他表态重建援助将通过联合国善后救济总署提供。但这一虚假承诺随即被善后救济总署的官员否定。国务卿迪安·艾奇逊(Dean Acheson)指示麦克雷什坚持立场,对于筹备委员会的战后援助职能,他认为只能限于传递与援助需求相关的信息。美国代表随后对各国代表展开游说,最终同意将援助限定为由筹备委员会下设一个技术分委会负责提供援助需求等相关信息,再由后者将需求信息传递给能够提供援助的政府、组织和个人。这一问题也最终得到解决。只是重建与援助已不再是新组织的宗旨,相关规定也仅仅载于附件文本《建立一个教科文筹备委员会的文本》之中。[66]

37 国代表于 1945 年 11 月 16 日下午签署了最终协议。该协议批准了《联合国家教育、科学及文化组织组织法》,决定组建教科文组织筹备委员会(Preparatory Commission),并将该组织总部暂设巴黎。《组织法》的最终通过,标志着在 1942 年盟国教育部长会议首次召开三年后,一个教育和文化领域的战后国际组织最终建立起来。联合国教科文组织脱胎于盟国教育部长会议,其组织方案凝聚了美国的设想和构思,是美国作为领导者和设计者塑造的国际组织的典型案例。1946 年 11 月 4 日,在二十个联合国的成员国将批准书交存伦敦外交部之后,教科文组织的组织法最终生效。[67] 1946 年 11 月 19 日至 12 月 10 日,教科文组织在巴黎召开了首届大会。

联合国教科文组织在创设阶段存在着成员的代表性不足的问题。教科文组织的创始成员国主要为西方阵营国家,创设过程主要以美国主导、英美相互配合的方式进行,社会主义阵营国家话语权较弱。社会主义阵营的领袖苏联在 1943 年 5 月就成为盟国教育部长会议的观察员国,但一直没有转变为正式成员,而是选择在成为观察员国的一年内退出了该会议机制,也因此缺席了 1945 年的联合国教育、科学及文化组织大会。[68] 由于苏联的缺席,罗斯福"大国共治"的理念未在教科文组织中实现,这也相应地导致了该组织在设立之初只有西方国家的声音。

注释

1. 如成立于 1925 年的国际教育局(IBE)和国际联盟的教育咨询机构国际智力合作

委员会(ICIC)。

2. H. H. Krill de Capello, "The Creation of the United Nations Educational, Scientific and Cultural Organization," *International Organization*, Vol.24, No.1, 1970, p.2.

3. Charles Dorn, "The World's Schoolmaster: Educational Reconstruction, Grayson Kefauver, and the Founding of UNESCO, 1942—1946," *History of Education*, Vol. 35, No.3, May 2006, p.308.

4. The United States. Congress. House. Committee on Foreign Affairs, "Membership and Participation by the U.S. in the United Nations Educational, Scientific, and Cultural Organization: Hearings Before the United States House Committee on Foreign Affairs, Seventy-Ninth Congress, Second Session, on Apr. 3—5, 1946," Washington D.C.: U.S. Government Printing Office, 1946, p.54.

5. 参见"President Roosevelt to the Chief Justice of the United States(Stone)," April 24, 1943, *FRUS: Diplomatic Papers*, 1943, General, Vol.I, p.474。

6. S. E. Graham, *Culture and Propaganda: The Progressive Origins of American Public Diplomacy: 1936—1953*, Burlington: Ashgate Publishing Company, 2015, p.111.

7. 是美国国务院下辖的负责"推动和加强美国与其他国家在文化关系和智力合作"的职能部门,成立于 1938 年。

8. Charles Dorn, "The World's Schoolmaster: Educational Reconstruction, Grayson Kefauver, and the Founding of UNESCO, 1942—1946," *History of Education*, Vol. 35, No.3, May 2006, p.308.

9. "The Ambassador in the United Kingdom(Winant) to the Secretary of State," London, Jul 30, 1943, *FRUS*, 1943, General, Vol.1, p.1152.

10. "The Ambassador in the United Kingdom(Winant) to The Secretary of State," London, Sept. 4, 1943, *FRUS: Diplomatic Papers*, 1943, General, Vol.I, p.1154.

11. "The Secretary of State to the Ambassador in the United Kingdom(Winant)," Washington, Sept. 1, 1943, *FRUS: Diplomatic Papers*, 1943, Vol.1, General, Washington D.C.: U.S. Government Printing Office, p.1153.

12. H. H. Krill de Capello, "The Creation of the United Nations Educational, Scientific and Cultural Organization," *International Organization*, Vol. 24, No. 1, 1970, pp.7—8.

13. "The Ambassador in the United Kingdom(Winant) to the Secretary of State," 7 October 1943, *FRUS*, 1943, Vol. I, Washington D. C.: U. S. Government Printing Office, p.1156.

14. C. Mildred Thompson, "United Nations Plan for Post-War Education," *Foreign Policy Reports*, Vol.20, 1 March 1945, p.311.

15. Sam Lebovic, *A Righteous Smokescreen: Postwar America and the Politics of Cultural Globalization*, Chicago and London: The University of Chicago Press, 2022, p.15.

16. Ibid.

17. Charles Dorn, "The World's Schoolmaster: Educational Reconstruction, Grayson Kefauver, and the Founding of UNESCO, 1942—1946," *History of Education*, Vol.35, No.3, May 2006, p.309.

18. 舒建中:《美国对外政策与联合国教科文组织的建立》,《史学集刊》2014 年 11 月第 6 期,第 79 页。

19. "Memorandum by the Under Secretary of State(Stettinius) to President Roosevelt," February 14, 1944, Washington, *FRUS*, 1944, General, Vol.I, pp.966—967.

20. "The Secretary of the State to the Ambassador in the United Kingdom (Winant)," March 21, 1944, *FRUS*, 1944, Vol.1, General, p.968.

21. 彼时他刚被赫尔国务卿任命为国务院的教育援助项目的个人顾问。

22. H. H. Krill de Capello, "The Creation of the United Nations Educational, Scientific and Cultural Organization," *International Organization*, Vol.24, No.1, 1970, p.9.

23. Ibid.

24. "United Nations Educational Reconstruction Plans," April 20, 1944, Papers of Archibald MacLeish, Library of Congress, Washington, DC, cited in Anthony Q. Hazard Jr., *Postwar Anti-racism: the United States, UNESCO, and "Race," 1945—1968*, New York: Palgrave Macmillan, p.12.

25. "Suggestions for the Development of the Conference of Allied Ministers of Education into the United Nations Organization for the Educational and Cultural Reconstruction," in Gali Archibald, *Les États-Unis et l'Unesco, 1944—1963*, Paris: Éditions de la Sorbonne, 1996, pp.327—333.

26. H. H. Krill de Capello, "The Creation of the United Nations Educational, Scientific and Cultural Organization," *International Organization*, Vol. 24, No. 1, 1970, pp.10—11.

27. 除了富布莱特本人之外,起草委员会还包括斯蒂芬·格拉泽(Stefan Glaser)、朱利叶斯·何斯德(Julius Hoste)、理查德森(Richardson)、阿尔弗·索默费特(Alf Sommerfelt)、钱存典、保罗·沃谢(Paul Vaucher)。参见 J.P. Sewell, *UNESCO and World Politics*, Princeton: Princeton University Press, 2015, p.65。

28. "Tentative Draft Constitution for a United Nations Organization for Educational Scientific and Cultural Reconstruction," CAME document AME/A/53, pp.1—3.

29. "Suggestions for the Development of the Conference of Allied Ministers of Education into the United Nations Organization for the Educational and Cultural Reconstruction," V.2., in Gali Archibald, *Les États-Unis et l'Unesco, 1944—1963*, Paris: Éditions de la Sorbonne, 1996, pp.327—333.

30. "Kefauver to Thompson, April 26, 1944," Decimal File 800.42/576, box 3251, RG 59, cited in Sam Lebovic, *A Righteous Smokescreen: Postwar America and the Politics of Cultural Globalization*, Chicago and London: The University of Chicago Press, 2022, p.16, at note 21.

31. H. H. Krill de Capello, "The Creation of the United Nations Educational, Scientific and Cultural Organization," *International Organization*, Vol. 24, No. 1, 1970, p.12;草案的文本请参见"Tentative Draft for a United Nations Organization for Educational and Cultural Reconstruction," in Harley A. Notter, ed., *Postwar Foreign Policy Preparation, 1939—1945*, Washington D.C.: U.S. Government Printing Office, 1949, pp.644—648, appendix 49。

32. 舒建中:《美国对外政策与联合国教科文组织的建立》,《史学集刊》2014 年 11 月第 6 期,第 80 页。

33. "The Ambassador in the United Kingdom(Winant) to the Secretary of State," *FRUS*, 1944, General, Vol.I, April.17, 1944, pp.970—971.

34. "The Secretary of State to the Ambassador in the United Kingdom(Winant)," *FRUS*, 1944, General, April 17, 1944, pp.971—972.

35. 闫晋、白建才:《美国在联合国教科文组织创立过程中的影响探析》,《近现代国际关系史研究》2015 年第 1 期,第 91 页。

36. "The Secretary of State to the Ambassador in the United Kingdom(Winant)," August 10, *FRUS*, *1944*, Vol.1, General, pp.974—975.

37. "The Acting Secretary of State(Edward R. Stettinius) to Mrs. Franklin D. Roosevelt," *FRUS*, 1944, General, Vol.I, Nov. 23, 1944, p.978.

38. "Tentative Chinese Proposals for a General International Organization," Washinton, August 23, 1944, *FRUS*: *Diplomatic Papers*, General, Vol.1, pp.719—720.

39. 参见 Robert Hilderbrand, *Dumbarton Oaks*, *The Origins of the United Nations and the Search for Postwar Security*, Chapel Hill: University of North Carolina Press, 1990, p.236。

40. Robert Hilderbrand, *Dumbarton Oaks*, *The Origins of the United Nations and the Search for Postwar Security*, Chapel Hill: University of North Carolina Press, 1990, p.240.

41. "The Secretary of State to the Ambassador in the United Kingdom(Winant)," December 16, *FRUS*, 1944, Vol.1, General, p.980.

42. "The Secretary of State to the ambassador in the United Kingdom(Winant)," April 11, 1945, *FRUS*, 1945, Vol.1, General: the United Nations, 1967, p.1510.

43. "Declaration by Kefauver," CAME XVII, p.4, cited in H. H. Krill de Capello, "The Creation of the United Nations Educational, Scientific and Cultural Organization," *International Organization*, Vol.24, No.1, 1970, pp.12—13.

44. H. H. Krill de Capello, "The Creation of the United Nations Educational, Scientific and Cultural Organization," *International Organization*, Vol.24, No.1, 1970, p.13.

45. Harry S. Truman, "Address in San Francisco at the Closing Session of the United Nations Conference," June 26, 1945, https://www.presidency.ucsb.edu/documents/address-san-francisco-the-closing-session-the-united-nations-conference,访问时间: 2023 年 4 月 12 日。

46. "Memorandum by the Assistant Secretary of State(Benton) to the Secretary of State," December 5, 1945, *FRUS*, 1945, Vol.1, General: the United Nations, pp.1528—1529.

47. Sam Lebovic, *A Righteous Smokescreen*: *Postwar America and the Politics of Cultural Globalization*, Chicago and London: The University of Chicago Press, 2022, pp.20—26; Ben Shephard, *The Long Road Home*: *The Aftermath of Second World War*, New York: Anchor Books, 2010, p.54—57; S. E. Graham, *Culture and Propaganda*: *the Progressive Origins of American Public Diplomacy*, *1936—1953*, Burlington: Ashgate Publishing Company, 2015, p.126.

48. H. H. Krill de Capello, "The Creation of the United Nations Educational, Scientific and Cultural Organization," *International Organization*, Vol.24, No.1, 1970, p.12.

49. Sam Lebovic, *A Righteous Smokescreen*: *Postwar America and the Politics of Cultural Globalization*, Chicago and London: The University of Chicago Press, 2022, p.19.

50. Frank A. Ninkovich, *The Diplomacy of Ideas*: *U.S. Foreign Policy and Cultural Relations*, *1938—1950*, Cambridge: Cambridge University Press, 1981, p.84.

51. Ruth B. Russell, *A History of the United Nations Charter*: *The Role of the United States 1940—1945*, Washington D.C.: Brookings Institute, 1958, pp.784—785.

52. 参见 H. H. Krill de Capello，"The Creation of the United Nations Educational，Scientific and Cultural Organization，" *International Organization*，Vol.24，No.1，1970，pp.16—17.

53. Ibid.

54. 英文名称：Conference for the Establishment of the United Nations Educational，Scientific and Cultural Organisation.

55. F. R. Cowell，"Planning the Organization of UNESCO 1942—1946，A Personal Record，" *Journal of World History*，Vol.10，No.1，1966，p.223.

56. 苏联坚持认为这一会议应当由经社理事会来召开，因而缺席了会议，参见 F. R. Cowell，"Planning the Organization of UNESCO 1942—1946，A Personal Record，" *Journal of World History*，Vol.10，No.1，Jan. 1966，p.224。

57. Fernando Valderrama，*A History of UNESCO*，Paris：United Nations Educational Scientific and Cultural Organization，1995，p.23.

58. Charles S. Ascher，"The Development of UNESCO's Program，" *International Organization*，Vol.4，No.1，1950，pp.13—14.

59. H. H. Krill de Capello，"The Creation of the United Nations Educational，Scientific and Cultural Organization，" *International Organization*，Vol. 24，No. 1，1970，p.17；William R. Pendergast，"UNESCO and French Cultural Relations 1945—1970，" *International Organization*，Vol.30，No.3，1976，p.455.

60. 法文标题是：*Projet français de statut de l'organisation de cooperation intellectualle des Nations unies*。

61. H. H. Krill de Capello，"The Creation of the United Nations Educational，Scientific and Cultural Organization，" *International Organization*，Vol.24，No.1，1970，p.24.

62. 闫晋、白建才：《美国在联合国教科文组织创立过程中的影响探析》，《近现代国际关系史研究》2015 年第 1 期，第 93 页。

63. William R. Pendergast，"UNESCO and French Cultural Relations 1945—1970，" *International Organization*，Vol.30，No.3，1976，p.456.

64. J. P. Sewell，*UNESCO and World Politics*，Princeton：Princeton University Press，2015，p.75.

65. William R. Pendergast，"UNESCO and French Cultural Relations 1945—1970，" *International Organization*，Vol.30，No.3，1976，p.455.

66. 文件的英文名：*Instrument Establishing a Preparatory Educational，Scientific and Cultural Commission*，原文本参见 U. S. Department of State，The Defenses of Peace：Documents Relating to Unesco，Washington，D. C.：U. S. Government Printing Office，1946，pp.23—25；Unesco Preparatory Commission，"Conference for the Establishment of United Nations Educational，Scientific and Cultural Organisation，held at the Institute of Civil Engineers，London，from the 1st to 16th November，1945，" UNESCO doc. ECO/CONF/29，1946，pp. 148—149，https://unesdoc. unesco. org/ark：/48223/pf0000117626，访问时间：2023 年 5 月 5 日。

67. 这 20 个国家分别是：英国、新西兰、沙特阿拉伯、南非、澳大利亚、印度、墨西哥、法国、多米尼加、土耳其、埃及、挪威、加拿大、中国、丹麦、美国、捷克斯洛伐克、巴西、黎巴嫩、希腊，参见 UNESCO Archives and Micrography Section，UNESCO 1945—1995：A fact sheet，https://unesdoc. unesco. org/ark：/48223/pf0000101118，访问时间：2023 年 5 月 5 日。

68. 官方给出的原因是英国政府并没有同意苏联要求将筹备会议推迟到联合国经社

理事会组建之后召开的提议,参见 Armstrong,J.A. 1954,"The Soviet Attitude toward UNESCO," *International Organization*,Vol.8,No.2,p.217;也有学者认为苏联官员担心审查教科书、干涉学校课程设置等行动会导致其国家教育系统受到外国干涉,参见 J. P. Sewell,*UNESCO and World Politics*,Princeton:Princeton University Press,2015,p.62;F. R. Cowell,"Planning the Organization of UNESCO 1942—1946,A Personal Record," *Journal of World History*,Vol.10,No.1,Jan. 1966,p.216。

第三章

美国与联合国教科文组织的初期互动

随着杜鲁门政府的上台,冷战大幕拉开,美国外交政策从战时的大国合作转向两极对抗。1949 年成立的北大西洋公约组织直接服务冷战,联合国与教科文组织等多边机构则成为其遏制苏联势力的政治舞台。在教科文组织建立初期,美国对教科文组织具有较强的影响力。然而自 20 世纪 50 年代开始,教科文组织日益体现出了自身的独立性,美国试图将教科文组织引为为冷战服务的宣传机器的愿望并未能完全实现。在经历初期的挫折后,美国自 20 世纪 60 年代开始调整教科文组织政策,要求该组织将业务转向单纯的技术援助。

第一节 美国的冷战目标与积极的国际组织政策

教科文组织成立之时,美国国内在加入教科文组织这一问题上展现了高度的一致性和凝聚力。首先,美国政府方面对通过该组织实现美国的全球愿景寄予厚望。伦敦大会的美国代表团主席麦克雷什称该组织"对促进世界各民族之间的相互理解,进而促进和平来说是必不可少的"。[1]代表团成员切斯特·麦罗(Chester E. Merrow)在向国会作证时也指出:"联合国教科文组织将会成为联合国体系内伟大的基石之一。"[2]助理国务卿威廉·本顿(William Benton)认为,教科文组织能够成为"美国国家安全项目的主要贡献力量",并延展美国的外交政策的目标。[3]其次,一向是美国加入国际组织"拦路虎"的国会也大力支持此举。1945 年 5 月 22 日,美国众议院全体一致通过 305 号两院联席决议,支持美国参与文化和教育的国际组织。[4]1946 年 4 月 30 日,两院联席决议在第 79 届国会上正式生效,[5]由此立法通过了对美国在教科文组织的成员资格的审议,美国于 1946 年 11 月 4 日正式加入联合国教科文组织。[6]美国民众对这一新成立的联合国组织的热情也非常高涨。1945 年的民调显示,85％的美国民众同意建立这样的一个国际机构来"协调管理全人类各个民族相互理解的努力"。[7]这种乐观的态度成为美国在教科文组织初创时期和初期工作中的主基调。

教科文组织建立后,美国立刻开始积极争取把握其中关键岗位的人事任免权。1946 年 11 月 19 日至 12 月 10 日,第一届教科文组织大会在巴黎召开,大会的中心任务之一是选举出第一任教科文组织总干事。这一职位对于美国具有重大的意义。美国总统杜鲁门(Harry S. Truman)提议由前总统罗斯福(Franklin Delano Roosevelt)在任期间的大法官弗朗西斯·比德尔(Francis Biddle)担任第一届总干事。然而弗朗西斯本人除了满足会说法语这一必要条件之外,并不符合教科文组织总干事的资历要求,因此并未得到多数执行局委员们的支持。[8]英国首相艾德礼(Clement Richard Attlee)提名了无神论自然进化论者英国科学家朱利安·赫胥黎(Julian Huxley)。赫胥黎由于其唯物主义信仰而遭到美国方面的反对,但最终赢得了执行局大多数成员的支持。在经历两个星期的审议之后,赫胥黎于 1946 年 12 月 6 日被任命为教科文组织首任总干事。在美国的压力下,赫胥黎总干事的任期被缩短为两年,而不是宪章中规定的四年时间。[9]此外,赫胥黎也迫于压力同意让美国人担任教科文组织分管人事、行政和财政事务的副总干事,其权限也受到大大约束。[10]美国虽然在方案的最终选择上成为最大的赢家,但受到总干事任免规则的约束,其作为最大的出资方也并未能据此为美国人争取到首任总干事的职位。[11]

在第二任教科文组织总干事的人选方面,后殖民地的拉美国家在这一问题上达成了统一的意见。一名教科文组织的秘书处官员认为,教科文组织的拉丁裔代表希望一名拉丁裔出任总干事,或者至少不再是盎格鲁-撒克逊人。[12]考虑到这一点,美国国务院官员也不再寻求推举美国人担任这一要职。[13]虽然澳大利亚籍教科文组织执行局主席罗纳尔德·沃克(Ronald Walker)获得了执行局提名,并在教科文组织内部广受欢迎,但是在最终投票任命的 1948 年贝鲁特大会上,对他的任命的测试性投票结果是 23 票赞成,10 票反对,美国的努力遂告失败。

最终,墨西哥前外交和教育部长托雷斯·博德(Torres Bodet)在赫胥黎总干事和墨西哥政府支持下获得执行局的提名,并以最终 30 票赞成 3 票反对的投票结果被选任为第二任教科文组织总干事。[14]

尽管美国在前两届总干事的任命上并没有得偿所愿,但它依然对教科文组织的日常工作抱有极大的热情,美国总统杜鲁门也承诺给教科文组织更大的支持。1950 年 4 月,在给美国全国委员会的会议致辞中,杜鲁门认为教科文组织至关重要,但是不应当给予教科文组织过高的不切实际的期待:"像教科文组织这样的国际机构,如果我们能够在一代或者两代人的时间内,实现我们的预期,那么我们就实现了巨大的进步。"[15]换言之,美国总统认为,美国在教科文组织中的利益是长期性的、战略性的,不必着眼于其一时的动向。

尽管美国政界对于教科文组织到底在冷战的意识形态对抗中发挥什么样的作用存在分歧,但是至少对于教科文组织无法脱离冷战大背景并需要积极作为这一点上达成了高度一致。1948 年,时任美国驻教科文组织代表肯尼思·霍兰德(Kenneth Holland)即认为:"考虑到欧洲当下的情况,有必要在总体的政治背景之下审视教科文组织。"[16]而较为理想主义的美国人,如已故美国总统罗斯福的夫人埃莉诺·罗斯福(Eleanor Roosevelt)则认为教科文组织应当发挥一种沟通东西方的桥梁作用。执行局的美国籍委员麦克雷什也认为教科文组织就是因冷战而生,"教科文组织的任务就是修复人类的共同体意识和人类共同的经验意识"[17]。虽然美国国内有相当一部分人对于教科文组织在冷战中发挥作用持怀疑态度,但考虑到"苏联对教科文组织进行渗透的可能性",也不得不接受教科文组织逃脱不了卷入其中的命运。因此,尽管美国对教科文组织的参与是全方位积极主动的,但正如历史学家宁科维奇(Frank A. Ninkovich)教授所言,美国与教科文组织的主动接触在很大程度上是消极应对社会主义的渗透而非保证美国的主导权。[18]时任康涅狄格州参议员本顿向副国务卿詹姆斯·韦伯(James Webb)建议:"美国应当清晰明确地界定其政策,然后决定如何让教科文组织服务于它,这是我们处理与教科文组织关系的第一步。"他的副手甚至认为:"美国需要做的是要求教科文组织依其组织法更好履职……或者更明确地讲,使其采取反共立场。"[19]

在 1954 年之前,苏联没有参与教科文组织,社会主义国家阵营的力量仅剩捷克斯洛伐克、匈牙利、波兰和南斯拉夫这些东欧国家的代表团。[20] 随着冷战大幕的拉开,追求增进各国人民的相互理解以维持和平与安全不再是美国的优先事项,美国开始试图将教科文组织当作冷战时期的意识形态斗争工具。美国的教科文组织政策转变为敦促该组织认同信息自由流动原则,并力求达成一种反共共识,将这一组织作为美国遏制苏联的意识形态宣传工具加以使用。特别是美国在 1948 年通过了《信息与教育交流法案》(Information and Educational Exchange Act of 1948)之后,[21] 在该法案的授权之下,美国政府借"促进美国与世界各国加深相互理解"的名义向外输出意识形态,在教科文组织中不遗余力地推广信息和意识形态宣传项目。[22]

在 1946 年的第一届教科文组织大会上,美国代表就要求教科文组织将"信息自由"作为教科文组织的重点工作。在美国的支持和赞助下,"信息自由"成为教科文组织内部的财政优先领域。1947 年的预算显示,大众通信项目的经费是 596 765 美元,高于在教育、文化、科学的重建工作,是国际相互理解的教育工作、人员往来、自然科学工作、图书馆部门工作的经费总和。[23] 美国还在首届大会上让教科文组织通过一项建立世界范围内的广播网络的议案,以对抗共产主义。[24] 为此美国代表麦克雷什计划每年出资高达 20 亿美元来建造这一广播网络。[25] 然而这一提议由于其天文数字的建设成本而未获采纳,在 1946 年之后这一提议便不了了之。[26]

为促进美国标榜的信息自由流动原则,美国还在 1946 年支持在教科文组织内部有关信息自由流动的决议案。在 1948 年召开的贝鲁特大会上美国要求教科文组织作出承诺,忠实于所谓的信息自由流动的原则。出席这次大会的美国代表团主席,助理国务卿乔治·艾伦(George Allen)表示,"唯独褊狭的观念是教科文组织不能容忍的,人类的相互理解只有在民主社会才能实现"[27]。美国试图将教科文组织改造成其政策工具的企图也日益明显。本顿在其名为《参议员本顿敦促教科文组织面对现实问题》的演讲中表示:"教科文组织必须结束自己的冷漠,开始认识到它是一个'冷战中的政治工具'。该组织的某些目标应该与'美国政策保持一致',美国应该在联合国教科文组织的支持下,为项目提供资金,以赢得'人类的思想和忠诚'。"[28]为了赢得朝鲜战争的宣传战,美国于 1950 年朝鲜战争爆发之后不久就要求教科文组织提前召开执行局会议,支持美国为首的联合国军事行动,[29]商讨"采取适当而有效的行动处理朝鲜战争对世界和平造成的影响,并关切其他地区可能发生的侵略行动"。[30]除此之外,美国负责公共事务的官员发动了一场"朝鲜的真相运动",国务卿艾奇逊(Dean G. Acheson)敦促教科文组织阐明"世界已经被共产主义宣传所蒙蔽和歪曲"的"事实"。[31]

美国在大众传媒方面的工作也颇有成效。到 1949 年,美国的第一大通讯社美联社为 1 493 个国外媒体提供服务,而第二大通讯社合众国际社的海外服务客户也从 485 个提升到了 1 058 个。好莱坞的外国受众达到每星期 1.1 亿人(美国国内这一数字为 9 000 万)。[32]美国借助自己在教科文组织的优势地位和在世界传媒领域的主导权,在"信息自由交换"的名义下,信息自由流动实际上是占据传媒业市场和资源的美国对世界各国进行信息的单向输送。

美国在这一时期还加强了其对教科文组织行政机构的控制。麦卡锡主义成为这一时期的美国的主流意识形态,反共产主义的浪潮不仅席卷美国政坛,同时也波及了美国的多边外交。在麦卡锡主义的影响下,教科文组织内部职员作为"国际公务员"的独立性受到美国的损害。教科文组织《组织法》第六条第五款规定,"教科文组织的总干事和职员职责是国际性的,在他们履行职责时不能寻求或者接受来自任何国家政府或权威的指令,并应当避免做出任何有损其国际公务员的地位的行为。每一个成员国承担着尊重教科文组织总干事和职员的义务并避免干扰他们正常履职"[33]。而美国倚仗着其在教科文组织最高会费摊派成员国的资格,在包括教科文组织在内的联合国及其专门机构推行"忠诚度调查"。

早在 1947 年,美国中央情报局(Central Intellgence Ageny)就针对教科文组织内部的共产主义渗透问题做出过调查,认为赫胥黎总干事存在"亲共倾向",并提醒当局注意共产党在教科文组织科学项目中获得战略性地位的风险。[34]1953 年 1 月 9 日,即将离任的美国总统杜鲁门签署了 10422 号行政令,要求建立一个国际组织雇员忠诚局(IOELB),

所有在联合国机构就职的美国人配合背景调查和忠诚度审核。1953年2月6日,美国常驻教科文组织代表向所有的教科文组织职员提出配合忠诚度调查的要求,限期一个星期之内完成。2月20日,美国助理国务卿约翰·希克森(John Hickerson)甚至警告教科文组织代理总干事约翰·泰勒(John W. Taylor),如果不全力配合美国政府的这一调查,那么联合国的专门机构可能无法得到美国始终如一的支持。此外,对于那些"被证明参与或者可能参与颠覆性活动"的职员,美国政府希望他们能够被立即停职。由于怀疑教科文组织"已经被共产主义控制,策反美国人削弱他们对美国的忠诚,职员向在学儿童进行思想灌输,已经无神论化了,接受大笔美国的资助但产出甚微",1953年第二届教科文组织特别会议之后,美国代表甚至驻留巴黎,对教科文组织执行局的官员和其他国家的代表进行面试考察。[35]

美国的上述行动对教科文组织的内部职员造成了重大影响。教科文组织重建部门的美国职员戴维·莱夫(David Neal Leff)在被美国政府认为参与了"颠覆性"活动之后,被要求配合美国的调查,甚至被要求返回美国接受法院审判。代理总干事泰勒(John W. Taylor)和埃文斯(Luther H. Evans)二人都向其施压要求其服从美国的要求,并威胁将对其予以停职。不过秉持中立性原则的教科文组织上诉委员会一再驳回了总干事的无理要求。此外,美国在1953年建立的"国际组织雇员忠诚局",要求莱夫于1954年4月之前在巴黎的美国大使馆接受质询。莱夫对此表示拒绝之后,总干事埃文斯警告莱夫,他的雇员合同将不会在到期之前续约。不过这一决定又一次被教科文组织的上诉委员会否决。1954年,埃文斯总干事在蒙得维的亚教科文组织大会上推动了一项修正案,要求职员不得从事除国内选举以外的任何政治性活动,由此总干事获得了追溯调查其职员的政治背景的权力,以及最终解雇莱夫等被认为从事"颠覆活动"的职员的职权。[36]

美国推动下的教科文组织执行局改革,则更深远地损害了教科文组织独立履职的能力。1946年教科文组织成立之时,执行局由18名代表个人的成员组成的,这些成员分别由艺术、人文、科学、教育等领域的独立知识分子组成,以使执行局更专业地履行组织法赋予的职能。执行局行使的是作为一个整体的大会授予的权力,在行使权力时应当尽量独立而非代表各自的政府。执行局的发展却并未按照最初设想的那样,它的独立性被大国政治步步蚕食。美国的一名高级官员说:"美国政府会给即将赴任的教科文组织执行局委员进行洗脑,让他们用美国政府的思维方式来思考。"[37]法国作为教科文组织独立性精神的首倡者,一直公开地坚定维护教科文组织的独立性原则。然而同为教科文组织创始国的英国和美国则转变了立场。英国代表巴特勒在1945年公开表明,"教科文组织不应当成为政府的玩物"。四年之后,英国代表提出执行局的成员应当代表他们自己的国家。这一提议并没有得到当时大会任何一个国家的附议。冷战序幕拉开后,教育、科学、文化、大众传媒领域的专家对于教科文组织内部的优先事项安排存在较大纷争,美国政府所认可的优先事项很难顺利排上教科文组织的议程。曾经支持教科文组织保持独立性的美国逐渐改变了态度,提出执行局的成员应当代表自己的国家。[38]1954年时,由于美国态度的转向,将教科文组织的执行局成员国家代表化的修正案得到了足够多的支持,在1954年的大会上得到通过。这样,原来由科学和文教界独立的个人组成的执行局,变成了22个代表各自政府立场的国家代表组成的执行局。[39]不过虽然当时的执行局委员已经在名义上代表国家,但仍保留个人参与的身份,名牌和会议记录里面仍然是个人名字而不是国家名称。[40]与此同时,1954年还通过了将教科文组织大会由一年一度改为两年一度的决议,以使执行局在大会休会的两年中代表各自政府行使更大权力。对于这一变化,普遍认为其原因在于各国认为既然国家是教科文组织的出资方,那么这个机构就应当服从于国家利益。[41]也正因为如此,教科文组织的法国代表罗杰·赛杜(Roger Seydoux)对这一改革的评价是,"(这一改革之后)各国的财政部,将成为教科文组织和其项目的主人"。[42]

第二节　美国的"期望"与"失望"

总体来说,美国在这一时期仍然延续了教科文组织初创时期的基本目标,努力将教科文组织作为平台来延伸其对外政策。不管在议题设定还是机构改革方面,美国都展现了其积极主动的姿态,力求自身利益在教科文组织的平台上得到更好的实现。然而却并非事事尽如美国所愿,美国所推出的很多议题都遭遇了挫折。

一、"信息自由"议题遭遇挫败

首先,美国促进信息自由的努力并没有得到教科文组织成员国的支持。关于建立世界范围内的广播网络的提议在第一届教科文组织大会就遭到了成员国的普遍反对,信息自由原则相关的一系列项目也都大多被推迟以避免不必要的"冲突"。[43]其中苏东国家的反对声音最为强烈。东欧国家的代表们认为信息自由原则的决议案是"法西斯的",[44]并号召教科文组织的其他成员国反对某些国家的"战争贩子行径以及对虚假信息的传播"。[45]南斯拉夫和波兰代表于1946年在首届大会上谴责美国的建议"滥用了'思想自由流动'原则,为那些和平的敌人和战争贩子向大众渗透提供了机会"。[46]1947年,波兰代表提出了针锋相对的动议,要求将"战争宣传"罪名化以防止在所谓的信息自由流动的条款下宣传"法西斯或者纳粹意识形态"。[47]

反对声音不仅来自东欧国家,西方阵营的英国、法国、意大利以及欧陆国家对此也有深深的顾虑,它们更愿意保持教科文组织"中立"而不是使其愈发政治化。欧洲国家作为二战法西斯意识形态宣传的直接受害者,对教科文组织的大众传播项目以及信息自由流动原则表示担心,因而自然倾向对其采取抵制的姿态。英国代表认为"自由流动"无非是"通过一个范围广大的媒体网络来传播美国文化的措施"。法国则认为美国的这一行径是"大众传媒帝国主义"。[48]前殖民地国家担忧在信息自由的原则下,美国的信息优势会愈发明显,加剧国际信息资源和新闻报道的不平衡性。[49]针对朝鲜战争的真理运动更是受到了教科文组织其他成员国的孤立。法国在这一问题上强烈反对美国的观点;[50]即使是英国,这一往常在教科文组织公开支持美国的国家,也质疑教科文组织为支持朝鲜战争而开展这样的短期项目的合理性。[51]第二任总干事博德向执行局递交了执行局有关朝鲜战争的妥协之后的决议草案时,在23个发表评论的成员国中,只有6个成员国持积极立场。

反对美国的声音还来自总干事。首任总干事赫胥黎强烈反对"促进某一宗教或者国家利益"和"传播虚假的、歪曲的或者不全面的信息"的大众传媒项目。[52]第二任教科文组织总干事托雷斯·博德(Torres Bodet)坚持认为教科文组织在朝鲜战争的作用仅限于战后的重建层面,并提出了与美国意见相左的战后重建"四点计划"。美国代表本顿对总干事施加压力,要求教科文组织采取更加激进的反共态度,总干事被迫暂时辞职以表明立场。最终在各方妥协下,博德总干事起草了一份有关教科文组织在朝鲜战争的作用的决议。该决议既强调了组织在战后重建中的角色,同时也提到了教科文组织立足于推动对正义、法治、人权和基本自由的普遍尊重来提供援助,[53]以这样的方式模糊地回应了美国的关切。

美国在信息自由议题上受到阻力的原因在于各方对该议题缺乏共识。事实上,这一问题即使是在联合国内部也没有达成共识。信息自由并非一种与人权可以相提并论的规范性价值目标,而是被当作一种促进人权和基本权利的手段,或者说是一项内含于人权概念的基本权利。虽然各国给予了信息自由很高的价值地位,但是对于信息自由的概念,各国并没有达成统一的意见,因而未能明确呈现在《联合国宪章》及其他国际法律文件中,更不必说基于此探讨如何采取协调行动。第一届联合国大会上,信息自由被描述为"一种基本人权、是一切自由的检验标准"。1948年的《世界人权宣言》第十九条载明,"人人有权享有主张和发表意见的自由,此项权利包括持有主张而不受干涉的自由,通过任何媒介和不论国界寻求、接受和传递信息和思想的自由",这赋予了信息自由以道德原则的地位。[54]这份宣言当时只有八个国家弃权没有一个国家反对。而各国对于如何防止虚假信息、战争宣传、诽谤、宣传仇恨、种族歧视等问题,则并没有达成共识,因而联合国大会将这份宣言明示为"为所有民族和国家所共享的进步标准"而非强制性的义务或规范。各方的意见存在较大分歧。激进派美国主张信息越自由,信息量越大,信息来源越多,便能够击败一切危害和平与安全的言论;中间派英国、法国、比利时、瑞典等坚持信息自由作为人的基本权利的观点,但担心美国的信息霸权,主张允许国家适度控制和干预,瑞典长期以来也一直实行政府控制下的广播系统。[55]因此,即使1954年之前苏东集团国家在教科文组织内参与程度较低,美国也未能在其中推广信息自由议题。

二、总干事与美国紧缩教科文组织财政政策之间的矛盾

美国受到的挑战还来自教科文组织的预算问题。作为教科文组织第一大出资国,将教科文组织的预算控制在其认为合理的范围之内是美国参与教科文组织的又一政策目标。美国从项目方案设计之时便不希望给予教科文组织丰厚的物质支持。在 1946 年的首届大会上,总干事赫胥黎提出了 150 项不同的项目安排,并相应将教科文组织元年的预算设定为 1 000 万美元,而美国代表在预算委员会上提出的预算方案是 600 万美元。本顿认为,这一预算方案对于一个精简化的项目安排是足够的,其所展现出的预算节俭精神能够为教科文组织赢得美国国内的支持;而英国代表戴维·哈德曼(David Hardman)则认为美国的预算方案不够支撑教科文组织所通过的项目安排。尽管存在不同的意见,美国的预算方案仍然占了上风。1947 年教科文组织大会将预算削减至 7 682 637 美元。1948 年赫胥黎提出的预算方案是 8 474 000 美元,并要求至少为 1949 年的项目活动提供不少于 8 250 000 美元,而美国在大会前的一次会议中将预算设置在不高于 8 000 000 美元。最终,1948 年的大会将预算方案设定在 7 780 000 美元,这一数字与赫胥黎提出的预算方案相差甚远。[56]

在首任教科文总干事赫胥黎的任期内,由于负责财政预算的副总干事路德·埃文斯(Luther Evans)是美国人,任何财政扩张的计划都被搁置下来,只能等待下一任总干事来拟定新的财政预算安排。而第二任总干事博德延续了第一任总干事的财政扩张路线,主张强化教科文组织的各项活动。在 1952 年的执行局会议上,他提出了一份 1953 年的 9 895 029 美元的预算方案,较上一个预算周期增加了 1 267 029 美元。[57]路德·埃文斯就此对总干事施压,认为"教科文组织应当专注于其'项目焦点'"。[58] 1952 年的教科文组织大会上,总干事在他的预算报告中提到"教科文组织需要更多的资源来支持其项目的发展壮大",因此他提出的两年周期的预算方案是 20 691 306 美元。然而在美国的支持下,英国代表要求教科文组织的预算应当冻结在 1952 年的水平,

或者两年预算周期内不超过 17 346 000 美元的预算开支。最终,西方发达工业国的十一个国家代表提出的总额为 18 000 000 美元的预算方案在大会以 29 票赞成,21 票反对,4 票弃权的表决结果通过。[59] 由于这一预算方案甚至低于现有的预算水平,总干事不能接受而选择了任上辞职。

教科文组织的预算方案,按照教科文组织《组织法》的规定,是由总干事本人拟定的。[60] 美国与教科文组织在财政预算方面的矛盾,在很大程度上是总干事与美国在财政观念上的分歧。总干事是国际组织秘书机构的领袖,是国际组织的"法人代表",财政预算的规模直接决定了项目安排能否最终得到有效执行,也关系到总干事任期内的绩效。因此总干事是出资国限制国际组织的经常预算规模行为的首要利益相关方。当美国极限约束教科文组织的预算规模时,总干事博德选择了在任上辞职。尽管在博德任期之后的总干事路德·埃文斯在这一问题上奉行非扩张的财政政策,但是这一矛盾并未得到有效解决,尤其是当一大批中小国家,特别是欠发达国家进入教科文组织,并在执行局和大会上成为有能力塑造议程的关键力量的时候,他们不断推动教科文组织增加其预算以支持教科文组织对他们的技术援助计划。当作为一支独立的政治力量的第三世界国家越来越脱离冷战的东西方对抗阵营、在教科文组织的执行局和大会推动有利于新兴民族独立国家的议程时,美国在预算问题上的态度变得更加保守。这一矛盾在 20 世纪 60 年代尤其明显。在第五任总干事马厄的任期内,马厄不顾美国助理国务卿哈兰·克利夫兰(Harlan Cleveland)的警告,明确告诉他自己"不准备服从于美国的预算指导原则"。[61]

第三节 教科文组织权力格局的变化

这一时期还伴随着教科文组织内部权力格局的改变。1946 年教科文组织成立之初,教科文组织的成员国有 28 个,其中 14 个成员国是来自"第一区域集团"(西欧、美国、加拿大、澳大利亚和新西兰)的西方国家,[62] 非西方成员有 14 个,且多为传统上深受美国影响的拉丁美洲国家。以美国为轴心,非西方的拉美国家与西方国家形成较为团结一致的阵营。社会主义阵营的国家只有捷克斯洛伐克、南斯拉夫和波兰，1947 年匈牙利才加入了教科文组织。苏联作为社会主义阵营的领导国家并没有参与教科文组织的内部事务。寥寥无几的社会主义国家传递自己声音的方式也只有向大会提出提案，影响力十分有限。由于它们在诸如教科书的审查问题和新中国在教科文组织的代表权问题上与西方国家激烈冲突，波兰、捷克斯洛伐克和匈牙利这三个东欧社会主义阵营的国家曾经在 1949 年和 1950 年的教科文组织大会上愤然离席。社会主义阵营还集体缺席了 1948 年在贝鲁特举办的教科文组织大会，[63]波兰和匈牙利以及捷克斯洛伐克甚至在 1952 年的 12 月退出教科文组织。[64]西方压倒性的政治优势也导致教科文组织顺利通过了对朝鲜战争的谴责以及未能阻止负有战争罪责的联邦德国、日本、奥地利、西班牙被接纳为教科文组织的新成员。而非西方的第三世界后殖民国家在教科文组织成立之初虽然数量上有一定的优势，但第三世界国家在数量上居多的成员国是拉丁美洲国家，它们深受美国和欧洲的影响。[65]这一形势在教科文组织的日常中枢机构执行局与秘书处更为明显。1946 年执行局有 18 个成员，其中 10 个是来自"第一区域集团"，东欧国家仅有两个席位，拉美、亚洲和中东非洲总计 6 个席位。[66]

随着世界形势的变化，20 世纪 50 年代，社会主义国家或恢复在教科文组织的代表地位，或加入教科文组织；随之而来的 20 世纪 60 年代的民族解放运动浪潮中，广大亚非新兴独立国家成为教科文组织的新会员国。值得注意的是，根据联合国教科文组织《组织法》，联合国的成员国提出申请后可自动获取教科文组织的会员资格。根据《教科文组织与联合国的关系协定》，非联合国会员国在执行局的推荐以及联合国经社理事会的批准，[67]经教科文组织大会三分之二表决通过也可以成为教科文组织的新会员国。相较于联合国的成员资格，教科文组织的加入程序则不含一票否决权这样的限制，低门槛的会员资格为教科文组织吸纳更多的成员提供了条件。[68]其次，在有关退出和重新加入教科文组织的流程方面，教科文组织的相关规定也较为宽松，任何会员国与准会员国在告知总干事其退出意向之后，这一意向将在发出该通知之后的次年 12 月 31 日生效，而重新加入教科文组织则只需重新提交入会申请即可。[69]由此可见，在会员国资格方面，教科文组织的相关规定充分体现了其"普遍性"和"全球性",特别是"执行局推荐,大会批准入会"这一流程为一些不被联合国认可具有主权国家资格的政治实体提供了加入教科文组织的渠道。虽然经社理事会的前置程序能够阻拦具有主权争议的政治实体进入教科文组织,但这一机制在战后美国霸权和冷战的背景之下难以发挥作用。例如出于对负有战争责任的日本和西德进行去法西斯化改造并确保二者不落入社会主义阵营,美国致力于推动其恢复主权国家身份资格的进程,二者均轻而易举获得了经社理事会经半数支持通过的教科文组织推荐资格,这些二战战败国均在1951年的第六届教科文组织大会获得了成员资格。[70]这一时期,柬埔寨、越南、老挝等国家都以非联合国成员的身份加入了教科文组织。与此同时,教科文组织早期的非联合国成员国入会的标准和程序完全受到美国的操控,导致新中国难以取代台湾当局在教科文组织的非法代表权。[71]

与以上国家的情形不同的是,苏联则是以联合国成员国的身份直接加入。在斯大林的领导下,苏联在1953年之前对教科文组织采取了批判和漠视的态度。在教科书审查、大众传媒以及"朝鲜战争的真相运动"上,苏联将教科文组织批判为"战争宣传机器"。[72]在教科文组织的经费预算上,苏联也颇有微词。[73]斯大林去世后,苏联的外交政策逐渐开始转向"和平共处",开始与西方世界接触。而加入联合国的专门机构就成为苏联全面恢复以联合国为中心的多边外交这一课题的优先事项。[74]教科文组织对苏联的加入持开放的态度,总干事埃文斯也认为苏联代表只需要"动动笔"即可成为会员国。不久,总干事就收到了时任苏联外交部长维亚切斯拉夫·莫洛托夫(Vyacheslav Molotov)的信,信中表达了苏联希望加入的意愿。[75]1954年3月22日,苏联最高苏维埃主席团通过了一项决议,批准苏联最终加入国际劳工组织,并代表乌克兰和白俄罗斯这两个苏维埃社会主义联盟共和国通知教科文组织总干事加入教科文组织的事宜。苏联驻伦敦外交官马利克(Ivan Alexan-drovich Malik)于1954年4月12日在英国外交部签署了教科文组织章程,苏联正式成为联合国教科文组织第70个成员国。[76]跟随苏联的脚步,在1952年退出教科文组织的东欧社会主义国家匈牙利、捷克斯洛伐克和波兰也恢复了在教科文组织的成员国身份。同年,保加利亚和罗马尼亚也提出加入教科文组织。关于这两个国家的成员资格问题,美国代表团与苏东国家代表团发生了争吵。美国认为这两个国家严重违反人权,因而坚决反对给予这两个国家成员国身份,而苏联代表则肯定了罗马尼亚在科学事业方面的发展,认为人权不是一个值得进一步考虑的问题。[77]第八届大会仍然将罗马尼亚的加入推迟至1956年的下一届大会。保加利亚与罗马尼亚的遭遇类似。即便如此,美国最终也未能阻止东欧社会主义国家的步伐。1956年,保加利亚、罗马尼亚、1958年阿尔巴尼亚都加入了教科文组织。从此,苏东国家阵营长期保持在教科文组织的稳定参与。

苏东国家的参与,使教科文组织不再是以美国为代表的西方国家的"一言堂",转而成为东西方阵营直接对抗的"角斗场"。在美国看来,教科文组织在东西方争夺意识形态高地的斗争中愈发明显地展现出与苏东阵营立场相一致的反美倾向。美苏双方在20世纪60年代就教科文组织出版的《苏联种族与民族之间的权利平等》(*The Equal Rights Between Races and Nationality in U.S.S.R.*)一书上发生了激烈的冲突。适逢20世纪60年代美国国内族群矛盾上升之时,1962年这部在美国看来具有煽动性的出版物由教科文组织出版,当即引发了美国政府和国内的反对声潮。这本书源于1956年。时任教科文组织社会科学部门分管"种族"项目的干事阿尔弗雷德·梅特罗(Alfred Metraux)计划依照此前由普林斯顿大学社会学家莫罗·博格(Morroe Berger)写就、由教科文组织出版的关于美国内部反对种族主义的出版物《种族平等和法律》(*Racial Equality and the Law*)[78]的基本思路对苏联内部的同一问题进行系统评估。[79]在其给苏联科学院秘书长的信中,他认为"现在轮到将这一研究计划扩展至贵国的时候了"。[80]这一设想得到了来自苏联的支持和响应,苏联学者伊万·彼得罗维克·察梅良(Ivan Petrovic Tsamerian)和萨姆伊尔·拉扎列维奇·罗宁(Samuil Lazarevich Ronin)承担了这一项目。梅特罗本人也考虑到美苏冷战背景之下,教科文组织这一举动会引发美国国内的激烈批评,但他坚持认为,"与其与苏联长期对立,不如建立密切的合作关系"。[81]

这本出版物成书之时,时任总干事勒内·马厄也批准其出版。这本书清晰地定义了种族和民族的概念,记述了苏联时期在社会主义制度之下促进民族之间平等关系方面的成就,特别是犹太人作为少数族群的经济社会地位的变化,抨击了西方国家妄图以"种族优劣论"来压迫国内少数族裔和殖民地人民的行为,并提到了西欧国家内部的"复仇性的新法西斯主义""资本主义国家内部的殖民压迫"等现象。这本书在 1962 年一经出版便遭到了美国政府的抗议。美国认为这本书"很明显被用来作为苏联的政治宣传工具,以扭曲和虚假而非科学的调查方式展示苏联内部的民族关系,明目张胆地包含了反西方的政治宣传,包括将'复仇主义''新法西斯主义''殖民压迫'以及'资本主义国家'等表述应用在西欧国家"。[82] 美国时任驻教科文组织常任代表约翰·莫洛(John Morrow)抗议教科文组织"协助苏联宣传其境内乌托邦式的虚假情况,纵容成员国利用教科文组织实现国家目标的行为"。[83] 而教科文组织则坚持其立场,在马厄给莫洛的回信中,马厄认为书中对于西方资本主义国家的种族主义的批评是基于已出版的对于西欧国家反犹主义的描述,批评是符合教科文组织和联合国的基本原则的,而且书中关于苏联自 1917 年成立以来解决种族不平等问题的叙事方式与《种族平等和法律》对于美国的同类问题的叙事方式保持了一致。[84] 教科文组织从这一事件始终都秉持着迎合苏联的姿态。尽管考虑到美国对此可能产生的强烈反应,但仍坚持该出版物的编写并经由教科文组织出版。这也说明,苏联获得教科文组织成员身份之后,美国的影响力开始显著下降。从美国时任分管教育和文化事务的助理国务卿卢修斯·巴特尔(Lucius D. Battle)的证词中,可以印证这一点:

> 教科文组织从未有过规范出版物的明确的政策指令。在苏联 1954 年加入教科文组织之前,这样的政策指令也是不必要的——因为其他国家会遵从我们认为的学术研究和报告的标准……缺少了规范出版物的标准,教科文组织面临陷入意识形态和政治纷争之中的风险。[85]

美国和苏联在军备方面的对抗也延伸到了教科文组织。1960 年,苏联在教科文组织大会上提出了一项裁军的动议,并试图使其成为联合国教科文组织的一项议程。美国反对在联合国教科文组织内讨论国际政治事件,认为这并不是一个"讨论裁军的场所"。在美国的支持下,美国的前殖民地利比里亚提出了反对的意见,要求大会删除该议程。美国虽然最终成功地将裁军条款从议程中删除,但是支持美国的力量并不占绝对多数,投票结果是 36 票赞同、26 票反对、20 票弃权。[86]

随着 20 世纪 60 年代民族解放运动的展开,许多亚非国家纷纷摆脱殖民统治、建立民族国家,成为世界政治格局中一支不可忽视的力量。广大新兴民族国家进入联合国及其专门机构,深刻改变了多边国际组织的内部权力格局。1960 年被认为是"非洲独立年",有 17 个非洲国家加入教科文组织,1960 年的第 11 届大会上甚至产生了第一位来自非洲的大会主席。而在 1960 年之前,除了埃及、苏丹、利比亚、埃塞俄比亚等国家,非洲大陆,特别是撒哈拉以南非洲几乎没有国家派出代表参与教科文组织的会议和日常工作。亚非国家的加入,使得教科文组织西方国家一言堂的局面被彻底扭转。1960 年至 1980 年大会成员数量变化如表 3.1 所示。

表 3.1　1960 年至 1980 年大会成员数量变化[87]（单位:个）

	1960 年	1965 年	1970 年	1975 年	1980 年
大会非西方成员国数量	74	89	93	102	119
大会成员国数量	99	120	125	136	153

广大亚非国家与苏东国家在一定程度上实现了联合,壮大了非西方世界的声音。1960 年,苏联国家委员会和教科文组织代表团就开始动员摆脱殖民统治的国家,以赢得它们的支持。苏联与白俄罗斯和乌克兰一道支持后殖民国家的经济社会建设事业。它们将每年自愿捐赠给联合国、用于技术援助的资金从 1956 年到 1960 年的每年 900 000 卢布,提升到每年 2 000 000 卢布。在教科文组织的大会上,苏联代表还与非洲国家代表建立了私人联系。亚非国家也投桃报李,支持苏联代表团要求提升教科文组织秘书处的地域代表性和将裁军节省下来的经费用于教育、科学和文化援助的议案。苏联一方也回应第三世界国家的需求,在教科文组织大会上推动谴责美国无端干涉他国内政的行为以及"对非裔美国人的歧视"的决议。[88]

非西方国家在教科文组织内部的崛起,真正改变了教科文组织内部的力量对比格局,这一权力结构变化带来的结构性压力使美国昔日不费吹灰之力便可操控教科文组织重要议题的日子一去不复返。在路德·埃文斯与维托里诺·韦罗内塞(Vittorino Veronese)任内,两位总干事都强调教科文组织的项目活动应当聚焦于有限的领域和范围,因此教科文组织一直遵循预算节制的精神。[89]1962年,作为代理总干事的法国人勒内·马厄在巴西和印度代表的支持下提出了一份4 000万美元的预算方案,而在此前,执行局向大会提交的双年度财政预算方案是不超过3 800万美元,后者得到了执行局内英国、美国、苏联和法国这些主要出资国代表的支持。马厄并不愿意默许这一预算限制,于是他将自己的预算方案作为独立的议题带入了大会,大会最终同意将财政预算定在3 900万美元。[90]这样一位在美国眼中不遵守预算节约精神的代理总干事,却在执行局内成功获得提名,并于1962年在大会上以89票赞成,10票反对,4票弃权这样的史无前例的巨大优势升任新一届教科文组织总干事。[91]值得注意的是,美国反对马厄当选总干事,最终事与愿违。根据《纽约时报》的说法,马厄的获胜原因在于他"赢得了发展中国家的众多支持者"。[92]

教科文组织的议程也反映了这一权力格局变化。首先是教科文组织声援声势浩大的民族解放运动。1954年,南非的种族隔离制度在教科文组织大会受到批判。经过辩论,大会通过了一项决议,声明其"相信通过和平的方式解决一切争端的可能性"。[93]1960年,教科文组织大会宣布"一切形式的殖民主义和它的各种表现形式都必须废止,而且越快越好",教科文组织在"推动殖民地国家的解放和独立事业中扮演着重要的角色"。在有关葡萄牙在非洲的殖民地问题上,教科文组织也采取了支持殖民地人民的立场。1963年,教科文组织和国际教育局在一次联合举办的国际教育大会以"葡萄牙不承认非洲殖民地人民的人权"为由驱逐了葡萄牙代表。[94]1965年,第二十届联合国大会要求专门机构停止向拒绝给予殖民地民族自决权的殖民国家提供援助,1966年教科文组织14届大会投票通过了相关决议,要求"拒绝为葡萄牙、南非、南罗德西亚非法政权[95]提供任何教育、科学和文化事务的援助,也不得邀请他们参与任何与授予援助相关的会议,直到这两个国家废除种族歧视和殖民统治为止"。[96]对于在教科文组织内部的反殖民主义的情绪,美国的态度是消极的。

这一时期也伴随着教科文组织的项目重点重新聚焦种族问题。

1963 年的执行局会议之前,总干事马厄宣布教科文组织将重新调整项目安排,以突出"种族间关系,去殖民化问题和裁军的政治经济效应相关问题的研究工作"。尽管教科文组织的相关工作更多是研究性质的,但美国国务卿腊斯克(David Dean Rusk)认为教科文组织将资源从教育和科学工作转移到后殖民主义、种族关系和裁军议题上的做法是有害的,这会煽动起苏联的反美宣传。[97]因此,腊斯克敦促美国代表在之后的执行局会议上强调美国在种族问题上的反对立场,要求教科文组织继续将资源投入教育和科学的项目上,同时施压马厄重新调整项目重点。但 1963 年的执行局第 66 届会议肯定了教科文组织在帮助解决"种族问题,新独立国家的社会和经济问题以及裁军的政治和经济效应问题"方面的建设性角色。[98]美国还在 1964 年教科文组织大会前夕通过美国大使就相关议题游说执行局的印度、尼日利亚和墨西哥的代表,最终也以失败告终。

响应发展十年的号召,大众传媒工作重点转向对第三世界国家的技术援助以实现传媒和通信技术的普及。第三世界国家在获得独立之后,对建立和发展自己的传播系统、传播技术的呼声日趋强烈,并就此在多边国际组织发声。1961 年,第 16 届联合国大会宣布,20 世纪 60 年代是联合国发展十年,为支持发展中国家的信息与媒体事业奠定了基调。1961 年联合国经社理事会通过有利于欠发达国家的决议,呼吁世界各国在信息领域进行国际合作,实现本国在信息领域中的发展。1962 年联合国大会呼吁终结欠发达国家内的传播赤字,并组织服务于此目的的国际援助。教科文组织的大众传媒和信息项目重点也开始调整。20 世纪 60 年代,教科文组织首先分别在泰国曼谷、智利圣地亚哥和巴黎举办了三场会议调研亚洲、拉丁美洲和非洲欠发达国家的大众传媒发展状况。1964 年,教科文组织发起了旨在在塞内加尔的成人教育中推广视听材料和其他媒体资源的为期 6 年的试点项目。1965 年,教科文组织主办的一次会议中,历史性首次讨论了电信行业,特别是卫星通信用于大众传媒对欠发达国家的影响问题。1965 年和 1966 年,教科文组织的跨学科团队对电子媒体和电影在教育事业上的运用方式进行了研究。1967 年,教科文组织派出专家团队赴印度和巴西调研在教育中使用卫星通信的可行性。

第四节 美国教科文组织政策的调整

20世纪50年代中期之后,美国渐渐发现教科文组织已经成为一个难以拓展自身外交利益的平台,开始调整对教科文组织的政策方向。其趋势是扭转教科文组织的"政治化"发展方向,更多参与教科文组织的功能性和技术导向的项目中。美国相关行动的目标也从主动设置政治议程以促进美国利益变为被动消极地减少对美国利益的不良影响和损失。这种趋势在20世纪60年代则更加明显。伴随着美国经济增长速度放缓、国际影响力下降和深陷越战的局面,国内要求收缩美国海外扩张态势的呼声越来越强,反映在多边事务上表现为对以联合国为代表的多边机制的怀疑。1963年,教育与文化事务助理国务卿卢修斯·巴特尔在一次向参议院的政策报告中表达了美国对教科文组织这一多边机制的怀疑:"该组织存在许多我们由衷不赞成的项目。"[99]美国对教科文组织的诉求转变为使教科文组织聚焦于优先项目的同时,既有项目更加体现功能性,减少其意识形态色彩。美国教科文组织国家委员会甚至认为,争取和平的努力将被无知、贫困、疾病、贫富差距等问题击垮,这些发展问题的解决需要比国际智力合作更多的即时感和目标感,因此应当将焦点从"人心"(minds of men)转移到生活的质量上来。[100]

意识到广大发展中国家提出的发展需求,美国也着力敦促教科文组织将项目重点放在"解决发展中国家的迫切需要"之上。[101] 1961年3月,国务院将国际教育和文化关系协调事务助理升格为专门负责教育与文化事务的助理国务卿(Assistant Secretary of State for Education and Cultural Affairs),并将原先由国务院的公共事务助理国务卿(The Division of Cultural Relations)主管的文化关系事务划归其管辖。[102]这标志着美国对外文化关系事务的地位的提升以及政策重点向技术性的转变。1963年3月7日,国务院行政秘书给总统国家安全事务助理邦迪(McGeorge Bundy)的备忘录中具体说明了美国对教科文组织政策路线的变化:

　　首先,国务院目前正在为促进教科文组织变得更有效率而运作一项强有力的、批判性的,但又十分具有建设性的举措。我们正努力建议教科文组织缩减其边缘活动与争议性问题以使其朝向一个更清晰的方向发展。这样该组织便更有能力处理发展中国家目前所面临的更为急切的要求。为此我们必须强调该组织与其他联合国的专门机构一道，重新定义其项目，以便该组织能够为联合国的发展十年作出最大贡献，该组织应在总体的经济与社会发展中将其努力聚焦于教育发展。[103]

这一方面最典型的案例是美国通过教科文组织推动的提高识字率项目。在林登·约翰逊总统(Lyndon B. Johnson)任期内，美国与教科文组织在这一方面开展了密切的合作。1963 年，美国国务院的教育和文化事务局指出："帮助教科文组织制定现实可行的扫盲战略是非常重要的。"[104]在美国的推动下，1964 年教科文组织和世界银行达成了合作，后者为前者提供项目资金支持，而前者为后者和发展中国家沟通发展需求搭建桥梁。[105]美国在扫盲运动方面反对古巴和乌克兰的大规模大众识字运动模式，受到美国主流发展经济学关于"人力资本"对于经济发展贡献理论的影响，美国倡导经济发展导向的有限规模的扫盲模式。[106]教科文组织总干事马厄也持有相似的立场，并发展出有别于大众识字运动的功能性扫盲(Functional Literacy)方式。[107]美国得以与教科文组织展开密切合作，开展了从 1966 年到 1974 年为期八年的"实验性世界识字计划"(Experimental World Literacy Program)，这也成为教科文组织在扫盲方面最具成效的项目。[108]

在大众传媒领域，美国也在 20 世纪 60 年代改变了这一事业的发展方向与侧重点。大众传媒方面的议程重点从着眼于信息的自由流动转向着眼于信息的权利，到后来转变为推动大众媒体在第三世界国家的普及。1958 年，联合国大会邀请教科文组织共同起草决议，资助低收入国家的政府建立各自国家的媒体。20 世纪 60 年代，美国在教科文组织的核心利益还是在于通过大众媒体推进自由民主秩序。但是这一目的只能通过资助在发展中国家内部建立通信基础设施来实现，这些项目在性质上更多是技术性或援助性的，而非政治性的。

与此同时，美国加强了与教科文组织在科学研究项目、科学技术援助并推动在教育文化和科学方面的学术合作方面的合作。在美国代表的推动下，教科文组织于 1960 年成立了政府间海洋学委员会来促进海洋空间的科学调查,以及推进"国际水文十年计划"项目来为第三世界国家提供水资源管理。除此之外,美国还鼓励美国人在教科文组织以专家和顾问的身份参与这些领域的实践。美国专家在教育和科学方面的实践中起到了主导性的作用。

此外,随着越来越多的非西方国家加入教科文组织,稀释了主要会费分摊大国在财政预算事务上的话语权,20世纪60年代援助项目的迅速增加也使教科文组织的财政预算规模迅速扩大,增加了主要出资国的会费负担。总干事马厄在1965年7月9日的联合国经社理事会会议上提到在20世纪60年代教科文组织的预算中有三分之二的支出被用于发展援助。[109] 1964年,由美国和英国发起,澳大利亚、比利时、加拿大、法国等西方国家加入的"日内瓦集团"成立,其目的在于促进各国在联合国预算和管理问题上的交流,以尽可能有效地使用现有资金,限制"日内瓦集团"成员国分摊会费的增长。[110]

总体来说,美国在主动参与阶段的前期,即1954年之前,对教科文组织抱有很高的期望,希望使教科文组织成为其对抗共产主义的堡垒,以及国内大众传媒事业的助推器。美国也的确能够利用其掌握的强大的资源和动员能力来塑造教科文组织的议程以及大会的表决结果。美国的影响力甚至毋须诉诸决策机制本身,仅凭其他成员国的支持即可实现。而教科文组织本身的独立性,主要是以执行局和总干事为领导的秘书处的独立性,其成为美国参与教科文组织的早期教科文组织体制性的"制衡"力量。随着苏东社会主义阵营纷纷加入教科文组织,以及第三世界国家获得民族独立并获得教科文组织的"门票",教科文组织政治化的进程开始变得有利于这些非西方国家。再加上1954年美国支持下的执行局和大会改革的影响,教科文组织最终在20世纪60年代成为非西方国家的讲坛。即使是在美国最有发言权的预算方面,总干事的立场也很有分量,以致美国常常不得不妥协。在这样的情况下,美国的参与开始转变为被动反应模式,试图推动教科文组织去政治化,将其工作内容重新调整回它的"初心"中去。为此,美国加强了与教科文组织在科技、教育和文化方面的技术援助的合作,并在推动教科文组织实现更精简的预算安排的同时,通过其他的机制(如联合国开发计划署)对这些项目进行融资,以实现对相关的援助资金的有效控制。[111]

当然,这样的行动本质上仍然是被动防御性质的,在上述教科文组织去文盲化运动的案例中,美国的积极参与和大力支持的根本动机源于对古巴和乌克兰的社会主义制度之下的大规模识字运动的倡议和成功的实践所引发的政治效应的忧虑。[112]

在实际效果上,教科文组织与美国作为最大出资国的"离心化"的趋势并没有缓解。随着美国政策风向的改变,美国对教科文组织的参与开始从主动参与转变为消极反应,并在 1969 年前后达到转折点。最明显的变化是,美国的执行局代表在其中仅仅短期任职并频繁调动,导致美国的参与愈发不具有连续性。从 1969 年开始,美国转向消极参与教科文组织的阶段。

注释

1. "Statement of Archibald Macleish to the Committee on Foreign Affairs of the House of Representatives, reprinted in the role of UNESCO in Our Foreign Policy," Department of State Bulletin 2508, 14 April 1946, p.629.

2. Jan Kolasa, *International Intellectual Cooperation: The League Experience and the Beginnings of UNESCO*, Wroclaw: Zakład Narodowy im. Ossolińskich, 1962, p.140.

3. William Benton, "Report on the First General Conference of UNESCO," *Department of State Bulletin 2720*, 5 January, 1947, pp.20—21.

4. S. E. Graham, "The(Real) politiks of Culture: U. S. Cultural Diplomacy in Unesco, 1946—1954," *Diplomatic History*, Vol.30, No.2, 2006, p.238.

5. "Joint Resolution providing for Membership and Participation by the United States in the United Nations Educational, Scientific and Cultural Organization, and Authorizing an Appropriation therefor," https://avalon.law.yale.edu/20th_century/decad050.asp♯1, 访问时间:2023 年 5 月 3 日。

6. "U.S. Withdrawal from UNESCO: Report of A Staff Study Mission February 10—23, 1984 to the Committee on Foreign Affairs U. S. House of Representatives," Washington, D.C.: U.S. Government Printing Office, 1984, p.8.

7. William Preston et al, *Hope & Folly: The United States and UNESCO: 1945—1985(Media and Society)*, Minneapolis: University of Minnesota Press, 1989, p.33.

8. J. P. Sewell, *UNESCO and World Politics*, Princeton: Princeton University Press, 2015, p.106.

9. John Toye and Richard Toye, "One World, Two Cultures? Alfred Zimmern, Julian Huxley and the Ideological Origins of UNESCO," *History*, Vol.95, No.319, July, 2010, p.310.

10. J. P. Sewell, *UNESCO and World Politics*, Princeton: Princeton University Press, 2015, p.107.

11. S. E. Graham, "The(Real) politiks of Culture: U. S. Cultural Diplomacy in

UNESCO, 1946—1954," *Diplomatic History*, Vol.30, No.2, 2006, p.237.

12. J. P. Sewell, *UNESCO and World Politics*, Princeton: Princeton University Press, 2015, p.128.

13. Frank A. Ninkovich, *The Diplomacy of Ideas: U.S. Foreign Policy and Cultural Relations, 1938—1950*, Cambridge: Cambridge University Press, 1981, p.149.

14. J. P. Sewell, *UNESCO and World Politics*, Princeton: Princeton University Press, 2015, p.128.

15. Ibid., 1973, pp.162—163.

16. "Kenneth Holland to Thomson," Despatch 69 from Paris, 25 March 1948, cited in Frank A. Ninkovich, *The Diplomacy of Ideas: U.S. Foreign Policy and Cultural Relations, 1938—1950*, Cambridge: Cambridge University Press, 1981, p.151.

17. "MacLeish to Thomson," 5 January 1948, Benton MSS, Box 5756, cited in Frank A. Ninkovich, *The Diplomacy of Ideas: U.S. Foreign Policy and Cultural Relations, 1938—1950*, Cambridge: Cambridge University Press, 1981, p.151.

18. Frank A. Ninkovich, *The Diplomacy of Ideas: U.S. Foreign Policy and Cultural Relations, 1938—1950*, Cambridge: Cambridge University Press, 1981, p.154.

19. Memorandum, John Howe to Benton, 25 April 1950, Benton MSS, Box 5825, cited in Frank A. Ninkovich, *The Diplomacy of Ideas: U.S. Foreign Policy and Cultural Relations, 1938—1950*, Cambridge: Cambridge University Press, 1981, p.154.

20. S. E. Graham, The(Real) Politiks of Culture, "U.S. Cultural Diplomacy in Unesco, 1946—1954," *Diplomatic History*, Vol.30, No.2, 2006, p.231.

21. 又称史密斯-蒙特法案(Smith-Mundt Act)。

22. Kevin V. Mulcahy, "Cultural Diplomacy and the Exchange Programs: 1938—1978," *The Journal of Arts Management, Law and Society*, Vol.29, No.1, 1999, p.17.

23. S. E. Graham "The(Real) Politiks of Culture: U.S. Cultural Diplomacy in Unesco, 1946—1954," *Diplomatic History*, Vol.30, No.2, 2006, p.240.

24. Roger A. Coate, "Changing Patterns of Conflict, The United States and UNESCO," in Margaret P. Karns and Karen A. Mingst, eds, *The United States and Multilateral Institutions*, London: Routledge, 1992, p.161.

25. Volney D. Hurd, "American Delegation Backs Radio Network for UNESCO," *Christian Science Monitor*, 20 November 1946.

26. Walter R. Sharp, "The Role of UNESCO: A Critical Evaluation," *Proceedings of the Academy of Political Science*, Vol.24, No.2, 1951, p.109.

27. William Preston JR. et al., *Hope and Folly: The United States and UNESCO: 1945—1985*, Minneapolis: University of Minnesota Press, 1989, p.59.

28. J. P. Sewell, *UNESCO and World Politics*, Princeton: Princeton University Press, 1975, p.140.

29. S. E. GRAHAM, "The(Real) Politiks of Culture: U.S. Cultural Diplomacy in Unesco, 1946—1954," *Diplomatic History*, Vol.30, No.2, 2006, p.245.

30. US National Commission for UNESCO, "Summary Minutes of the Fifteenth Meeting of the Executive Committee," XC(50)54, July 21—22, 1955, p.25, https://www.google.com.hk/books/edition/Summary_Minutes_of_Meeting/k8vmVw6_LVwC?hl=zh-CN&gbpv=1&dq=Summary+Minutes+of+the+Fifteenth+Meeting+of+the+Executive+Committee&printsec=frontcover,访问时间:2023 年 11 月 15 日。

31. William Preston JR. et al, *Hope and Folly: The United States and UNESCO:*

1945—1985，Minneapolis：University of Minnesota Press，1989，p.60.

32. Ibid.，p.55.

33. "Conference for the Establishment of the United Nations Educational，Scientific and Cultural Organization Held at the Institute of Civil Engineers，London，" ECO/CONF./29，p.96，https：//unesdoc.unesco.org/ark：/48223/pf0000117626.locale＝en，访问时间：2023 年 5 月 3 日。

34. "Evaluation of communist infiltration of UNESCO. Report. Central Intelligence Agency. Top Secret，" February 7，1947，Declassified Documents Reference System，Ohio University，cited in Poul Duedahl，"Selling Mankind：UNESCO and the Invention of Global History，1945—1976，" *Journal of World History*，Vol. 22，No. 1，2011，p.107.

35. "An Appraisal of the United Nations Educational，Scientific and Cultural Organization by the Delegation of the United States to the Second Extraordinary Session of the General Conference of UNESCO，July 1—4，1953，" U.S. Department of State Publication 5209，Washington D.C.，1953.

36. Louis H. Porter，"Cold War Internationalism：The USSR in UNESCO，1945—1967，" Ph.D. Dissertation，University of North Carolina at Chapel Hill，2018，pp.167—181.

37. J. P. Sewell，*UNESCO and World Politics*，Princeton：Princeton University Press，2015，p.169.

38. Ibid.

39. Ibid.，pp.168—169.

40. 信息源于对教科文组织内部工作人员的访谈。

41. Martha Finnemore，*National Interests in International Society*，Ithaca：Cornell University Press，1996，p.51.

42. J. P. Sewell，*UNESCO and World Politics*，Princeton：Princeton University Press，2015，p.169.

43. Bryon Dexter，"Yardstick for UNESCO，" *Foreign Affairs*，Vol. 28，No. 1，1949，p.57.

44. Ibid.

45. J. P. Sewell，*UNESCO and World Politics*，Princeton：Princeton University Press，2015，p.141.

46. S. E. Graham，"The(Real) Politiks of Culture：U. S. Cultural Diplomacy in Unesco，1946—1954，" *Diplomatic History*，Vol.30，No.2，2006，p.241.

47. J. P. Sewell，*UNESCO and World Politics*，Princeton：Princeton University Press，2015，p.141.

48. William Preston JR. et al，*Hope and Folly：The United States and UNESCO：1945—1985*，Minneapolis：University of Minnesota Press，1989，p.55.

49. Ibid.，p.56.

50. S. E. Graham，"The(Real) Politiks of Culture：U. S. Cultural Diplomacy in Unesco，1946—1954，" *Diplomatic History*，Vol.30，No.2，2006，p.247.

51. "UNESCO and the Korean Situation，" FO371/88901，UK National Archives，Public Record Office，Kew，10 August，1950，cited in S. E. Graham，"The(Real) Politiks of Culture：U.S. Cultural Diplomacy in Unesco，1946—1954，" *Diplomatic History*，Vol.30，No.2，2006，p.232.

52. William Preston JR. et al., *Hope and Folly*: *The United States and UNESCO*: *1945—1985(Media and Society)*, Minneapolis: University of Minnesota Press, 1989, p.59.

53. Executive Board document 23EX/Decisions, p.3, https://unesdoc.unesco.org/ark:/48223/pf0000113905/PDF/113905eng.pdf.multi,访问时间:2020 年 9 月 7 日。

54. "Universal Declaration of Human Rights," Article 19, https://www.un.org/en/udhrbook/pdf/udhr_booklet_en_web.pdf,访问时间:2022 年 9 月 26 日。

55. Joanne Marshall, "The UNESCO Crisis: A Critical Examination of the U.S. Withdrawal from UNESCO Based on State Theory Analysis," Master Graduation Thesis, Carleton University, 1987, pp.57—58.

56. J. P. Sewell, *UNESCO and World Politics*, Princeton: Princeton University Press, 2015, p.127.

57. Ibid., p.153.

58. Ibid.

59. Ibid.

60. "UNESCO Constitution," Article VI, 3(a).

61. L. S. Finkelstein, "The Political Role of the Director-General of UNESCO," in L.S. Finkelstein, ed., *Politics in the United Nations System*, Durham: Duke University Press, 1988, p.404.

62. Christopher C. Joyner, and Scott A. Lawson, "The United States and UNESCO: Rethinking the Decision to Withdraw," *International Journal*, Vol. 41, No.1, 1985, p.43.

63. J. A. Armstrong, "The Soviet Attitude toward UNESCO," *International Organization*, Vol.8, No.2, 1954, pp.220—223.

64. 这三个国家的最终退出是由于教科文组织的执行局解除了被认为与社会主义阵营相关联的四个非政府组织的顾问资格。

65. 在教科文组织成立之初,共有 27 个会员国属于发展中国家,其中 17 个是拉丁美洲国家,参见 Phillip W. Jones, *International Policies for Third World Education*: *Unesco*, *Literacy and Development*, London and New York: Routledge, 1988, p.20。

66. Christopher C. Joyner and Scott A. Lawson, "The United States and UNESCO: Rethinking the Decision to Withdraw," *International Journal*, Vol.41, No.1, 1985, p.44.

67. 1946 年的《联合国教科文组织宪章》第二条(Article II)规定,非联合国的成员国需要首先向教科文组织执行局申请,执行局将这一请求转达联合国经济与社会理事会,得到其批准之后方能向大会推荐表决其成员国资格,如果经理事会拒绝新成员的批准,教科文组织必须接受。联合国经社理事会的资格审查这一前置程序在其第 33 届会议上由教科文组织提议并批准删除,这意味着非联合国会员进入教科文组织不再需要教科文组织执行局与联合国经社理事会磋商,参见"Art. 63, Repertory, Supplement 3, Vol.II(1959—1966)," https://legal.un.org/repertory/art63/english/rep_supp3_vol2_art63.pdf,访问时间:2020 年 9 月 11 日。

68. "UNESCO Constitution," Article II, http://portal.unesco.org/en/ev.php-URL_ID=15244&URL_DO=DO_TOPIC&URL_SECTION=201.html,访问时间:2020 年 5 月 21 日。

69. Ibid.

70. 有关日本加入教科文组织的历史过程,参见 Takashi Saikawa, "Returning to the

International Community: UNESCO and Post-war Japan, 1945—1951," in P. Duedahl, ed., *A History of UNESCO: Global Actions and Impacts*, London: Palgrave Macmillan, 2016, pp.123—124;有关西德加入教科文组织的历史过程,参见 Thomas A. Brindley, *American Goals in the Education Policy of Unesco*, *1946—1964*, Ph.D. Dissertation, The University of Michigan, 1968, pp.47—49。

71. Thomas A. Brindley, *American Goals in the Education Policy of Unesco*, *1946—1964*, Ph.D. Dissertation, The University of Michigan, 1968, p.48.

72. J. A. Armstrong, "The Soviet Attitude toward UNESCO," *International Organization*, Vol.8, No.2, 1954, p.221.

73. 1953 年之前,苏联对教科文组织的态度和意见主要通过教科文组织内部的苏东社会主义成员国以及在联合国经社理事会这一场合进行表达。

74. Louis H. Porter, *Cold War Internationalism: The USSR in UNESCO*, *1945—1967*, Ph. D. Dissertation, University of North Carolina at Chapel Hill, 2018, p.76.

75. J. P. Sewell, *UNESCO and World Politics*, Princeton: Princeton University Press, 2015, p.167.

76. Louis H. Porter, *Cold War Internationalism: The USSR in UNESCO*, *1945—1967*, PhD Dissertation, University of North Carolina at Chapel Hill, 2018, pp.78—79.

77. "Proceedings of the General Conference, 8th sessions, 3rd plenary Meeting, Montevideo," 1954, p.48, https://unesdoc.unesco.org/ark:/48223/pf0000160847?pos-InSet=6&queryId=N-EXPLORE-6d4d07ee-aff2-4ceb-b917-231c8f345c5f, 访问时间: 2024 年 2 月 28 日。

78. 参见 Morroe Berger, *Racial Equality and the Law: The Role of Law in the Reduction of Discrimination in the United States*, Paris: United Nations Educational, Scientific and Cultural Organization, 1954。

79. Anthony Q. Hazard Jr., *Postwar Anti-racism The United States, UNESCO, and "Race"*, *1945—1968*, New York: Palgrave Macmillan, 2012, p.133.

80. Metraux to M. Topchev, October 12, 1956, SS?636.575. Equality of Rights between Races and Nationalities in the USSR SS/Publication 3 A 31, UNESCO Archives, Paris, cited in Anthony Q. Hazard Jr., *Postwar Anti-racism The United States, UNESCO, and "Race"*, *1945—1968*, New York: Palgrave Macmillan, 2012, p.133.

81. Metraxu to Marshall, October 21, 1958, SSMemo/ME/hf, Equality of Rights between Races and Nationalities in The USSR SS/Publication 3 A 31, UNESCO Archives, Paris, cited in Anthony Q. Hazard Jr., *Postwar Anti-racism The United States, UNESCO, and "Race"*, *1945—1968*, New York: Palgrave Macmillan, 2012, p.133.

82. Department of States, "Fact Sheet of UNESCO Publication 'Equality of Rghts bwtween Races and Nationalities in the USSR'," February 14, 1963. Records of the Foreign Service Posts of the Department of States, US Mission to the United Nations Central Subject Files, 1946—1963. NARA II, College Park, MD, RG 84, cited in Anthony Q. Hazard Jr., *Postwar Anti-racism The United States, UNESCO, and "Race"*, *1945—1968*, New York: Palgrave Macmillan, 2012, p.136.

83. Morrow to Maheu, April 25, 1962, SS/Publication 3 A 31 Equality of Rights between Races and Nationalities in the USSR, UNESCO Archives, Paris, cited in Anthony Q. Hazard Jr., *Postwar Anti-racism The United States, UNESCO, and "Race"*, *1945—1968*, New York: Palgrave Macmillan, 2012, p.133.

84. Maheu to Morrow, 14 May 1962, SS/5701/1. SS/Publication 3 A 31 Equality of

Rights between Races and Nationalities in the USSR, UNESCO Archives, Paris, cited in Anthony Q. Hazard Jr., *Postwar Anti-racism The United States, UNESCO, and "Race", 1945—1968*, New York: Palgrave Macmillan, 2012, pp.136—137.

85. United States Senate, Subcommittee on International Organization Affairs of the Committee on Foreign Relations, "Activities and Procedures of UNESCO," Washington, D.C.: U.S. Government Printing Office, 1968, p.3.

86. "Proceedings of the General Conference, 11$_{th}$ Session, Paris," 1960, p.85, https://unesdoc.unesco.org/ark:/48223/pf0000160583? posInSet=2&queryId=eb5e56ca-65f3-47b8-a901-9574792ee421,访问时间:2024 年 2 月 25 日。

87. 数据来源:https://www.worlddata.info/alliances/unesco.php,访问时间:2022 年 4 月 21 日;https://unesdoc.unesco.org/ark:/48223/pf0000101118,访问时间:2022 年 4 月 21 日。

88. Louis H. Porter, "Cold War Internationalism: The USSR in UNESCO, 1945—1967," PhD Dissertation, University of North Carolina at Chapel Hill, 2018, pp.459—460.

89. T. V. Sathyamurthy, "Twenty Years of UNESCO: An Interpretation," *International Organization*, Vol.21, No.3, June 1967, pp.621—622.

90. J. P. Sewell, *UNESCO and World Politics*, Princeton: Princeton University Press, 2015, pp.212—213.

91. Ibid., 2015, p.213.

92. "UNESCO Elects Maheu as Director," *The New York Times*, 15th November 1962, https://www.nytimes.com/1962/11/15/archives/unesco-elects-maheu-as-director.html,访问时间:2023 年 11 月 16 日;马厄在执行局也仅仅获得了 24 票中的 12 票支持,在 1962 年大会开幕之时,谁是候任的总干事仍不明朗,最后,马厄以这份超额预算方案赢得了大会大多数国家的支持,以史无前例的巨大优势胜选,参见 J. P. Sewell, *UNESCO and World Politics*, Princeton: Princeton University Press, 2015, p.213。

93. Saville R. Davis, "Documentary Study of the Politicization of UNESCO," *Bulletin of the American Academy of Arts and Sciences*, Vol.29, No.3, p.12.

94. Olusola Ojo, "Israeli-South African Connections and Afro-Israeli Relations," *International Studies*, Vol.21, No.1, 1982, p.38; "Unesco, Challenges and Opportunities for the United States: Hearing before the Subcommittee on International Organizations at House of Representatives Ninety-Fourth Congress Second Session," Washington, D.C.: U.S. Governmant Printing Office, 1976, p.82.

95. 即津巴布韦。

96. Unesco, "Records of the General Conference, 14th session, Paris, 1966, v.1: Resolutions," 1967, pp.94—95, https://unesdoc.unesco.org/ark:/48223/pf0000114048,访问时间:2023 年 11 月 16 日。

97. United States Department of State, Outgoing Telegram, September 14, 1963. General Records of the Department of State. Subject Numeric File 1963, Box 4247. NARA II, College Park, Maryland, cited in Anthony Q. Hazard Jr., *Postwar Anti-racism The United States, UNESCO, and "Race", 1945—1968*, New York: Palgrave Macmillan, 2012, p.142, at note 4.

98. Anthony Q. Hazard Jr., *Postwar Anti-racism The United States, UNESCO, and "Race", 1945—1968*, New York: Palgrave Macmillan, 2012, p.153.

99. Congress Senate Committee on Foreign Relations, "Activities and Procedure of

UNESCO：Hearing before a subcommittee of the Committee on Foreign Relations，United States Senate，Eighty-eighth Congress，first session，March 4，1963，" Washington，D.C.：U.S. Goverment Printing Office，1963，p.19.

100. Wiiliam Preston，JR. et al.，*Hope and Folly：The United States and Unesco*，*1945—1985*，Minneapolis：University of Minnesota Press，1989，p.105.

101. "Memorandum From the Executive Secretary of the Department of State(Brubeck) to the President's Special Assistant for National Security Affairs(Bundy)，" Washington，March 7，1963，*FRUS*，*1961—1963*，Vol.XXV，Organization of Foreign Policy；United Nations；Scientific Matters，Washington，D.C.：United States Government Printing Office，2001，p.540.

102. 参见"Assistant Secretaries of State for Educational and Cultural Affairs，" https：//history. state. gov/departmenthistory/people/principalofficers/assistant-secretary-for-educational-cultural-affairs,访问时间：2023 年 4 月 28 日。

103. "Memorandum From the Executive Secretary of the Department of State(Brubeck) to the President's Special Assistant for National Security Affairs(Bundy)，" Washington，March 7，1963，*FRUS*，1961—1963，Vol.XXV，Organization of Foreign Policy；United Nations；Scientific Matters，Washington，D.C.：United States Government Printing Office，2001，p.541.

104. Department of State During the administration of President Lyndon B. Johnson，Volume I，Chapter 12：Educational and Cultural Affairs，Micellaneous，Department of State. Secret. Date Declassified：Sept. 27，1988，Unsanitized，DDRS，p.40，cited in Charles Dorn and Kristen Ghodsee，"The Cold War Politicization of Literacy：Communism，Unesco,and the World Bank，" *Diplomatic History*，Vol.36，No.2，p.387，at note 59.

105. P.W. Jones and David Coleman，*The United Nations and Education：Multilateralism，Development and Globalization*，Abingdon and New York：Routledge Falmer，2005，p.92.

106. Ingemar Fägerlind and Lawrence J. Saha，*Education and National Development：A Comparative Perspective*，Oxford：Elsevier Ltd，Pergamon Press，1983，p.44.

107. 即认为文盲现象是导致欠发达的因素,反过来解决这一问题能促进发展。参见 Unesco，*Literacy：1965—1967*，Paris：United Nations Educational，Scientifc and Cultural Organization，1968，pp.10，49.

108. P. W. Jones and David Coleman，*The United Nations and Education：Multilateralism，Development and Globalization*，Abingdon and New York：Routledge Falmer，2005，p.62.

109. "Unesco Metamorphosis，" *Unesco Courier*，Vol.XVIII，No.10，1965，p.27.

110. Günther Altenburg，"Geneva Group，" in Helmut Volger，ed.，*A Concise Encyclopedia of the United Nations*，Leiden and Boston：Martinus Nijhoff，2010，p.198.

111. 参见 Roger A. Coate，"Changing Patterns of Conflict：The United States and UNESCO，" in Margaret P. Karns and Karen A. Mingst，eds.，*The United States and Multilateral Institutions*，London：Routledge，1992，p.162。

112. 古巴在 1961 年动员大规模的群众力量开展扫盲运动,在不到一年的时间内将国家的文盲率从 23% 降低到 4%,通过识字运动,古巴还成功向工农群众普及了革命思想。就在古巴开展大规模识字运动的前一年,乌克兰在苏联的支持下,在联合国大会上提出倡议,通过大规模群众识字运动消灭成人文盲现象。参见 Charles Dorn and Kristen Ghodsee，"The Cold War Politicization of Literacy：Communism，Unesco,and the World

Bank," *Diplomatic History*, Vol.36, No.2, p.386; P.W. Jones and David Coleman, *The United Nations and Education: Multilateralism, Development and Globalization*, Abingdon and New York: Routledge Falmer, 2005, p.202。

第四章

美国与联合国教科文组织的矛盾激化

20 世纪 60 年代至 70 年代,中东局势的变化以及巴勒斯坦成为联合国的观察员国产生的政治效应外溢至教科文组织,教科文组织作出了不利于以色列的决议,由此引发了美国与教科文组织间的第一次重大危机。与此同时,随着教科文组织内部发展中国家数量的增多,教科文组织的议程和项目安排重点开始向这些国家倾斜。为了应对西方国家新殖民主义的威胁,广大发展中国家也开始要求从根本上改变旧有的不公正不合理的世界秩序。在教科文组织中,此类议题主要涉及世界传媒和通信秩序。前者与美国的一贯立场基本一致,而后者则关涉二战后世界秩序的变革。美国强烈反对此类议题在多边组织中被讨论,却无力阻止。对此美国认为这是教科文组织已然"政治化"的表现,也意识到自身对该组织的影响力已不同于往昔,在参与方式上开始趋于消极。

第一节　美国影响力的式微与消极参与政策

美国与联合国教科文组织矛盾激化并转而采取消极参与政策的时间段大致与尼克松、福特和卡特三任总统的任期重合,时间跨度为 1969 年至 1980 年。一方面,美国在这一阶段深陷越战危机,国内对于过度扩张愈发厌倦,战略收缩态势则不断加强。从尼克松时代开始,美国调整了对外政策以适应国际关系结构的深刻变化,逐步实现了从意识形态到地缘政治的转向。[1]另一方面,20 世纪 70 年代亚非拉民族解放运动继续发展,新独立的国家纷纷加入联合国及其专门机构,在联合国内部要求推动建立公正合理的国际政治经济新秩序,七十七国集团和不结盟运动作为新兴的政治力量向世界各国发出团结一致的声音。至 1974 年,教科文组织成员国数已经增加到 136 个,且大多数来自苏联集团和第三世界国家。随着成员国结构的变化,组织内部对所谓的"新世界信息与通信秩序"的呼声愈发强烈。美国在这一重要议程上不得不采取防守的姿态,而苏联和第三世界国家则在关键议题上频频与美国的立场相左。面对在教科文组织不断受到孤立的窘境,美国开始以退出教科文组织相威胁来阻止不利决策的通过。这一时期美国影响教科文组织的能力非常有限,其在参与方式上开始倾向消极应对,这也使教科文组织在美国对外战略中的地位下降。

美国政府对教科文组织的总体态度开始变得消极。在尼克松任期内,美国参与这一多边组织的积极性大大下降。有传言说,在 1972 年的国家安全政策规划文件中,尼克松对于教科文组织相关的部分的批复是"这个机构一无是处,我们应当毁掉它"[2]。时任教科文组织助理总干事理查德·霍戈特(Richard Hoggart)认为,美国这一时期在教科文组织的执行局的职员任命情况也能反映美国政府的态度变化。他指出:"美国任命的两任代表都很不称职,他们获得任命的原因甚至可以归结为他们对教科文组织使命的无知或蔑视(而非对其了解和尊重)。"[3]美国政府负责国际组织事务的助理国务卿在国会的听证会上也认为,教科文组织执行局的美国代表是所有代表美国的代表中的最糟糕的。[4]

正如前文所述,执行局的美国代表的频繁调动也是这一时期区别于此前的最大特征。美国代表的任职周期一般为一年左右,这使得代表还未来得及熟悉日常业务就被调任别处。美国对于教科文组织全国委员会的态度则更为消极。从 1970 年开始全国委员会的预算和职员规模逐年缩减,1970 年的规模是 15 人,而 1978 年时已经缩减为 4—5 人。此外很多美国的代表团成员在尼克松总统任期内甚至没有外交使节的头衔,直到卡特政府时期教科文组织常驻代表才获得大使头衔。而这一时期,苏联在教科文组织的代表团成员则富有多边外交经验,常任代表团人数也几乎是美国的两倍,在关键议题上的态度也更加具有进取性。[5]

美国消极参与的态度进一步降低了美国对于关键议题的掌控力。

美国的行为和参与模式也倾向事后反制,特别是在重要的国际规范的文本文件创制的过程中,缺乏美国专家学者意见的有效表达,美国穷于应付各种竞争性的规范,而对其坚守的信息自由流动规范的攻击态势则束手无策。

第二节　美国与教科文组织关系的
第一次重大危机:中东问题

20 世纪 60 年代末至 70 年代,中东地区局势的动荡带来的消极影响波及了教科文组织,中东问题不止一次地进入教科文组织的议事日程,成为各方争议的焦点。教科文组织最早于 1949 年开始介入中东问题。当时教科文组织与联合国难民救济和工程处一起为巴勒斯坦的难民提供救济和教育援助。虽然提供战后教育援助属于教科文组织"促进战后教育和文化重建"相关义务的分内之事,但是教科文组织却因为对以色列的敌人巴勒斯坦提供援助而受到指责。1954 年,教科文组织起草并通过了《关于在武装冲突情况下保护文化财产的海牙公约》(*Hague Convention for the Protection of Cultural Property in the Event of Armed Conflict*),其中第五条规定:"全部或部分占领另一缔约国领土的缔约国应尽可能支持被占领土的主管国家当局维护和保存其文化财产的努力。"[6] 1956 年教科文组织新德里大会的决议《关于适用于考古发掘的国际原则的建议》(*Recommendation on International Principles Applicable to Archaeological Excavations*)则将《海牙公约》拓展到了争议领土上的考古发掘活动。[7] 其中第三十二条特别提到,如因武装冲突而发生占领的情况,建议占领另一国领土的任何成员国不应在被占领土上进行考古发掘。在遇到偶然发现的情况下,占领国应采取一切可能措施予以保护,并于敌对行动结束时,将文物及与此有关的一切文献移交给此前所占领土的主管当局。[8] 虽然从这一文本上看,其目的是为了运用教科文组织这样一个中立的多边组织保护战争中冲突双方领土上的文化遗产,但对被占领土上的任何相关活动进行限制无疑将触及当事方的重要关切。

1967 年第三次中东战争之后,以色列占领了耶路撒冷旧城,并在占领土地上进行考古发掘。其基础设施建设工程改变了文化遗产的历史原貌,这些活动虽然集中于犹太文明的历史文物发掘,但也伴随着对非犹太建筑物的拆除。1967 年夏,以色列开始对耶路撒冷老城进行考古挖掘,位于穆格拉比区(Mughrabi Quarter)的阿夫达利和布拉克清真寺(Afdali and Buraq Mosque)被破坏。为了清理出 82 米的西墙(Western Wall),法赫里亚庭院(Fakhriyah Hospice)及其周围的清真寺被推掉,穆格拉比区也被整个拆除。[9]以色列是 1954 年《海牙公约》的缔约方和教科文组织的成员国,受到《海牙公约》的约束,依据相关规定,以色列的发掘活动和由此带来的破坏行为是不合法的。

　　1956 年的教科文组织决议只是一个不具备强制力的建议,以色列基于《海牙公约》所具有的国际法义务也不甚明晰,教科文组织本可以置身事外。然而 1968 年,在执行局具有高度共识和第 15 届大会上大多数成员国的同意的情况下,教科文组织对以色列的行为发出强烈谴责,不仅认定耶路撒冷"占领城市"的地位,还将以色列的行为定义为非法。[10]1968 年至 1973 年期间,教科文组织在总干事马厄的领导下采取了息事宁人的态度,并没有对以色列违反《海牙公约》的行为采取任何强制性措施。以色列对教科文组织的谴责置若罔闻,避免教科文组织作为当事方参与这一事件。然而,1973 年第四次中东战争爆发,战争上的失败和石油武器所取得的胜利点燃了阿拉伯民族主义,随之而来的是 1973 年巴勒斯坦解放组织被联合国授予观察员地位。1974 年教科文组织最终对以色列采取了惩罚性的行动,理由是以色列没能按照教科文组织的建议,停止在被占领土上进行考古发掘活动并取缔对阿拉伯民族的文化和教育生活的监控。大会不仅通过决议对以色列的行为表示谴责,还要求总干事切断一切对以色列的援助,这一决议的投票情况是 64 票支持,27 票反对,26 票弃权。[11]在第二天的会议上,大会则审议以色列加入欧洲区域小组的请求。虽然在欧洲区域小组内有 14 票赞成,11 票反对,4 票弃权,这一投票情况是有利于以色列的,[12]但是这在全会投票时遭到了来自第三世界国家的反对,最终投票情况是 48 票支持,33 票反对,31 票弃权。[13]尽管教科文组织对以色列的"处罚"只是象征性的,而且以色列并未遵守《海牙公约》和教科文组织的建议,但这无疑使以色列感到难堪。从国际政治角度则代表了阿拉伯国家对以色列的胜利以及非西方国家对西方国家的胜利。一些采取独立立场的西方国家,如法国,则没有跟随美国的立场,而是在投票中投下弃权票。

教科文组织对以色列的处罚给美国带来了强烈的冲击。首先,对于美国国内民众来说,反以色列的制裁决议在教科文组织大会通过,代表着教科文组织朝向损害美国利益发展的态势。其次,美国犹太裔知识分子向来是教科文组织的坚定支持者,对以色列的制裁使这种支持的热情幻灭,取而代之的是愤怒。这种愤怒的情绪波及美国知识界,美国国家科学院谴责了决议并要求政府采取措施来扭转教科文组织的"政治化"倾向,国家艺术与科学院甚至成立了一个调查小组来调查教科文组织的权力滥用行为。该决议案也引发了美国国会对教科文组织的敌意和怀疑。后越战时代的美国决定通过拒缴教科文组织会费来树立权威。[14] 1974 年美国国会立即通过了《对外援助法案即凯斯/宾厄姆修正案》(Case/Bingham Amendment to the 1974 Foreign Assistance Act),要求"立即中断美国对教科文组织的财政支持,直到总统向国会认定该组织'已经采取了与其教育、科学、文化目标充分一致的政策'以及'采取了具体行动以纠正最近开展的政治化的活动'为止"。[15] 由此引发了美国与教科文组织关系的第一次全面危机。

美国拒缴教科文组织会费,对本来就入不敷出、预算从未能与日常工作需要相匹配的教科文组织来说是重大的打击。美国和教科文组织之间就这一问题上的矛盾在 1975 年达到了顶峰。1975 年 12 月 18 日,在巴黎举行的一场教科文组织资助的、事关大众媒体指导原则的会议上,由阿拉伯国家发起并在苏联支持下,官方文件提及同年 11 月的联合国大会第 3379 号决议——该决议谴责犹太复国主义是种族主义。在美国的带领下,欧共体成员国、加拿大以及澳大利亚等 12 个国家退出了这次会议以表示抗议。[16] 而在早先 10 月 8 日,教科文组织执行局会议以 23 票赞成、3 票反对、3 票弃权通过一项决议,建议大会将提名区域小组成员国的资格由区域小组内的成员国独有,这就限制了阿拉伯国家对提名以色列为欧洲区域小组国家这一事件的干涉。[17] 美国与教科文组织的关系一度呈现缓和的趋势,福特总统此前也证实阿以问题已经得到了修正。[18] 然而 1975 年 12 月的会议让美国和以色列之间的关系重新回到冰点。

直到 1976 年,美国意识到如果继续不缴纳会费将失去在内罗毕大会上的投票权,而内罗毕大会将审议大众传媒方面的议案,这涉及美国的核心利益。同时教科文组织也在一定程度上"解决"了以色列问题。1976 年大会拒绝将犹太复国主义和种族主义等同起来,终止了对以色列的禁令,以色列得以恢复在欧洲区域的会员身份。第 19 届大会达成了超乎美国预期的理想结果,美国对此给予了积极的评价。1976 年 12 月 29 日,总统国家安全顾问布伦特·斯考克罗夫(Brent Scowcroft)向福特总统递交备忘录,建议总统要求国会恢复对教科文组织的财政支付。福特批准了这一建议,美国自 1976 年重新向教科文组织缴纳会费。[19]至此,美国与教科文组织之间的关于以色列问题的矛盾暂时得以缓解。但这一问题并没有根本解决,教科文组织仍然在大会上谴责了以色列在巴勒斯坦被占领土上的教育文化政策以及考古发掘活动,对以色列的援助资金也没有恢复。[20]

第三节　美国与教科文组织关系的第二次重大危机:"新世界信息与通信秩序"

在教科文组织的议题领域内,大众传媒议题的导向也发生了变化。由于大众传媒技术的发展和技术援助的不断推进,第三世界国家在通信技术领域和基础设施层面取得了显著进展,随之而来的是信息资源的不平衡分配问题。西方国家打着"自由市场"的旗号,利用传媒和通信技术的优势,垄断着国际传播资源和话语权,使得北美和西欧国家的少数几个新闻通讯社掌控着大部分的新闻资讯的传播渠道。另外,在第三世界国家看来,其传播的信息也并不真实、中立。在广大第三世界国家的要求之下,教科文组织内部的关注重点从 20 世纪 60 年代的大众传媒技术援助转向了要求纠正信息资源不平衡分配问题。1973 年的阿尔及尔不结盟运动大会上,广大发展中国家首次提出了对世界经济新秩序的要求。1974 年的联合国大会特别会议上以大会政治决议的形式再次表达了建立国际经济新秩序的愿望,要求国际社会以不同的方式来重新审视国际资源转移、重构原材料和制造商品市场,以及重组国际金融和管理机构来实现发展中国家的经济自主。借国际社会就建立国际经济新秩序(New International Economic Order，NIEO)展开热烈讨论的东风，[21]一些第三世界国家的代表在联合国教科文组织内指出有必要在传播和通信领域建立"新世界信息与通信秩序"(New World Information and Communication Order，NWICO)这一国际规范,而教科文组织当然地成为这一议题的主要讨论场所。[22]

1968年,教科文组织大会通过决议,要求总干事开展新的研究课题,探讨通信领域的新技术在教育文化和科学事业方面的应用。[23]美国对此乐见其成,美国驻教科文组织大使露易丝·戈尔(Louise Gore)认为:"美国一直要求教科文组织在这一领域深入开展行动。"[24]美国相信,派出斯坦福大学大众传媒专家韦尔伯·施拉姆(Wilbur Schramm)为首的高水平顾问团能够使研究课题与我们提出的建议保持一致。[25]

然而事情和美国的预期并不一致。1969年,在教科文组织的资助和支持下,大众传媒和社会专家会议(Meeting of Experts on Mass Communication and Society)在蒙特利尔召开,英国莱斯特大学大众传媒研究中心教授詹姆斯·德莫特·哈洛兰(James Dermot Halloran)主导了这次会议的风向。在此之前,哈洛兰受教科文组织大众传媒部主任皮埃尔·纳沃(Pierre Navaux)之邀,草拟了一份题为《社会中的大众媒体:研究之需》(*Mass Media in Society：The Need of Research*)的工作文件。在这份文件中,他提出了不同于美国价值观的新的视角,认为相关研究应关注大众媒体产品的生产过程、大众媒体对社会态度和价值观的影响等,这主导了未来数年教科文组织专家会议和工作文件的主基调。[26]他还受邀起草了一份与他志趣相投的受邀专家名单,其中包含芬兰广播公司的首席研究员卡尔·诺登斯特伦(Kaarle Nordenstreng)和来自哥伦比亚的学者路易斯·贝尔特兰(Luis Ramiro Beltrán)。这些学者或以马克思主义为视角,或以非西方世界为关注点,对于大众媒体议题的讨论也因此逐渐偏离了技术援助的主题。[27]

受此影响,1970年教科文组织宣布关注的重点将从提供大众媒体技术援助向信息的内容方面转移。[28]1971年4月,受邀专家在巴黎召开会议,起草了一份《国际传播研究计划的提案》(*Proposals for an International Programme of Communication Research*),指明了未来大众媒体研究的方向为传媒与社会变革、大众传媒与人的社会观念、国际传播结构研究。[29]这两份文件成为教科文组织开展相关研究的指导性文件。[30]

从 1972 年至 1975 年,教科文组织资助了一系列关于通信与传媒议题的调查和研究,这些研究的出发点都与美国专家的立场相去甚远。1976 年教科文组织在哥斯达黎加首都圣何塞(San José)举行了拉丁美洲和加勒比地区通信政策政府间会议(Intergovernmental Conference on Communication Policies in Latin America and the Caribbean)总结了 4 年间的相关研究成果,并通过了与研究成果高度重合的《圣何塞宣言》。这类区域性的政府间会议后来在 1979 年和 1980 年分别在亚洲的吉隆坡和非洲的雅温得举行,推动了亚非拉国家在区域合作的框架下制定国家通信和传媒政策,塑造了新的信息与通信秩序的愿景。这些会议具有排他性,仅仅区域内的国家有投票权利,域外的政府和非政府组织代表则不享受这一权利。[31]教科文组织内部围绕这些议题开展了很多讨论,其中很多涉及新闻记者的职责,传播行业道德准则,国家对媒体的管控等政治敏感话题。西方和非西方国家在这一议题上的愿景互不兼容,相关争议最后都聚焦于以《大众媒体宣言》为主要争论点的"新世界信息与通信秩序"(New World Information and Communication Order)。"新世界信息与通信秩序"与广大第三世界国家对国际经济新秩序的要求相呼应,成为席卷教科文组织的政治潮流。

首先,在卫星传播作为通信媒介的使用及规范问题上,1972 年经教科文组织秘书处起草,大会以 55 票赞成、7 票反对、22 票弃权的结果通过了《关于利用卫星广播促进信息自由流动、教育传播和更广泛的文化交流的指导原则宣言》(*Declaration of Guiding Principles on the Use of Satellite Broadcasting for the Free Flow of Information*, *the Spread of Education*, *and Greater Cultural Exchange*),规定卫星广播必须取得其他国家的事先同意才能为该国提供服务。[32]此外,还规定了"卫星广播应当尊重国家的主权和平等""广播内容应当是非政治性的"等义务。[33]

教科文组织有关大众传媒和通信的议题与联合国大会的议程高度联动。1972 年联合国和平利用外层空间委员会(United Nations Committee on the Peaceful Use of Outer Space)的会议上,苏联提出了一份

《关于国家利用人造地球卫星进行直接电视广播原则的公约草案》，[34]
其中关于接收国的事先同意、内容管制和国家责任的条款与上述宣言
的内容高度吻合。1973年，瑞典和加拿大也在同一场合提出议案，要
求限制卫星广播，国家在自己本国的无线电波方面应当拥有主权。[35]

其次，在《大众媒体宣言》文本的起草和审议上，1970年教科文组
织第16届大会通过决议，"认为媒体应当在促进国家间相互理解和为
了和平与人类福祉的国际合作中扮演重要作用，而使用信息媒介进行
战争宣传，传播种族主义，煽动国家仇恨是不可接受的"，并邀请"所有
国家采取必要措施，包括立法措施，以信息媒介对抗上述宣传鼓动，并
向教科文组织提供与此相关的信息"。[36]为了改变大众传媒资源分配不
平衡的现实，苏联代表对所谓的信息自由流动的原则展开了猛烈的攻
击。1972年，由于第17届大会先行通过了上述卫星广播的宣言，许多
代表认为相似的指导原则也应当适用于大众媒体本身。[37]苏联代表提
请就其起草的大众媒体宣言进行讨论，要求教科文组织创制国际规范，
赋予大众媒体为国际和平和宽容，抵制政治宣传和种族主义贡献力量
的责任。[38]这一提议受到了广大第三世界国家的欢迎和支持。[39]

在这一要求之下，1972年第18届大会还通过了一项决议，要求总
干事起草一份原则宣言，以管制大众媒体的使用，从而开启了起草《大
众媒体宣言》的进程。[40]1974年3月，来自12个国家的专家和相关的国
际组织组成的专家会议就宣言的起草和修改向总干事提出了很多建
议，经过专家会议内的一致同意，向总干事提交了一份供第18届大会
审议的宣言草案。[41]在1974年的第18届大会上，与会各国就这份宣言
草案的内容进行了深度辩论，各国代表在信息自由流动的原则、国家的
信息主权，以及国家对媒体的管理措施方面争论不休，有些代表还对由
专家工作组研究并撰写宣言草案的方式提出质疑。最终，第18届大会
通过了在1975—1976年召开第二届政府间专家会议来起草宣言草案
的决议。[42]这届大会史无前例地将"信息'自由'而'平衡'地流动"原则
纳入官方的项目文件中，并以决议的形式授权总干事"采取合作性的措
施，特别是促进地区性的新闻机构的发展来促进新闻的双向流动"[43]。

从1974年开始，美国与其他西方国家的代表开始重新积极参与教
科文组织在通讯议题上的辩论。在美国等西方国家的努力下，包含准

许国家控制新闻出版行业的大众媒体宣言草案分别在 1974 年、1976 年的教科文组织大会上提请讨论,但最终都未能成功冲关。特别是在 1976 年的内罗毕大会上,由于大会第三委员会在审议时始终无法达成共识,遂将专家起草的草案提交大会的起草与协商小组(Drafting and Negotiating Group)。由于该小组内部严格按照全体一致的方式,据小组主席布瓦希耶·帕鲁姆(Boissier Palum)描述,小组内部未能达成共识,大会遂要求总干事在广泛征集专家意见的基础上草拟出供第 20 届大会审议的宣言草案最终版。基于宣言草案的早先版本和第 19 届大会的审议意见,总干事姆博起草了最终版本的草案。1978 年大会上,《大众媒体宣言》[44]最终得以进入审议阶段。这一宣言草案经过了起草小组反复修改以寻找各方都能接受的共识,其内容重申了言论、表达和信息的自由作为基本人权和自由权利的不可分割的一部分的地位,有意在信息自由流动和媒体责任之间实现一种平衡。[45]此外,最终通过的《大众媒体宣言》减少了原则性的表述,代之以描述性的表述。例如,宣言没有直接提及国家对大众媒体活动的责任,也没有呼吁国家就此进行立法,甚至连最初文本的名称中的“使用”(use)也改成了“积极作用”(contribution)。

西方和非西方阵营均实现了自己的目标,因而均认为此举是挫败对方的巨大胜利。对于非西方阵营来说,“媒体的责任和贡献”首次出现在教科文组织的宣言之中;对于美西方阵营来说,《大众媒体宣言》由于其基于自由放任的市场原则和自由流动的信息传播规则阐述媒体的责任,聚焦市场主体而非国家管控,契合了美西方阵营的价值观念和诉求。由于凝聚了高度的共识,这份宣言当即经全体一致鼓掌通过,甚至连起初反对声音最大的美国也认为“《宣言》所蕴含的理念是我们都能够认同的,不强加任何的意识形态或强制性的限制”[46]。

值得一提的是,塞内加尔籍总干事姆博(M'Bow)发挥了其作为总干事的独立性和领导作用。他坚持《组织法》所载的原则立场,支持信息的自由流动原则。[47]总干事在这一问题上扮演着中间人、共识建设者和组织法捍卫者的角色。1974 年,总干事受委托采取措施促进发达工业国和发展中国家之间信息平衡且自由地交换。总干事早在参与 1976 年审议大众媒体宣言时,就警告各国代表苏联的决议草案违反组织法,从而使大众媒体宣言在 1976 年未能通过。此外,他还积极游说亚非拉国家的代表,使审议大众传媒宣言的议程推迟到 1978 年,从而为谈判留足时间。同样,在 1978 年,总干事展开游说,扼杀了苏联提出的关于《大众媒体宣言》的核心提案,特别是富有争议的、认定国家对新闻媒体负有责任的草案第十一条被删除,体现信息自由导向的《大众媒体宣言》则以全体一致的方式通过。同样通过的另一份决议则认可了新世界信息秩序。[48] 面对日益尖锐的东西方矛盾分裂教科文组织的现实,总干事在 1976 年内罗毕大会开幕致辞中号召国家间的团结一致,推动共识的达成,展现"宽容的态度,协调的意愿,避免无效的冲突的愿望",并相信"耐心和持之以恒的努力将推动大多数都能够接受的决议的达成",即著名的"内罗毕精神"。[49]《大众媒体宣言》的起草和审议过程就是这一精神的生动体现。

除了总干事,1976 年在教科文组织大会内成立的起草和协商小组[50] 也发挥了一定的作用。大众传媒宣言的拟定权转交到一个美国参与的、开放性的特别起草与协商小组手中(Drafting and Negotiation Group/DNG),这一机构使得此后历届大会上审议的草案都能够修改以寻求各方意见的"最大公约数"。[51] 姆博总干事在起草和协商小组中扮演了重要的共识建设的作用。他与助手一道与不同组别的代表进行直接的讨论,将不同的观点和意见融合进一个各方都能达成共识的决议文本。[52] 起草和协商小组内部虽然非西方成员占多数(5 个西方国家、3 个东欧国家、17 个第三世界国家),但是相较于大会,非西方成员的数量优势被大大削弱,而且草案起草的工作也会交由分组完成,数量优势又更加削弱。[53] 最重要的是,这一协商小组内部决议是以闭门磋商形成以共识达成。[54] 这一机制是有效的。在第 19 届大会上,各方代表就是否应当推迟讨论大众媒体宣言草案争执不下之时,大会项目委员会将这一问题转交给起草与协商小组,起草与协商小组和其分组建议草案延期至第 20 届大会。大会采纳了这一建议,并指示总干事在广泛地咨询的基础上重新改写宣言草案。[55] 这样,在教科文组织职能机构的缓冲下,已然高度政治敏感的大众传媒问题并未让教科文组织内部最终走向分裂。

同样扮演缓冲器和中间人角色的还有北欧国家。北欧国家在这一问题立场上达成了统一，将大众媒体和信息秩序问题当作更为实用主义导向的发展援助政策，并引导这一议题远离东西方的对峙冲突。北欧国家展开了对 77 国集团国家的接触，劝说其放弃草拟一个"宣言"，而是起草一份具体的行动提案。[56]北欧国家芬兰代表在 1976 年内罗毕大会上呼吁采用共识的方式来推进相关议案的审议，反对"在这一关涉意识形态和哲学观点的问题上采取多数投票制"[57]。此外北欧国家还承诺为发展中国家提供新的援助项目。[58]

在通信和大众传媒议题上，美国的立场是坚定反对限制通信自由，甚至不惜与教科文组织在这一问题上决裂。但美国的立场也并非一成不变。1975 年 12 月 18 日举行的政府间专家会议上，美国、欧共体、澳大利亚和以色列代表选择中途退场，以抗议《大众媒体宣言》草案引用了联合国的决议将犹太复国主义等同于种族主义。1976 年教科文组织内罗毕大会临近之时，美国甚至威胁教科文组织，如果大众媒体宣言为"不可接受的媒体标准背书"，那么美国将退出这一多边机构。[59]1978年的第 20 届大会上，以约翰·莱茵哈德特（John Reinhardt）为首的美国代表团与西德、意大利、突尼斯和波兰等国代表组成了一个协商小组，搁置了大众媒体宣言中关于国家控制国际信息流动的第十一条和第十二条。尽管美国对苏联倡议下的大众媒体宣言持反对立场，但是在 1976 年之后，考虑到美国在多边场合日益被孤立的局面，美国的态度也有所软化。同时《大众传媒宣言》的西方化取向使得美国的反对声音有所减弱，因此美国也更加愿意在一些特定的议题上作出妥协并考虑为第三世界国家发展通信事业提供额外的帮助。1977 年美国参议院外交委员会甚至要求美国政府承认信息资源不平衡的事实并推动欠发达国家的通信设施事业的发展。[60]出于这一目的，美国对发起于 1980年贝尔格莱德大会上的国际传播发展计划（International Programme for Development of Communication，IPDC）也给予了支持。[61]卡特政府十分看好这一计划的前景，认为这是挫败苏联"阴谋"的一场胜利，甚至认为美国将在教科文组织内继续发挥传媒领域的领导者的角色，美国成功地将传媒事业的发展方向从意识形态对抗转变为"切切实实的发展机遇"。[62]在国际传播发展计划这一项目下，非洲成立了第一家跨地区的通信传媒系统——泛非洲通讯社。

相较而言,美国对于关涉"新世界信息和通信秩序"和与之相关的《麦克布莱德报告》(*Many Voices,One World:Towards A New,More Just,and More Efficient World Information and Communication Order*)相关部分的反对和批评声音则更加强烈。"新世界信息和通信秩序"的建立要求从可以量化的层面,如通信技术、设施等方面纠正西方发达国家和第三世界国家之间的不平衡性,还要求从本质上纠正通信领域内第三世界国家相较于西方发达国家的不平等地位,因此遭到了美国的强烈反对。1981 年,美国参议院以 99 比 0 的一致意见反对"新世界信息与通信秩序"。[63]

《麦克布莱德报告》也因为认可了"新世界信息与通信秩序"的合法性并提出对策建议而遭到了美国的反对。1976 年,广大第三世界国家在第 19 届大会上强烈要求从结构上改变全球通信秩序。总干事于次年组建了由爱尔兰政治家尚恩・麦克布莱德(Sean MacBride)领导的、16 位专家组成的"国际传播问题研究委员会"(International Commission for the Study of Communication Problems,简称"麦克布莱德委员会")。该委员会在 1978 年向第 20 届大会提交的中期报告中猛烈批判了信息自由原则,认为其服务于少数的既得利益者的利益,并探讨了加强发展中国家通信能力、纠正信息通信本质上的不平等性、提升媒体控制者的责任、对战地新闻记者的法律保护等多个问题。[64]

美国评论认为相关论断是"失衡的和缺乏依据的"。[65]在美国的压力下,这一报告在经历了修改和完善后于 1980 年以《同一个世界,不同的声音:建立一个更加公正有效的世界信息和通信新秩序》为题出版。报告在第五部分提出的关于削弱通信事业的商业化性质、打破西方国家对通信科技控制的垄断、管制宣传内容和影响等内容在一定程度上挑战了西方的利益。[66]其对于有关记者的责任,削弱通信事业的商业化性质以及以国家干预和国际指令的方式来纠正传媒事业的不平衡状况的提议,特别是第 21 届大会最终以决议的形式要求各方采取切实的行动来推动建立新世界信息与通信秩序、终结现实情况中存在的一切不平等、清除过度集中化导致的垄断问题等内容,引起了西方国家的公开忧虑和反对。[67]

除此之外,美国则给予了《麦克布莱德报告》较高的评价。美国政府的发言人对此评价道："不仅去掉了所有隐含国家控制大众媒体的条款,还包含了有利于信息自由流动的表述。"《麦克布莱德报告》虽然反映了西方国家和非西方国家在传媒和通信领域的不同意见,但从文本上看,这份报告则延续了教科文组织一贯的传统,包括支持"信息来源的多样性""出版自由""传媒领域记者和专家的自由"以及"尊重获得信息的权利"等。上述有关建立"新世界信息与通信秩序"的具体意见在措辞上也符合西方国家的意识形态标准,国家控制媒体的诉求则只表述为"新的秩序应当以'根除某种垄断的负面效应,无论是垄断是私人性质的还是公共性质的'为基础"。而同样具有争议性的"信息自由流动"则表述为"新秩序应当基于'祛除自由流动的内部和外部障碍以及实现信息和观念更广泛更充分的平衡'"。[68]教科文组织的立场也是克制的,考虑到《麦克布莱德报告》可能引发的争议和批评,总干事仅仅赞扬了这一报告对于"新世界信息与通信秩序"这一国际争论议题的贡献,并没有在大会的情景之下对其表示公开支持,并建议就"新世界信息与通信秩序"不采取任何切实的决定和行动。[69]

　　然而,成员国在大众传媒问题和通信议题上的立场并未实现完全的调和。在美国媒体行业看来,《大众媒体宣言》和《麦克布莱德报告》关于减少媒体商业化和增加国家对媒体的干预的建议违反了教科文组织的《组织法》;这次大会认可的(但并未就此形成任何决议的)"新世界信息与通信秩序"则被认为是苏联支持之下对新闻自由原则的攻击;而对记者的保护相关条款则是通过实行记者许可证制度来限制信息的自由流动。考虑到国际传播发展计划的内部决议由 35 人组成的委员会按照多数决的规则作出,西方国家并不占数量优势,其贡献的物质资源可能会被用来强化第三世界国家的国营通信部门,美国对国际传播发展计划的物质支持也只是承诺的多,实现的少。截至 1982 年 12 月,美国仅向这一项目提供了 45 万美元,另有 10 万美元的援助以派出专家和奖学金的形式实现,更多的技术和物质援助则以附加条件的双边援助赋予特定的项目。[70]而第三世界的国家则认为大众传媒援助具有欺骗性,目的是使这些国家屈从于西方国家的信息优势和霸权,无助于建立"新世界信息与通信秩序"。在这些国家看来,国际传播发展计划应当成为一个汇集资金的多边项目,然而这些国家创建一个特别基金的提议并未实现,西方国家微薄的资助让第三世界国家认为"援助"口惠而实不至。教科文组织作为这一问题的"议事堂",承受了来自矛盾双方的双重压力。

第四节　美国教科文组织政策的转向

这一时期,美国虽然与教科文组织的关系并不乐观,其反应也趋于消极被动,但美国的影响力仍不容小觑。从大众传媒和以色列问题看,虽然教科文组织的大会被第三世界国家主导,但美国仍能够通过与总干事和执行局的合作改变政策的方向。在同样"政治化"的人权议题上,美国则取得了主动权,为对抗苏联和第三世界国家在教科文组织内部宣扬"人民权利"的概念,捍卫西方价值观中的"个人权利",美国代表在 1974 年大会上积极起草关于人权和基本自由教育的建议案,并在大会通过。美国还积极推动 1978 年在教科文组织执行局内部建立"公约和建议委员会"(Committee on Conventions and Recommendations)这一机构,从而能够通过这一机构审查教科文组织职权内有关侵害人权的指控。[71]

需要注意的是,美国与教科文组织合作以达到美国目的的方式是通过消极的"不参与"来实现的。"不参与"或者部分"不参与"联合国的多边机构甚至成为了美国制裁"政治化"的多边组织并对其施加影响的策略。这样的策略也产生了立竿见影的效果。1976 年,美国国务院指示美国代表告知总干事,美国将不会参加旨在起草种族主义宣言的教科文组织专家大会,这一专家会议即刻被推迟举办。[72]内罗毕大会上,教科文组织内部对于争议议题的讨论也都出现了对美国有利的改进。美国国务院国际组织事务助理国务卿萨缪尔·李维斯(Samuel W. Lewis)向基辛格递交了有关美国对联合国政策的备忘录,指出:"在适当的情况下选择性地不参与有力证明了联合国体系中所有机构对我们来说并不具备同等重要性,而且我们也不打算被动跟随所有行动,无论这样的考虑是如何的欠妥。"特别是不参与教科文组织的特定行动,在李维斯看来,"这样的政策效果是有益的"。[73]这也成为日后美国政府确保联合国专门机构不被"政治化"影响的有效措施。有感于在教科文组织中"寡不敌众"的现实,美国也有意识地在国际组织内创立新的制度,弥补教科文组织内的制度漏洞,避免具有高度争议的信息和通信议题在第三世界国家的数量优势之下形成不利于美国的决议。

美国在这一时期也有意引导教科文组织在更具合作空间的低政治议题上进行转型。为此,美国首先积极在教科文组织内部推动科学研究方面的合作项目。美国在发起教科文组织的"人与生物圈"科学项目中发挥了关键作用,美国的地球科学家则协助建立了"国际地球科学计划"。通过这一计划,美国能够接触到更多的外国矿产和自然资源信息和重要的地理位置信息,通过积极参与政府间海洋学委员会(Intergovernmental Oceanographic Commission)获得重要的战略情报,[74]这在美苏冷战的背景下是很难想象的。

这一时期,美国与教科文组织成功在低政治领域合作,一个典型案例是《世界遗产公约》的制定成型和最终通过。"世界遗产"的术语可以追溯到 1965 年美国在白宫的遗产信托会议上提出的"世界遗产信托基金"(A Trust for the World Heritage)的建议之中。教科文组织也在 1970 年的第十六届全体大会上建议成立一个政府间专家委员会来完成最终将于 1972 年全体大会上通过的"一份保护具有普世价值文物和遗址的国际文件"。在 1972 年 4 月召开的政府专家委员会之前,双方达成了合作,并最终推动了世界文化遗产保护领域的国际机制的建立。在双方的合作关系中,美国借助教科文组织的平台推广其"自然和文化遗产并重"的理念和管理模式,实现了其在文化遗产保护的国际事务中争夺话语权的努力。这一案例的价值还体现在:南北方国家就"世界遗产基金"的贡献方式达成了妥协方案,体现了南北合作的宝贵精神。在这一问题上,美国和西德为代表的经济发达国家由于担心义务性贡献的方式会在其国会层面引起质疑,因此倡导采用自愿性贡献的方式。而发展中国家面临资金和技术上的约束,并出于遗产保护会限制国家整体发展的担忧,希望通过义务贡献的方式,使发达国家承担更多的责任。最后,这一问题得到最终和解:自愿和义务性缴纳方式并存,每一成员在每次缴付时表态选择其中一种方式即可。这一问题的解决使得《世界遗产公约》在 1972 年 11 月 16 日教科文组织的第 17 届大会上以 75 票赞同、1 票反对的情况下通过。[75]

在美国消极参与教科文组织的近十年中,以美国为首的西方国家在教科文组织的话语权和塑造政策结果的能力受到重大挑战,在敏感的"政治化"议题上遭到了来自非西方国家的绝对逆转。虽然总干事在努力纠正这种不平衡性、延续教科文组织的政策方面发挥了独立的作用,但话语权和舆论风向的逆转以及通过的不利于美国的决议,让美国感受到教科文组织的"初心"和宗旨原则"从根本上发生了变化"。随着保守主义势力在美国的进一步反扑,多边主义的阵地在美国国内不断失守,美国与教科文组织的关系也一步步滑向决裂的边缘。

注释

1. 方连庆、王炳元、刘金质:《国际关系史(战后卷)》,北京大学出版社 2006 年版,第 422 页。

2. William Preston JR. et al., *Hope and Folly: The United States and UNESCO: 1945—1985 (Media and Society)*, Minneapolis: University of Minnesota Press, 1989, p.141.

3. Richard Hoggart, *An Idea and Its Servants: Unesco from Within*, New York: Oxford University Press, 1978, p.104.

4. United States. Congress. House. Committee on International Relations. Subcommittee on International Organizations, *UNESCO: Challenges and Opportunities for the United States*, Washington, D. C.: U. S. Government Printing Office, 1976, p. 13, https://babel.hathitrust.org/cgi/ptid=purl.32754074679808&seq=17,访问时间:2023 年 11 月 21 日。

5. Samuel Lewis, *UNESCO: Challenges and Opportunities for the United States*, Washington: U.S. Government Printing Office, 1976, p.5.

6.《关于在武装冲突的情况下保护文化财产的公约》,第 5 条,1954 年,https://unesdoc.unesco.org/ark:/48223/pf0000373966?posInSet=6&queryId=154366c1-d910-4755-8646-45f27c1455ae,访问时间:2022 年 9 月 28 日。

7. William Preston JR. et al., *Hope and Folly: The United States and UNESCO: 1945—1985 (Media and Society)*, Minneapolis: University of Minnesota Press, 1989, p.131.

8. "Recommendation on International Principles Applicable to Archaeological Excavations," 1956, Article VI, Item 32, https://icahm.icomos.org/wp-content/uploads/2017/01/1956-New-Delhi-Recommendations-International-Principles-Applicable-to-Archaeology-Excavations-1.pdf,访问时间:2022 年 9 月 28 日。

9. Nadia Abu El-Haj, *Facts on the Groud: Archaeological Practice and Territorial Self-Fashoning in Israeli Society*, Chicago & London: The University of Chicago Press, 2001, p.165.

10. Michael Dumper and Craig Larkin, "The Politics of Heritage and the Limitations of International Agency in Contested Cities: a Study of the Role of UNESCO in Jerusalem's Old City," *Review of International Studies*, Vol.38, No.1, p.35.

11. "UNESCO Adopts Resolution to Deny Israel Cultural Aid," *The New York Times*, Nov. 21, 1974, https://www. nytimes. com/1974/11/21/archives/unesco-adopts-resolution-to-deny-israel-cultural-aid.html,访问时间:2020 年 6 月 12 日。

12. Mark F. Imber, *The USA, ILO, UNESCO and IAEA: Politicization and Withdrawal in the Specialized Agencies*, New York: Palgrave Macmillan, 1989, p.103.

13. Nan Robertson, "Vote in UNESCO Keeps Israel Out of European Unit," *The New York Times*, Nov. 22, 1974, https://www. nytimes. com/1974/11/22/archives/vote-in-UNESCO-keeps-israel-out-of-european-unit-israel-kept-out-of. html, 访 问 时 间: 2021 年 8 月 12 日。

14. William Preston JR. et al., *Hope and Folly: The United States and UNESCO: 1945—1985(Media and Society)*, Minneapolis: University of Minnesota Press, 1989, p.136.

15. "Memorandum From the President's Assistant for National Security Affairs (Scowcroft) to President Ford, Washington, undated," *FRUS*, 1969—1976, Vol.E-14, Part 1: Documents on the United Nations, 1973—1976, p.1, https://history.state.gov/historicaldocuments/frus1969-76vel4p1/d103_pg2,访问时间:2023 年 5 月 8 日。

16. Clarity, James F., "12 Nations Walk Out at UNESCO Parley as a Protest Against Anti-Israel Action," *The New York Times*, Dec. 19, 1975, https://www.ny-times. com/1975/12/19/archives/12-nations-walk-out-at-unesco-parley-as-a-protest-against. html,访问时间:2024 年 2 月 25 日。

17. James F. Clarity, "UNESCO's Board Votes for Softer Stand on Israel," *The New York Times*, October, 9, 1975, https://www. nytimes. com/1975/10/09/archives/UNESCOs-board-votes-for-softer-stand-on-israel.html,访问时间:2024 年 2 月 25 日。

18. Roger A. Coate, "Changing Patterns of Conflict: The United States and UNESCO," in Margaret P. Karns and Karen A. Mingst, eds., *The United States and Multilateral Institutions*, London: Routledge, 1992, p.171.

19. "Memorandum From the President's Assistant for National Security Affairs (Scowcroft) to President Ford, Washington, undated," *FRUS*, 1969—1976, Vol.E-14, part 1, Documents on the United Nations, 1973—1976, document 103, pp. 1—4, https://static. history. state. gov/frus/frus1969-76vel4p1/pdf/d103. pdf,访问时间:2020 年 9 月 12 日。

20. "Telegram 307916 From the Department of State to All Diplomatic Posts," December 21, 1976, 0216Z, *FRUS*, 1969—1976, Vol.E-14, part 1, Documents on the United Nations, 1973—1976, document 102, https://history. state. gov/historicaldocuments/frus1969-76vel4p1/d102,访问时间:2023 年 5 月 21 日。

21. 参见 Edwin P. Reubens, ed., *The Challenge of the New International Economic Order*, Abingdon and New York: Routledge, 2019。

22. Kaarle Nordenstreng, *Mass Media Declaration of UNESCO*, Norwood: Ablex Publishing Corporation, pp.11—13; Sam Lebovic, *A Righteous Smokescreen: Postwar America and the Politics of Cultural Globalization*, Chicago and London: The University of Chicago Press, 2022, p.184.

23. Unesco, "Records of the General Conference, Fifteenth Session, Paris," Resolution 4. 211, Paris: United Nations Educational, Scientific and Cultural Organization, 1968, p.60.

24. Louise Gore, "Confidential Report of the United States Delegation to the 83rd

Session of Unesco Executive Board," Sept. 15—Oct. 10, 1969, RG 59, IO 1974—1980, Box 1, NARA, cited in Jonas Brendebach et al., eds., *International Organizations and the Media in the Nineteenth and Twentieth Centuries: Exorbitant Expectations*, Abingdon and New York: Routledge, 2018, p.163, at note 29.

25. UNESCO Executive Board-84th Session(May 4—June 19, 1970), "Position Paper: Draft Program and Budget for 1971—1972: Communication," April 21, 1970, RG 59, IO 1974—1980, Box 1, NARA, cited in Jonas Brendebach et al., eds., *International Organizations and the Media in the Nineteenth and Twentieth Centuries: Exorbitant Expectations*, Abingdon and New York: Routledge, 2018, p.163, at note 30.

26. James D. Halloran, *Mass Media in Society: The Need of Research*, Paris: United Nation Educational Scientific and Cultural Organization, 1970.

27. Jonas Brendebach, "Towards A New International Communication Order? UNESCO, Development, and 'National Communication Policies' in the 1960s and 1970s," in Jonas Brendebach et al., eds., *International Organizations and the Media in the Nineteenth and Twentieth Centuries: Exorbitant Expectations*, Abingdon and New York: Routledge, 2018, p.164.

28. Robert S. Jordan, "Boycott Diplomacy: The U.S., the U.N., and UNESCO," *Public Administration Review*, Vol.44, No.4, p.287.

29. Jonas Brendebach et al. eds., *International Organizations and the Media in the Nineteenth and Twentieth Centuries: Exorbitant Expectations*, Abingdon and New York: Routledge, 2018, p.164.

30. 参见Kaarle Nordenstreng, "Institutional Networking: The Story of the International Association for Media and Communication Research(IAMCR)," in David W. Park and Jefferson Pooley, eds., *The History of Media and Communication Research: Contested Memories*, New York: Peter Lang, 2008, p.235。

31. Robert A. White and James M. McDonnell, "Priorities for National Communication Policy in the Third World," *The Information Society*, No.2, Vol.1, 1983, p.25.

32. Leonard R. Sussman, "Information Control as an International Issue," *Proceedings of the Academy of Political Science*, Vol.34, No.4, 1982, p.178; "Declaration of Guiding Principles on the Use of Satellite Broadcasting for the Free Flow of Information, the Spread of Education, and Greater Cultural Exchange," Article IX, Item 1, Nov. 1972, https://www.unesco.org/en/legal-affairs/declaration-guiding-principles-use-satellite-broadcasting-free-flow-information-spread-education-and, 访问时间: 2023 年 5 月 10 日。

33. "Declaration of Guiding Principles on the Use of Satellite Broadcasting for the Free Flow of Information, the Spread of Education, and Greater Cultural Exchange," Article II, Item 1&2, Nov. 1972, https://www.unesco.org/en/legal-affairs/declaration-guiding-principles-use-satellite-broadcasting-free-flow-information-spread-education-and, 访问时间:2023 年 5 月 10 日。

34. UNCOPUOS, "U.S.S.R Convention on Principles Governing the Use by States of Artificial Earth Satellites for Direct Television Broadcasting," *International Legal Materials*, Vol.11, No.6, Nov. 1972, pp.1375—1381.

35. UNCOPUOS, "Canada and Sweden: Draft Principles Governing Direct Television Broadcasting by Satellite," U.N. Doc. A/AC. 105/117/WG Annex IV, 1973.

36. "New Communication Order: Historical Background of the Mass Media Declara-

tion,” 1982，p. 1，https：//unesdoc. unesco. org/ark：/48223/pf0000047669? posInSet＝
1&queryId＝3238695f-0f1f-4c46-b782-2560e8dfe6c0，访问时间：2023 年 5 月 10 日。

37. Ibid.，p.99，https：//unesdoc.unesco.org/ark：/48223/pf0000047669?posInSet＝
1&queryId＝3238695f-0f1f-4c46-b782-2560e8dfe6c0，访问时间：2023 年 5 月 10 日。

38. Leonard J. Theberge，“UNESCO's 'New World Information Order' Colliding
with First Amendment Values,” *American Bar Association Journal*，Vol. 67，1981，
p.716.

39. Leonard R. Sussman, “Information Control as an International Issue,” *Proceed-
ings of the Academy of Political Science*，Vol.34，No.4，1982，p.180.

40. 参见“New Communication Order：Historical Background of the Mass Media De-
claration,” 1982，p. 18，https：//unesdoc. unesco. org/ark：/48223/pf0000047669? posIn-
Set＝1&queryId＝3238695f-0f1f-4c46-b782-2560e8dfe6c0，访问时间：2023 年 5 月 10 日；
Heidi Haggrén，“The 'Nordic Group' in UNESCO：Informal and Practical Cooperation
Within the Politics of Knowledge,” in Norbert Götz and Heidi Haggrén，eds.，*Regional
Cooperation and International Organizations：the Nordic model in Trasnational Align-
ment*，Abingdon and New York：Routledge，2009，pp.97—98。

41. Ibid.，p.2，https：//unesdoc. unesco. org/ark：/48223/pf0000047669?posInSet＝
1&queryId＝3238695f-0f1f-4c46-b782-2560e8dfe6c0，访问时间：2023 年 5 月 10 日。

42. Ibid.，pp.3—5，https：//unesdoc. unesco. org/ark：/48223/pf0000047669?posIn-
Set＝1&queryId＝3238695f-0f1f-4c46-b782-2560e8dfe6c0，访问时间：2023 年 5 月 10 日。

43. Ibid.，p. 201，https：//unesdoc. unesco. org/ark：/48223/pf0000047669?posInSet
＝1&queryId＝3238695f-0f1f-4c46-b782-2560e8dfe6c0，访问时间：2023 年 5 月 10 日。

44. 宣言全称为《关于大众媒体为推动和平以及增进人权保障、反对种族隔离和煽动
战争的国际共识发挥积极作用的基本原则宣言》，英文全称为 Declaration of Fundamen-
tal Principles concerning the Contribution of the Mass Media to Strenthening Peace and
International Understanding，to the Promotion of Human Rights and to Countering
Racialism，Apartheid and Incitment of War。

45. Roger A. Coate，“Changing Patterns of Conflict：The United States and
UNESCO,” in Margaret P. Karns and Karen A. Mingst，eds.，*The United States and
Multilateral Institutions*，London：Routledge，1992，p.164.

46. UNESCO，“Records of the General Conference，20th session，Paris，1978，
v. 3：Proceedings,” 20C/Proceedings，1980，p.1070.

47. Roger A. Coate，“Changing Patterns of Conflict：The United States and
UNESCO,” in Margaret P. Karns and Karen A. Mingst，eds.，*The United States and
Multilateral Institutions*，London：Routledge，1992，p.164；Altaf Gauhar and Amadou
Mahtar M'bow，“Amadou Mahtar M'Bow,” *Third World Quarterly*，Vol. 6，No. 2，
1984，p.267.

48. Sussman，Leonard，“Access：An American Perspective,” Presentation at the
Annual Conference of the American Library Association，June 25，cited in Roger A.
Coate，“Changing Patterns of Conflict：The United States and UNESCO,” in Margaret
P. Karns and Karen A. Mingst，eds.，*The United States and Multilateral Institutions*，
London：Routledge，1992，p.166；Heidi Haggrén，“The 'Nordic Group' in UNESCO：
Informal and Practical Cooperation within the Politics of Knowledge,” in Norbert Götz
and Heidi Haggrén，eds.，*Regional Cooperation and International Organizations：the
Nordic model in Trasnational Alignment*，Abingdon and New York：Routledge，2009，

p.101.

49. "Speech by Mr. Amadou-Mahtar M'Bow at the Closure of the Nineteenth Session of the General Conference,"in Amadou-Mahtar M'Bow, ed., *Unesco and the Solidarity of Nations: the Spirit of Nairobi*, Paris: the United Nations Educational, Scientific and Cultural Organization, 1977, pp.8, 166.

50. 这一协商机制是为了应对第 18 届教科文组织大会上公开的对抗而设立的,包含 25 名成员国全权代表,职能是就大会的指导委员会所认为的敏感议题促成共识。

51. "Telegram 307916 From the Department of State to All Diplomatic Posts," December 21, 1976, 0216Z, *FRUS*, 1969—1976, Vol.E-14, part 1, Documents on the United Nations, 1973—1976, document 102, https://history.state.gov/historicaldocuments/frus1969-76ve14p1/d102,访问时间:2023 年 5 月 21 日。

52. Altaf Gauhar and Amadou Mahtar M'Bow, "Amadou Mahtar M'Bow," *Third World Quarterly*, Vol.6, No.2, 1984, p.267.

53. Clare Wells, *The UN, UNESCO and the Politics of Knowledge*, New York: Palgrave Macmillan, 1987, p.89.

54. "Statement of Edmund P. Hennelly, Chairman of the United States Delegation to the 22nd General Conference of UNESCO," in *U.S. Withdrawal from UNESCO: Hearings Before the Subcommittees on Human Rights and International Organizations and on International Operations of the Committee on Foreign Affairs House of Representatives, Ninety-eighth Congress, Second Session*, Washington D.C.: U.S. Government Printing Office, 1984, p.23.

55. 参见第 19 届大会决议 4.143 项,详见联合国教科文组织:《大会第十九届会议正式记录第一卷:决议》第 74 页,https://unesdoc.unesco.org/ark:/48223/pf0000114038_chi,访问时间:2024 年 2 月 28 日。

56. NAS, SNCU, F4:118 General Conference. Memo by Finn Bergstrand/Swedish Delegation in UNESCO, 6 October 1976, cited in Heidi Haggrén, "The 'Nordic Group' in Unesco: Informal and Practical Cooperation within the Politics of Knowledge," in Norbert Götz and Heidi Haggrén, eds., *Regional Cooperation and International Organization: The Nordic Model in Transnational Alignment*, Abingdon and New York: Routledge, 2009, p.100, at note 54.

57. Unesco, "Records of the General Conference, 19th session, Nairobi, 1976, v. 2: Proceedings," UNESCO 19C/Proceedings Part I-II, 1978, p.367, para. 4.4.

58. NAS, SNCU, F4: 118 General Conference. Memo Erland Bergman/Ministry of Education, 6 September 1978, cited in Heidi Haggrén, "The 'Nordic Group' in Unesco: Informal and Practical Cooperation within the Politics of Knowledge," in Norbert Götz and Heidi Haggrén, eds., *Regional Cooperation and International Organization: The Nordic Model in Transnational Alignment*, Abingdon and New York: Routledge, 2009, p.101, at note 58.

59. William Preston JR. et al., *Hope and Folly: The United States and UNESCO: 1945—1985 (Media and Society)*, Minneapolis: University of Minnesota Press, 1989, p.126.

60. Ibid., p.127.

61. 是整个联合国体系内唯一的为动员国际社会讨论和促进发展中国家媒体发展的机构。

62. William Preston JR. et al., *Hope and Folly: The United States and UNESCO:*

1945—1985(*Media and Society*)，Minneapolis：University of Minnesota Press，1989，p.129.

63. "State Department Authority," CQ Almanac 1981 Online Edition，https：//library.cqpress.com/cqalmanac/document.php?id＝cqal81-1172058，cited in Sam Lebovic，*A Righteous Smokescreen：Postwar America and the Politics of Cultural Globalization*，Chicago and London：The University of Chicago Press，2022，p.188.

64. International Commission for the Study of Communication Problem，"Interim Report of the International Commission for the Study of Communication Problems," 25 September 1978，UNESCO Doc. 20C/94，Section D，https：//unesdoc.unesco.org/ark：/48223/pf0000028576，pp.63—79.

65. Unesco，"Records of the General Conference，20th session，Paris，1978，v. 3：Proceedings," UNESCO 20C/Proceedings，1980，p.649，para. 8.9.

66. International Commission for the Study of Communication Problem，*Many Voices One World：towards A New More Just and More Efficient World Information and Communication Order*，Paris：UNESCO，1980，pp.253—268.

67. Clare Wells，*The UN，UNESCO and the Politics of Knowledge*，New York：Palgrave Macmillan，1987，pp.100—101.

68. George Gerbner et al.，*The Global Media Debate：Its Rise，Fall and Renewal*，New York：Ablex Publishing Corporation，1994，p.42.

69. Clare Wells，*The UN，UNESCO and the Politics of Knowledge*，New York：Palgrave Macmillan，1987，p.100.

70. Clare Wells，*The UN，UNESCO and the Politics of Knowledge*，New York：Palgrave Macmillan，1987，pp.103—104.

71. Roger A. Coate，"Changing Patterns of Conflict：The United States and UNESCO," in Margaret P. Karns and Karen A. Mingst，eds.，*The United States and Multilateral Institutions*，London：Routledge，1992，p.165.

72. "Strategy for Multilateral Diplomacy in 1976：the Role of United Nations," *FRUS*，1969—1976，Vol.E-14，part 1，Documents on the United Nations，1973—1976，document 42，p. 7，https：//static. history. state. gov/frus/frus1969-76ve14p1/pdf/d42.pdf，访问时间：2023 年 5 月 23 日。

73. Ibid.

74. Roger A. Coate，"Changing Patterns of Conflict：The United States and UNESCO," in Margaret P. Karns and Karen A. Mingst，eds.，*The United States and Multilateral Institutions*，London：Routledge，1992，p.166.

75. 李光涵：《追溯〈世界遗产公约〉的历史渊源》，2018 年 9 月，http：//www.silkroads.org.cn/portal.php?mod＝view&aid＝15741，访问时间：2022 年 9 月 26 日。

第五章

美国第一次退出联合国教科文组织

20 世纪 70 年代末,美国国内的保守主义势力拥有了强大的影响力。新右派的保守主义思潮通过新闻媒体和民间团体发挥影响,煽动美国对国际组织尤其是对联合国教科文组织的敌视情绪,使得美国在脱离教科文组织的道路上越走越远。尽管美国政府内部一部分官员对于美国参与教科文组织仍旧持积极立场,但已经难以阻止美国与这一国际组织的彻底决裂。

第一节 "新世界信息与通信秩序"再起波折

从上文所述的《麦克布莱德报告》的内容不难看出,20 世纪 80 年代初教科文组织的内部环境对于美国来说整体仍是有利的,然而美国国内对于教科文组织的态度却已愈发消极。由于《麦克布莱德报告》一定程度上认可了新世界信息与通信秩序,随之而来的便是关于具体目标的实现路径的讨论。1980 年贝尔格莱德大会出现了要求教科文组织向保护记者的组织提供援助的提案。[1]相关议题还在 1981 年 2 月 16 日在巴黎举行的保护新闻记者协商会议上作为主要议题进行讨论。该会议也得到了联合国教科文组织的支持,会上北巴黎大学政治科学系教授皮埃尔·博格里(Pierre Gaborit)提出建立一个新闻记者保护委员会,目的是为新闻记者颁发许可证以及建立职业记者的行业道德标准。[2]事实上,早在 1957 年,一系列的新闻记者失踪或死亡的事件引发了国际社会对保护新闻记者这一议题的关注,仅在 1976 年至 1978 年,就有 24 名记者被谋杀,因此建立对于新闻记者的保护制度是合理而必要的。[3]然而美国和其他西方国家则将相关提案解读为通过实施新闻记者许可证制度来控制记者和信息流动,对此一直持警惕和反对态度。

为此当 20 世纪 80 年代该议题再次亮相国际舞台,西方国家立刻采取了反制措施。1981 年 5 月 15 日至 17 日,在世界新闻自由委员会[4](World Press Freedom Committee,WPFC)的组织下,来自 21 个国家的 63 个代表(其中不包含任何为"新世界信息与通信秩序"发声的代表)在法国塔卢瓦尔(Talloires)举办了"独立新闻媒体自由之声"(Voice of Freedom Conference of Independent News Media)会议。与会各方一致同意通过了强调维护新闻出版绝对不受干预的自由的《塔卢瓦尔宣言》(*Declaration of Talloires*),要求国家停止对新闻自由的干涉。在《塔卢瓦尔宣言》中,与会国家代表决意"推动世界范围内的信息的自由流动",要求教科文组织和其他的政府间机构放弃"管制新闻内容和为出版业设置规则的尝试"。[5]

1981 年 6 月,美国参议院进一步通过了第一份有关制裁教科文组织的法案——《外交授权法案修正案》(*Quayle/Moynihan Amendment to the Foreign Relations Authorization Act*),又名《奎尔/莫伊尼汉修正案》。该法案首先谴责了教科文组织在约束新闻内容和为世界新闻业务设置规则的行动,还包含了一项"国会的意见",指出如果教科文组织发起的项目推动了记者许可证制度,审查或妨碍信息自由流动或者实施强制性的新闻职业道德,那么国务院应当在教科文组织的总预算中扣除上述项目 25％的预算(因为美国在教科文组织的会费是 25％)。[6]该法案在参议院以 99 比 0 的高票通过。[7]

1981 年 7 月,国会就"美国在教科文组织中的参与"召开一系列听证会,投票表决通过了一项决议,就教科文组织处理信息议题的方式给予其警告。[8]同年 9 月,美国参议员罗宾·彼尔德(Robin L. Beard)提出了一项《联邦政府拨款法案》(*State Department Appropriation Act*)的修正案(又名《彼尔德修正案》)。这项法案规定"不管教科文组织采取什么政策,只要其政策影响是限制新闻记者或者新闻出版,那么美国总统将被授权终止对该组织的会费摊派"。[9]这项法案还要求国务卿在每年 2 月 1 日就教科文组织履行义务的情况进行年度报告。[10]这一修正案以 372 票赞成、19 票反对的结果在国会通过。[11]里根总统对教科文组织也发出了严厉的警告。他在给参议院的一封信中说道："我们强烈支持并建议全世界关注在塔卢瓦尔'自由之声'会议上来自 21 个国家的媒体领袖发布的宣言,我们并不认为我们在教科文组织违背其初心的情况下还能够继续支持教科文组织。"这是美国总统首次表明退出教科文组织的倾向。

在美国的压力下,1982 年的第四届教科文组织巴黎临时特别大会开始淡化"新世界信息与通信秩序"支持者的初衷,将新的秩序看作一个"持续性渐进"的过程。[12]这次特别大会还讨论了 50 项通信项目修正案,这些通信项目最终也都被设定为信息自由项目。[13] 1983 年的第 22 届大会亦是如此。大会给予了美国充分的时间和机会来解释格林纳达战争,苏联试图将讨论聚焦在和平和裁军问题,也被大会的"起草和协商小组"(DNG)以全体一致的方式阻止。此外,在通信和传媒议题上,西方国家认为可能妨害新闻自由的项目都被删除或者进行了实质性修改。在人权问题上,传统人权与苏东社会主义阵营试图用"人民权利"(即作为第二代人权的集体人权)来抗衡西方传统个体人权主张的尝试也并没有实现。[14]

第 22 届大会之后,有关"新世界信息与通信秩序"的议题在教科文组织内部逐渐平息。美国国内各项报告对于教科文组织的评价也开始变得积极正面。在教科文组织的通信领域,1983 年美国国际开发署(United States Agency for International Development,USAID)的报告表示,"总的来说,在通信领域美国的利益是合理地被保障的,美国的退出不会促进美国的目标的实现"[15]。1983 年 2 月 24 日,美国国务院的《给国会的报告》(*Reports to the Congress Requested in Sections 109 and 109 of Public Law 97—241*)也认为"教科文组织的项目在很大程度上促进了美国外交政策目标的实现,特别是美国的教育、科学和文化利益,因此对教科文组织的一如既往的支持对于保护美国的利益来说是关键的,教科文组织没有执行过任何能够使得拒缴会费具有合法性的政策或程序"。[16]国务院的这份报告还显示,教科文组织在美国事务上的开支大体上等于美国贡献会费的 40%,美国在教科文组织的科学和教育领域的领先地位还为美国的科学和教育产品提供了市场。[17] 1983 年 12 月 16 日,美国教科文组织国家委员会在其第 47 届会议上听取了教科文组织大会美国代表团主席赫内利(Edmund P. Hennelly)对第22届大会的分析,审议国务院和美国驻教科文组织代表团的评价报告,并以41比8高票通过了支持美国继续参与教科文组织的决议。[18]

第二节　美国的不满与宣布退出

然而第22届大会也并非事事如美国所愿,最令美国失望的是它没有实现美国为教科文组织设定的预算目标。经过协商讨论后,教科文组织1984年和1985年双年度的预算缩减了1 000万美元,为3.74亿美元,仍高于美国提出的零增长目标。对此美国政府投了唯一的反对票。[19]美国对于第二十三届教科文组织大会在保加利亚首都索菲亚举办的提议也投了反对票,但这一提议最终以98票赞成、22票反对和8票弃权的结果得到大会通过。[20]

即便如此,美国代表团埃德蒙德·赫内利(Edmund P. Hennelly)仍认为第22届大会对于美国来说是一个"确定无疑的有利局面","从美国的视角看来是政治化最少的以及最具建设性的"。[21]由于赫内利本人是美国右派民间团体传统基金会的成员同时也是共和党党员,他能够作出这一评价实属难得。南卡罗来纳大学教授罗杰·科特(Roger A. Coate)也在1992年发表的论文《冲突的模式变化:美国与联合国教科文组织》中认为"在1983年12月29日美国宣布退出教科文组织之前,内部环境是非常有利于美国的"。[22]

很多观点认为1983年末美国宣布退出教科文组织前后,教科文组织内部氛围整体上对美国是积极而友好的。但是这一判断并没有成为美国社会的共识,也未能改变美国政府内部右翼政治势力对教科文组织的负面观感。美国政府仍将第22届大会看作一次失败的会议。12月22日至23日,舒尔茨国务卿向里根总统提交了退出的建议,并获得了总统的批准。[23]在此期间,加拿大请求美国"在与盟友广泛协商之前"不要采取单边行为,这一请求并未得到美国的回应。[24]1983年12月30日,美国正式宣布将在一年时间内退出联合国教科文组织。国务卿舒尔茨以信件的形式将这一决定告知了总干事姆博,表示"我们(美国)确信我们能够通过其他形式的合作发展我们的教育、科学、文化和通信事业,以更好地实现我们的目标"。[25]

信件中,舒尔茨指责了教科文组织在管理、政策和预算上"背离了效率原则",并列举了美国对教科文组织的指控:(1)服务于个别国家的政治目的;(2)管理方式上缺乏效率、项目评估以及依据项目本身价值的项目安排上的优先性。[26]根据教科文组织《组织法》第 2 条第 6 款规定,成员国退出自脱退声明提出后的第二年 12 月 31 日起生效,美国也承诺在这一阶段内尽可能与教科文组织保持和睦的合作关系。[27]然而,美国对教科文组织的指责是措辞含混的,也并未及时提出关于教科文组织改革的具体意见。

第三节　各方反应与改革措施

美国宣告退出极大震动了西方世界。从 1984 年 1 月 10 日开始,包括美国、英国、日本在内的 24 个国家组成了以荷兰大使马尔滕·莫利克(Maarten Mourik)担任主席的西方信息集团(Western Information Group, WIG)。[28]在这一工作小组内,这些西方国家集中商讨教科文组织的内部改革措施,并在同年 3 月 12 日提出了一份反映大多数组内西方国家观点的工作文件,将教科文组织的内部问题归结为三类:一是机制性/结构性的问题,即秘书机构和国家代表机构之间的权力失衡问题和西方国家集团面临的作为少数群体的困局;二是政治性问题,即政治性议题在代表机构被多次讨论;三是项目/管理性问题,包括项目缺乏集中性、优先次序和项目评估的问题,以及预算管理问题和人事与去总部化的问题。

在这一工作文件的指导下,西方信息集团分成了 7 个小组,分别讨论和制定在通信、项目、裁军与和平、人权、预算、[29]内部机制、计划与管理方面的改革议程。1984 年 4 月底,西方信息集团的改革方案初步形成,计划在 1984 年的执行局第 119 届和第 120 届会议上提出具体的改革动议。[30]

从教科文组织内部来看,1984 年初开始,改革议题就一直成为教科文组织的头等大事。总干事在 5 月 9 日至 23 日召开的第 119 届教科文组织执行委员会会议上宣布建立五个工作组来审查预算方法、人事和职员管理、公共信息以及项目批判性分析的问题,每个工作组中都有美国专家的参与。执行局也成立了一个包括十三个成员的临时改革委员会。该委员会由 6 个区域小组分别派出两名代表以及 1 名法国代表作为东道国政府代表组成,为改革教科文组织提供建议并审查教科文组织的项目以及预算和管理问题。执行局也授权临时委员会向同年 9 月召开的执行局第 120 届会议提出改革建议,并以此为基础形成 1985 年第 23 届大会的改革建议案。[31] 临时委员会提出的改革具体计划得到了执行局的认可。

教科文组织也提出了以下一系列具体的改革措施。

在内部管理层面,简化教科文组织的人事手续;建立两个咨询委员会就任期不确定的工作合约提出意见;设置助理总干事和执行局的委员会各成员之间的"问答时间",其作用是"在秘书处和成员之间开展交流,并帮助恢复执行局的权威";采取措施将总干事的权力下放给副总干事,将总部的权力下放给地方;通过增加中央评估小组(Central Evaluation Unit)的专家人数和任命各领域的专业办公人员来增强评估能力。[32]

在组织机构方面,执行局通过了 14 项有关执行局日常工作的建议案以及 19 项有关大会的有效性的建议案,执行局给予临时委员会以更多的授权来监督这些建议案的执行。[33]

在项目安排方面,执行局关于 1986—1987 年度的项目预算草案中要求秘书处在推荐项目时,选择那些聚焦教育、科学、文化和通信领域并能够得到广泛支持的项目;总干事召集一个咨询顾问小组来研究重大项目第十三项(Major Program XIII)之下的项目和计划(主要是有关裁军和集体人权问题)能否获得广泛的支持;项目决议案强调教科文组织应当继续同联合国人权委员会展开合作并始终如一地强调教科文组织在人权规则上保持对个体人权的关注;关于人权问题的研究,项目决议案要求对已有的人权和集体人权的研究进行总结,而不是开启新的研究课题;决议案要求加强对美国支持的人权教育发展计划的实施力度;鼓励给予国际通信发展项目(IPDC)更高的优先度,并将"新世界信息与通信秩序"标记为一个"演进的,持续的过程而非已经建立的秩序";不再在项目或预算决议中提及巴勒斯坦解放组织或者任何民族解放运动;对于约旦河西岸的教育问题的决议案被撤回,同时批准在耶路撒冷进行的小规模考古发掘活动。[34]

在预算问题上,支持 1986—1987 年的零项目预算增长;以上下两卷的形式清晰地展示预算方案;采纳美国支持的预算编纂方法;执行局要求总干事研究创建一个专家委员会在预算问题上协助执行局的可能性;为了使公众对预算信息有更多的接触,这一权利将通过一项执行局决议得到实现,该决议要求总干事将教科文组织的预算合理性说明这一内部文件开放给所有的成员国。[35]

由此观之,教科文组织的改革提议案在没有美国提出任何具体要求的情况下,几乎全面回应了美国的关切与需求,显示出了极大的诚意。虽然许多改革的细节仍未敲定,但这一提议案已经充分反映出教科文组织的妥协和推进改革的意愿。

然而美国在提出自己的改革方案方面行动迟缓,甚至显示出极不情愿推动教科文组织改革的态度,也一直不愿提出数量明确的、明晰的改革诉求。在 1983 年 12 月 29 日的记者会上,助理国务卿纽厄尔(Geogory Newell)就断言教科文组织无力作出必要的改变,他本人还拒绝参与上述的执行局十三人委员会。他对于教科文组织拟议中的改革措施也持否定态度,认为没有设立一个可以对临时委员会的建议进行实施的机构,机构管理的改革也不彻底,一直为美国所诟病的项目也没有根除甚至没有减少。他还认为零预算增长的方案也被修正为"给 1986—1987 年的预算留足了 2%的增长率的空间",美国关于保护教科文组织不占数量优势的西方国家政府利益的提议也没有被接受和采纳。[36]美国驻教科文组织大使简・杰拉德(Jean Gerard)在 1984 年 5 月的执行局第 119 届会议上宣称:"美国政府不会确定与教科文组织的谈判条件,因为我们并不是在谈判。"负责国际组织事务的副助理国务卿简・贝格斯特(Jean Bergaust)则认为,"美国没有也不准备向教科文组织提交一份美国的愿望清单,因为我们相信教科文组织的改革是其成员国机构和秘书处之间的事"。[37]

1984 年 7 月 13 日,在美国行将退出之时,纽厄尔才向总干事姆博递交了美国关于教科文组织改革的具体要求。如"教科文组织的所有决定和项目安排应当获得所有区域集团,特别是为教科文组织贡献主要会费的国家的支持""回归教科文组织的本心""强化大会,特别是执行局的功能,恢复教科文组织中成员国的权威"。具体来说,在决策程序的改革方面,美国要求在大会和执行局会议上强化起草和协商小组的作用,要求在所有的争议性议题上实现所有区域国家之间的完全同意。在促进教科文组织回归本心方面,美国要求教科文组织放弃讨论高度分歧性的议题,回归凝聚共识的议题。在恢复成员国的权威方面,美国要求在执行局和副总干事与助理总干事之间建立问答环节;建立赋予成员国真正决策权的机制,赋予成员国改变或移除项目安排的权力;探索提升执行局次级单位的有效性的方法;建立机制,确保秘书处给予成员国个体足够的影响力和应有的尊重;此外,还强调了"预算和管理改革在实现这些目标中是尤为重要的"。[38]为此,他要求"为教科文组织的预算表决程序设置占比超过 51％预算贡献出资国"的表决门槛。[39]

美国政府通过纽厄尔之口传达出几个明确的信号。首先,美国因无法享有政策结果的完全控制权而耿耿于怀,因此美国希望少数国家,特别是西方大国能够拥有否决权。但是西方国家集团内部尤其是美国与西方信息集团在很多议题上都无法达成共识,美国还认为西方信息集团在组织预算削减、项目集中与去争议化、降低总干事权威等方面的共识并不能充分呼应美国的关切,为此直接拒绝参加西方信息集团小组改革委员会的工作。其次,尽管总干事在政策制定过程中时常发挥"拦截"作用,但是教科文组织内部要求讨论"新世界信息与通信秩序"的呼声却日益增强。里根政府则一直希望所有挑战美国领导下的世界信息格局的相关议题都从教科文组织内部清除。此外美国的诉求还包括削弱总干事的影响力等。

美国的改革要求直到 1984 年 7 月才由纽厄尔提出,此时距离美国最终退出仅剩 5 个月时间。这些要求也涉及异常繁重的结构性改革,且其关于预算制定等改革建议还需要在大会上作出决议——1985 年教科文组织将不会举办大会,[40]美国的很多改革要求在程序上就完全不具有可操作性。这从侧面展示了当时的美国并没有真心推动改革或对改革抱有任何期待,这封改革提议书注定不是建设性的,而只是美国决意与教科文组织关系破裂的证明。1984 年 12 月 19 日,美国国务卿舒尔茨告知总干事美国最终退出的决定。12 月 20 日,纽厄尔发布了美国国务院关于脱离教科文组织的声明。在声明中,美国认为"与教科文组织的使命无关的政治化问题依然存在……同时还有管理不当问题,特别是 80％的预算开支被用在了总部"[41]。美国的退出也引导了西方国家集团内部的政策风向,英国和新加坡也纷纷宣布于 1985 年底退出教科文组织。[42]

第四节 美国退出教科文组织的国内政治因素

这一时期,美国和教科文组织的关系的变化主要源自美国国内对于教科文组织的认知的变化。里根政府上台之后,新右派和单边主义思潮大行其道,多边合作并非美国总体外交政策的优先事项。美国对外提供双边发展援助以对象国的自由化改革为前提,漠视多边协定和国际法院的裁决,拒绝加入海洋法公约,将联合国大会内的投票事宜与双边援助强制绑定,对外发动针对格林纳达和尼加拉瓜的军事行动,威胁退出国际劳工组织、联合国粮农组织、联合国贸发会议以及国际原子能机构。事实上,在共和党的政纲中,国际组织不再是美国人能够赖以保障国家安全或保护其国家利益的平台,而是众多国家以多数的优势来反对美国的平台。

教科文组织更是美国政府内部差评最多的国际组织。随着里根总统上台,教科文组织在美国政府内部的优先度进一步下降。继卡特政府将有关教科文组织的事务转移到信息情报和宣传部门美国国际通信局(International Communication Agency)管辖之后,教科文组织事务局(UNESCO Bureau)于 1981 年被迁移到社会与人道主义事务办公室。同年,在掌管政治事务的助理国务卿之下成立了一个通讯和教科文组织事务办公室(Office of Communication and Unesco Affairs)。1983 年末,教科文组织事务局再次迁移到负责私人部门事务的助理副国务卿领导的办公室之下。[43]而教科文组织美国全国委员会在美国政府看来是计划淘汰的机构,其职员规模缩减至有史以来最低点,其主席南卡罗来纳大学校长霍尔德曼(James Holderman)还要自费填补人事开支。[44]在教科文组织的预算开支上则更能反映美国的消极态度。美国媒体评论家、社会学家、加州大学圣迭戈分校传播系教授赫伯特·席勒（Herbert I. Schiller）估计，美国一艘核潜艇的超支成本几乎就能等同于教科文组织一年的预算总额。据格雷斯委员会（又名成本控制私人部门调查委员会，The Grace Commission/The Private Sector Survey on Cost Control）有关美国政府财政资源浪费和不当管理的调查显示，通过政府的节约成本改革，三年可以省下 4 240 亿美元——这个数目大约为美国贡献 1 000 年的教科文组织会费。[45] 而同时期教科文组织的总开支甚至还不如一个美国著名大学的开支，仅为斯坦福大学年预算的五分之二。[46] 在美国一直支持的国际通信发展项目（IPDC）上，美国也是口惠而实不至。美国代表在国际通信发展项目委员会的阿卡普尔科（Acapulco）会议上也仅仅承诺提供十万美元等额的"专家服务"，而不愿提供第三世界国家希望获得的资金支持。相比之下，苏联对国际通信发展项目直接提供 30 万美元现金援助的做法则显得更加慷慨。[47]

时任国务卿塞勒斯·罗伯茨·万斯（Cyrus Roberts Vance）和埃德蒙·西克斯图斯·马斯基（Edmund Sixtus Muskie）于 1975 年创立的应对联合国政策特设小组（Ad Hoc Group on U.S. Policy toward the United Nations），发表了一份名为《美国与联合国：立足当前的一项政策》（The United States and the United Nations：A Policy for Today）的文件。这份文件不仅指责联合国内部"多数的暴政"，还在有关教科文组织的部分将其描述为"可能是落后的意识形态和政治偏见最令人不安的例子"，并将"新世界信息与通信秩序"的动因认定为苏联威胁的死灰复燃，认为"新世界信息与通信秩序"是第三世界的国家政府借以控制大众媒体的各个方面的手段。特设小组建议，如果政治化以及严重的低效问题无法通过美国在教科文组织内部的努力得到解决的话，那么"我们就不应当排除拒缴会费甚至退出该机构的可能性"。[48]

随着里根任命右翼政客纽厄尔为分管国际组织事务的助理国务卿，退出的过程就变得再也难以逆转。他的任命，在很大程度上归因于里根的共和党政府希望对国务院所掌管的外交事务施加更多的控制力，贯彻共和党保守的多边外交路线，其中最核心的任务是降低国际组织的预算。[49] 他甫一上任就削减了教科文组织全国委员会的财政预算。

1983 年 6 月 20 日，在得知姆博总干事将要提出一份实际增长率在 4%—6% 的预算方案后，纽厄尔飞往巴黎当面与美国驻教科文组织大使简·杰拉德（Jean Gerard）施压姆博，而姆博则将其视为美国对其非洲裔出身的歧视和偏见并抗拒这一压力，控诉美国对秘书处的工作和努力视而不见。姆博的这一反应促使纽厄尔等人形成了"教科文组织非退出不可"的认知闭环。[50]虽然来自 83 个美国驻外使团和 13 个政府部门建议都未要求美国退出教科文组织，但他对这样的建议熟视无睹。[51]在整个 1984 年，纽厄尔也通过公开演讲等方式持续抹黑教科文组织。密苏里大学圣路易斯分校教授托马斯·麦克菲尔（Thomas L. McPhail）认为，美国的退出并不是政府深思熟虑之后的理性应对，而是一些高级行政官员议事日程的一部分。[52]总体上而言，里根总统就任后，在国内的右派政治势力的不断煽动下，美国与教科文组织的积怨不断加深，它们之间关系的破裂变得不可逆转。

第五节　美国退出教科文组织的影响

美国的退出使得教科文组织的经费减少，教科文组织的项目经费大大缩减。由于组织的总部和外地员工无法在短时间内大规模解聘，缩减项目开支便势在必行。以教科文组织的国际教育规划机构（International Institute of Educational Planning）为例，按照 1983 年的预算，机构的人事开支占到 72% 的比例，剩下的则用在为发展中国家培训教育管理人员等项目，在削减项目开支后所有的项目活动都无法正常运行了。[53]

在财政压力下，教科文组织的内部调整和改革成为必然。为应对第 22 届大会通过的减少项目开支的预算计划和美国退出的影响带来的财年缺口，姆博表示收入赤字将会由内部成本节省或自愿捐助而填补，不会强制要求成员国提供补偿。[54]因此，教科文组织的项目安排不得不体现节约预算的精神。与此相配套，从 1984 年开始，秘书处就着手建立一个中央评估小组（Central Evaluation Unit），并在 1985 年上半年完成了自我评价体系的基本架构，以应对改革过程中出现的困难。1985 年，教科文组织的内部官员的数量从 1983 年的 3 393 人减少到 3 196 人。[55]

随着英国和新加坡的退出,项目和预算开支继续减少 17 884 020 美元,加上之前美国退出带来的预算减少,教科文组织出现了三分之一的巨大资金缺口。在这样的情况下,800 个经常开支和预算外资金项目下的职位被取消,并通过进一步的自愿离职、退休和裁撤人员空缺岗位来弥补预算缺口。为了促使美国重返教科文组织,总干事和执行局对教科文组织存在的项目、财政、管理与结构问题展开了新一轮的深入改革。1985 年大会决议草案削减了对富有争议的项目的资助,达成了 1986—1987 年预算零增长的方案。在"政治化"的相关议题上,"新世界信息与通信秩序"被确认为"持续性的发展的进程"[56]。裁军项目上,决议草案消除了诸如出版裁军与安全手册、不同军事战略的研究等争议性的裁军议题,并且宣布将裁军的技术层面排除出组织的运作范围。[57]但在教科文组织的管理问题上,美国退出之后,姆博任内并未实现实质性的改革。

美国和英国接连退出,使得总干事姆博在教科文组织内部声誉大减。1985 年美国退出开始生效之时,姆博几乎失去了所有西方国家的支持。日本作为美国退出之后教科文组织的最大会费贡献国,明确表示如果姆博获得第三任期,日本将考虑退出教科文组织。西方其他国家如瑞士、西德、荷兰和比利时也都表达了相同的立场,甚至第三世界国家也并没有对他的连任予以明确支持。[58]在这样的背景下,1985 至 1987 年这三年内教科文组织很难在他的领导下实现有效的管理改革。人权等争议性的议题也仅仅是对原有的共识重复性地确认,直到新一届总干事上台,这些问题才逐步得以解决。[59]

美国并没有堵死日后重返教科文组织之路,但为此设置了异常严苛的条件,包括但不限于专注于教科文组织内部能够达成一致意见的项目和根除使得共识难以达成的较高政治争议性的活动;建立能够有效保护贡献三分之二会费的少数会员国群体利益的机制;恢复权力机构的权威,使成员国的合法权威得到保证;终结教科文组织低效率管理方式;通过 1986、1987 财年零预算增长的方案等等。[60]

此外,为保证美国与教科文组织之间协议的有效性,总干事在给美国国务卿舒尔茨的回信中同意美国组建教科文组织观察员团的要求。美国在退出之后建立了一个派驻教科文组织的正式观察员代表团,以及一名全职观察员。在每一届执行局会议和大会,美国都派出官方的观察员团队,观察员团队为教科文组织和美国政府内部的专门机构,如国家公园管理局(National Park Service)、美国地质调查局(United States Geological Survey)、教育部和史密森尼学会(Smithsonian Institution)之间的合约的履行提供了便利。[61]

为了跟踪教科文组织改革的实际情况,美国建立了教科文组织改革观察小组,目的是"评估并报告教科文组织的改革进程并鼓励改革行动"。美国在国务院内部还设立了教科文组织服务点(UNESCO desk)。美国也并没有停止对教科文组织科学项目的财政支持,为此设立了出资规模为 280 万美元的国际公约和科学组织基金(International Conventions and Scientific Organizations Fund),并继续参与政府间海洋学委员会、人与生物圈项目等科学和技术相关的活动。[62]

然而,美国退出之后便无法参与教科文组织的全体机构和执行机构,从而失去了从组织内部影响多边决策的能力。美国与以色列同时退出,给了巴勒斯坦议题从争取被占领土的文化遗产保护和教育文化权利的层面升级为接纳巴勒斯坦为教科文组织正式会员国层面提供了空间。

注释

1. Robert S. Jordan, "Boycott Diplomacy: The U.S., the U.N., and UNESCO," *Public Administration Review*, Vol.44, No.4, p.287.

2. Paul Lewis, "Reporter Licensing Weighed by UNESCO: Plan, Opposed by the West, to Be Introduced at Organization's Paris Session Next Week," *The New York Times*, Feb.15, 1981, at A11, col.1, https://www.nytimes.com/1981/02/15/world/reporter-licensing-weighed-by-unesco.html.

3. International Commission for the Study Of Communication Problems, "Many Voices, One World," 1980, p.235, http://www.un-documents.net/macbride-report.pdf,访问时间:2023 年 6 月 4 日。

4. 世界新闻自由委员会(World Press Freedom Committee)成立于 1976 年,是由新闻记者和编辑组成的社会活动组织。成立背景是与上文中提到的 1976 年圣何塞大会分庭抗礼,坚守新闻自由原则,监控和反对教科文组织的新世界信息与通讯秩序中限制新闻自由的议题,后来这一业务范围也扩展到联合国、欧洲安全与合作组织、欧洲委员会。参见"World Press Freedom Committee," https://2001—2009.state.gov/p/io/unesco/members/48814.htm,访问时间:2023 年 6 月 4 日;Dana Bullen, *Voices of Freedom: The Story of the World Press Freedom Committee*, Reston, VA: World Press Freedom

Committee，2002，pp.5—6。

5. 关于《塔卢瓦尔宣言》的内容，详见"Text of the Declaration of Talloires，Adopted by Leaders of Independent News Gathering Organizations from 24 Countries at the Conclusion of A Meeting here May 15—17，" May 18，1981，https：//www.upi.com/Archives/1981/05/18/Text-of-the-Declaration-of-Talloires-adopted-by-leaders/6298359006400/，访问时间：2023 年 6 月 4 日。

6. George Gerbner et al.，*The Global Media Debate：Its Rise，Fall and Renewal*，New York：Ablex Publishing Corporation，1994，pp.43—44.

7. Manjunath Pendakur，"the New International Information Order after the MacBride Commission Report：an International Powerplay between the Core and Periphery Countries，" *Media，Culture and Society*，Vol.5，No.3—4，p.406.

8. William J. Drake et al.，*Governing Global Electronic Networks：International Perspectives on Policy and Power*，Cambridge，MA：MIT Press，2008，pp.294—295.

9. *U.S. Withdrawal From UNESCO：Hearings Before the Subcommittee on Human Rights and International Organizations and on International Operations of the Committee on Foreign Affairs House of Representatives*，Ninety Eighth Congress Second Session，April 25th，26th，And May 2nd，1984，Washington：U. S. Government Printing Office，1984，p.219.

10. 这一义务条款要求教科文组织不得通过和采纳任何项目和政策来管制新闻出版，参见"Congressional Quarterly Almanac 1981：Vol.37，" p.160，https://archive.org/details/sim_cq-almanac_1981_37/page/n189/mode/2up，访问时间：2023 年 6 月 5 日。

11. Ibid.

12. "Resolution 3.3，" General Conference，4th extraordinary session，1982，cited in Cees J. Hamelink，"The Global Governance of Mass Media Content，" in William J. Drake et al.，eds.，*Governing Global Electronic Networks：International Perspectives on Policy and Power*，Cambridge，MA：MIT Press，2008，p.295.

13. William Preston JR. et al.，*Hope and Folly：The United States and UNESCO：1945—1985（Media and Society）*，Minneapolis：University of Minnesota Press，1989，p.165.

14. "Statement of Hon. Edmund Hennelly，Chairman，U.S. Delegation to the 1983 UNESCO General Conference，" in *U.S. Withdrawal from UNESCO：Hearings Before the Subcommittees on Human Rights and International Organizations and on International Operations of the Committee on Foreign Affairs House of Representatives*，Ninety-eighth Congress，Second Session，Washington D. C.：U. S. Government Printing Office，1984，p.15.

15. U. S. Agency for International Development，*Unesco Communications Sector Evaluation：An AID Viewpoint*，Washington，D.C.：U.S. AID，1983，p.2，cited in Roger A. Coate，"Changing Patterns of Conflict：The United States and UNESCO，" in Margaret P. Karns and Karen A. Mingst，eds.，*The United States and Multilateral Institutions*，London：Routledge，1992，p.168.

16. U.S. Department of State，*Reports to the Congress Requested in Sections 108 and 109 of Public Law 97—241*，Washington，D.C.：U.S. Department of State，1983，cited in Roger A. Coate，"Changing Patterns of Conflict：The United States and UNESCO，" in Margaret P. Karns and Karen A. Mingst，eds.，*The United States and Multilateral Institutions*，London：Routledge，1992，p.168.

17. Ibid.

18. Michael Massing, "Unesco Under Fire: While attacking UNESCO's Shortcomings, the Reagan Administration has Ignored its Many Strengths," *the Atlantic*, July 1984, https://www.theatlantic.com/magazine/archive/1984/07/unesco-under-fire/666637/, 访问时间:2023 年 6 月 6 日。

19. E. J. Dionne Jr., "U.S. Weighs Unesco Pullout over Budget and Policy Fight, New York Times," Dec. 15, 1983, https://www.nytimes.com/1983/12/15/world/us-weighs-unesco-pullout-over-budget-and-policy-fight.html,访问时间:2023 年 11 月 18 日。

20. William Preston JR. et al., *Hope and Folly: The United States and UNESCO: 1945—1985 (Media and Society)*, Minneapolis: University of Minnesota Press, 1989, p.170.

21. Roger A. Coate, "Changing Patterns of Conflict: The United States and UNESCO," in Margaret P. Karns and Karen A. Mingst, eds., *The United States and Multilateral Institutions*, London: Routledge, 1992, p.168.

22. Ibid., p.165.

23. George P. Shultz, "Memorandum for the President," Dec. 22, 1983, cited in William Preston JR. et al., *Hope and Folly: The United States and UNESCO: 1945—1985 (Media and Society)*, Minneapolis: University of Minnesota Press, 1989, p.174, at note 55.

24. Confidential Memorandum of Conversation in Under Secretary Eagleburger's Office between U.S. and Canada, Dec. 23, 1983, cited in William Preston JR. et al., *Hope and Folly: The United States and UNESCO: 1945—1985 (Media and Society)*, Minneapolis: University of Minnesota Press, 1989, p.174, at note 55.

25. "Letter from U.S. Secretary of State George Shultz to UNESCO Director-General Amadou Mahtar M'Bow," Dec. 28, 1983, in *U.S. Withdrawal from Unesco: Report of a Staff Study Mission to the Committee on Foreign Affairs U.S. House of Representatives*, Washington, D.C.: U.S. Government Printing Office, 1984, p.53.

26. Ibid., p.51.

27. 参见 "Constitution of the United Nations Educational, Scientific and Cultural Organization," https://www.unesco.org/en/legal-affairs/constitution#article-vi---secretariat,访问时间:2023 年 6 月 7 日;"Letter from U.S. Secretary of State George Shultz to UNESCO Director-General Amadou Mahtar M'Bow," Dec. 28, 1983, in *U.S. Withdrawal from Unesco: Report of a Staff Study Mission to the Committee on Foreign Affairs U.S. House of Representatives*, Washington, D.C.: U.S. Government Printing Office, 1984, pp.52—53。

28. 这 24 个国家分别是:澳大利亚、奥地利、比利时、加拿大、丹麦、芬兰、法国、德国、英国、希腊、冰岛、爱尔兰、意大利、日本、卢森堡、挪威、荷兰、新西兰、葡萄牙、西班牙、瑞士、瑞典、土耳其、美国。参见 Roger A. Coate, *Unilateralism, Ideology & U.S. Foreign Policy: The United States In and Out of Unesco*, Boulder and London: Lynne Rienner Publishers, 1988, p.85, at note 4。

29. 该小组的改革工作主要是通过既有的主要出资国家组成的财政问题集团"日内瓦集团"来实现的。

30. Roger A. Coate, *Unilateralism, Ideology & U.S. Foreign Policy: The United States In and Out of Unesco*, Boulder and London: Lynne Rienner Publishers, 1988, pp.58—60.

31. "Assessment of U. S.-UNESCO Relations: report of a Staff Study Mission to Paris-UNESCO to the Committee on Foreign Affairs House of Representatives," Washington, D.C.: U.S. Government Printing Office, 1985. p.10.

32. "Assessment of U. S.-UNESCO Relations: report of a Staff Study Mission to Paris-UNESCO to the Committee on Foreign Affairs House of Representatives," Washington, D.C.: U.S. Government Printing Office, 1985, pp.2—3.

33. Ibid.

34. "Assessment of U. S.-UNESCO Relations: report of a Staff Study Mission to Paris-UNESCO to the Committee on Foreign Affairs House of Representatives," Washington: U.S. Government Printing Office, 1985, pp.2—3.

35. Ibid.

36. "UNESCO Membership: Issues for Congress," November 20, United States Congressional Research Service, 2003, p. 8, https://www. everycrsreport. com/files/ 20031120_RL30985_e03af874e629604f513ea11ba97563f1b96a5e17. pdf, 访问时间: 2020 年 9 月 15 日。

37. William Preston JR. et al., *Hope and Folly: The United States and UNESCO: 1945—1985(Media and Society)*, Minneapolis: University of Minnesota Press, 1989, p.176.

38. "Assessment of U. S.-UNESCO Relations: report of a Staff Study Mission to Paris-UNESCO to the Committee on Foreign Affairs House of Representatives," Washington: U.S. Government Printing Office, 1985, Appendix 4, pp.48—54.

39. Gregory Newell, "Letter to UNESCO Director-General M'Bow," July 13, 1984, Washington, D.C.: U.S. Government Printing Office.

40. "Assessment of U. S.-UNESCO Relations: report of a Staff Study Mission to Paris-UNESCO to the Committee on Foreign Affairs House of Representatives," Washington: U.S. Government Printing Office, 1985, p.5.

41. *Text of Statement by U.S. on Its Withdrawal From Unesco*, *The New York Times*, Dec. 20, 1984, Section A, p. 10, https://www. nytimes. com/1984/12/20/ world/text-of-statement-by-us-on-its-withdrawal-from-unesco.html, 访问时间: 2023 年 6 月 9 日。

42. "Singapore follows U. S. in withdrawing from UNESCO," Dec. 28th, 1984, https:// www. upi. com/Archives/1984/12/28/Singapore-follows-US-in-withdrawing-from-UNESCO/4032473058000/, 访问时间: 2023 年 6 月 10 日；"UNESCO Withdrawal Announced," Dec. 20th, 1984, https://www. washingtonpost. com/archive/politics/1984/ 12/20/unesco-withdrawal-announced/b9c6dc92-a31f-443a-977b-f3468faf44fe/, 访问时间: 2023 年 6 月 10 日。

43. William Preston JR et al., *Hope and Folly: The United States and UNESCO: 1945—1985(Media and Society)*, Minneapolis: University of Minnesota Press, 1989, pp.154—155.

44. Ibid, p.154.

45. Herbert I. Schiller's statement in "World Forum," pp.126—128, cited in William Preston JR et al., *Hope and Folly: The United States and UNESCO: 1945—1985 (Media and Society)*, Minneapolis: University of Minnesota Press, 1989, p.153, at note 8.

46. Klaus Hüfner and Jens Naumann, "Only the Crisis of a 'Politicized' UN Special-

ized Agency?" *Comparative Education Review*, Vol.30, No.1, 1986, p.124.

47. Kaarele Nordenstreng, "U.S. Policy and the Third World: A Critique," *Journal of Communication*, Vol.32, No.3, Sept. 1982, p.58.

48. Ad Hoc Group on U.S. Policy toward the United Nations, "The United States and the United Nations: A Policy for Today," cited in Seymour Maxwell Finger, "Reform or Withdrawal," *Foreign Service Journal*, Vol.61, No.6, 1984, p.20.

49. 这一职位并不要求职业外交官的职业背景,因此更多是政治任命,在纽厄尔被任命之前,资深职业外交官罗赞恩·李奇微(Rozanne L. Ridgway)是这一职位的候选人,然而,白宫官员认为,国务院40%的预算都被用于国际组织上,因此更合适的候选人应当对国际组织持强硬态度,特别是能够推动国际组织削减预算。参见 White House, "Background Memo,"(Undated), Box 6, Gregory J. Newell Manuscript Collection, Archives and Manuscripts, Harold B. Lee Library, Brightham Young University, cited in Allen W. Palmer, "Tammany Hall on the Seine: Gregory J. Newell and the 1984 U.S. Withdrawal from Unesco," *The Journal of International Communication*, Vol.3, No.2, 1996, p.78, at note 5。

50. 参见"Correspondence from Gregory Newell to Unesco Director General Amadou Mahtar M'bow," 24 June, 1983, State Department archives, cited in Allen W. Palmer, "Tammany Hall on the Seine: Gregory J. Newell and the 1984 U.S. Withdrawal from Unesco," *The Journal of International Communication*, Vol.3, No.2, 1996, pp.82—83, at note 26。

51. Thomas McPhail, *Electronic Colonialism*, Newbury Park: Sage Publications, 1987, p.262.

52. Ibid., p.263.

53. *U.S. Withdrawal From UNESCO: Hearings Before the Subcommittee on Human Rights and International Organizations and on International Operations of the Committee on Foreign Affairs House of Representative*, Washington D.C.: U.S. Government Printing Office, 1984, pp.140—143.

54. "Consequences of the Withdrawal of a Member State from UNESCO: Report by the Director General," UNESCO Document 4X/EX/2, January 28, 1985, *International Legal Materials*, Vol.24, No.2, March 1985, pp.493—527, https://www.cambridge.org/core/services/aop-cambridge-core/content/view/6CD6B208DD917FD504759C674659D7EF/S0020782900028163a.pdf/the-united-states-withdrawal-from-unesco.pdf .

55. Fernando Valderrama, *A History of UNESCO (UNESCO Reference Books)*, Paris: Presses Universitaires de France, 1995, p.303.

56. "Records of the General Conference 23rd Session," Vol.1: Resolutions, 1986, p.30.

57. Ibid., p.70.

58. Bill Beacon, "UNESCO Leader Amadou Mahtar M'Bow, under Pressure from Western," UPI Archives, Oct. 6th, 1986, https://www.upi.com/Archives/1986/10/06/UNESCO-leader-Amadou-Mahtar-MBow-under-pressure-from-Western/8712528955200/,访问时间:2020 年 7 月 10 日。

59. United States General Accounting Office, *UNESCO Improvements in Management Practices*, Washington D. C.: United States General Accounting Office, March 23, 1993, p.3.

60. United States. Congress. House. Committee on Foreign Affairs. Subcommittee

on International Operations: Recent Developments in UNESCO and Their Implications for U.S. Policy: Hearings Before the Subcommittees on Human Rights and International Organizations and on International Operations of the Committee on Foreign Affairs, House of Representatives, Ninety-eighth Congress, Second Session, July 26, September 13; December 6, 1984, Vol.4, U.S. Government Printing Office, 1985, p.129.

61. Raymond E. Wanner, *UNESCO's Origins*, *Achievements*, *Problems and Promise*: *An Inside/Outside Perspective from the US*, Hong Kong: Comparative Education Research Center, The University of Hong Kong, 2015, p.56.

62. Charlotte M. Ponticelli, *U.S.-UNESCO Relations*, *Current Policy*, No.1201, Washington, D.C.: United States Department of State, Bureau of Public Affairs, Office of Public Communication, Editorial Division.

第六章

美国首次重返联合国教科文组织

美国首次退出教科文组织对后者的声望造成了沉重的打击,给教科文组织官僚机构带来了很大的舆论压力,进而产生了倒逼教科文组织内部治理机制改革的效果。在塞内加尔籍总干事姆博的继任者西班牙籍总干事费德里克·马约尔·萨拉戈萨(Federico Mayor Zaragoza)任内,教科文组织开展行政管理改革,裁撤冗员,以提升教科文组织的管理水平和效率。通过精简项目安排和建立项目评估机制,教科文组织项目的落实情况和执行效率都大大改善,财政预算的监督机制也逐渐建立。

然而这些措施只是帮助教科文组织从英美退出后的阵痛中缓解过来。冷战结束后,美国成为国际社会的唯一霸权国,并未考虑缓和与教科文组织的关系这一问题。从 1985 年开始到美国 2003 年重返教科文组织,美国与教科文组织的关系主要是通过美国的观察员国身份来维持的,美国派出观察员列席教科文组织的会议,但并不享有投票权,美国还贡献教科文组织预算外的资金,参与其分支机构的活动,积极参与教科文组织的独立实体机构——政府间海洋学委员会和世界遗产委员会。[1]而与此同时,马约尔的继任者、日本籍总干事松浦晃一郎在教科文组织内部大刀阔斧地推进改革,清除了教科文组织官僚机构中的诸多积弊。21 世纪初,美国外交政策的重点转向了打击恐怖主义,教科文组织的作用再次受到关注。在小布什总统的推动下,美国于 2003 年重新回到了教科文组织。

第一节　马约尔总干事任期内教科文组织的
改革及与美国关系的缓和

自 1984 年 12 月 20 日第一次正式退出教科文组织至 2003 年 10

月1日第一次重返,美国游离于教科文组织之外长达近20年。在这20年内,教科文组织内部经历了三任总干事的任期。总干事姆博在巨大的压力之下于1987年卸任。整个20世纪90年代,其继任者西班牙籍总干事马约尔和日籍总干事松浦晃一郎在教科文组织内部进行了一系列大刀阔斧的改革,以应对紧张的财政问题,以及挽救教科文组织在20世纪80年代受到损害的声誉。

1987年10月20日,经过执行局的数轮投票,同为这一职位竞争者的前任总干事姆博在最后一轮投票前宣布放弃竞选第三任期。教科文组织原副总干事、西班牙前教育和科学部部长、生物化学家马约尔以30票赞成票、20票反对票的投票结果(门槛为26票)得到了执行局的推荐,[2]于同年11月7日在第24届教科文组织大会上被任命为总干事,首任任期6年。[3]

马约尔上任伊始就下定决心推动教科文组织的管理改革和项目的重新调整。在他的个人声明中,他认同教科文组织在财政约束和提升管理方面的紧迫性,并认为教科文组织应当努力实现更加切合实际并不受争议影响的议程安排,这种议程安排将对所有的成员来说都是可以接受的。他还宣布将致力于项目的去政治化,实行管理改革,提升员工能力,以及将组织的政策方向和项目的具体安排重回教科文组织宪章的轨道上来。[4]

1988年12月7日,总干事在加州圣迭戈大学世界冲突与合作研究所(Institute on Global Conflict and Cooperation University of California, San Diego)的演讲中把秘书处管理机构改革和下放工作视为组织改革的首要事务。[5]值得一提的是,同一时期的联合国也遭到了来自美国要求进行机构改革的压力。时任埃及籍联合国秘书长布特罗斯·布特罗斯·加利(Boutros Boutros-Ghali)甚至因此被美国否决掉连任资格。[6]

总干事自1988年开始发起了管理改革项目。在这一年,总干事成立了两个独立顾问团体,负责向总干事提供人事和管理改革的政策建议,其中一个是前国际航空运输协会总干事克努特·哈马舍尔德(Knut Hammarskjöld)为主席的六人委员会,另一个是以澳大利亚常驻联合国代表彼得·维伦斯基(Peter Wilenski)为主席,成员覆盖所有的地理区域的咨询小组。这两个顾问团体在1989年12月向总干事提交报告《独立委员会向总干事提交的关于提升教科文组织秘书处的职员绩效和管理的方式方法的最终报告》。[7]报告中提出的改革建议从1990年7月开始实施。[8]

机构活动和权力结构调整方面的改革主要在巴黎总部内部的权力下放和巴黎总部与地方之间的权力重组这两个维度上展开。执行局和大会要求秘书处负责将项目活动和资源下放,并依据教科文组织的宗旨来制定权力下放的政策。为此秘书处在1988年成立了总部外协调局(The Bureau of Field Coordination)来规划权力下放事宜。[9]总干事基于提升行政效率这一目标制定了一项初步的权力下放政策,计划在1995年之前将援助成员国国家发展的项目——诸如援助发展中国家课程拟定、保护历史遗迹、改善通信基础设施等,全部转移到总部之外的教科文组织业务一线。权力下放还涉及"参与计划"(Participation Programme),[10]要求该项目的所有工作从总部下放到业务一线。教科文组织1994—1995年的项目预算也要求在成员国国家层面的职能机构增加资源和人员配置。与权力下放的政策相配套,由机构管理的副总干事负责拟定一项实施权力下放的具体计划。[11]在秘书处内部,总干事将人事决定权下放给其他官员。美国国务院问责署在1992年的报告显示,这一时期教科文组织内部104个人事任免决定中,有102个是总干事级别之下的官员作出的。[12]然而人力资源权限从总部向业务一线下放的计划并没有落到实处。截至1991年,总部的职员比例一直保持在73%左右。[13]

在项目的规划、评估和精简方面,教科文组织也尽力实现承诺。自1986年起,教科文组织强化了项目规划工作,制定了与联合国项目规划和评价体系标准一致的指导方针,要求项目规划者明确次级项目的目标、产出、项目受益者、成功指标、结项日期以及预期影响。制定后,这一指导方针也得到了较好的落实。1992—1993年的次级项目规划明确了项目的目标、产出和其他基本要素。基于1992—1993年的评估,评估小组制定了一个"原型评估方案"(prototype evaluation plan),包含待评估的项目、待进行的评估类型、评估的时间表、负责评估的工作小组,以及评估所需的资金。1994—1995年度,教科文组织制定了第一份评估计划。[14]同时,教科文组织对通过自愿捐助或预算外资金下的项目也采取措施提升评估水平,例如使用诸如联合国开发计划署等捐助者的评价标准。在 1991—1992 年,教科文组织共进行了 26 项评估。除此之外,总干事还采取措施强化了评估,将评估小组的席位数从 4 席增加到 5 席,还另外雇用了两名有丰富经历的专业评估人员。总干事为 1992—1993 年的评估小组提供额外的 9 万美元,并要求每一个项目领域都专门留出 0.5%的项目预算以供评价所用,使评估成为每个项目专业人员的人员考核的一个要素。

教科文组织在项目安排方面也进行了很大程度的精简。执行局第 135 届会议将基础教育和全民识字、保护世界遗产以及社会科学的机制建设列为重点领域,许多与此不相关的冗余项目被裁撤。教科文组织在 1990 年度至 1991 年度共安排了 1 354 个项目,而上个双年度周期的项目安排则为 2 041 项。同时,教育、科学、文化和大众传媒领域内部的资金安排也更加聚焦重点项目。在教育和科学这两个领域内,1990—1991 双年度前五个重点项目的资金占比较 1998—1989 双年度分别提高了 19%和 28%。[15]

在人事改革方面,1990 年教科文组织开始进行人员系统的重大改革,制定了更加公平客观的职员考评、基于绩效的晋升体系和确保所有的职位都在合适的层级上进行评价的分类审查体系。这一套全面的考评体系奠定了人员系统改革的基础。新的考评体系建立了从 A 到 E 的评价等级并规定相应的奖惩措施,其中 E 作为“不可接受”的等级将导致解聘或转岗。在考评体系的实施过程中,共有 1 946 个岗位(占 2 600 个岗位的四分之三)被评估,其中 11 个岗位获得了“不可接受”的评级,8 个雇员的工作资格因此被终止。1993 年初进一步通过了新的晋升政策,自此绩效成为晋升的主要指标,每一个晋升的机会都必须通过公开竞争来获得。作为 1992 年改革的一部分,教科文组织还对一些部门进行了重整,撤销了 49 个职位。其中 32 名职员经评价之后被分配到其他空缺岗位,17 人则被要求离职。在临时雇员的管理问题上,教科文组织建立了一个包含各部门的统一数据库,将所有的临时雇员信息包含其中,解决了之前临时雇员信息前后不一致和信息在不同部门之间碎片化的问题。1990 年,教科文组织秘书处发布了第 1722 号通告,规定了顾问和其他临时职员的合同期限,并委托人事局密切跟踪合约的到期情况。[16]

在预算的编制方面,自 1988 年开始,教科文组织经常预算的实际增长率就在不断下降。扣除物价因素,相比于 1977 年至 1983 年每年 2.5% 的增长率,1988 年至 1993 年,教科文组织的经常预算增长率是每年 0.6%,基本满足美国所要求的零预算增长的要求。[17]预算编制也更加清晰合理。预算草案对预算编制技术的解释更加清晰;为便于不同年度之间的比较,预算方案使用恒定汇率而非浮动汇率;为减少汇率变动的影响,教科文组织还要求成员国同时使用美元和法郎来支付会费,并按照实际支出中这两种货币的比例来确定会员国的摊付比例;教科文组织还初步采取行动将预算支出和实际支出挂钩。

执行局在 1991 年通过决议,建立了财政和行政事务专家小组(Groups of Experts on Financial and Administrative Matters)。美国代表在 1984 年的执行局会议上就已经提出要求总干事调研建立一个预算专家委员会来协助执行局,但这个建议在当时一直未能落实,执行局也曾经三次否决相似的提案。最终,1991 年第 137 次执行局会议决定在"实验性"(experimental)的基础上建立这样一个专家小组,其任务是为执行局的财政和行政委员会提供工作上的帮助,以提升其效率和效力。其具体职能是在执行局的会议上研究财政和行政委员会待审议的文件和事务并向该委员会提交其研究发现,行使财政和行政委员会指派的与财政和行政事务相关的职能。在组织构成上,这一专家小组由 12 个专家组成,6 个区域工作组各派两名专家参与。同时执行局还要求总干事对这一小组提供必要的帮助。[18]

在财务管理方面,从 1984 年开始,总检察长办公室(Inspectorate General)[19]的专业人员数量从 6 个增长到 10 个。在 1989 年,总干事赋予了总检察长办公室以更多的职权,授权后者对在总部和业务一线的秘书处各部门的运作和绩效、财务和行政程序和规则的合规性进行独立的评估的权力。[20]教科文组织在 1987 年还任命了比利时审计法院为组织的外部审计官,对教科文组织的资金账户进行审计并出台 1988—1989 年度审计报告。报告显示,随着教科文组织资源和权力的下放,组织需要加强对总部外办公室的财政控制。据此,教科文组织采取了行动,通过明确财政细则和加强总部外职员的财政报告培训来强化财政管理。[21]

尽管教科文组织上述各项改革在实际执行中都因为各种原因打了折扣,但面对教科文组织整体上全面而积极的改革姿态,美国的态度也逐渐从消极转变为积极。这个转变的过程并非一蹴而就。在克林顿总统1992年上台之前,美国并未将改善与教科文组织的双边关系作为优先考虑事项。在马约尔总干事的任期开始之时,美国对教科文组织的态度仍然是消极的。对于总干事为1990—1995年拟定的中期计划,美国认为在一定程度上"让美国失望了"。美国也认为教科文组织并没有实现完全集中在"符合教科文组织初心"的项目上,或者说项目安排并没有达到美国满意的集中度。主要项目的减少更多反映的是官僚机构的"重新洗牌"而不是项目重点的调整和改变。总干事马约尔虽然多次承诺将促进信息的自由流动,但他拒绝结束"新世界信息与通信秩序",这也导致了美国的不满。[22]

此外,考虑到以色列持续在耶路撒冷占领区改变文物的历史风貌,执行局第131届会议请求总干事重新制定行动计划,派遣一个由个人代表组成的跨学科团队起草关于保护古迹问题的报告,并将其提交到执行局第132届会议。执行局第131届会议还决定将这一问题放入第26届教科文组织大会的议题中。[23]同期会议也对巴勒斯坦的会员国问题进行了审议。执行局最终决定向大会提议要求给予巴勒斯坦在教科文组织内部更多参与权,还要求总干事研究实现这一决定的所有可行方法并在执行局第132届会议上报告。执行局第132届会议甚至再次向大会提出建议,要求第26届大会以"关于接纳巴勒斯坦作为教科文组织成员国"的标题命名该问题并将其纳入议程。[24]不过考虑到这一问题的高度政治性,尤其是美国警告教科文组织一旦接纳巴勒斯坦为会员国,将不再考虑重返该组织,[25]第26届大会并未通过这两项议题,而只是将其纳入下一届大会的会议议程。[26]对于以色列的行为,大会也只是以决议案的形式对其表示"遗憾""关注"和"谴责",并未对以色列的行动采取惩罚性措施。[27]

总干事提出的2.5%的实际预算增长率也没能满足美国的期望。同期联合国的其他机构,例如国际原子能机构,采取措施保证了实际预算零增长目标的达成。美国认为教科文组织的项目安排仍然略显冗余,且项目安排与新规划的宗旨也有冲突之处。马约尔总干事的规划明确将提高识字率作为重点,但是只有 7% 的资金直接用于该项目。对此美国负责国际组织事务的助理国务卿约翰·博尔顿(John R. Bolton)表述:"教科文组织的预算有 57% 都被安排在巴黎总部,很明显,在巴黎并不存在很严重的文盲问题。"[28]

尽管如此,美国还是与马约尔总干事保持了"开放、建设性和坦诚"的对话关系。1992 年克林顿总统上台之后,任命了道格拉斯·博内特(Douglas J. Bennet)为负责国际组织事务的助理国务卿,苏珊·莱斯(Susan Rice)为白宫多边外交顾问。[29]美国国务院的高级官员与总干事也在巴黎和华盛顿经常会面,博尔顿本人也强调他将对教科文组织保持高度关注并持续跟踪总干事领导下的改革进程。美国官员通过保持与马约尔总干事的私人联系,直接向他提出有关项目活动、预算和财政约束、机构改革方面的建议。

美国政府也出台对教科文组织改革的官方评议以及改革建议。国务院问责办公署于 1992 年 6 月出版的《关于联合国教科文组织在管理、人事、财政和预算事务方面的改革进度》,对教科文组织的改革工作进行"指导",并形成了 12 项建议案。针对项目去集中化问题,美国建议总干事:(1)制定去集中化的评判标准,即什么样的资源和活动应当被下放;(2)开发为去集中化所需要的国家数据库;(3)制定操作性的计划来完善去集中化的细节。针对人事改革,美国的建议是:(1)通过定期的外部审议来跟踪人事改革进度;(2)开发一个包含经常雇员和临时雇员在内的完整统一的数据库;(3)为更好地控制合同授权程序,使其更加透明和具有一致性,应当制定编外人员和顾问合同的规则适用的程序性清单。针对预算,美国建议:(1)在给大会和秘书处的预算编制方案中加入一张按照支出对象比较预算和实际支出的表格;(2)详细说明恒定汇率和预算方案发表之时的实际汇率之间的差异。针对项目评估,美国认为:(1)应当确保工作计划和其他规划文件包含预期成果,衡量绩效的量化指标,以及明确的目标群体;(2)应当制定评估计划,明确评估的日程,以及资金安排和评估主体,以保证组织内代表性的项目得到评估;(3)应当将最近两届预算周期的预算都编译成计算机代码,使项目活动能够在不同的双年度周期得到评估。针对财政管理问题,美国建议负责运营管理的副总干事确保职员工作时长得到有效审核。针对资金管理,美国的建议是在资金管理中包含对工作时长的有效核查。[30]

1992 年报告发布 8 个月之后,美国国务院问责办公署于 1993 年出版的报告《教科文组织在管理实践方面的改进》对教科文组织的评价更为正面。这一报告在开头就承认了"大体上,教科文组织的成员国,总干事,管理人员和员工协会都通过实际行动展现出管理改革的决心,对于美国在 1992 年 6 月的报告中提出的 12 项建议中,教科文组织作出突出成绩的有 8 项,特别是在评估、人力资源管理和项目预算的编制方面"[31]。1993 年 6 月,美国国务院向国家安全委员会建议美国在 1995 年 10 月的教科文组织大会上重返教科文组织。

然而事与愿违,美国政府未能就会费拨款一事获得国会的支持。1995 年 11 月 3 日,克林顿在给总干事马约尔的信中表示:"很高兴看到教科文组织采取了切实的行动来解决之前导致美国退出的内部问题"。但考虑到美国的财政紧张状况,美国未能在 1995 年就实现重返。他还承诺"重获教科文组织的会员身份将是他未来工作的优先事项"。[32]

在此之后,教科文组织的改革仍在继续。就权力和资源的下放而言,1996—1997 双年度项目将 50％的有指定用途的资金安排在总部外,总部外的办事处则执行了项目总预算的 40％。为了强化全国委员会的职能,促进全国委员会与市民社会与知识分子群体之间的联系,相关资金从 1992—1993 年度的 180 万美元增加到 1996—1997 年的 340 万美元。到 1995 年,各类职员的去集中化率达到了 26.4％,其中负责执行项目的专业职员的去集中化率达到了 40.6％,总部外办事处的数量也从 1993 年的 38 个上升到 54 个。[33] 这一数字在 1996—1997 年又上升至 62 个。[34]

教科文组织于 20 世纪 90 年代将性别平等和非洲优先确定为两大全球优先事项。与之相应,教科文组织在职员结构上进行了改革,通过"教科文组织女性发展"项目(Program for the Advancement of Women)在 1995 年提前 4 年完成了专业人员这一层级女性职员比例达到 30％的目标;在教科文组织总部这一比例更是高达 35％。作为教科文组织性别平等计划的一部分,教科文组织于 1996 年至 2001 年在每一个专业级别上至少招聘一半的女性新雇员,同时还成立了"机会平等咨询委员会"(Advisory Committee on Equal Opportunities)来推动计划的实施。职员的专业化程度也有显著提高。专业人员与行政办公人员的比例从 1988 年的 1∶1.77 增加到 1994 年的 1∶1.45,而同期联合国系统的平均值为 1∶1.96。[35]

绩效评估方面,1994 年 3 月,教科文组织为提升职员的工作表现,建立了以绩效为标准的晋升体系,让一部分有出色能力的职员实现晋升。截至 1996 年,有 39 名职员通过这一体系得到晋升,另外 107 名职员也通过竞争性的招聘机制获得了更高等级的职位。[36]为避免组织在招聘短期合同员工、编制外人员以及临时雇员方面存在滥用规则的现象,教科文组织于 1992—1993 年修改了《行政手册》中关于政策和程序的部分,使其包含更加明确的评价和筛选标准以及招聘程序。为更好地管理和利用人力资源,使人力资源成本严格控制在大会所批准的预算限额之内,总干事还建立了高级别工作组(High-Level Task Force)为总干事就如何最好利用人力资源提供建议。这一工作小组的成员覆盖副总干事,负责预算和行政事务的助理总干事,负责人事、预算、项目评估和规划、权力下放和总部外协调等各部门的主任,以及总检察官。在这一工作小组的协助下,秘书处按照岗位逐一审核的方式对员工编制进行重新审查,两年内所有的空缺职位以及即将由于退休离任而空缺的职位都在审查范围之内。这一工作小组还被额外赋予了评估秘书处日常运作中改善管理效率相关措施的职能。通过这一系列管理措施,教科文组织得以重新调整人力资源并将成本控制在预算限额之内。[37]

自 1996 年开始,组织结构调整分别在横向和纵向(总部秘书处–总部外以及跨领域的特别工作小组)两个维度展开。自 1996 年,总干事启动了横向机构改革,设立了一系列工作小组来协调、引导、执行与日俱增的跨学科、跨部门的活动。这些以工作小组、协作部或咨询委员会命名的组织的设定并非整齐划一,可根据情况进行随时调整。典型的有 1996 年设立的为协调教科文组织在非洲国家所有领域的事务的联合国教科文组织非洲优先事务部(Priority Africa Department),以及 1996 年 7 月建立的、旨在促进公民社会更多成员参与、以应对即将到来的 21 世纪挑战的联合国教科文组织 21 世纪伙伴关系部（The Partnership for the Twenty-first Century Unit）。[38]

马约尔总干事任内对教科文组织的改革有目共睹，但也因此招致了许多批评。这种批评的声音既来自教科文组织内部，也来自外部。在他任期内的最后几年，他改革的有效性受到削弱。美国驻巴黎教科文组织总部使团前外交官雷蒙·瓦那（Raymond E. Wanner）认为：“秘书处内部的钩心斗角和其他管理机构的蓄意破坏降低了马约尔改革的有效性，政府官员和顽固的官僚人员有时并不欣赏一个出色的总干事，尤其是这样的总干事总是对官僚机构的繁文缛节毫无耐心。”[39]许多改革措施最终都变得松散而疏于执行。在人事管理方面，总干事裁撤冗员，调整职员结构的努力在内部受到了很大的阻力和批评，他甫一上任就着手这一工作，教科文组织职员联合会甚至向国际劳工组织行政仲裁提请诉讼，后者判处教科文组织罚金 12 000 瑞士法郎，并要求取消解雇职员的计划。[40]1990 年他裁撤了 200 个职员岗位，节省人事开支达 1 000 万美元，此举再次受到了职员协会的强烈反对，后者批评这一措施使得“教科文组织既缺乏工作安全感、也缺少失业补助，更缺乏社会责任”[41]。然而，面对这样的批评和反对声音，马约尔总干事依然坚持裁员行动，即使如此，也未能有效降低教科文组织的预算开支，1992—1993 双年度预算为 4.45 亿美元，较上一双年度预算周期实际增长 1.8％。[42]外部的批评主要针对他并没有将人事政策落到实处，尤其是在聘请外部职员的问题上。加拿大政府对教科文组织的一项独立审计显示：“40％专家级别的外部任命都是未经过任何竞争性的程序的……尽管有违教科文组织的竞争性的任命规则，但是仍有许多高级管理人员的任命是屈从于成员国的压力或者是遵循任人唯亲的传统。”[43]

然而对于美国来说，马约尔总干事领导下的教科文组织已经成为了一个“坦率而又一往无前的言论和出版自由的捍卫者”，并能够动员成员国在其任期内的大会上表明对‘一个自由、多元和独立的新闻出版业是任何民主社会的必要组成部分’这一原则的承诺”。[44]1999 年的 10 月 14 日，在马约尔总干事即将卸任之际，美国国务卿奥尔布莱特在给马约尔的信中表达了她对教科文组织工作的满意，“联合国教科文组织是一个与我们共享价值观的国际组织,我们也支持教科文组织的工作,并期盼回到这一组织中"。[45]

第二节　总干事松浦晃一郎任内的改革

1999 年 11 月,马约尔总干事的两届任期结束,接替他的是来自日本的职业外交官——日本外务省前副大臣松浦晃一郎。松浦晃一郎于 11 月 12 日被大会任命为总干事,15 日正式上任。相比于马约尔来说,松浦晃一郎的改革则更加大刀阔斧。他甫一上任便推动高级职位的精简、内部结构的简化和重点项目活动的确定。[46] 1999 年 11 月,他提出了秘书处管理改革的四个重点目标:焕发秘书处的活力、培养负责任的精神和习惯、简化和调整秘书处的结构、恢复遵守规章制度和程序的做法。[47]

新任总干事的改革目的是重新思考教科文组织的优先事项,重新确定其活动重点,调整其结构和管理办法,重新调动工作人员的积极性以及改进其非集中化政策。在改革的推进方式上,总干事决定不从外部引进改革班子,而是在适当考虑其他机构的经验的同时,依靠教科文组织自己的力量,同时请联合国联合检查组审查教科文组织的行政管理工作。总干事还根据大会的建议,请外聘审计员审查 1998 至 1999 年度在助理总干事 D-1 和 D-2 这些级别上进行的职位重新定级和工作人员晋升所涉及的各方面问题。为了听取改革的构想与实施的各个方面的建议,总干事成立了三个内部特别工作组,就教科文组织的计划与优先事项、秘书处的结构、人员编制和管理体制以及非集中化三个方面开展工作。[48]

为纠正教科文组织所谓"最明显的偏差",即"在执行人事政策和人事管理制度方面例外太多"的问题,总干事于 1999 年 11 月 26 日宣布暂不执行 1999 年 10 月 1 日至 11 月 14 日期间决定的任命、重新定级和晋升,"在对所有相关的实际情况进行审查之后,总干事决定任何晋升、重新定级或任命都不得实行,除非现有规章制度和程序得到遵守,而且所建议采取的有关措施也能在 2000 至 2001 年的人员编制以及人事费范围内得到落实",并要求包括助理总干事职位在内的所有职位的招聘都将严格遵守竞争和公开的原则。[49]对于临时合同制员工以及编外人员的雇用方面，由于认识到"近年来，不是依照规章制度，而是以例外为依据，把系统地、长期依赖聘用临时人员变成了惯例"这一严重问题，总干事自1999年11月以来审查了95个临时职位和任用以及其他合同安排，确保符合已确定的规章制度和程序，这些由人事费预算提供资金的临时合同职位都不予以恢复。[50]在进行审查之后，对临时合同作了按现有规则与条例办理或予以终止的处理。对于终止合同的临时合同制员工，凡工作达两年以上的人员，发放了两个月薪酬的特殊补贴，一年多不足两年的则发给一个月薪酬的特殊补贴。对有期限的任用合同则作出了任期不超过三年、特殊情况下有可能再最多延长一年的规定，且规定有期限的任用合同没有自动转为其他类任用合同的可能。[51]为了恢复尊重正常的上下级关系的做法，总干事优先解决了"平行结构"的问题，如裁撤了总干事的"高级特别顾问"网，恢复由对外关系部门的助理总干事负责的"参与计划"(Participation Program)的管理。[52]

为解决人事费赤字这一艰巨的问题，松浦晃一郎领导期间的教科文组织指出真正艰巨的任务是"纠正职位结构，人员情况和计划需要之间的严重失衡"，因此决定首先调整职员结构，通过离职计划使P-5级别以上的工作人员和接近退休年龄的工作人员协商离职，以"缓解教科文组织头重脚轻的问题，使工作人员年轻化以及更新技能和知识"。教科文组织以往将相当一大部分预算留给高层用于"计划外"的活动的做法，损害了预算的稳定性，也不利于经大会批准的计划的有效实施。总干事叫停了这一做法，并要求所有现有资金的管理均由各部门、各机构负责，目的和方式都不明确的中央储备金也不复存在。[53]

秘书处结构的调整也被视为重点工作之一。松浦晃一郎领导下的教科文组织认为秘书处内部存在大量多余、重叠和互不相关的机构，很多机构的职能也与实际的工作需要不相符，从而形成了一个"头重脚轻的等级金字塔"，设了"大量没有'主任职责'的主任级工作人员"。[54]1999年11月，教科文组织将直属总干事的各个协调组和机构并入计划部门或隶属于有关的局，并与助理总干事和一些局长进行磋商、审查总部的结构，以清理等级结构和合理调整各个机构。这样一来，原有的大量组织机构由三级结构取代，即计划部门内部的"部门-处-科"，以及计划支助及行政部门内部的"部门-办公室-组"。[55]对于机构精简裁撤下来的部门以及主任的职位,则通过自然减员和协商离职计划加以解决。

人力资源调整方面,松浦晃一郎确定的工作重点是以"各类工作人员结构平衡,更均衡的地理分配和工作人员结构年轻化"等为优先目标,并充分考虑"竞争、专业特长、工作效率以及普遍性"等标准。基于此,新的人力资源政策的主要内容是"根据未来的人员素质需要进行招聘;根据工作表现考核政绩;职业发展前景和工作人员流动;更新技能"。[56]具体来说,这些措施包括:将人事局改为人力资源管理办公室,从战略高度规划和管理人力资源,而日常的人事行政管理事务则下放至各自的部门和局;将根据未来人员素质需要进行招聘,严格对高级管理人员的管理,同时更加注重秘书处内部性别结构、地域来源以及年龄结构的调整;将确定明确的个人目标和根据工作表现考核政绩,通过借鉴联合国系统内的先进经验,界定教科文组织所有工作人员应具备的核心能力,并将其作为考核制度的一部分加以评估。探索新型的工作人员编制,"在'专门人员'类别内更广泛地恢复使用有明确限期的职位";赋予各部门和各局以更大的灵活性,"根据可延至两年的合同使用顾问";加强工作人员的在职培训,为这样的"继续提高技能"计划拿出"教科文组织人事经费的2%—3%编成预算用于工作人员的培训和职业发展"。[57]

在这样的改革措施下,高级管理人员的编制大幅度削减,从1999年10月1日的160人减至2002年1月1日的89人。高级管理层的"稳定化"过程在两年左右的时间内完成后,秘书处"头重脚轻"的状况有了明显的改善,秘书处的结构更趋合理化。对总部部分高级管理人员的评估工作也有了显著进展。2001年12月由专业咨询公司对总部的高级管理人员试行了全方位的评估,重点对管理能力进行评估。由于职员晋升的渠道更加制度化,数据显示,2000至2001年度的晋升率从1998—1999年度的将近30%减少到2000—2001年度的10%以下,而且通过竞争获得晋升的比率从1998—1999年度的12%上升到2000—2001年度的53%。工作人员的培训与发展方面,培训预算在2002—2003年度提高到300万美元,是上一个双年度预算的7倍以上。培训项目也更加多元化,增加了针对高层管理人员领导能力的领导艺术与应变策略培训、领导技能讲习班、行政干事培训计划等项目。2001 年教科文组织还对所有的合同安排进行全面的审核,并由人力资源管理局制定了一个新的合同框架。[58]

在权力下放和去集中化方面,松浦晃一郎将一些行政和管理职能逐步下放给隶属于每个部门的助理总干事的"执行办公室"。2001 年 7 月至 2001 年 12 月之间总干事关闭了 18 个教科文组织办事处;2004 年 12 月又关闭了 9 个国家办事处。[59]新的总部外网络由多国办事处和地区办事处组成,包括 27 个多国办事处和 13 个地区办事处。前者负责在所涉及的国家中开展教科文组织的全部活动,后者只负责教科文组织的一个具体主管领域,向多国办事处和国家办事处提供技术支持和咨询服务,与这些办事处合作来安排地区计划的实施。这些总部外办事处归业务主管部门管理的模式也从 2002 年 1 月起全面转向由总部外协调局进行管理的模式,以确保总部外网络的全面协调和教科文组织的跨部门的方法行之有效。总部外协调局也成为所有总部外办事处和联络处在总部的联络中心。[60]全国委员会的作用得到加强,总部外办事处携手合作,共同编制和执行计划,同时又明确各自的职责确保各司其职。[61]

在松浦晃一郎的改革为美国重返教科文组织提供了条件的同时,美国国内政界人士也为美国重返教科文组织的工作作出了贡献。时任美国负责教科文组织事务的梅琳达·金博尔(Melinda Kimble)以及迈克尔·索斯维克(Michael Southwick)两位副助理国务卿在其中扮演了关键的角色。金博尔支持在国际组织事务局内部公开讨论教科文组织事务,而索斯维克相信美国在教科文组织的会员国身份符合美国国家利益并在国务院内部支持重返的声音。早在老布什政府的任期内,索斯维克还通过与时任国家安全委员会多边事务主任的埃利奥特·艾布拉姆斯(Elliot Abrams)的私人关系,向白宫声辩重返的理由。艾布拉姆斯在重返的过程中扮演了同样重要的角色,他认为重返教科文组织能够对老布什政府的单边主义行为所引起的国际压力起到缓解作用,而且教科文组织的"全民教育"(Education for All)项目与老布什政府的"不让一个孩子掉队"法案(No Child Left Behind Act)

不谋而合。[62]

美国驻教科文组织前观察员(1999—2000 年)埃丝特·库珀斯密特(Esther Coopersmith)自松浦晃一郎总干事上任之后也不遗余力推动美国的重返进程。她利用观察员的身份向华盛顿的政治精英们宣传松浦和他的改革措施,还特别安排总干事与一名国会内部的教科文组织批评者、参议员杰西·赫尔姆斯(Jesse Helms)进行会面,并说服她在国会内部对重返教科文组织提供关键性的支持。此外,国会内部的许多议员,特别是汤姆·兰托斯(Tom Lantos)以及吉姆·利驰(Jim Leach)也发挥了积极的促进作用。[63] 1999 年兰托斯和利驰二人在国会提出的草案对教科文组织作出积极评价,并要求国会早日提供资金支持美国重返教科文组织。[64]

在这些政治人物的推动下,2001 年美国国会通过了 6 000 万美元的会费拨款方案。此前推动美国退出联合国教科文组织的美国前国务卿乔治·舒尔茨也对美国重返教科文组织采取了支持的立场。[65]

此外英国的作用也不可轻视。英国于 1997 年重返教科文组织。戴维·斯坦顿(David Stanton)作为代表英国 1997 年重返的英国大使,于 2002 年 7 月造访华盛顿。他敦促艾布拉姆斯和其他国务院的官员以及国会议员对教科文组织内部改革进行详细说明,并向美国提供了重返教科文组织的经验。[66]

第三节 反恐战争与美国重返教科文组织

最终为美国重返教科文组织扫清障碍的是"9·11"事件的发生以及美国为反恐而发动伊拉克战争的计划。[67]前者让美国认识到思想和意识形态工作的重要性,而后者则直接为美国的重返提供了契机。

2001 年 9 月 11 日发生的"9·11"恐怖袭击是美国本土第一次因外国势力的袭击而造成重大伤亡的事件。时任美国总统小布什下定决心开展对恐怖主义的斗争。美国的反恐计划是全面的,不仅在军事行动层面,也在文化层面。"9·11"事件发生后,第 31 届教科文组织大会以全体一致的方式通过了决议,声明教科文组织有义务为根除恐怖主义而贡献自身的力量,并邀请总干事通过项目安排和研究去实现根除恐怖主义的目的。教科文组织还援引安理会第 1368 和 1373 号决议呼吁国际社会加强合作防止和根除恐怖主义行为,对于恐怖主义制造者、支持者和窝藏者,要严惩不贷。[68]

2002 年 9 月,小布什总统准备在当年的联合国大会上为其试图发动伊拉克战争进行辩护,而这一行动因为其单边主义性质势必遭到成员国的批评。为此总统特别助理兼国家安全委员会近东和北非事务高级主任艾布拉姆斯建议小布什总统以多边主义的姿态示人,为美国在安理会推动战争决议案进行动员。据时任教科文组织助理总干事德拉戈尤布·纳伊曼(Dragoljub Najman)引述的艾布拉姆斯本人的回忆,在大会演讲前 24 小时,白宫内部就展现美国多边主义姿态的方式这一问题进行了激烈的争夺,最后支持重返联合国教科文组织的声音盖过了支持为联合国总部提供 20 亿美元以支持其翻新总部大楼的声音。[69] 2002 年 9 月,布什总统在联合国大会一般辩论上宣布:"作为美国对人类整体尊严的承诺,美国将重返联合国教科文组织,这个组织经历了改革,美国将完全参与其行动,以促进人权、宽容和教育事业。"[70]

即使在布什总统发布声明之后,国务院内部一些反对派官员仍然试图逆转这一进程。让回归之事最终尘埃落定的标志是时任第一夫人劳拉·布什(Laura Bush)接受教科文组织的任命,成为其消除文盲项目的荣誉大使。[71] 2003 年 7 月 16 日,美国众议院以 382 票赞成、42 票反对的结果,批准了外交拨款法案,拨款 71 亿美元支持美国重返教科文组织。[72] 2003 年 10 月 1 日,美国正式回归教科文组织。[73] 劳拉·布什在教科文组织发表了演说,强调教科文组织的最优先事项应当是教育,她认为在教育工作上,教科文组织的四项重点领域的工作是:扫盲和基础教育、有质量的教育、冲突后教育工作、艾滋病相关的教育。她还呼吁教科文组织在反恐方面发挥作用。[74]

美国正式回归后,也陆续恢复了其在教科文组织的各职能机构的代表性,获得了教科文组织执行局的席位,秘书处内部很多高级职位也由美国人来担任。美国还被成员国选为 Group I 的代表国家参与公约和建议委员会的事务。[75] 美国也被选为法律委员会(Legal Committee)、政府间通讯发展国际项目委员会(Intergovernmental Council of the Inter-national Program for the Development of Communication)以及政府间生物伦理委员会(the Intergovernmental Bioethics Committee)的成员国。路易斯·奥利弗(Louise Oliver)被任命为美国驻教科文组织大使,美国的教科文组织全国委员会也重新建立起来。2005 年 6 月,在劳拉·布什的见证下,由 100 名代表组成的全国委员会召开了第一次会议。[76]

注释

1. 参见 U.S Dep't of State, "U.S. Participation in the United Nations for 2001," March 2003, pp.144—146, https://2009-2017.state.gov/p/io/rls/rpt/2001/c8872.htm, 访问时间:2023 年 7 月 25 日。

2. 有关总干事的选举情况,参见"M'Bow Withdraws Name from UNESCO Race," *Orlando Sentinel*, October 18, 1987, https://www.orlandosentinel.com/1987/10/18/mbow-withdraws-name-from-UNESCO-race/,访问时间:2023 年 8 月 12 日;Edward Cody, "UNESCO Picks New Director," *The Washington Post*, Oct. 17, 1987, https://www.washingtonpost.com/archive/politics/1987/10/18/unesco-picks-new-director/cf467eed-c183-4ea9-86a6-e3655ba6ee49/; "The World," *Los Angeles Times*, Oct. 14, 1987, https://www.latimes.com/archives/la-xpm-1987-10-14-mn-9219-story.html,访问时间:2023 年 8 月 13 日。

3. Unesco, "Records of the General Conference, Twenty-fourth Session Paris, Volume 1: Resolutions," Paris: United Nations Educational Scientific and Cultural Organization, 1988, p.12.

4. United States. Congress. House. Committee on Foreign Affairs. Subcommittee on International Operations, The United States and UNESCO, 1989: Hearing Before the Subcommittee on International Operations of the Committee on Foreign Affairs, House of Representatives, One Hundred First Congress, First Session, September 19, 1989, Vol.4, p.38.

5. Unesco, "Restructuring Unesco," 7 December 1987, https://unesdoc.unesco.org/ark:/48223/pf0000082375? posInSet = 3&queryId = b8bd3695-8429-440c-ade0-897cde6256c9,访问时间:2023 年 8 月 13 日。

6. Steven Erlanger, "U.S. Will Oppose Move to Re-elect Top U.N. Official," *The New York Times*, June 20, 1996, https://www.nytimes.com/1996/06/20/world/us-will-oppose-move-to-re-elect-top-un-official.html,访问时间:2023 年 7 月 27 日。

7. Knut Hammarsjöld and P.S.Wilenski, "Final Report(of the Independent Commission to advise the Director-General on ways and means of Improving staff efficiency and management in the Unesco Secretariat)," December 20, 1989, https://unesdoc.unesco.org/ark:/48223/pf0000085993,访问时间:2023 年 8 月 3 日。

8. Yves Beigbeder, *The Internal Management of United Nations Organizations: The Long Quest for Reform*, Ipswich: The Ipswich Book Company Ltd., 1997, p.81.

9. United States General Accounting Office, *UNESCO Status of Improvements in Management Personnel, Financial, and Budgeting Practices*, Washington D.C.: National Security and International Affairs Division of United States General Accounting

Office，June 9，1992，p.4.

10. 注：参与项目是教科文组织经常项目活动的重要补充,其作用是分析,评估和协助成员国和非政府组织提出的国家层面,次区域层面,跨区域层面和区域层面的项目安排,同时也是教科文组织用来加强组织和成员国以及与有官方合作关系的非政府组织之间的联系的项目,其项目成本由教科文组织和成员国共担。参见 http://www. unesco. org/new/en/member-states/mscontent/participation-programme/。

11. United States General Accounting Office, *UNESCO Improvements in Management Practices*, Washington, D.C.：United States General Accounting Office National Security and International Affairs Division，1993，pp.3—4.

12. United States General Accounting Office, *UNESCO Status of Improvements in Management Personnel，Financial，and Budgeting Practices*，Washington D.C.：National Security and International Affairs Division of United States General Accounting Office，June 9，1992，p.21.

13. Ibid.，p.22.

14. United States General Accounting Office, *UNESCO Improvements in Management Practices*，Washington，D.C.：United States General Accounting Office National Security and International Affairs Division，1993，p.5.

15. 数据来源：United States General Accounting Office, *UNESCO Status of Improvements in Management Personnel，Financial，and Budgeting Practices*，Washington D.C.：National Security and International Affairs Division of United States General Accounting Office，June 9，1992，p.32。

16. United States General Accounting Office, *UNESCO Status of Improvements in Management Personnel，Financial，and Budgeting Practices*，Washington D.C.：National Security and International Affairs Division of United States General Accounting Office，June 9，1992，p.4.

17. Ibid.，p.50.

18. UNESCO Executive Board，"Draft Decisions Recommended by the Finance and Administrative Commission," 137th session，Paris，10th Oct. 1991，p. 12，https：//unesdoc. unesco. org/ark：/48223/pf0000089551? posInSet＝5&queryId＝c7753d43-5fe7-4cf8-94e0-19a72eb3d245,访问时间：2020 年 7 月 16 日。

19. 注：总检察长办公室于 1975 年 7 月 1 日由总干事在与执行局第 97 届会议协商之后建立,职责在于：协助总干事调控和评估项目的执行；在业务一线执行项目和服务的检察任务；参与总部的项目活动的周期性系统评估；与教科文组织的人事局合作,制定职员绩效评估的标准和审慎的工作量分配；就工作方法和流程展开调研,来推动秘书处更好的管理并合理化其行动。总检察长办公室直接向总干事汇报工作并承接其命令。参见 Unesco Executive Board，"Report of the Director-General on the Activities of the Inspectorate-General," 102 EX/36 REV.，1977，p.1，https：//unesdoc.unesco.org/ark：/48223/pf0000031173?posInSet＝4&queryId＝f9c9a9ae-6959-4258-8156-faeb7aa3d9fa,访问时间：2023 年 8 月 4 日。

20. Federico Mayor，"Inspectorate-General," DG/Note/89/11，1989，p. 1，https：//unesdoc. unesco. org/ark：/48223/pf0000218913? posInSet＝6&queryId＝4ec6a3ee-4159-4c22-81cd-5d2835e4ff22,访问时间：2023 年 8 月 4 日。

21. United States General Accounting Office, *UNESCO Status of Improvements in Management Personnel，Financial，and Budgeting Practices*，Washington D.C.：National Security and International Affairs Division of United States General Accounting

Office, June 9, 1992, p.26.

22. John R. Bolton, *The United States and UNESCO: 1989*, Washington D.C.: United States Department of State Bureau of Public Affairs, Office of Public Communication, Editorial Division, 1989, p.2.

23. José I. Vargas, "Introduction to the General Policy Debate and Report by the Executive Board on its own Activities in 1988—1989 including the reform process," Paris, 18 Oct 1989, p.5, https://unesdoc.unesco.org/ark:/48223/pf0000083974.

24. UNESCO Executive Board, Decisions adopted by the Executive Board at Its 132nd Session, Paris, 13 December 1989, pp.44—46.

25. John R. Bolton, *The United States and UNESCO: 1989*, Washington D.C.: United States Department of State Bureau of Public Affairs, Office of Public Communication, Editorial Division, 1989.

26. 联合国教育、科学及文化组织:《第二十六届会议大会记录第一卷决议》,巴黎:联合国教育科学和文化组织,1992 年,第 7 页,第 33 页,https://unesdoc.unesco.org/ark:/48223/pf0000090448_chi。

27. Unesco, "Jerusalem and the Implementation of 25C/Resolution 3.6," 26C/14 Annex I, 1991, p.1, https://unesdoc.unesco.org/ark:/48223/pf0000089401,访问时间:2023 年 8 月 5 日。

28. Charlotte M. Ponticelli, *"U.S.-UNESCO Relations, Current Policy,"* Washington D.C: U.S. Dept. of State. Bureau of Public Affairs, Office of Public Communication, editorial Division, 1989.

29. Raymond E. Wanner, *UNESCO's Origins, Achievements, Problems and Promise: An Inside/Outside Perspective from the US*, Hong Kong: Comparative Education Research Center, The University of Hong Kong, 2015, p.48.

30. U.S. Government Accounting Office, "UNESCO: Status of Improvements in Management Personnel, Financial, and Budgeting Practices," June 9, 1992, pp.28, 36, 47, 53, 58. https://www.gao.gov/products/nsiad-92-172.

31. United States General Accounting Office, "UNESCO Improvements in Management Practices," Washington, D.C.: United states General Accounting Office National Security and International Affairs Division, 1993, p.1.

32. "Unclassified cable from Department of State to American Embassy Paris," November 13, 1995, cited in Lois McHugh, "UNESCO Membership: Issue for Cogress," 20 Nov. 2003, https://www.everycrsreport.com/files/20031120_RL30985_e03af874e629604f513ea11ba97563f1b96a5e17.pdf.

33. UNESCO, "UNESCO: the Will to Reform: An Overview of Reforms Since 1988," Paris: United Nations Educational, Scientific and Cultural Organization, 1996, pp.25—26.

34. Ibid., p.13.

35. Ibid., p.29.

36. Ibid., p.30.

37. Ibid., p.15.

38. UNESCO, "UNESCO: the Will to Reform, Supplement," Paris: United Nations Educational, Scientific and Cultural Organization, 1997, p.25.

39. Raymond E. Wanner, *UNESCO's Origins, Achievements, Problems and Promise: An Inside/Outside Perspective from the US*, Hong Kong: Comparative Education

Research Center，The University of Hong Kong，2015，p.60.

40. Chloé Maurel，"Mayor Zaragoza，Federico" in Bob Reinalda，Kent J. Kille and Jaci Eisenberg，eds.，*IO BIO*，*Biographical Dictionary of Secretaries-General of International Organizations*，p.2，www.ru.nl/fm/iobio,访问时间：2023 年 8 月 6 日。

41. Files of F. Mayor in UNESCO Archives，CAB.1/60，cited in Chloé Maurel，"Mayor Zaragoza，Federico" in Bob Reinalda，Kent J. Kille and Jaci Eisenberg，eds.，*IO BIO*，*Biographical Dictionary of Secretaries-General of International Organizations*，www.ru.nl/fm/iobio,访问时间：2024 年 2 月 17 日。

42. United States Government Accounting Office，"Unesco Status of Improvement in Management，Personnel，Financial and Budgeting Practices," June 1992，p.5.

43. Jon Henley，"Family and mistresses dip in UNESCO," *The Guardian*，Oct. 17th，1999，https://www.theguardian.com/world/1999/oct/18/unitednations,访问时间：2023 年 8 月 6 日。

44. Raymond E. Wanner，*UNESCO's Origins*，*Achievements*，*Problems and Promise*：*An Inside/Outside Perspective from the US*，Hong Kong：Comparative Education Research Center，The University of Hong Kong，2015，p.51.

45. President of the United States，*United States Participation in the United Nations*：*A Report by the President to the Congress for the Year 1999*，Washintong D.C.：Bureau of International Organization Affairs，2000，p.126.

46. Raymond E. Wanner，*UNESCO's Origins*，*Achievements*，*Problems and Promise*：*An Inside/Outside Perspective from the US*，Hong Kong：Comparative Education Research Center，The University of Hong Kong，2015，p.52.

47. Unesco，*Koïchiro Matsuura*：*a decade of action day by day 1999—2009*，*Vol.1*，Paris：the Uited Nations Educational Scientific and Cultural Organization，2009，p.25.

48. 联合国教育、科学及文化组织：《总干事关于改革进程的报告》，执行局第 159 届会议，巴黎：联合国教科文组织总部，2000 年 4 月 13 日，第 1 页，https://unesdoc.unesco.org/ark:/48223/pf0000119368_chi。

49. 同上书，第 2—3 页，https://unesdoc.unesco.org/ark:/48223/pf0000119368_chi。

50. 同上书，第 3 页，https://unesdoc.unesco.org/ark:/48223/pf0000119368_chi。

51. 联合国教育、科学及文化组织：《总干事关于改革进程的报告：教科文组织人事政策的新合同安排》，执行局第 162 届会议，巴黎：联合国教科文组织总部，2001 年 9 月 20 日，第 2 页，https://unesdoc.unesco.org/ark:/48223/pf0000123632_chi。

52. 联合国教育、科学及文化组织：《总干事关于改革进程的报告》，执行局第 159 届会议，巴黎：联合国教科文组织总部，2000 年 4 月 13 日，第 3 页，https://unesdoc.unesco.org/ark:/48223/pf0000119368_chi。

53. 同上书，第 4 页。

54. 同上。

55. 同上书，第 5 页。

56. 同上书，第 6 页。

57. 同上书，第 7—9 页。

58. 联合国教育、科学及文化组织：《总干事关于改革进程的报告：第一部分人事政策》，执行局第 164 届会议，巴黎：联合国教科文组织总部，2002 年 4 月 26 日，第 3、5、7、8 页。

59. 联合国教育、科学及文化组织:《总干事关于改革进程的报告:第二部分非集中化》,执行局第 161 届会议,巴黎:联合国教科文组织总部,2001 年 5 月 18 日,第 9 页。

60. 同上书,第 2 页。

61. 同上书,第 5 页。

62. Raymond E. Wanner, *UNESCO's Origins*, *Achievements*, *Problems and Promise*: *An Inside/Outside Perspective from the US*, Hong Kong: Comparative Education Research Center, The University of Hong Kong, 2015, pp.49—50.

63. Ibid., p.50.

64. John E. Fobes et al., "Why the U.S. Should Support Unesco," *The Christian Science Monitor*, December 4, 2000, https://www.csmonitor.com/2000/1204/p10s3.html,访问时间:2023 年 8 月 8 日。

65. "Fact Sheet: United States Rejoin Unesco," September 12, 2002, https://georgewbush-whitehouse.archives.gov/news/releases/2002/09/20020912-4.html,访问时间:2023 年 8 月 9 日。

66. Raymond E. Wanner, *UNESCO's Origins*, *Achievements*, *Problems and Promise*: *An Inside/Outside Perspective from the US*, Hong Kong: Comparative Education Research Center, The University of Hong Kong, 2015, p.50.

67. 还有些学者认为美国选择在 2003 年回归教科文组织是因为教科文组织是年举行的第 32 届大会将讨论起草文化多样性公约的相关事宜,而这一公约将威胁到美国最大的出口行业,即电影和电视行业。参见 J. P. Singh, *United Nations Educational*, *Scientific and Cultural Organization*(UNESCO): *Creating Norms for a Complex World*, London: Routledge, 2011, p.104。

68. Unesco, "Records of the General Conference, 31st session. Vol.1: Resolutions," 15 Oct to 3 November, 2001, p.79.

69. Raymond E. Wanner, *UNESCO's Origins*, *Achievements*, *Problems and Promise*: *An Inside/Outside Perspective from the US*, Hong Kong: Comparative Education Research Center, The University of Hong Kong, 2015, p.53.

70. George W. Bush, "President's Remarks at the United Nations General Assembly," September 12, 2002, http://georgewbush-whitehouse.archives.gov/news/releases/2002/09/20020912-1.html,访问时间:2020 年 8 月 10 日。

71. Raymond E. Wanner, *UNESCO's Origins*, *Achievements*, *Problems and Promise*: *An Inside/Outside Perspective from the US*, Hong Kong: Comparative Education Research Center, The University of Hong Kong, 2015, p.53.

72. "Congress Takes Important Step Toward Keeping Presidents' Pledge to Rejoin Unesco," July 16, 2003, https://betterworldcampaign.org/press-release/congress-funds-u-s-return-to-unesco,访问时间:2023 年 8 月 9 日。

73. "US marks return to UNESCO with Paris flag raising," 29 September 2003, https://news.un.org/en/story/2003/09/80842,访问时间:2023 年 8 月 9 日。

74. "Mrs. Bush's Remarks to UNESCO Plenary Session in Paris," Sept. 29, 2003, https://georgewbush-whitehouse.archives.gov/news/releases/2003/09/20030929-6.html,访问时间:2023 年 8 月 9 日。

75. 注:为了纠正执行局内的席位分配存在的地理分配不均衡的问题,所有的会员国都以区域选举小组的方式进行分组,共分为六个选举小组:第一组:西欧北美小组;第二组:东欧小组;第三组:拉美和加勒比小组;第四组:亚洲和太平洋小组;第五组:非洲小组;第六组:阿拉伯小组。按照地域席位分配平等的原则,58 个执行局委员国席位按照各个区域的定额进行分配。参见"Executive Board in Brief," https://www.unesco.org/en/executive-board/brief,访问时间:2023 年 8 月 10 日。

　　76. Raymond E. Wanner, *UNESCO's Origins*, *Achievements*, *Problems and Promise*: *An Inside/Outside Perspective from the US*, Hong Kong: Comparative Education Research Center, The University of Hong Kong, 2015, pp.53—54.

第七章

美国第二次退出联合国教科文组织

　　冷战结束后教科文组织内部早已不是东西方阵营对抗与不结盟运动国家三分天下的局面,世界各国在具体议题上的利益格局则更加错综复杂。2023 年美国重返教科文组织之后给予了其工作充分的支持。教科文组织的工作重点放在教育领域,这和美国试图通过加强国际教育援助来达到反恐目标的规划相一致。民主党人贝拉克·侯赛因·奥巴马(Barack Hussein Obama)当选为总统之后,更加重视通过多边合作实现美国利益,为此教科文组织的重要性再次得到强调。2011 年时任国务卿希拉里·克林顿(Hillary Clinton)访问了教科文组织总部,成为首位访问教科文组织总部的在任国务卿。[1]美国重返之后在文化多样性相关议题与教科文组织龃龉不断,但并未导致系统性的关系危机。

　　无论是美国退出前、退出后还是重返,教科文组织本身的成员结构和决策模式没有发生本质性的变化,美国在教科文组织的制度体系内不拥有对任何议题的主导权。导致美国和教科文组织关系再次破裂的是巴勒斯坦在教科文组织获得正式成员的资格。前一章中提到曾经长期被提出和搁置的巴勒斯坦的正式会员资格问题在保加利亚籍总干事伊琳娜·博科娃(Irina Bokova)任期内闯关成功,教科文组织成为联合国系统内首个接受巴勒斯坦为正式会员的国际组织。[2]美国与教科文组织再次爆发重大冲突。在美国国内,虽然民主党人奥巴马总统仍旧充分肯定教科文组织对美国的积极意义而未采取实质性的对抗行动,但美国国会基于 1990 年和 1994 年通过的《外交授权法案》停止了对教科文组织的会费拨款,相应地美国也失去了在教科文组织内部表决的资格。2017 年,对国际组织持贬抑态度的共和党人唐纳德·特朗普(Donald Trump)赢得总统选举后,一上任便再次启动了美国退出教科文组织的程序。

第一节　教科文组织在美国第一次重返后的工作重点

自美国第一次重返教科文组织以来,美国将参与教科文组织活动的目标设定为:"促进美国在教科文组织的五个领域内的重点项目的落实,从而促进和维护思想观念的自由流动、覆盖所有人的全民教育、对于民主原则和实践的理解、科学知识的运用以及人类文化和自然遗产的保护。"[3]美国作为执行局的成员,也注重通过执行局加强对教科文组织预算的管理,试图使其项目安排集中在其所支持的重点领域。2005 年前的重点领域为扫盲、科学与工程技术领域的能力建设、文化物件的保护,2006 年则调整为扫盲、民主(公民教育和出版自由)、减缓自然灾害、可饮用水的普及,其中最重点的领域是教育。美国在全面参与教科文组织的项目活动和日常运营的过程中发挥了显著的影响力,在一定程度上实现了自己的战略目标。不过同样值得注意的是,美国重返教科文组织后,其不赞成的 2003 年《保护非物质文化遗产公约》、2005 年《保护和促进文化表现形式多样性公约》在盟友的大力推动下顺利通过。东欧剧变、苏联解体后,教科文组织成员数量的进一步扩张也使得美国在投票中的影响力被稀释,美国对教科文组织的实际影响力始终并未达到其期待。

一、保护文化多样性和跨文化、文明的对话

保护文化多样性是 2003 年大会的主要议题。在此之前,2001 年教科文组织第 31 届大会上通过了《世界文化多样性宣言》(*Universal Declaration on Cultural Diversity*),赋予文化多样性以国际规范地位,为后续文化多样性领域相关国际法规的制定提供了基础。在 2003 年大会的文化委员会上,加拿大、法国、德国、希腊、墨西哥、摩纳哥、摩洛哥和塞内加尔的代表提出了一份决议,声明"保护文化多样性必须以一项国际公约的形式加以规范",还要求总干事起草一份关于文化多样性的国际协定,并在 2005 年的大会进一步讨论。经过长时间的辩论,这

一协定被定义为保护文化内容的多样性以及艺术表达的多样性。[4]

大会对非物质文化遗产的保护也给予了高度关注。成员国以压倒性多数的方式通过了《保护非物质文化遗产的国际公约》,来保护包括作为非物质文化遗产载体的语言和表现艺术、社会风俗、仪式以及传统节日,传统工艺以及与自然和宇宙相关的实践经验。2004年的执行局会议建议大会继续起草关于文化多样性的标准设定的国际文本,2005年的教科文组织执行局会议则延续了2004年的议程,对《关于保护和促进文化表现形式多样性公约》进行审议,并在9月的执行局第172届会议上向大会建议考虑通过这份文件。在同年10月举行的教科文组织第33届大会上,《关于保护和促进文化表现形式多样性公约》以绝对多数同意得以通过,美国和以色列投了反对票,还有四个国家投了弃权票(澳大利亚、尼加拉瓜、洪都拉斯、利比里亚)。[5]

濒危的语言也是教科文组织保护文化多样性的重点项目。2007年执行局第176届会议上,保护濒危语言和本土语言成为重要议题。执行局通过决议要求总干事将起草一份保护濒危和地方语言的国际公约的事项列入2007年第34届大会议程中,并邀请总干事发起相关决议的全面调研,召开政府间专家会议,并向大会提出相关报告。[6]在2009年的第35届大会上,保护土著语言和濒危语言的工作与非物质文化遗产也依然是讨论的重点。

教科文组织还在促进文化文明之间的交流、避免在宗教纷争和矛盾等议题上着力。2006年4月的执行局第174届会议召开之前发生了《日德兰邮报》穆罕默德漫画事件,[7]这次会议便将工作重点放在了言论与表达自由、尊重宗教信仰、价值观以及文化符号之上。

二、保护冲突中的文化遗产和为被占领土提供教育援助

保护文化遗产的工作主要涉及冲突中的文化遗产的保护工作。在2003年的教科文组织大会上,成员国就被占的阿拉伯领土和耶路撒冷的教育和文化机构形成决议32C/Resolution 39,决定派遣一支高质量的技术代表团去耶路撒冷评估老城的文化遗产的保护工作状况,并要

求总干事设立一个专家委员会,为制定保护耶路撒冷老城文化遗产行动计划提供指导方针。[8]在阿拉伯被占领土的教育和文化事业问题上,决议要求总干事加大对巴勒斯坦学生的资金支持,呼吁资助方召开会议提供更多资金并邀请总干事为被占的叙利亚戈兰高地领土上的机构提供教育援助。[9]这是教科文组织首次就阿拉伯被占领土和耶路撒冷的教育和文化机构达成共识。[10]大会还以鼓掌通过的方式出台了《关于恶意毁坏文化遗产的宣言》(UNESCO Declaration Concerning the Intentional Destruction of Cultural Heritage),其中提及了阿富汗塔利班恶意毁坏佛教雕塑巴米扬大佛一事,以此来表达教科文组织对于在全世界不断发生的恶意毁坏世界文化遗产事件的忧虑。[11]这份不具有约束力的宣言,充分考虑到了和平和战争冲突的情况,并将占领这一特殊情况也考虑在内。2008 年的执行局第 180 届会议继续关注阿拉伯被占领土的教育和文化机构相关决议的实施情况,为冲突后的国家提供主管领域内的援助。[12]2010 年的执行局第 184 届会议关注了阿拉伯被占领土的教育和文化机构相关的第 35C/75 号决议和第 182EX/54 号决议的实施情况,并要求总干事利用经常预算和预算外资金加强巴勒斯坦学生的经济援助计划,从而满足教科文组织所有主管领域的能力建设需要。在文化方面,则仍关注耶路撒冷老城文化遗址的保护工作,并请总干事继续努力保护被占叙利亚戈兰高地的人文、社会和文化机构。[13]

三、实现"全民教育"和扫盲工作

教科文组织把教育视为最优先事项。[14]在 2003 年的教科文组织大会通过了教科文组织 2004—2005 年度的预算和项目安排方案,其五个优先主题中,全民基础教育排在第一位。[15]2008 年的执行局会议要求教科文组织继续保持在全民教育(Education for All)项目各层次上的领导地位,将工作重点聚焦于平等的教育机会、可持续发展教育、识字教育、教育事业的南南合作、中等教育和职业教育、成人教育、高等教育教师教育培训。[16]教科文组织国际教育局(UNESCO International Bureau of Education)在同年主持召开了第 48 届国际教育大会,主题是"包容性的教育—以未来的方式",将讨论的重点放在促进教育公平方面。[17]在扫盲工作方面,教科文组织在阿塞拜疆、印度、墨西哥主持了地区性的扫盲会议。[18]2006 年 10 月的执行局第 175 届会议关注实现全民教育(EFA)以及开展扫盲工作的方法研究。[19]2010 年的执行局第 184 届会议的议程聚焦教育、文化、传播和信息等议题领域,会议关注 2008 年金融危机对发展中国家实现全民教育目标的影响评估,以及对开展联合国可持续发展教育十年(2005—2014 年)活动的中后半期进展情况进行报告。[20]

四、可持续发展议题

教科文组织在资源环境和气候变化等可持续发展议题上也做了大量的工作。2003 年教科文组织大会将淡水资源和生态系统作为 2004—2005 年度预算和项目安排方案的又一优先主题。[21]2007 年的执行局第 177 届会议则重点关注教科文组织在应对气候变化方面的作用。亚洲-太平洋小组在执行局第 177 届会议上提出了一项有关气候变化的决议案,这份决议案重点关注与联合国教科文组织在应对气候变化的全球合作中的作用。经过充分的辩论,决议案在执行局会议上得以通过。成员国最终都认为教科文组织在应对气候变化上应当肩负起应有的责任,要求秘书处制定一项应对气候变化的战略,还要求总干事就这一战略向联合国的政府间气候变化专家组(IPCC)及其他相关机构、国家委员会和公民社会代表寻求咨询,以及在执行局第 179 届会议上展示气候变化战略草案。[22]一些成员国同时也指出教科文组织的气候变化应对战略不应扩展到教科文组织负责领域之外,也不应当越俎代庖,应避免与其他联合国机构的职能和行动相冲突。[23]

执行局在第 179 届会议上强调了在解决气候变化问题上的两大支柱:一是与成员国、联合国其他组织、其他利益相关方如市民社会和非政府组织合作收集和使用数据、信息和进行相关研究;二是以整合性的方式使用教育手段、公众意识活动以及具体部门措施。执行局还建议总干事在教科文组织的政府间科学项目中推动跨部门的合作,推动作为应对气候变化问题的重要部分的教育事业的发展,强调教科文组织的气候变化应对战略应当旨在帮助成员国建立和保持必不可少的知识基础,采取措施帮助成员国适应、减缓气候变化带来的影响。执行局还要求总干事拟定一份重点突出的战略和具体的行动方案,分别在执行局第 180 届和第 181 届会议上进行展示,并在执行局每年秋季的会议上报告战略的进展情况。[24]

执行局在第 180 届会议上通过决议要求总干事将上述行动方案聚焦于教科文组织有明显优势、且其他国际组织没有覆盖到的领域。[25]在当届执行局会议上通过的《教科文组织气候变化行动战略》(*The UNESCO Strategy for Action on Climate Change*)中,教科文组织的战略目标被描述为:建立并保持气候变化的知识基础;通过包括教育和公众意识等方式促进气候变化的延缓和适应能力;迈向一个气候中和的教科文组织。[26]

在执行局第 181 届会议上,总干事展示了具体的行动方案《总干事关于教科文组织气候变化战略具体行动方案的报告》(*Report by the Director-General on A Detailed Plan of Action for the UNESCO Strategy for Action on Climate Change*)。[27]2009 年教科文组织第 35 届大会批准建立国际水资源综合管理中心,水资源与全球变化国际中心,加勒比岛国可持续水资源管理中心等水资源和生态保护领域的技术机构。[28]

五、科学和技术伦理及相关规范的建立

新世纪以来生物信息技术的突破带来了生物伦理问题。2001 年 10 月举行的教科文组织第 31 届大会要求总干事调研起草一份"普遍性的生物伦理文本的可行性"。对此,2003 年的大会以全体一致的方式通过了《人类基因数据国际宣言》(*The International Declaration on Human Genetic Data*),宣告了人类基因的收集、存储、处理和使用应当存在伦理原则的约束,还通过决议要求总干事启动起草文本的进程。[29]2004 年的执行局第 170 届会议邀请总干事继续推进文本的起草工作并在 2005 年召开旨在完成起草工作的政府间专家会议。[30]2005 年 4 月和 6 月,总干事召开了两次政府间专家会议来推进宣言草案的拟定工作。[31]10 月举行的教科文组织第 33 届大会上,《世界生物伦理和人权

宣言》经鼓掌方式一致同意通过。[32]

第二节　美国与教科文组织关系再评估

这一时期,教科文组织内部的工作重点与美国的期待大致相符,但在个别项目和决议方面也存在意见分歧。美国对于教科文组织订立规范性文书(如公约、宣言等)持保守立场,认为若非美国认为必要且能够汇聚高质量的共识,那么任何规范性文书都不应在教科文组织讨论。[33]这一方面与教科文组织的"任务蔓延"(mission creep)[34]现象有关,生物伦理、气候变化等政策领域与传统的教育、科学、文化领域相去甚远,教科文组织并非这些领域内的"专家",而教科文组织却广泛参与这些领域特别是新的议题领域的规范制定,美国认为教科文组织应当将既有的项目执行好。[35]另一方面,不同国家在这些领域内长期以来形成的主导规范和实践方式并不相同,若形成整齐划一的规范,将极大限制各国政策制定者和立法机关制定符合自己国情的政策和法律的空间。最后,在一个政策领域内的建立规范的努力会衍生出与既有的规范相冲突的规范。例如,保护文化多样性的规范会衍生出对某些文化产品的自由贸易以及信息的自由流动的限制性规范,这样就与贸易自由化的规范相冲突,这也是美国所不希望看到的情况。

由于曾经诱发美国与教科文组织矛盾的所谓"政治化"问题(其根源在于教科文组织内部决策机制设定)仍未发生变化,美国在恢复教科文组织的成员国资格之后,仍无法阻止不利于美国国家利益的议案通过。不过由于美国能够在组织内部的各个决策环节施加一定的影响,教科文组织的各个决策过程中能够充分考虑美国的立场和担忧,这也使美国感到相对满意,对教科文组织活动整体上比较积极。[36]

一、文化多样性议题

美国在保护文化多样性这一问题的立场一直相对保守。对美国而言,与保护文化多样性议题相关的动议明显指向了美国的文化产品输出,特别是好莱坞文化产品的对外输出,这与其全球战略相左,因此美国反对教科文组织拟定和通过包含所谓限制文化产品自由贸易、限制言论自由的国际公约文本。

2003 年美国作为执行局的观察员国参与了教科文组织于当年 4 月 6 日至 16 日举办的执行局会议。执行局决定建议大会制定一份关于文化多样性国际标准设定的文本，于是这一议题也递交了当年的教科文组织大会讨论。在第 32 届大会上，加拿大、法国、德国、希腊、墨西哥、摩纳哥、摩洛哥、塞内加尔在大会第四委员会（文化委员会）的第 21 次全会上提出了一份决议《拟定一份关于文化多样性的国际准则性文件的可行性》，要求通过国际公约的形式来制定文化多样性相关的国际规范，并指示总干事在 2005 年的大会上就此提出一份草案。[37] 然而美国对起草一份关于文化多样性的国际协定方面持质疑的态度，认为《世界人权宣言》第十九条有关观点和表达的自由应该得到体现，而且协定应当与既有的国际法规则相适应。因此美国通过参与加拿大-法国提案的谈判来阻止这一议题的通过或减少其消极影响，但是美国的努力没有成功。[38]

在其发现无力阻止这一提案后，美国于 10 月 9 日提出了针锋相对的动议，并寻求其他各方（如澳大利亚）共同起草决议。但这一尝试仍旧未能成功，有 84 个国家在发言中对加拿大-法国决议草案表示支持，这在第四委员会是压倒性的。[39]美国代表在提案中对国际协定是否是保护文化多样性的最好方式表达了自己的忧虑，认为在"协议文本的协商谈判之前应当做足准备和研究工作，而这一工作仍不充分"[40]。美国进而要求总干事成立专家工作组，研究保护文化多样性的最优方式，并在起草文本的过程中与世界贸易组织、联合国贸易发展会议和世界知识产权组织加强合作磋商，以确保文化多样性公约不与现有的法律框架和义务相冲突。[41]鉴于教科文组织大会的共识传统，会议主席休会 45 分钟以促成双方的协商，最终的决议文本包含了言论自由、思想自由流动和保持文化之间的开放性等美国所偏好的内容，但也保留了加拿大-法国版本的"要求总干事在 2005 年的大会提出一份公约的草案文本"的内容，美国的要求"任何公约都必须与既有条约相兼容"也改变为"考虑既有的国际法条文本"。面临着甫一重返大会就陷入被孤立的窘境，美国最终放弃了强硬立场，并未在当届大会上反对这一修改后的决议,这一决议于 2003 年 10 月 17 日通过。[42] 此后总干事基于《拟定一份关于文化多样性的国际准则文件的可行性》这一文本开始法律文件的起草工作。[43] 2005 年的执行局第 172 届会议上,执行局建议第 33 届大会将《保护和促进文化表现形式多样性公约》初稿作为公约草案进行审议并批准其为教科文组织的一份公约。[44] 美国代表批评公约草案缺乏合作精神,认为整个草案的起草过程缺乏协商和充分的研究,一些国家只追求推进公约的起草过程,而忽视了为公约草案获得足够的支持。[45] 2005 年 10 月举行的教科文组织第 33 届大会对《保护和促进文化表现形式多样性公约》(*Convention on the Protection and Promotion of the Diversity of Cultural Expressions*)进行了表决。投票结果是 148 票赞成、2 票反对、4 票弃权。美国由于担心这份公约将导致各国出于保护文化表达的目的而实施贸易限制,以及对信息自由流动的限制与以色列一起投了反对票。当这一条约的文本在教科文组织大会上被展示并以鼓掌通过之时,美国代表罗伯特·马丁(Robert Martin)愤然离场并召开新闻发布会,批判制定这一公约超越了教科文组织的职权范围。"因为这一公约是与贸易相关的,所以不属于教科文组织的管辖范围","我们在过去的一个星期的所作所为损害了教科文组织协商一致的精神,这是教科文组织工作中最具代表性的特征,但是(这一公约的通过)必将损害其作为一个负责任的深思熟虑的国际组织的声望"[46]。

二、中东议题

美国在中东议题的立场是:支持教科文组织对被占领土上的阿拉伯民族提供教育援助,反对将战时保护文化遗产的议题"政治化",反对将相关议题带入教科文组织中的所谓"政治化"的国家代表机构(执行局、大会),尤其反对教科文组织接纳巴勒斯坦为会员国的行动。对于文物和遗产保护工作,美国坚持由教科文组织的世界遗产委员会来审议。[47]

美国刚重返教科文组织之时,教科文组织在中东相关议题采取相对克制的立场,反复推迟了关于接纳巴勒斯坦为成员国的讨论。在 2003 年的教科文组织大会上,美国支持前述的有关被占的阿拉伯领土和耶路撒冷的教育和文化机构的决议,赞同对文物保护和被占领土人民的教育文化权利的救济措施。对于巴勒斯坦加入教科文组织的申请,第 167 次执行局会议建议将这一问题推迟至 2005 年的第 33 届大会审议,当届大会以全体一致鼓掌通过了推迟审议的决定。[48]同样,在 2005 年的大会上,执行局针对相同提案的建议是推迟至 2007 年大会审议,该议题被又一次搁置。[49]

在 2006 年的执行局第 175 届会议上,教科文组织的风向发生了变化,开始采取倾向于阿拉伯民族的立场。执行局会议关注了美国认为"有政治化性质"的议题,并对此表达忧虑和不满。执行局第 175 届会议就"为黎巴嫩的重建和发展做贡献"这一议题作出了决定,对黎巴嫩冲突造成的灾难性影响表示严重关切,对黎巴嫩未来的可持续发展深表忧虑,谴责冲突造成的毁灭和破坏,鼓励总干事主动派遣一个多学科考察团,查明教科文组织如何在主管领域援助黎巴嫩重建,并请总干事加强与黎巴嫩政府的合作,在教科文组织主管领域内努力满足黎巴嫩的一些紧迫需要,与黎巴嫩政府相互配合支持教育、科学及文化领域的具体计划,并就本决定的落实情况向执行局第 176 届会议提交落实情况报告。[50]对此,美国代表路易斯·奥利弗(Louise V. Oliver)认为这项决定的大部分语言过于政治化,不适合在教科文组织执行局会议中提出。然而即使决定的文本是作为一份政治性的演讲而出现的,在美国代表看来也是"过于有倾向性的"(unacceptably biased)。美国虽然并没有正式表达反对通过的意见,但也不支持这一决议,并明确与之划清界限。[51]美国认为关于黎巴嫩的决定是"政治化的"这一论断主要源自其认为以色列的教育和文化机构以及历史遗迹与以色列孩童同样受到了冲突的影响,但并没有得到同等的关注。有鉴于此,美国代表认为教科文组织应当回复到初心即"推动全民教育、保护属于全人类的历史文化和自然遗产、促进思想观念通过文字和图像自由流动"[52]上来。

在 2007 年执行局第 176 届会议上,有关耶路撒冷老城的考古发掘工作以及文物的保护工作被再次提上议事日程。美国教科文组织执行局代表路易斯·奥利弗(Louise Oliver)认为这一问题被"过度政治化",主张将它看作一个技术性质的问题并在《世界遗产公约》框架下的世界遗产委员会内部讨论。事实上,总干事的做法也是按照非政治化的技术性路线处理这一问题的,其派遣的文物技术特派团经调查后也认为"当前的考古发掘活动正依照着专业标准来进行","圣殿山内并没有开展任何考古发掘工作,也不存在会对西墙和阿克萨清真寺的稳定性造成损害的工作","工作区域以距离西墙 10 米的地方划分界限","穆格拉比坡道的修复工作则需要相关各方协商和讨论加以决定"。[53]美国代表引用特派团的调查报告原文,呼吁关于这一问题的任何决定都应当在有关各方的充分协商和讨论之后作出,且不应该在全会的框架下讨论。[54]2007 年的第 34 届大会则延续了往届大会上由执行局主席宣读执行局对于推迟审议巴勒斯坦会员国资格问题的惯例,这一问题再次被推至第 35 届大会。[55]

2008 年教科文组织执行局第 179 届会议上,美国代表安德森(Gerald Anderson)对于将第 52 项议题在最后时刻加入教科文组织的议程中的做法表示担忧。第 52 项议题是关于要求总干事就执行局第 176 届会议上作出的耶路撒冷老城的穆格拉比坡道的考古发掘工作的决议实施情况进行汇报。美国代表认为,总干事已经应执行局第 177 届会议的第 20 项决定的要求就这一问题在议程的第 9 项之下[56]进行了回应,因而不能作为一项独立的议题再加入议程中去,而且第 177 届会议并未要求这一议题必须在第 179 届会议中单列出来成为独立的一项议程。除此之外,第 52 项议程并没有出现在执行局第 179 届会议的原始议程中,而是在执行局全体会议召开的前三天加入修订版本的议程中,对于多加一项独立的议程,也没有提供任何解释与说明,这一议题的文件 179EX/52 也并没有开放给所有的成员国,存在程序瑕疵。对此美国延续了之前的论调,依然认为这一议题本质上是"技术性"的,不必由执行局会议来审议,而应当由世界遗产委员会来负责,同时教科文组织也没有能力处理这样的技术性工作。[57]

2009 年执行局第 181 届会议上,美国代表恩格肯(Stephan Engelk-en)就大会的临时性议程"针对加沙地带的侵略以及后果的应对方法"进行评论,表示支持教科文组织对加沙地带受难儿童的援助,但是这一议程的措辞"侵略"明显带有"政治化倾向",因此建议将标题更改为"支持加沙地带的发展和重建"。[58]2009 年的大会上针对巴勒斯坦的会员国资格问题同样采取了推延至 2011 年的大会并"根据彼时巴以和平进程的情况进行审议"的做法。[59]

整体上，在松浦晃一郎总干事任内，中东问题在教科文组织被很好地限制在文物和遗产保护等技术性问题，关于巴勒斯坦的会员国地位问题，虽然在每届教科文组织执行局会议和每届大会上都被提出，但由于执行局并不推荐巴勒斯坦获得会员国资格，中东议题并未真正走到组织议程前端并成为矛盾焦点。

三、可持续发展议题

环境、气候变化、水资源等可持续发展议题被教科文组织确定为优先领域，但美国认为可持续发展领域的新项目往往与联合国的其他机构的主管领域重复，因而并不认为可持续发展议题是教科文组织的优先事项，甚至对其是否具有在该领域的职责和权限持保留态度。

美国在 2007 年的执行局第 177 届会议上对于执行局试图将气候变化问题纳入议事日程的做法表示了反对。美国认为，教科文组织的资源是有限的。如果教科文组织承诺向应对气候变化领域增加投入，那么在教育这一真正的优先领域内的投入就会减少。对此美国代表路易斯·奥利弗甚至宣称，"如果教科文组织将应对气候变化作为主要的议题，那么美国将是最不情愿看到这一现象的国家"。[60]美国建议教科文组织将有限的资源用于强化已有的与气候变化相关的环境项目（如人与生物圈项目和政府间海洋学委员会），并继续参与基础科学、工程与技术领域的能力建设项目。

在 2009 年执行局第 181 届会议上，美国对教科文组织对气候变化问题的过分关注表达了忧虑，认为其在越俎代庖和染指超出其能力范围的事情。美国代表认为，2008 年 10 月的执行局第 180 届会议已经就应对气候变化问题达成了很好的方案，第 181 届会议上讨论的具体行动方案如果投入实施，将意味着要筹集数百万美元的预算外资金并要动用一大笔预算内的资金，其意义和可行性值得怀疑。[61]

四、教科文组织管理与改革议题

2004 年，美国作为执行局委员审查了 2006—2007 年度预算和项目报告,并建议总干事修改预算,使其进一步突出项目安排的重点,并执行基于成果的项目安排、管理和报告评估。执行局要求总干事强化重点领域项目的落地,同时减少甚至最终取消对低优先性项目的资助,美国对这一决定表示支持。[62]在 2006 年的执行局第 174 届会议上,美国代表路易斯·奥利弗指出教科文组织在去集中化的同时并没有落实问责制度,认为教科文组织应当在中期战略中重点强调建立结果导向的管理制度、项目资源流向重点领域、全面的用人战略以及强化监管和评估。[63]美国代表玛格丽特·沙利文(Marguerite Sullivan)还认为教科文组织在实现非集中化的同时缺乏落实问责制,项目计划和安排也并没有突出教科文组织的优先项目。[64]在执行局第 176 届会议上美国对于数量不断增多的教科文组织第二类中心也表示了关注,认为这些中心缺乏发展战略,因而无法使其发展更贴合教科文组织的核心任务。[65]

此外,美国还就教科文组织的去集中化提出了建议,认为去集中化的同时应当落实问责制,使资金的使用情况和项目成果都能够公之于众。同时美国还建议应当提高总部外项目活动的透明度,让独立的专家学者以个人观察员的身份参与与他们的专业领域相关的会议。

针对第 34 届大会通过的关于教科文组织未来的工作计划的 34C/4 和 34C/5 文件,[66]美国代表认为前者《2008—2013 年中期战略》令人满意地回应了教科文组织面临的内部和外部环境的变化,为未来六年的工作安排设定了框架,后者《2008—2009 年计划与预算草案》则不切实际。虽然后者也包含了项目的预期成果的部分,但是美国代表认为教科文组织很难在短短两年的时间内实现预期的成果。[67]

总体来说,美国对于松浦晃一郎总干事任期内教科文组织的改革工作比较满意。2009 年执行局第 181 届会议上,美国代表在对松浦晃一郎总干事的改革努力作出肯定的同时,表示将会一如既往地推动教科文组织实现内部改革。然而,美国对于教科文组织预算增长仍时有怨言。在当届执行局会议的发言中,美国代表恩格肯质问:"实用性而非意识形态,将是决定我们如何与教科文组织合作的因素,然而教科文组织能否以节约成本的方式完成使命? ……教科文组织的行政成本依然很高,尽管预算方案中增加的预算开支被编作项目开支,但是大部分会被用来支付行政成本,包括总部新增岗位的人事开支。"并要求将讨论预算方案上限的时间推迟到下届执行局会议。[68]

五、教育议题

美国一直以来将教育问题作为教科文组织的最优先议题。教科文组织是联合国系统内在教育议题上的领导机构,美国强调教科文组织将去文盲化、公民教育、教师培训、卫生教育和高等教育设定为重点领域。[69]在教育领域,美国与其他成员国一道,推动以教育成果为基础的、国家层面上的教育项目,还与教科文组织密切合作,在 34 个具有高文盲率的国家开展"赋能导向的扫盲行动"(Literacy Initiative for Empowerment)。这一项目以达成明确的,可量化的结果为目标。美国在该领域的专家被邀请参与这项战略的准备阶段,以确保美国能够将其在这一领域的调查和研究经验与其他成员分享。[70]

2005 年,美国继续推动在国家层面上进行的以教育成果为基础的教育项目,以及提高能力的扫盲运动。在 2006 年的执行局第 174 届会议上,美国代表路易斯·奥利弗肯定了教科文组织在推动 2015 年之前实现全民教育和为提升能力的扫盲运动方面的努力。在执行局第 180 届会议上,美国再一次强调了教育在经济和社会发展以及促进健康和性别平等方面的重要意义,要求保证教育方面的议题得到足够的资源来促成积极的成果。

争议主要集中在高等教育领域。在 2009 年教科文组织主办的世界高等教育大会上,美国与巴西、委内瑞拉和印度为代表的发展中国家对于高等教育的定义、高等教育中的《贸易往来和服务贸易总协定》(GATS)的关系等问题出现分歧。美国不希望将高等教育定义为一种公共产品,反对在教科文组织的场合中讨论与《贸易往来和服务贸易总协定》中与高等教育相关的内容,反对在宣言中载入"不应当将高等教育视为商业贸易"的条款,而发展中国家特别是拉丁美洲国家则要求加入这一条款。双方经过讨论协商后分别作出了让步,将高等教育作为一种公共产品的表述被保留了下来,而关于高等教育与服务贸易协定的关系的条款则被删除。最后,大会宣言(Conference Communiqué)经全体会员国(包括正式成员国和准成员国 associate member)以全体一致的方式通过。[71] 在这一案例中,共识的协商方式在促成有争议的双方达成共识方面起到了关键作用,即任何一方在对议案不存在严重抵触情绪的情况下,都不希望固执己见导致会议进程受挫,进而为会议最终的失败负责。[72]

六、科学和技术伦理和相关规范的建立

美国代表积极参与了《生物伦理与人权宣言》文本草案的磋商,在国际生物伦理委员会和政府间生物伦理委员会中广泛建言献策。由于起草的各个环节均坚持共识原则,投票表决被严格禁止,美国代表的意见能够有效传达,如"宣言的文本的措辞应当是非强制性的"等意见被充分体现在最终文本中。[73] 这一过程也相对透明,教科文组织在文本起草阶段通过问卷调查的方式广泛征集成员国的意向,特别在涉及实体性的条款的意向。[74] 在 2005 年 10 月举行的第 33 届大会讨论《生物伦理与人权宣言》之时,面对一些成员国试图将引起争议性的议题纳入文本的行动,美国成功采取措施加以阻止。在 2005 年的执行局第 172 届会议上,美国代表赞赏这一文本充分体现了"合作、公开、透明、对话、沟通"的精神。[75]

第三节 巴勒斯坦会员身份问题
与美国第二次退出教科文组织

2011 年 10 月 5 日,第 187 届教科文组织执行局会议审议了将巴勒斯坦纳入教科文组织的要求。这一要求首次提出是在 1989 年,并在之后的每两年一度的大会上被反复提出。在此之前,相似的要求一经提出,执行局就会收到来自秘书处的消息要求暂缓考虑这一请求。但 2011 年这次却和以往不同,执行局并未收到来自秘书处的消息。[76] 最终执行局以 40 票赞成、4 票反对、14 票弃权的结果向大会建议接纳巴勒斯坦为新的成员国。[77]

美国代表在执行局会议上申明了美国的立场:"美国致力于促进实现巴勒斯坦建国的愿景,并致力于巴勒斯坦国的建立和谈判的进程,但

奥巴马总统在讲话中明确表示'和平是无法由联合国内部的声明和决议得来的,如果可以那么容易实现的话,和平早就实现了'。"[78] 2011 年的 10 月 31 日,第 36 届大会最终决定接纳巴勒斯坦为第 195 个成员国,投票结果为 107 票赞成、14 票反对和 52 票弃权。[79]虽然接纳新成员的门槛是超过三分之二多数的有效票数(即出席并投票,弃权票不算在内),但当时出席大会投票的仅有 173 个会员国,通过的门槛为 81 票,107 赞成票因此满足通过的条件。[80]其中投反对票的国家有美国、加拿大、德国、澳大利亚、捷克、立陶宛、荷兰、瑞典、巴拿马、帕劳、萨摩亚、所罗门群岛、瓦努阿图、以色列。[81]

此前巴勒斯坦解放组织领袖阿巴斯曾于 2011 年 9 月 23 日向联合国秘书长提交申请加入联合国,以获得国际社会对其主权国家身份的认同。根据《联合国宪章》的规定,这一申请需要经过安理会的通过,美国的否决使得巴勒斯坦的愿望未能实现。为此巴勒斯坦致力于通过获得联合国专门机构的会员国资格来实现最终获得国际承认的目标。巴勒斯坦成功加入教科文组织这一事实也确实促进了它在联合国系统内地位的变化。2012 年 11 月 29 日,联合国大会投票通过了将巴勒斯坦的"观察员实体"(Observer Entity)地位提升为"非会员观察员国"(Non-member Observer State)的 67/19 号决议。[82]

由于美国长期以来一直坚持巴勒斯坦的主权国家身份只有通过与以色列之间的直接对话来实现,教科文组织的决议使奥巴马政府对多边主义的热情受到了挫折。奥巴马政府心怀不满地表示教科文组织大会的决定是"令人遗憾的,也是仓促而不成熟的",也"损害了国际社会在巴以问题上的实现公正持久全面和平的共同目标"。[83]美国驻联合国前大使约翰·博尔顿(John Bolton)悲观地认为:"这一次,教科文组织在美国的参与和巴勒斯坦的会员资格两个选项中作了二选一的选择。"[84]

教科文组织的决议也引发了美国国内对教科文组织的怨怼情绪。作为报复措施,美国国会停止了对教科文组织会费的财政拨款。美国于 1990 年通过的《外交授权法案》要求,如果任何联合国的机构授予巴勒斯坦解放组织以会员国身份,美国将拒绝向其提供资金。[85] 1994 年《外交授权法案》规定,任何联合国的机构如授予不具有国际社会认可的主权国家身份的机构或团体以会员国身份,美国将不对其提供资金支持。[86]基于这两份法律文件,美国在教科文组织第 36 届大会宣布接纳巴勒斯坦之日起,就停止了对教科文组织的资助,教科文组织也失去了其 22% 的常规项目的资金来源。不过奥巴马政府时期的美国对多边合作的总体态度仍趋于积极,并没有考虑退出教科文组织(美国总统拥有决定是否退出多边机制的权限),而是明确选择继续留在教科文组织内,美国政府在其声明中也表示"美国继续保持教科文组织的成员身份以及对该组织的承诺"[87]。

与 1984 年里根总统时期美国对教科文组织的敌视态度不同,奥巴马政府认为继续留在这一机构内符合美国利益,且主张美国应当继续向教科文组织贡献会费,认为拒缴会费带来的负面影响将使得美国在教科文组织受到孤立。为避免美国在 2013 年因拖欠会费而丧失会员国的投票资格,[88]奥巴马于 2012 年 2 月 13 日在 2013 财年的预算中要求拨款 78 968 000 美元用于缴纳教科文组织会费,并努力促成国会立法,授权政府为美国继续贡献会费"绕开"限制。[89]但是奥巴马总统并没有成功实现其目标,国会并未批准任何形式的豁免。奥巴马总统在 2013 财年和 2014 财年通过 CIO(Contributions to International Organization)账户申请的将近 8 000 万美元的会费以及通过 IO&P(International Organizations and Program account)申请的 ICSECA(International Contributions for Scientific, Educational, and Cultural Activities)88 万美元的自愿贡献也都未能实现。[90]2015 年 12 月 17 日,美国国务院要求国会在 2016 年的综合开支议案中拨款以偿清拖欠的会费,并缴纳当年的会费,而且还要求国会制定一项新的法律,绕开既有的法律约束,授权允许美国向教科文组织缴纳会费。然而在国会两院共和党的保守势力的反对之下,这一要求未能实现。最终,在 140 亿美元的国际组织的会费贡献方案中,未包含教科文组织的部分。[91]

表 7.1 2004—2014 年美国政府对教科文组织的资金贡献(单位:百万美元)[92]

年份	2004	2005	2006	2007	2008	2009	2010	2011	2012	2013	2014
会费	84.14	76.75	70.92	73.48	77.62	75.94	80.92	78.83	0.00	0.00	0.00
自愿捐助	1.89	0.84	0.99	0.99	0.99	1.00	1.00	1.85	0.00	0.00	0.00

2013 年 11 月,美国由于拖欠会费而丧失了在教科文组织大会的投票权。不过由于《组织法》并未明确拖欠会费与执行局委员资格的关系,美国的执行局委员身份和投票权得到了保留。而且在执行局的西欧-北美选区内,美国的执委资格并未受到挑战,美国得以在 2015 年之后继续保留执行局委员身份。这在很大程度上维系了美国在教科文组织内部的话语权。[93]鉴于美国此次当选源自《组织法》未明确会费与执行局委员资格之间关系的漏洞,美国连任的案例直接触发了中小国家于 2017 年开始推动执行局任期限制改革。

巴勒斯坦成功加入教科文组织后,中东议题进一步朝着与美国期待相反的方向发展。2012 年 6 月 29 日,巴勒斯坦申请将伯利恒的圣诞教堂、南巴勒斯坦文化景观项目等列为世界遗产和濒危世界遗产。世界古迹遗址理事会的专家小组经过实地调查后得出结论,认为"耶稣的诞生地:伯利恒耶稣诞生教堂和朝圣之路"(Birthplace of Jesus: Church of the Nativity and the Pilgrimage Route, Bethlehem)并不符合世界濒危遗产的列入标准,理由是尽管缺乏有效的保护和修缮的情况十分严重,但这一现状是长期的而并非一时的,耶稣诞生教堂的屋顶的损坏也并非严重到需要采取紧急措施的程度,这一遗产总体来说也并未经受毁灭性的和紧迫性的损害。但这一建议未被世界遗产委员会所采纳。[94]世界遗产委员会评估情况之后作出了"该教堂存在屋顶漏水,使用了不合适的建筑材料以及过去五十年修缮工作不到位的问题"的评价,[95]进而通过了巴勒斯坦的申请。巴勒斯坦对该决定表示满意,认为"为教堂列入世界遗产投下的每一票都是对巴勒斯坦人民的自决和文化权利的支持",[96]美国政府则强烈反对这一决定,对世界遗产委员会的决定表示"非常失望"。[97]

2016 年的执行局第 200 届会议以 23 票赞成 7 票反对通过了 200EX/25 号决议(《巴勒斯坦被占领土的决议》),这份决议将以色列称为"占领国",并谴责以色列对巴勒斯坦人民的侵犯以及以往疏于对穆斯林的历史遗迹圣殿山和东耶路撒冷的基础设施的保护。以色列当即决定召回驻教科文组织大使。[98] 2017 年 5 月 2 日,教科文组织执行局会议在一份决定中又一次将以色列称为"占领国",不承认以色列在被占的耶路撒冷地区的主权和改变耶路撒冷圣城地位和状况的单方面行动,尤其是《基本法:耶路撒冷-以色列的首都》,并要求以色列当即取消一切行动。[99] 2017 年 7 月,联合国教科文组织认定被占领土的约旦河西岸的希伯伦(Old City of Hebron)以及列祖之墓(Tomb of the Patriarchs)为巴勒斯坦的世界文化遗产,并将这两处遗产统统归属于巴勒斯坦。美国常驻联合国代表妮基·黑莉(Nikki Haley)宣称这是"对历史的不尊重","有损于巴以双方实现和解所必需的相互信任",[100] 巴勒斯坦的问题最终也成为美国再次退出教科文组织的因素之一。[101]

除了巴勒斯坦问题,叙利亚问题也是美国与教科文组织政治博弈的焦点。在 2011 年 2 月的教科文组织执行局会议上,美国、英国、法国等 31 个国家要求在执行局第 189 届会议上加入一项议程,要求教科文组织对叙利亚政府的人权问题进行回应,并要求执行局重新审查叙利亚在执行局的公约和建议委员会(Executive Board's Committee on Conventions and Recommendations)中的代表资格。[102] 该机构是执行局的常设委员会,主要职能为评估国家在人权问题方面的履约表现以及在教科文组织的职责范围内审查与人权相关的各类通信。委员会在每年两次的执行局会议全会之下召开,由 30 名代表组成,各国代表一经当选任期为两年。2012 年 1 月,美国代表戴维·基利永(David Killion)认为叙利亚阿萨德政府严重违反人权,因而不适合继续让阿萨德政府的代表来审议其他国家的人权记录,因此联合其他一些国家发起了一项外交行动,要求将叙利亚代表从其中移除。但这一行动遭到了以俄罗斯为首的 17 个执行局成员国的反对,叙利亚在该委员会的任期因此得以延续至 2014 年。[103]

2017 年特朗普总统执政之后,美国和教科文组织的矛盾再次集中爆发。特朗普总统对多边合作一直存在很深的负面看法,认为它们损害而非促进了美国的国家利益。他在上任后对联合国总部的首访中即要求"我们必须确保没有一个人或国家承担不成比例的份额,不管在军事上还是财政上"。他还要求联合国采取"大胆的"改革措施。[104] 他上任后迅速启动了美国退出一系列多边机制的程序,包括《跨太平洋伙伴关系协定》和气候变化《巴黎协定》,联合国教科文组织也是其中最有影响力的国际机制之一。2017 年 10 月 12 日,特朗普政府宣布美国退出教科文组织。妮基·黑莉声称,退出教科文组织是特朗普政府重新评估美国在包括联合国系统在内的多边机构中参与行动的一部分。国务院的政策声明阐释了美国的举动是出于"越积越多的会费欠款、该组织内部的根本性改革的需要、长久以来对以色列的偏见"[105]。根据联合国教科文组织《组织法》的规定,这项决定将于 2018 年 12 月 31 日生效。随后以色列也宣布追随美国退出该组织,美国也仍然保持了观察员国的席位。[106]时任教科文组织总干事伊莉娜·博科娃(Irina Bokova)对此表示,"这是教科文组织的损失,是对联合国大家庭的损失,也是对多边秩序的损失"[107]。

从表面上看,美国再次退出教科文组织的行动具有一定的偶然性。引发美国拒缴会费的巴勒斯坦获得成员资格问题和教科文组织秘书处对相关议题"放行"有直接的关系;而美国政府关于是否退出教科文组织的选择则和总统的政治主张密切相关。但从历史视角看,美国与教科文组织关系的再次冲突却具有必然性。巴勒斯坦会员资格问题自 1989 年起就反复在教科文组织被提出,并在教科文组织内部具有广泛的共识基础。从更广泛的教科文组织中的中东议题来看,相关议题能够追溯至 20 世纪 40 年代末,并在 20 世纪 70 年代广大发展中国家加入教科文组织后反复给美国造成政治上的"压力"。

其根本原因在于,教科文组织的决策制度和成员格局决定了美国对教科文组织议程走向的掌控能力一直未能达到美国的期待,尤其是在那些国际社会具有高度共识的问题领域,美国无法完全凭借一己之力阻却不利议题的通过。更值得关注的是,美国再次退出教科文组织的行动从声势上看是对教科文组织合法性的再次打击,以及美国霸权主义力量的再次展现,但其本质上是美国国际组织政策的再次"失败"。美国伍德罗·威尔逊国际学者中心副主任亚伦·米勒(Aaron David Miller)即批评称,这是美国政府政策严重不稳定的表现。[108]美国的退出行为不过是在自己无法阻止教科文组织作出不利于己的决议后所做出的一种无力的抗争——它既不能使美国实现其愿望,也无法让教科文组织改变其行为。

与此同时不难看到,和美国第一次退出得到了英国、新加坡等诸多国家的"跟随"不同,其再次退出仅仅得到了作为当事方的以色列的支持。作为其盟友的西方国家没有就此发表任何支持美国或批评教科文组织的言论,甚至将其当作美国对盟友的"背叛"。法国对美国的决定表示遗憾,时任法国驻联合国代表弗朗斯瓦·德拉特赫(Francois Delattre)认为,"教科文组织致力于通过教育、科学和文化事业推广我们的价值观念,但是当这些观念和价值面临挑战时,需要一个充分参与国际事务的美国,这也是为什么美国继续参与教科文组织事务对我们来说是一件非常重要的事情"[109]。这件事情的始末也在一定程度上说明一个问题:对于试图在一个国际组织内通过"施威"来达到战略目标的出资大国而言,"停缴会费""威胁退出"或许能够帮助其实现意图,但真正启动退出程序、使自己失去在场机会、对盟友弃之不顾却常常并非明智之举。

第四节　教科文组织财政危机的应对措施

美国拒缴会费以及后续的退出行为,给教科文组织带来了高达22%(即 7 500 万美元)的财政缺口。再加上以色列拒缴会费的决定,这一缺口高达近 25%。[110]这极大影响了教科文组织的绩效和行动能力。财政危机是教科文组织最先要解决的问题,由此产生了超过 30%的项目削减。[111]对此总干事博科娃承认:"教科文组织陷入了史上最糟糕的财政困境,美国拒缴会费的行为严重损害了我们的执行能力。"[112]

为应对发生于 2011 年的这次财政危机,总干事博科娃临时采取了以下措施。首先,总干事宣布重新审查 11 月和 12 月的项目活动,并宣布 2012—2013 财年的双年度预算减少 30%。其次,总干事呼吁各成员国积极向"紧急多方捐助基金"(Emergency Multi-donor Fund)自愿捐款,并呼吁所有成员国在 2012 年尽早将 2012—2013 财年的评定会费缴清。最后,博科娃还飞往华盛顿,与美国两党代表当面陈情:美国拒缴会费政策将不可避免地导致项目开支的削减,这将不符合美国的自身利益。这不仅会影响教科文组织经常预算内的项目活动,如在阿富汗和伊拉克等国家的识字项目、全世界范围内的反对否认大屠杀历史事件教育,还会影响到预算外的项目活动。

教科文组织也在思索将财政危机变"危"为"机"的方法。首先是通过"节流"的方法,在教科文组织第 36 届大会的闭幕全会上,博科娃总干事决心在秘书处内部对教科文组织的行动、工作方式和组织结构进行改革。[113] 在 2013 年 11 月第 37 届大会之前,教科文组织在 2012—2013 财年实现了将员工的差旅开支较 2010—2011 财年减少了 73％,咨询业务员的开支减少了 70％,家具和设备的开支减少了 64％,临时勤务开支降低了 44％。[114]

较为困难的是经常预算项目下的人事调整和裁撤冗员,这部分工作往往会受到来自职员、工会甚至成员国的阻力。这项工作也从 2011 年开始,教科文组织通过渐进式裁撤冗员的方式来节省人力成本,特别是在 2013 年 11 月教科文组织大会到 2014 年初的几个月时间内,总干事在高级管理团队的协助下制定了一些关于秘书处重组的提案,其中包括简化汇报线、减少主任级别及以上职位,以及废除一些专业和支持性职位。教科文组织在人事结构以及相应的资金分配上设定了参数,如项目活动与人事成本之间的比例高于 20％,总部和业务一线的资金分配比例稳定在 6∶4,支持性业务人员和专家人员的比例保持在 0.9∶1。[115]

教科文组织秘书处在裁撤冗员方面采取了温和渐进的方式,为受到裁撤冗员影响的员工提供"双方同意离职"(Mutually Agreed Separations)的安排,并提供了全职改兼职和无薪离职的选择。秘书处还根据大会确定的优先事项对员额进行了深入审查,对员额进行了调整,重新界定了能力、职级和职能所在地,并取消了空缺员额和已占用员额(Occupied Posts)。为了以透明和有效的方式解决后一个问题,设立了一个调动小组(Redeployment Group),对照新职位所需的能力标准,审查和调整被裁撤员额上的受影响工作人员。总干事责成副总干事担任小组主席,这一小组由所有助理总干事组成,人力资源管理主任(HRM)和工作人员协会主席根据既定的《工作人员细则和条例》审查工作人员概况、业绩和其他标准,并提出建议供总干事审议和决定。在第一届调动小组会议后,111 个受到影响和裁撤的职员中,93 个职员在总干事的批准之下被重新安排了新的岗位,他们的旧岗位也按照新标准重新招募新职员。[116] 在经常预算的项目之下,职员数从 2011 年的2 114 人降低到 2015 年底的 1 467 人(其中已占用员额数为 1 307)。[117]不管是裁撤冗员还是对已占用的员额进行再调整,由于充分考虑了各方利益,采取了渐进的方式,人事调整并未给秘书处带来较大的冲击。[118]

执行局也采取措施降低成本。2014 年 5 月,执行局决定停止报销驻巴黎的执行局国家代表往返其本国的旅行开支,同时还停止这些代表们的旅行和日常生活资助(7 个小岛屿国家和十个最不发达国家的代表除外)。[119]其次是通过"开源"的方法,教科文组织预算外的自愿贡献资金已经成为最重要的收入来源,2012 年自愿贡献达到 4.39 亿美元,而预期的评定会费的贡献仅仅为 3.53 亿美元;2013—2015 三年间,前者保持在超过 4 亿美元,超过后者的 3.58 亿美元。[120]实际上,由于评定会费经常出现拖欠的情况,实际缴清的会费远远少于预期的评定会费数额。例如,2012 年的 3.53 亿美元预期评定会费数额中,实际仅有2.58 亿美元是按期缴清的,这也进一步提升了自愿贡献在总的资金来源中的比重。[121]

教科文组织应对危机的方式主要是通过裁撤和调整项目和员额来实现"节流",以及通过扩大自愿贡献的来源渠道,提升自愿贡献比重来实现"开源"。但这样的"开源"方法也存在一定的问题。教科文组织资金来源中自愿贡献的比重已经超过评定会费的比重,成为最主要的资金来源,这意味着教科文组织对于自愿贡献的依赖程度更高,这部分资金主要用来弥补资金缺口和支持具体业务的执行。通常情况下,自愿贡献的资金有着被捐助方规定的特定用途,过度依赖自愿捐助资金可能会使教科文组织逐渐失去自主权(联合国系统其他机构也存在类似问题),也会模糊教科文组织确定的项目和政策重点与优先事项,长此以往可能将损害教科文组织在项目执行方面的自主性。有鉴于此,基于教科文组织随 CL/4152 号通函向会员国和准会员发出的《2018—2021 年计划与预算》调查问卷的答复形成的《总干事关于〈2018—2021 年计划与预算草案〉(39C/5)的初步建议》中,大多数答复者都赞同教科文组织应当将一般性预算拨款优先用于支持规范性工作和上游工作,以预算外筹资来补充资金缺口,为业务工作提供资金。但其中一些答复者也认为预算外业务内的重点项目安排应当完全符合《计划与预算》确定的优先事项,并且本组织的独立性应当得到捍卫,避免过度依赖预算外资金来开展业务工作,确保受益方有效参与、独立自主。[122]

2012 年联合国大会的 67/226 号决议要求各专门机构组织"结构

性融资对话"(Structured Financing Dialogue/SFD)。[123]应这一要求,教科文组织执行局在 2015 年秋季会议上决定启动教科文组织、成员国和相关合作方之间的"结构性融资对话"机制,从而使教科文组织的项目融资更可持续、预算外资金更可预见,减少预算外资金的指定性和限制性,扩大教科文组织的资方基础,让资源以更加充分和可预见的方式流动。[124]这一机制从 2016 年开始实施,以三种方式展开。其一,与成员国的年度的结构性融资对话,于每年春季的执行局会议期间召开,主要是向成员国实时跟进教科文组织项目和预算的融资前景,这一层面既涉及教科文组织的自愿贡献,又涉及非自愿贡献。其二,与成员国、非成员国和来自私人部门、市民社会等方面的合作伙伴共同召开的年度合作方论坛,聚焦联合国教科文组织作为一个整体的项目及预算的资源配置,同时进行在主要项目层面或以特定主题为重点的更具针对性的磋商。其三,去中心化兼或有主题性质的磋商,聚焦特定主题、特定区域或特定捐助方群体,后两个层面仅涉及教科文组织的自愿贡献,资助方包含成员国、非主权国家的政府、区域组织、联合国机构、国际金融机构、私人企业、慈善基金会、资金充裕的非政府组织和市民社会组织、高净值个人。[125]这一机制有助于让成员国全面了解教科文组织的财务状况,让资方更加了解教科文组织的项目活动对于实现 2030 年可持续发展议程的价值和意义,增强资方与教科文组织之间的信任,从而更有利于教科文组织获得更可持续、预期更稳定、自主裁量权更大、更好服务于教科文组织的政策和项目重点的资金支持。

注释

1. "About the U.S. and UNESCO," https://2009-2017.state.gov/p/io/unesco/usunesco/index.htm,访问时间:2022 年 11 月 21 日。

2. "United Nations: 'Palestine' Admitted as UNESCO Member State," Nov. 2011, https://www. jewishvirtuallibrary. org/quot-palestine-quot-admitted-as-unesco-member-state,访问时间:2022 年 11 月 21 日。

3. Secretary of State, "United States Participation in the United Nations-2006," https://2009-2017.state.gov/p/io/rls/rpt/c25829.htm,访问时间:2020 年 8 月 13 日。

4. 联合国教育、科学及文化组织:《拟定一份关于文化多样性的国际准则文件的可行性》,32C/52, 2003 年, https://unesdoc. unesco. org/ark:/48223/pf0000130798_chi?posInSet=1&queryId=3f585c81-6b92-4512-9e8e-08f7aeb5d2cb,访问时间:2022 年 10 月 17 日。

5. Mira Burri, "The UNESCO Convention on Cultural Diversity: An Appraisal Five Years after its Entry into Force," *International Journal of Cultural Property*, Vol.20, Nov. 2013, p.371 at note 2.

6. "Preparation of A Convention for the Protection of Indigenous and Endangered Languages," 176EX/59, 2007, https://unesdoc. unesco. org/ark:/48223/pf0000150360 _ eng?posInSet=3&-queryId=f408c8cb-4851-438d-9fd1-c5e3a525d7f4,访问时间:2022 年 10 月 14 日。

7. 即 2005 年至 2006 年间由讽刺伊斯兰教先知穆罕默德的 12 幅漫画引起的一系列新闻和政治事件。

8. Unesco, "Records of the General Conference, 32nd Session, Paris, 29 September to October 2003, V.1: Resolutions," 32C/Resolutions, 2004, p.67.

9. Ibid., p.93.

10. Secretary of State, United States Participation in the United Nations-2003, p.101, https://2009-2017.state.gov/documents/organization/38192. pdf,访问时间:2023 年 9 月 13 日。

11. Unesco, "UNESCO Declaration Concerning the Intentional Destruction of Cultural Heritage," 17 October 2003, https://www.unesco.org/en/legal-affairs/unesco-declaration-concerning-intentional-destruction-cultural-heritage,访问时间:2023 年 9 月 8 日。

12. Unesco, "Decisions Adopted by the Executive Board at its 180th Session: Paris 30 September-17 October 2008," 180 EX/DECISIONS, 2008, p.45, https://unesdoc. unesco. org/ark:/48223/pf0000177800? posInSet = 9&-queryId = 1203955e-93c0-4811-909a-3d695c653c3c,访问时间:2023 年 9 月 8 日。

13. Ibid., p.36.

14. L. C. Engel and D. Rutkowski, "UNESCO without US Funding? Implications for Education Worldwide," 2012, p.2, https://scholarworks. iu. edu/dspace/bitstream/handle/2022/23258/SP_UNESCO.pdf?sequence=1,访问时间:2022 年 10 月 17 日。

15. Unesco, "Records of the General Conference, 32nd Session, Paris, 29 September to 17 October 2003, v. 1: Resolutions," 32 C/Resolutions, 2004, p.17, https:// unesdoc.unesco. org/ark:/48223/pf0000133171? posInSet = 1&-queryId = 719da41a-1548-4e05-889d-d9854bf15139,访问时间:2023 年 9 月 8 日。

16. Unesco, "Decisions adopted by the Executive Board at its 180th Session: Paris 30 September—17 October 2008," 180 EX/DECISIONS, 2008, p.21, https://unesdoc. unesco. org/ark:/48223/pf0000177800? posInSet = 2&-queryId = ce85bae4-5bbc-44a8-ac4a-d8d5526f1c44,访问时间:2023 年 9 月 9 日。

17. 参见 International Bureau of Education, "The 48th Session of the International Conference on Education(ICE) was held at the International Conference Centre, in Geneva, from 25 to 28 November 2008 on the theme 'Inclusive Education: The Way of the Future'," https://www.ibe. unesco. org/en/international-conference-education/48th-session-2008,访问时间:2023 年 9 月 8 日。

18. Kaushik, Amit, "UNESCO Regional Conferences in Support of Global Literacy: Addressing Literacy Challenges in Europe with a Sub-regional Focus: Building Partnerships and Promoting Innovative Approaches: report of the conference," ED/UNP/UNLD/RP/08/1, 2008, https://unesdoc.unesco.org/ark:/48223/pf0000183524,访问时间: 2023 年 9 月 9 日; Unesco and India Ministry of Human Resource Development,

"UNESCO Regional Conferences in Support of Global Literacy: Addressing Literacy Challenges in South, South-West and Central Asia: Building Partnerships and Promoting Innovative Approaches, 29 and 30 November 2007, New Delhi, India; conference brochure," 2007, https://unesdoc.unesco.org/ark:/48223/pf0000157019,访问时间:2023 年 9 月 9 日;Kaushik, Amit, "UNESCO Regional Conferences in Support of Global Literacy: Regional Literacy and CONFINTEA VI Preparatory Conference for Latin America and the Caribbean: From Literacy to Lifelong Learning: Towards the Challenges of the 21st Century, 10—13 September 2008, Mexico City, Mexico; report of the conference," ED/UNP/UNLD/RP/08/4, 2009, https://unesdoc.unesco.org/ark:/48223/pf0000183527,访问时间:2023 年 9 月 9 日。

19. Unesco, "Decisions Adopted by the Executive Board at its 175th Session, Paris, 26 September—12 October 2006," 175 EX/DECISIONS+CORR, 2006, https://unesdoc.unesco.org/ark:/48223/pf0000148150?posInSet=10&queryId=0b86021d-1809-49bb-9ddf-6a74e3d6293e,访问时间:2023 年 9 月 9 日。

20. Unesco, "Revised Provisional Agenda(of the 184th Session of the Executive Board)," 184 EX/1 PROV.REV.+CORR, 2010, p.3, https://unesdoc.unesco.org/ark:/48223/pf0000187110?posInSet=4&queryId=87395cb0-3349-459f-b9ca-a0ccca930f53,访问时间:2023 年 9 月 9 日。

21. Unesco, "Records of the General Conference 32nd Session," Paris, 29 Sept. to 17 Oct. 2003, p.30.

22. Unesco, "Decisions Adopted by the Executive Board at its 177th Session," 177EX/Decisions, 2007, p.49.

23. 例如南非代表认为,教科文组织的气候行动不应当以牺牲 34 届大会的非洲优先和性别平等的政策重点为代价,美国代表认为,教科文组织在将资源分配给能源,气候变化领域之前,应当搞清楚什么是教科文组织的可行、行之有效且分内的行动领域。参见 Unesco, "Summary Records(of the 179th Session of the Executive Board, 1—17 April 2008)," 179 EX/SR.1—10 REV., 2008, https://unesdoc.unesco.org/ark:/48223/pf0000161292?posInSet=5&queryId=7278d124-4000-46c5-9de3-5ff404c2d809, pp.27, 66。

24. Unesco, "Decisions Adopted by the Executive Board at its 179th Session," 179EX/Decisions, 2008, p.15.

25. Unesco, "Decisions Adopted by the Esecutive Board at its 180th Session," 180EX/Decisions, p.15.

26. Intergovernmental Oceanographic Commission, "The UNESCO Strategy for Action on Climate Change," IOC/BRO/2009/3, August 2009, https://unesdoc.unesco.org/ark:/48223/pf0000162715?posInSet=1&queryId=3535488a-3f3e-49f9-a3ac-8b936f866466,访问时间:2022 年 10 月 16 日。

27. 详见:"Report by the Director-General on A Detailed Plan of Action for the UNESCO Strategy for Action on Climate Change," 181EX/15, 2009, https://unesdoc.unesco.org/ark:/48223/pf0000181143?posInSet=1&queryId=81fbf778-acff-4d4a-a4f9-e7059f149551,访问时间:2022 年 10 月 16 日。

28. Unesco, "Records of the General Conference, 35th Session, Paris, 6 October—23 October 2009, v.1: Resolutions," 35 C/Resolutions, 2009, p.41, https://unesdoc.unesco.org/ark:/48223/pf0000186470?posInSet=1&queryId=a4bc1bb3-3164-4f6c-aba8-2f899c94dfb0,访问时间:2023 年 9 月 9 日。

29. Unesco, "Records of the General Conference, 32nd Session, Paris, 29 September to 17 October 2003, v. 1: Resolutions," 32 C/Resolutions, 2004, p.31, https://unesdoc.unesco.org/in/documentViewer.xhtml? v = 2. 1. 196&-id = p：：usmarcdef_0000133171&-highlight = 32C%20records&-file =/in/rest/annotationSVC/DownloadWatermarkedAttachment/attach_import_4b443387-967c-4148-b730-32b2313f780e%3F_%3D133171eng.pdf&-locale=zh&-multi =true&-ark =/ark:/48223/pf0000133171/PDF/133171eng.pdf#%5B%7B%22num%22% 3A323%2C%22gen%22%3A0%7D%2C%7B%22name%22%3A%22XYZ%22%7D% 2C57%2C551%2Cnull%5D,访问时间:2023 年 9 月 9 日。

30. Unesco, "Decisions Adopted by the Executive Board at its 170th Session, Paris, 28 September—14 October 2004," 170 EX/Decisions, 2004, p. 10, https://unesdoc. unesco. org/ark:/48223/pf0000137349? posInSet = 3&-queryId = 2739551d-6166-4bbe-bebb-ea40f84db705,访问时间:2023 年 9 月 11 日。

31. Henk A. M. J. ten Have and Michèle S. Jean, eds., *The Unesco Universal Declaration on Bioethics and Human Rights: Background, Principles and Application*, Paris: Unesco Publishing, 2009, p.34.

32. 联合国教科文组织:《世界生物伦理与人权宣言(序言)》,2006 年,第 1 页, https:// unesdoc. unesco. org/ark:/48223/pf0000146180_chi,访问时间:2023 年 9 月 11 日。

33. Summary Records of the 172nd Session of the Executive Board, April 16—27, 2007, 172EX/SR., p.85, https://unesdoc.unesco.org/ark:/48223/pf0000143230?posInSet= 1&-queryId = c0565d74-cd88-4050-bc13-567bf5699cb7,访问时间:2022 年 10 月 16 日。

34. 即国际组织的秘书处将业务扩展至新的政策领域的现象,但并不代表着国际组织的任务和宗旨的变化,参见 Annabelle Littoz-Monnet, "Expert Knowledge as a Strategic Resource: International Bureaucrats and the Shaping of Bioethical Standards," *International Studies Quarterly*, No.61, p.584, at note 3。

35. Summary Records of the 172nd Session of the Executive Board, April 16—27, 2007, 172EX/SR., p.85, https://unesdoc.unesco.org/ark:/48223/pf0000143230?posInSet= 1&-queryId = c0565d74-cd88-4050-bc13-567bf5699cb7,访问时间:2023 年 9 月 12 日。

36. J. P. Singh, A 21st-Century UNESCO: Ideals and Politics in an Era of(Interrupted) US Re-engagement, No. 23, November 2014, https://futureun.org/media/archive1/briefings/FUNDS_Briefing23_UNESCO_Singh.pdf,访问时间:2020 年 8 月 26 日。

37. "Desirability of Drawing up an International Standard Setting Instrument on Cultural Diversity," UNESCO document 32C/52, 18 July, 2003, https://unesdoc.unesco.org/ark:/48223/pf0000130798?posInSet=1&-queryId=6deaa9d6-2270-4fa4-bdec-f2dccb90eefc.

38. Cathy Pryor, "UN Signs on Diversity," *The Australian*, 20 Oct. 2003, p.9.

39. Stephen Azzi, "Negotiating Cultural Space in the Global Economy: The United States, UNESCO, and the Convention on Cultural Diversity," *International Journal*, Vol.60, No.3, p.777.

40. Secretary of State, "United States Participation in the United Nations-2003," https://2009-2017.state.gov/documents/organization/38192.pdf,访问时间:2023 年 9 月 13 日。

41. Ibid.

42. Stephen Azzi, "Negotiating Cultural Space in the Global Economy: The United

States，UNESCO，and the Convention on Cultural Diversity，" *International Journal*，Vol.60，No.3，p.777；Unesco，"Draft Resolution Submitted by United States of America：Desirability of Drawing up an International Standard-setting Instrument on Cultural Diversity，" 32 C/COM.IV/DR.5，2003，https：//unesdoc.unesco.org/ark：/48223/pf0000132045，2023-9-13；Unesco，"Report of Commission IV，" 32 C/74，2003，https：//unesdoc.unesco.org/ark：/48223/pf0000132141，访问时间：2023 年 9 月 13 日。

43.《拟定一份关于文化多样性的国际准则性文件的可行性》，32C/52，2003 年 7 月 18 日，https：//unesdoc.unesco.org/ark：/48223/pf0000130798＿chi？posInSet＝1&queryId＝31dc6545-67ed-43cc-9dca-9f4a8a13942c，访问时间：2022 年 10 月 18 日。

44.《执行局第一百七十二届会议通过的决定》，172EX/Decisions，2005 年 9 月 13 日至 29 日，第 55 页，https：//unesdoc.unesco.org/in/documentViewer.xhtml？v＝2.1.196&id＝p：：usmarcdef＿0000142311＿chi&file＝/in/rest/annotationSVC/DownloadWatermarkedAttachment/attach＿import＿a9b5e3a3-b97b-479d-8f0f-7370ead538e9％3F＿%3D142311chi.pdf&locale＝zh&multi＝true&ark＝/ark：/48223/pf0000142311＿chi/PDF/142311chi.pdf♯%5B%7B%22num%22%3A257%2C%22gen%22%3A0%7D%2C%7B%22name%22%3A%22XYZ%22%7D%2C57%2C505%2Cnull%5D，访问时间：2022 年 10 月 17 日。

45. "Summary Records of the 172nd Session of the Executive Board，" April 16—27，2007，172EX/SR.，p.85，https：//unesdoc.unesco.org/ark：/48223/pf0000143230？posInSet＝1&queryId＝c0565d74-cd88-4050-bc13-567bf5699cb7，访问时间：2022 年 10 月 16 日。

46. J. P. Singh：*United Nations Educational，Scientific and Cultural Organization (UNESCO)：Creating Norms for a Complex World*，London：Routledge，2011，p.106.

47. "Summary Records of the 176th Session of the Executive Board，" 176EX/SR.，April 16—27，2007，p.186，https：//unesdoc.unesco.org/ark：/48223/pf0000151992？posInSet＝1&queryId＝58601759-4a71-4a8e-8aa6-3075766c54d9，访问时间：2022 年 10 月 16 日。

48. "Records of the General Conference，32nd Sessions：Proceedings，" Vol.2，p.30.

49. Ibid.，p.28.

50. 联合国教育、科学及文化组织：《联合国教育、科学及文化组织执行局第一七五届会议通过的决定》，175EX/Decisions，2006 年 11 月 13 日，https：//unesdoc.unesco.org/in/documentViewer.xhtml？v＝2.1.196&id＝p：：usmarcdef＿0000148150＿chi&file＝/in/rest/annotationSVC/DownloadWatermarkedAttachment/attach＿import＿2e73ecf8-39ca-4108-acd8-74c12cbad12a％3F＿%3D148150chi.pdf&locale＝zh&multi＝true&ark＝/ark：/48223/pf0000148150＿chi/PDF/148150chi.pdf♯%5B%7B%22num%22%3A682%2C%22gen%22%3A0%7D%2C%7B%22name%22%3A%22XYZ%22%7D%2C57%2C231%2Cnull%5D，访问时间：2020 年 8 月 18 日。

51. "Summary Records of the 175th Session of the Executive Board，" 175EX/SR.1—14，2—13 October 2006，p.276，https：//unesdoc.unesco.org/ark：/48223/pf0000149400？posInSet＝1&queryId＝f66a4508-767c-4e2c-9e55-6668354cf27d，访问时间：2020 年 8 月 18 日。

52. "Summary Records of the 175th Session of the Executive Board，" 2—13 October 2006，175EX/SR.1—14，https：//unesdoc.unesco.org/ark：/48223/pf0000149400？posInSet＝1&queryId＝f66a4508-767c-4e2c-9e55-6668354cf27d，访问时间：2020 年 8 月 18 日。

53. "Summary Records of the 176th Session of the Executive Board，" April 16—27，

2007，176EX/SR.，p.186，https://unesdoc.unesco.org/ark:/48223/pf0000151992?pos-InSet＝1&queryId＝58601759-4a71-4a8e-8aa6-3075766c54d9，访问时间：2022 年 10 月 16 日。

54. "Summary Records of the 176th Session of the Executive Board," April 16—27，2007，176EX/SR.，p.186，https://unesdoc.unesco.org/ark:/48223/pf0000151992?pos-InSet＝1&queryId＝58601759-4a71-4a8e-8aa6-3075766c54d9，访问时间：2023 年 9 月 14 日。

55. "Records of the General Conference, 34th Sessions：Proceedings," Vol.2，p.32.

56. 议程第 9 项是耶路撒冷和大会决议 34C/47 和执行局第 177 届会议第 19、20 决定的实施情况（Jérusalem et la mise en œuvre de la resolution 34C/47, et des decisions 177EX/19 et 177 EX/20），参见 Unesco, "Summary Records(of the 179th Session of the Executive Board, 1—17 April 2008)," 179 EX/SR.1—10 REV, 2008, p.vii, https://unesdoc.unesco.org/ark:/48223/pf0000161292?posInSet＝1&queryId＝N-EXPLORE-6abfc883-0c6b-4ef1-8b56-89db034c3c86,1 访问时间：2023 年 9 月 14 日。

57. "Summary Records of the 179th Session of the Executive Board," 1—17 April 2008，179EX/SR.1—10，https://unesdoc.unesco.org/ark:/48223/pf0000161292?pos-InSet＝4&queryId＝da8de33c-008d-491a-b3c2-a44eabb857e7，访问时间：2020 年 8 月 20 日。

58. "Summary Records of the 181st Session of the Executive Board," 1—31 October 2007，181EX/SR.1—13，p.3.

59. "Records of the General Conference, 35th Sessions：Proceedings," Vol.2，p.23.

60. "Summary Records of the 177th Session of the Executive Board," 177EX/SR.1—11，1—31 October 2007，https://unesdoc.unesco.org/ark:/48223/pf0000157623?posInSet＝6&queryId＝75920e0c-bf80-4700-a7fe-8f0178ac4795，访问时间：2020 年 8 月 20 日。

61. "Summary Records of the 181st Session of the Executive Board," 181EX/SR.1—13，1—31 October 2007，pp.130—131.

62. Secretary of State, "United States Participation in the United Nations-2004," p.98，https://2009-2017.state.gov/documents/organization/54456，访问时间：2023 年 9 月 6 日。

63. "Summary Records of the 174th Session of the Executive Board," 3—13 April 2006，https://unesdoc.unesco.org/ark:/48223/pf0000146456?posInSet＝1&queryId＝d93efd60-cf52-4913-8d54-5b0719b878f1，访问时间：2020 年 8 月 18 日。

64. "Summary Records of the 174th Session of the Executive Board," 3—13 April 2006，https://unesdoc.unesco.org/ark:/48223/pf0000146456?posInSet＝1&queryId＝d93efd60-cf52-4913-8d54-5b0719b878f1，访问时间：2023 年 9 月 6 日。

65. "Summary Records of the 176th Session of the Executive Board," 176EX/SR.，April 16—27，2007，p.97，https://unesdoc.unesco.org/ark:/48223/pf0000151992?pos-InSet＝1&queryId＝58601759-4a71-4a8e-8aa6-3075766c54d9，访问时间：2022 年 10 月 16 日。

66. 二者都是计划与安排性质的文件，只是 34C/4 的时间跨度较长，带有中长期战略规划的特征，不仅阐述了教科文组织面临的全球性挑战和机遇，还规定了未来六年内教科文组织的总体目标和总体目标之下的战略性计划目标。而 34C/5 则是双年度的短期工作计划和项目安排，根据 34C/4 的战略安排，对教科文组织的各功能领域的工作进行具体的安排。参见联合国教科文组织：《2008—2013 年中期战略》，34C/4，2007 年版，

https://unesdoc. unesco. org/ark:/48223/pf0000149999 _ chi? posInSet ＝ 1&.queryId ＝ 3b44749f-4ecb-43a3-aded-4c96434db88b,访问时间:2023 年 9 月 5 日;联合国教科文组织:《2008—2009 年计划与预算草案》,34 C/5 DRAFT 2nd version,2007 年版,https://unesdoc.unesco. org/ark:/48223/pf0000150144 _ chi? posInSet ＝ 1&.queryId ＝ 9b33a5df-fe04-43b9-a684-3075ffa6c251,访问时间:2023 年 9 月 5 日。

67. "Summary Records of the 177th Session of the Executive Board," 177EX/SR. 1—11, 1—31 October 2007, https://unesdoc. unesco. org/ark:/48223/pf0000157623? posInSet＝6&.queryId＝75920e0c-bf80-4700-a7fe-8f0178ac4795,访问时间:2020 年 8 月 20 日。

68. "Summary Records of the 181th Session of the Executive Board," 181EX/SR., April 14—30, 2009, p.87, https://unesdoc. unesco. org/ark:/48223/pf000018266,访问时间:2022 年 10 月 16 日。

69. "Summary Records of the 175th Session of the Executive Board," 181EX/SR., Oct. 2—13, 2006, p.191.

70. Secretary of State, "United States Participation in the United Nations-2005," https://2009-2017.state.gov/documents/organization/74055.pdf,访问时间:2020 年 8 月 18 日。

71. 参见 "World Conference on Higher Education 2009, Final Report," Annex I: Conference Communiqué, p.47; Alma Maldonado-Maldonado and Antoni Verger, "Politics, UNESCO and Higher Education: A Case Study," *International Higher Education*, Vol.58, 2010, pp.8—9。

72. Alma Maldonado-Maldonado and Antoni Verger, "Politics, UNESCO and Higher Education: A Case Study," *International Higher Education*, Vol.58, 2010, p.9.

73. 参见 O. Carter Snead, "Bioethics and Self-Governance: The Lessons of the Universal Declaration on Bioethics and Human Rights," *Journal of Medicine and Philosophy*, Vol.34, No.3, 2009, pp.207—218。

74. O. Carter Snead, "Bioethics and Self-Governance: The Lessons of the Universal Declaration on Bioethics and Human Rights," *Journal of Medicine and Philosophy*, Vol.34, No.3, 2009, p.207.

75. "Summary Records of the 172nd Session of the Executive Board," 172EX/SR., April 16—27, 2007, p.85, https://unesdoc. unesco. org/ark:/48223/pf0000143230?posInSet＝1&.queryId＝c0565d74-cd88-4050-bc13-567bf5699cb7,访问时间:2022 年 10 月 18 日。

76. Klaus Hüfner, "The Financial Crisis of UNESCO after 2011: Political Reactions and Organizational Consequences," *Global Policy*, Vol.8, Supplemet 5, 2017, p.97.

77. Blanchfield Luisa and Marjorie Ann Browne, *The United Nations Educational, Scientific, and Cultural Organization* (*UNESCO*), Washington, DC: Congressional Research Service, March 18, 2013, p.6.

78. "Summary Records of the 187th Session of the Executive Board," 187EX/SR. 1—8, 21 September-6 October 2011, https://unesdoc. unesco. org/ark:/48223/pf0000-216469?posInSet＝7&.queryId＝a2abcfe3-5b56-4412-a12b-bf931478255a,访问时间:2020 年 8 月 27 日。

79. Larry D. Johnson, "Palestine's Admission to UNESCO: Consequence within the United Nations?" *Denver Journal of Inernational Law and Policy*, Vol.40, No.1—3, 2011, p.118.

80. John Cerone，"Introductory Note to the Admission of Palestine to Unesco and Related Documents，" *International Legal Materials*，Vol.51，No.3，2012，p.606。

81. "How Unesco Countries Voted on Palestinian Membership，" *The Guardian*，Nov. 1，2011，https：//www. theguardian. com/world/2011/nov/01/unesco-countries-vote-palestinian-membership，访问时间：2023 年 9 月 5 日。

82. Luisa Blanchfield and Marjories Ann Browne，CRS report：The United Nations Educational，Scientific，and Cultural Organization(UNESCO)，https：//fas.org/sgp/crs/row/R42999.pdf，访问时间：2020 年 8 月 27 日；非联合国会员的国家如何成为观察员国，这在联合国宪章和联合国大会的议事规则中没有体现，根据 2008 年的《联合国司法年鉴》(*United Nations Juridical Yearbook*)所载，1994 年 12 月 19 日的联大 49/426 决议，观察员应当限制在与大会所涉事务相关的国家和政府间国际组织，在联合国大会第 54/195 号决议的第 2 段中，规定大会第六委员会在将观察员地位的申请提交全会审议之前，会先考虑所有的申请，目前，联合国的非会员观察员国有巴勒斯坦和梵蒂冈教皇国。将"观察员实体"升格为"非会员观察员国"象征意义大于其实际意义，巴勒斯坦在升格为非会员观察员国之后仍无法在联大投票或发起投票请求，但能够参与联大辩论，也能够就巴勒斯坦和中东问题的事项与其他国家联合提出决议草案。参见 United Nations，*United Nations Judical Yearbook 2008*，New York：United Nations，pp.439—440，https：//ask.un.org/loader?fid＝12419&-type＝1&-key＝116889c457de85b5d423fb43d2de3487，访问时间：2023 年 9 月 6 日；"Non-Member States Having Received A Standing Invitation to Participate as Observers in the Sessions and the Work of the General Assembly and Maintaining Permanent Observer Missions at Headquarters，" https：//www.un.org/en/about-us/non-member-states，访问时间：2023 年 9 月 7 日；Jim Zanotti，"The Paletinians：Background and U.S. Relations，" *Congressional Research Service Report*，March 18，2021，p.40，at note 155。

83. Riley Schenck，"U.S. Repeal of UNESCO Funding Misses Big Picture，" *Daily Nexus*，November 7，2011，https：//dailynexus.com/2011-11-07/repeal-unesco-funding-misses-big-picture/，访问时间：2023 年 9 月 6 日。

84. Jennifer Rubin，"UNESCO and the failure of U.S. Diplomacy，" *The Washington Post*，Nov. 1，2011，https：//www. washingtonpost. com/blogs/right-turn/post/unesco-and-the-failure-of-us-diplomacy/2011/10/31/gIQA8awwaM_story. html，访问时间：2022 年 11 月 21 日。

85. Foreign Relations Authorization Act，Fiscal Years 1990 and 1991，§ 414，Pub. L. No.101—246，104 Stat. 70(1990).

86. Foreign Relations Authorization Act，Fiscal Years 1994 and 1995，§ 410，Pub. L. No.103—236，108 Stat. 454(1994).

87. "Multilateralism at Any Cost? The Obama Administration and UNESCO，" *American Action Forum*，March 16，2012，https：//www. americanactionforum. org/insight/multilateralism-at-any-cost-the-obama-administration-and-unesco/，访问时间：2022 年 11 月 21 日。

88. 联合国教科文组织章程第四条规定，如果会费总额超过成员国当年和前一日历年应缴会费总额，成员国在大会无表决权。

89. Luisa Blanchfield and Marjories Ann Browne，"CRS report：The United Nations Educational，Scientific，and Cultural Organization（UNESCO），" March 18，2013，https：//fas.org/sgp/crs/row/R42999.pdf，访问时间：2020 年 8 月 27 日。

90. Department of State，"Congressional Budget Justification，Department of State，Foreign Operations and Related Programs，" Fiscal Year 2015，pp. 44，177，https：//

2009-2017.state.gov/documents/organization/222898.pdf,访问时间:2023 年 9 月 7 日。

91. "Rubio, Kirk Lead Successful Effort to Stop U. S. Funding for Anti-israel UNESCO," Dec. 17, 2015, https://www. rubio. senate. gov/es/rubio-kirk-success-ful-effort-to-stop-u-s-funding-for-anti-israel-unesco/,访问时间:2023 年 9 月 15 日;United States Senate Committee on Appropriations, "Summary: Consolidated Appropriations Act of 2016," Dec. 16, 2015, p.105, https://www.appropriations.senate.gov/news/mi-nority/summary-consolidated-appropriations-act-of-2016,访问时间:2023 年 9 月 16 日。

92. 数据来源:Congressional Research Service, "The United Nations Educational, Scientific, and Cultural Organization(UNESCO)," 23 Jan. 2014, https://www. every-crsreport.com/reports/R42999.html♯_Ref376858016,访问时间:2020 年 8 月 28 日。

93. 参见"U.S. to Retain Leadership Role at UN Cultural Agency," *USA Today*, Nov. 9, 2015, https://www. usatoday. com/story/news/nation/2015/11/09/us-unesco-executive-board/75441252/,访问时间:2023 年 9 月 15 日。

94. UNESCO World Heritage Center, "Church of the Nativity, Bethlehem(Pales-tine), No.1433," https://whc. unesco. org/document/152667,访问时间:2024 年 3 月 14 日。

95. Luisa Blanchfield and Marjories Ann Browne, "CRS report: The United Nations Educational, Scientific, and Cultural Organization (UNESCO)," March 18, 2013, https://fas.org/sgp/crs/row/R42999.pdf,访问时间:2020 年 8 月 28 日。

96. Ibid.

97. Ibid.

98. Tara John, "Why the United States Is Saying Goodbye to Unesco?" *TIME Magazine*, Oct. 12, 2017, https://time.com/4979481/unesco-us-leaving/,访问时间: 2023 年 9 月 19 日。

99. Ramona Wadi, "America's Return to UNESCO will Work in Israel's Favor," *Middle East Monitor*, Feb. 16, 2022, https://www.middleeastmonitor.com/20220215-americas-return-to-unesco-will-work-in-israels-favour/,访问时间:2023 年 10 月 13 日。

100. CRS report, "U.S. Withdrawal from the United Nations Educational, Scientific and Cultural Organization(UNESCO)," https://www. everycrsreport. com/files/2017-1017_IN10802_711532c7ebd14a915aaa2f8de729fcd8f7b22873.pdf,访问时间:2020 年 8 月 28 日。

101. 参见 U.S. Mission Israel, "Press Release: Ambassador Haley on the United States' Withdrawal from UNESCO," 12 October, 2017, https://il. usembassy. gov/press-release-ambassador-haley-united-states-withdrawal-unesco/,访问时间:2023 年 9 月 16 日。

102. Unesco, "Response of Unesco to the Situation in the Syrian Arab Republic," 189EX/24, 2012, pp.1—2.

103. Luisa Blanchfield and Marjories Ann Browne, *The United Nations Educational, Scientific, and Cultural Organization*(UNESCO), *Congressional Research Service*, March 18, 2013, https://fas. org/sgp/crs/row/R42999. pdf; Irish John, "UNESCO to rebuke Syria but keep it in rights committee," *Reuters*, March 8, 2012, https://www.reuters. com/article/us-syria-UNESCO/UNESCO-to-rebuke-syria-but-keep-it-in-rights-committee-idUSTRE8261NL20120307,访问时间:2020 年 8 月 28 日;CRS report, U.S. Withdrawal from the United Nations Educational, Scientific and Cultural Organization(UNESCO), https://www. everycrsreport. com/files/20171017 _ IN10802 _ 711532c7ebd14a915aaa2f-

8de729fcd8f7b22873.pdf,访问时间:2020 年 8 月 28 日。

104. The White House Office of the Press Secretary, "Remarks by President Trump at the Reforming the United Nations: Management, Security, and Development Meeting," Sept. 18, 2017, https://it. usembassy. gov/remarks-president-trump-reforming-united-nations-management-security-development-meeting/,访问时间:2023 年 9 月 19 日。

105. 到 2018 年美国退出之时,美国的教科文组织会费欠款超过 6 亿美元,参见 Eli Rosenberg and Carol Morello, "U.S. Withdraws from Unesco, the UN's Cultural Organization, Citing Anti-Israel Bias," *The Washington Post*, October 12, 2017, https:// www. washingtonpost. com/news/post-nation/wp/2017/10/12/u-s-withdraws-from-unesco-the-u-n-s-cultural-organization-citing-anti-israel-bias/, 2023-9-19; Congressional Research Service, "U.S. Withdrawal from the United Nations Educational, Scientific and Cultural Organization(UNESCO)," Oct. 17, 2017, https://www. everycrsreport. com/reports/ IN10802.html,访问时间:2023 年 9 月 19 日。

106. Column Lynch, "U.S. to Pull Out of Unesco, Again," *Foreign Policy*, Oct. 11, 2017, https://foreignpolicy.com/2017/10/11/u-s-to-pull-out-of-unesco-again/,访问时间:2023 年 9 月 19 日。

107. Tara John, "Why the United States Is Saying Goodbye to Unesco?" *TIME Magazine*, Oct. 12, 2017, https://time. com/4979481/unesco-us-leaving/,访问时间: 2023 年 9 月 19 日。

108.《美国宣布退出联合国教科文组织》,《人民日报》2017 年 10 月 13 日 21 版, http://world. people. com. cn/GB/n1/2017/1013/c1002-29584407. html,访问时间:2023 年 9 月 19 日。

109. Pamela Falk, "Unesco U.S. Withdrawal: Citing anti-Israel bias, Trump Administration Leaves Agency," *CBS News*, Oct. 12, 2017, https://www.cbsnews.com/ news/unesco-us-withdrawal-anti-israel-bias-trump-administration/,访问时间:2023 年 9 月 19 日。

110. 以色列在 2012—2013 财年的教科文组织会费分摊比例为 0.384%,参见 Unesco, "Scales of Assessments and Currency of Member States' Contributions for 2012—2013," 36C/34, 2011, p.3, https://unesdoc. unesco. org/ark:/48223/pf0000210828?posInSet= 2&queryId=40249962-fb0d-42a3-8ad8-0026cf7ee63b,访问时间:2023 年 10 月 1 日。

111. Klaus Hüfner, "The Financial Crisis of UNESCO after 2011: Political Reactions and Organizational Consequences," *Global Policy*, Vol. 8, Supplemet 5, 2017, p.100.

112. John Irish, "UNESCO Chief says U.S. Funding Cuts 'Crippling' Organization," *Reuters*, Oct. 11, 2012, https://www. reuters. com/article/us-unesco-funding-idUSBRE89A0Q620121011,访问时间:2023 年 10 月 1 日。

113. Unesco Press, "Unesco Director-General Launches Emergency Fund at Close of General Conference," *UNESCO Press Release No.2011-147*, Nov.10, 2011, https:// unesco. mfa. lt/unesco/en/news/unesco-director-general-launches-emergency-fund-at-close-of-general-conference,访问时间:2023 年 9 月 27 日。

114. Klaus Hüfner, "The Financial Crisis of UNESCO after 2011: Political Reactions and Organizational Consequences," *Global Policy*, Vol. 8, Supplemet 5, 2017, pp.97—98.

115. Unesco, "Unesco staff redeployment in support of Reform," 5 June, 2014, https://www. unesco. org/en/articles/unesco-staff-redeployment-support-reform,访问时

间：2023 年 9 月 30 日。

116. Ibid.

117. Klaus Hüfner，"The Financial Crisis of UNESCO after 2011：Political Reactions and Organizational Consequences，" *Global Policy*，Vol. 8，Supplemet 5，2017，p.100.

118. Ibid.

119. Unesco Executive Board，"Decisions adopted by the Executive Board at its 194th Session，" 2014，*194 EX/DECISIONS + CORR*，pp.4—5，https://unesdoc. unesco. org/ark:/48223/pf0000227488? posInSet = 1&queryId = b0915063-e191-4bd6-8411-8426555d7d53，访问时间：2023 年 9 月 28 日。

120. Unesco，*Unesco 2015*，Paris：United Nations Educational Scientific and Cultural Organization，2016，p.160，https://unesdoc. unesco. org/ark:/48223/pf0000244834，访问时间：2023 年 9 月 28 日。

121. Klaus Hüfner，"The Financial Crisis of UNESCO after 2011：Political Reactions and Organizational Consequences，" *Global Policy*，Vol. 8，Supplemet 5，2017，p.98.

122. 联合国教科文组织执行局第二〇〇届会议：《总干事关于〈2018—2021 年计划与预算草案〉（39C/5）的初步建议》，巴黎：联合国教育科学和文化组织，2016 年 9 月 5 日，第 9 页，https://unesdoc.unesco. org/ark:/48223/pf0000245610_chi?posInSet＝1&queryId ＝152bf0bd-8161-4f38-a632-b6bf4c1270f7。

123. 事实上，近十多年来，联合国的发展体系（United Nations Development System）在融资问题上面临着相似的处境，主要是：（1）经常预算/核心预算增长停滞或缓慢，对经常预算外的资源的依赖程度日益加深；（2）资金来源日益"双边化"，严重依赖少数资方；（3）预算外资金很大一部分有指定用途（earmarked），这使得资金使用缺乏灵活性，正是在这样的背景下，联合国大会通过决议要求各专门机构开展"结构性融资对话"。以上参见 Unesco IOS Evaluation Office，"Unesco Evaluation Insights，25：Review of the Frequency and Modalities of the Unesco Structured Financing Dialogue（SFD），" October，2019，p.1，https://unesdoc. unesco. org/ark:/48223/pf0000371170?posInSet＝4&queryId＝a6bab0ae-dbd0-47bc-89ab-e62984a0c15e，访问时间：2023 年 10 月 2 日；Unesco Executive Board，"Draft Programme and Budget for 2018—2021（39C/5）Explanatory Note on Integrated Budget Framework and Structured Financing Dialogue，" 201 EX/15. INF. 3，28 April 2017，p.1。

124. Unesco Executive Board，"Follow-up to Decisions and Resolutions Adopted by the Executive Board and the General Conference at Their Previous Sessions，Part III：Management Issues，" 202 EX/5 Part III（C），Sept. 1，2017，https://unesdoc. unesco. org/ark:/48223/pf0000252788，访问时间：2023 年 10 月 1 日。

125. Unesco Internal Oversight Service Evaluation Office，"Review of the Frequency and Modalities of the Unesco Structured Financing Dialogue，" *IOS/EVS/PI/180*，Sept. 2019，pp.9,12.

第八章

美国第二次重返联合国教科文组织

2021 年民主党人约瑟夫·拜登(Joseph R. Biden, Jr.)击败特朗普成为新一任美国总统后,即开始了重返教科文组织的努力,但直到 2022 年 12 月才说服国会通过两党都表示支持的财政拨款法案。其中包含一项"豁免法案",授权美国政府与教科文组织重新接触以"对抗中国的影响力",这为美国重返教科文组织扫清了障碍。[1]2023 年 7 月 10 日,美国正式接受教科文组织的组织法文件,并于 7 月 11 日开始恢复会员国资格,成为教科文组织第 194 个成员国。[2]美国从教科文组织观察员国到正式会员的身份转变既有从特朗普政府外交政策的单边主义到拜登政府外交政策的多边主义转向的国内政党政治因素,也有美国对中国在教科文组织影响力的提升不断担忧和猜忌的国际关系因素。如果说美国第一次重返教科文组织的直接动因在于利用教科文组织的平台打击恐怖主义——这整体上符合教科文组织的宗旨,那么第二次重返的主要动机则根本上偏离了多边主义的基本精神。

第一节 新任总干事的教科文组织战略转型与评估

在美国于 2017 年 10 月宣布退出教科文组织后,法国前文化和通信部长奥德蕾·阿祖莱(Audrey Azoulay)于 2017 年 10 月 13 日被执行局会议选举为候任总干事人选,并于 11 月 10 日被大会正式任命为教科文组织总干事。[3]她上任后便开始在教科文组织内推动战略转型。2018 年的 4 月 9 日的执行局会议上,阿祖莱展示了她对教科文组织战略转型的愿景:"我们需要掌握主动权来启动转型,通过战略选择来确保教科文组织能更好支持国际社会实现 2030 年的可持续发展目标。"[4]

战略转型的代表性措施是于 2018 年 10 月成立了行政与管理部（Sector for Administration and Management）。该部门成立之后首先强化了教科文组织的管理文化，调整了教科文组织的结构，在秘书处行政层面把外联部门改为非洲优先与外联部门，突出对组织外的联络。而外联部门原来肩负的一些行政附属职责，比如安全、信息技术划归了新的行政管理部门。这使人力资源管理、财务、安全、信息技术和后勤支持等支持服务得到更好的整合，从而提高效率，同时也实现更高的透明度。为了提升教科文组织在其业务领域内的工作成效，该部门还采取了三项措施：建立新的公共传播战略；建立新的综合伙伴关系战略；建立地方网络的可持续性战略。此外，该部门还落实了许多倡议和政策，特别是在人力资源管理方面为职员赋能。2020 年 1 月新的政策生效之后，职员的绩效表现有了显著提升。该部门同时还为高级职员提供领导力培训，并通过招聘方面的改革来增强联合国教科文组织对专家人才的吸引能力。其他关键行动还包括加强联合国教科文组织的环境管理，以及采取具体措施加强组织内的横向合作和协同作用。

教科文组织在推进改革的过程中，注重加强和成员国的协调合作。首先，在拟写 2022—2029 年中期战略和 2022—2025 年的三年期计划和预算方案的草案过程中，总干事注重考虑各利益相关方的意见，展现出教科文组织致力于在其业务范围内提供最综合和有影响力的解决方案的决心。在这样的努力下，这两份草案充分体现出横向和跨学科的交叉方法，草案也充分聚焦优先的战略目标并充分整合了全球性事务中的优先事项。其次，在推进战略转型的过程中，从 2019 年中开始，教科文组织与成员国展开一系列对话，随后各成员国的全国委员会也加入其中，成为教科文组织的咨询方，这样的互动贯穿整个 2020 年。

除此之外，教科文组织还注重知识分子个体和青年的参与。新兴的全球趋势和挑战有可能对教科文组织的各领域事务带来冲击和影响，为此，教科文组织邀请独立且具有社会影响力的个人参与"高级别反思小组"（High-Level Reflection Group）。这是一个由 12 位科学家、历史学家、作家、哲学家、学者组成的外部独立团体，他们对全球发展进行反思，并将他们的反思提供给总干事，以丰富和补充教科文组织的 2022—2029 年中期战略。[5] 2020 年，在这一机制下，教科文组织举办了多次线上会议和一系列访谈活动。在新冠肺炎疫情带来的全球性危机的境况之下,团体成员主要关注通过新兴的科技手段实现包容性的教育、应对气候变化、反对各种形式的种族主义和种族歧视以及建立开放平和的社会。[6]在青年层面,教科文组织主要通过调查报告的方式,调查青年一代对于未来十年的影响社会和平的威胁因素的看法。在收到15 000 份(其中 57%是 35 岁以下,35%是 25 岁以下)回复之后,教科文组织形成了调查报告《2030 年的世界》(*The World in 2030*),这一报告也为总干事拟定中期战略提供参考,在其中青年人是最主要的参与群体。[7]

战略转型的效果是显著的。独立的第三方评估机构多边组织绩效评估网络(Multilateral Organization Performance Assessment Network/MOPAN)[8]在 2019 年 4 月发布了对教科文组织的首份评估报告。这份报告覆盖 2016 年至 2018 年中,评价维度包括:战略管理、业务管理、关系管理和绩效管理四个维度。教科文组织在大多数评价指标项下获得了"非常满意"或者"满意"的结果,在推进 SDGs 的实现、知识创造和实践引领、解决性别平等、推进良政善治、环境可持续以及人权、以结果为导向的管理和预算编排等方面具有优势。报告认为:"教科文组织有着清晰的战略愿景,与包括 2030 年可持续发展议程和巴黎气候变化协定等国际倡议相一致;尽管遭遇困难阻碍,教科文组织仍然能够坚定推进其规范工作并为其业务和项目筹措额外的资金,并能够坚守其初心,完成其使命任务;对其外部的合作方进行调查后发现,这些利益攸关方赞赏教科文组织在交叉领域,特别是性别平等这一交叉领域中的努力;教科文组织聚多方之智,为可持续发展目标项下的全球问题的解决提供解决方案,具备影响各国政府的政策过程的强大权威;在实现结果为导向的管理和提供高质量的服务方面取得了突出的进步,特别是在内部的审查监督方面。"报告也指出了教科文组织在项目安排的优先化、解决低效问题等方面仍存在的不足之处。[9]

第二节　教科文组织引领人工智能国际规范建立和在教育中的应用

人工智能(Artificial Intelligence)技术的兴起和应用迅速改变着人

类生产生活方式,在引发新一轮生产方式变革的同时,也带来了诸如数据使用的规范、隐私保护、人工智能替代劳动力引发的失业等新的社会问题。有鉴于此,教科文组织从 2018 年开始参与并主导人工智能的国际规范的制定过程。总干事阿祖莱认为:"我们必须保证,人工智能的发展是有利于而不是有害于我们的,我们需要一个坚实的伦理基础,确保人工智能技术是服务公共利益的。"[10] 教科文组织在这一问题上的立场是:致力于引领全球舆论的风向,推动道德和以人为本的人工智能发展,教育并为当前和未来一代人提供必要的手段来合理利用人工智能,确保人工智能以所有人的福利为导向,基于人权来运作。[11]

在新技术领域领导建立国际伦理规范方面,教科文组织拥有全球准则制定工作的长期经验,也在《2014—2021 年中期战略》(37C/4)中将制定准则和标准确定为组织的重要职能。[12] 20 世纪末,21 世纪初克隆和胚胎干细胞技术蓬勃发展之时,教科文组织就先后主导了 1997 年《世界人类基因组与人权宣言》(*Universal Declaration on the Human Genome and Human Rights*)以及 2005 年《生物伦理与人权宣言》的调研、起草、修订、审议、通过,以及生效之后的履约等工作。教科文组织还建立了相关的机制,如国际生物伦理委员会(International Bioethics Committee)、政府间生物伦理委员会(Intergovernmental Bioethics Committee)、科学知识与技术伦理世界委员会(Unesco's World Commission on the Ethics of Scientific Knowledge and Technology/COMEST)。教科文组织在发挥其引领和创造新规范的作用的过程中,这些机制作为"基础设施"发挥了关键作用。[13] 教科文组织也能够凭借其在教育科学领域内的强大的影响力和号召力,召集专家学者群策群力,为起草相关规范提供智力支持。

教科文组织起草国际准则的过程是以研究和论证为先导的。2018年 8 月,在世界科学知识与技术伦理委员会工作的基础上,总干事要求该委员会编写一份关于人工智能伦理的初步研究报告,以便为教科文组织在这一领域的思考提供参考。该委员会设立了包括三名外部专家在内的人工智能伦理问题扩展工作组,负责编写关于人工智能伦理的初步研究报告。[14] 2018 年 11 月 14 日,作为互联网治理论坛(Internet Governance Forum/IGF)的主办方,教科文组织组织了"人工智能促进人权和可持续发展目标：促进多利益相关方、包容和开放的方法"（AI for Human Rights and SDGs：Fostering Multi-stakeholder, Inclusive and Open Approaches）工作坊。次日，作为 IGF 的场外活动，教科文组织举办了主题为"利用人工智能推动知识社会发展并实现良好治理"（Harnessing AI to advance knowledge societies and achieve good governance）的讨论会，反思新兴的智能科技包括 AI 和物联网（Internet of Things）对于教科文组织核心职能的影响。[15]

对于人工智能对人类社会可能产生的影响，特别是对于劳动力的替代以及创意性产业的未来发展的影响也引起了教科文组织的关注。2018 年 12 月 12 日至 13 日，教科文组织联合摩洛哥的穆罕默德六世应用技术大学在摩洛哥的本杰里尔召开了有专家学者、政府代表、私人部门和国际和地区组织以及世界各地的非政府组织共同参与的"人工智能在非洲"论坛（Forum on Artificial Intelligence in Africa），重点探讨人工智能对于非洲未来的发展的杠杆作用、人工智能在非洲的前景以及人工智能的伦理问题。人工智能对于创意产业的影响的问题主要是围绕人工智能对于艺术家和艺术创作带来的挑战，以及对文化表达的多样性的挑战。这些问题在 2018 年 12 月 11 日至 14 日举办的"创造 | 2030"（"Create | 2030"）对话活动中得到了来自政府官员、艺术家、文化专家和政策制定者的充分讨论，以上的对话和交流机制的成果都为 2019 年 3 月 4 日召开的教科文组织全球大会"人工智能的原则：采用人文主义的方法"（Principles for AI：Towards A Humanistic Approach）提供了智力支持。[16]

2019 年的专家论证会的规模和频度较之前更高。3 月 4 日，"人工智能的原则：采用人文主义的方法"大会在教科文组织总部如期召开。与会嘉宾来自世界各地，既有专家学者，又有科学家和政策制定者，还有来自私人部门和市民社会行为体，共同讨论人工智能带来的伦理挑战。参会者普遍认为人工智能未来前景广阔，但是也带来一些影响人类的基本权利和自由的社会问题。[17]以此次会议为先导，2019 年 5 月 16 日至 18 日北京召开了人工智能与教育国际会议，来自人工智能和教育领域的超过 500 名专家与会，讨论新的科技革命对于人们教学方式的影响，以及人工智能为实现可持续发展目标第四项带来的机遇。

会议通过了《人工智能和教育北京共识》(*Beijing Consensus on Artificial Intelligence and Education*)。《人工智能和教育北京共识》建议教科文组织成员国政府及其他利益攸关方规划教育人工智能政策,以人工智能政策赋能教学和教师,促进学习和学习评价,促进教育管理和供给,以人工智能为工具推动性别平等、终身学习等议程,确保教育数据和算法使用合乎伦理、透明且可审核,还请求教科文组织总干事在与会员国开展咨询的基础上制定教育人工智能指导纲要并开发资源,支持会员国制定促进教育领域有效和公平地应用人工智能的政策和战略,加强教科文组织在教育人工智能领域的引领作用。[18] 2019 年 11 月的教科文组织大会会场外,教科文组织的跨学科人工智能任务组还组织了一场大会的边外会议"青年声音和人工智能的未来"(Youth Voice and the Future of Artificial Intelligence)。人工智能的利益相关方包括非盟、欧盟委员会、欧洲委员会、经合组织、电气和电子工程师协会(IEEE)、联合国数字合作高级别小组(The United Nations High-Level Panel on Digital Cooperation)、《人工智能负责任发展蒙特利尔宣言》(*The Montreal Declaration for Responsible AI Development*)、世界银行都参与了讨论。[19]

在前期的研究、论证、讨论以及形成的成果的基础上,2019 年教科文组织执行局的第 206 届会议上通过 206EX/42 号决定:"建议大会第四十届会议请总干事以建议书的形式提交一份关于人工智能伦理问题的新准则性文书草案文本,供大会第四十一届会议审议。"[20] 同年 11 月,在教科文组织大会全会上,成员国通过 40C/37 号决议,授权总干事以建议书的形式编写一份关于人工智能伦理问题的国际准则性文书,提交 2021 年大会第 41 届会议。[21] 206EX/42 和 40C/37 这两份文书都确认了建议书是符合这一领域国际准则性文书之利益的最适宜形式。[22] 对于国际准则的文本形式,世界科学知识与技术伦理委员会的扩展工作组在早先的初步研究报告中建议采用建议书的形式,其给出的理由是:建议书并不具有约束力,且建议书的内容聚焦的是某一具体的治理领域的原则和准则,因此建议书较为灵活,更加适宜应对人工智能所引起的伦理问题的复杂性。联合国秘书长古特雷斯先生充分肯定了起草这样一份国际准则性文本的意义,他认为,"对于整个联合国系统和整个世界来说,人工智能是一项关键的前沿议题"[23]。

建议草案不仅旨在界定人工智能领域的价值和原则,也试图指明关涉人工智能的道德伦理的具体政策措施。因此这一份国际规范文本的意义重大,"一经通过,它将为数字世界提供伦理规范的航标,也将为这一领域提供法治的道德规范基础"。它的重要性也使得起草的过程较为漫长。[24]从2020年3月起,教科文组织任命了24位跨学科的专家组成了特设专家组(Ad hoc Expert Group)来起草一份建议书草案。整个草案的起草过程分为四个阶段。第一,2020年3月至5月的特设专家组草案初稿的编写阶段。第二,同年6月至8月的多利益攸关方磋商阶段,为了拓宽咨询渠道,还邀请了155个国家的专家、发起网络调查、邀请跨国公司(如谷歌、脸书和微软)以及包括中科院和斯坦福大学在内的世界知名科研机构共同参与。[25]第三,方案问题高级别委员会(High-Level Committee on Programmes/HLCP)与联合国系统就草案初稿进行闭门会议磋商。第四,特设专家组对建议书草案初稿根据反馈意见进行修改。[26]

2020年9月17日,建议书草案文本递交教科文组织的193个会员国,在三个月的时间内由会员国提出对草案的意见。这些意见也将供总干事参考,形成总干事向大会提交的关于建议书的最终报告,最终报告将以通函的形式发送给会员国,供政府间性质的技术和法律专家特别委员会(Special Committee of Technical and Legal Experts)审议。该委员会于2021年4月和6月召开会议,确定了人工智能伦理问题建议书草案的最终文本,建议书的最终草案文本也将提交2021年11月第41届大会上由成员国投票表决。[27]

在2021年11月的教科文组织第41届大会上,193个成员国投票通过了《人工智能伦理问题建议书》(*Recommendation on the Ethics of Artificial Intelligence*),这是有关人工智能的伦理问题的第一份国际准则性质的法律文件。[28]这一法律文件确立了人工智能的伦理原则:相称性和不损害(proportionality and do not harm)、安全和安保(safety and security)、公平和非歧视(fairness and non-discrimination)、可持续性(sustainability)、隐私权和数据保护(right to privacy and data protection)、人类的监督和决定(human oversight and determination)、透明度和

可解释性（transparency and explainability）、责任和问责（responsibility and accountability）、公众意识和素养（awareness and literacy）、多利益攸关方与适应性治理和协作（multi-stakeholder and adaptative governance and collaboration）。[29]并建议会员国在 11 个政策领域采取行动，建立行之有效的制度框架。[30]

在建立了国际准则的框架之后，教科文组织在人工智能与其核心职能的交叉领域内也不断推进项目，塑造人工智能融合发展的未来前景，助力可持续发展目标的实现。教科文组织在教育领域持续发力，2021 年执行局第 211 届会议通过了《教科文组织教育技术创新战略（2021—2025）》［*UNESCO Strategy on Technological Innovation in Education*（*2021—2025*）］，为了推动人工智能和学习方式的深度融合，教科文组织开展了"人工智能和学习的未来"项目（Artificial Intelligence and Futures of Learning），在人工智能和学习的未来、教育和研究中的生成式人工智能指南（Guidance for Generative AI in education and research）、针对师生的人工智能能力框架（AI Competency Frameworks for Students and Teachers）三个纬度上推进政策对话与咨询、知识生产、能力建设等工作。在推动教育与人工智能的全球政策对话方面，2019 年至 2022 年，教科文组织发起了四轮人工智能和教育的国际论坛和会议；2023 年 5 月 25 日，教科文组织发起了"教育中的生成式AI"部长级圆桌会议，讨论对生成式 AI 进行治理的必要性。[31]

教科文组织的知识生产工作为政策制定者、教育科研从业者提供了认识未来人工智能发展的路径，帮助各成员国从政策制定到教育科研实践采取更有效的行动。教科文组织在 2021 年出版了联合国教科文组织教育信息化与教育人工智能部门主任苗逢春博士、北京师范大学智慧学习研究院院长黄荣怀教授、北京师范大学张慧博士以及伦敦大学教育学院副教授，教科文组织国际人工智能研究中心主任韦恩·霍姆斯（Wayne Holmes）共同编写的《人工智能与教育：政策制定者指南》，在 2022 年出版了《中小学阶段的人工智能课程：对政府认可人工智能课程的调研》（*K-12 AI Curricula：A Mapping of Government-endorsed AI Curricula*），在 2023 年出版了苗逢春和霍姆斯编写的《教育和研究中的生成式 AI 指南》（*Guidance for Generative AI in Education and Research*）。[32]

值得一提的是,中国作为教科文组织出资份额最大的国家,也是人工智能技术走在世界前沿的国家,广泛参与教科文组织的规范和准则的研究和制定过程,向世界传递了中国声音,表明了中国在这一领域的立场和观点。中国科学院自动化研究所研究员、人工智能伦理与治理中心主任、国家新一代人工智能治理专委会委员曾毅作为上述 24 位跨学科的专家组成的特设专家组的一员深度参与了建议书拟写的阶段,他倡导将中国在人工智能治理领域的智慧和方案的"和谐共生""人类命运共同体"理念加入建议书中,受到了来自亚非国家的专家组成员的欢迎。部分国家代表未能接受这两项提法,最终在表述上被代之以"在和平、公正与互联的社会中共生",但建议书"和谐共生"的核心要义得以部分保留和采纳,成为建议书中最鲜明的非西方价值观的底色。[33]

自 2019 年开始,人工智能和教育是中国和教科文组织深度合作的新领域,联合国教科文组织与中国共同主导了围绕人工智能(AI)和教育的全球议程,旨在确保 AI 应用于教育中,服务于作为公益事业和公共产品的教育,以及教育应培养适应 AI 时代所需的能力。2019 年,联合国教科文组织与中国教育部、中国联合国教科文组织全国委员会和北京市政府在北京共同主办了第一届人工智能与教育国际会议,正是在这次会议上通过了《关于人工智能与教育的北京共识》。[34]为了跟踪落实《北京共识》,第二届国际论坛于 2020 年 12 月在线上和线下两个会场同时举行,线下会场设在北京。2021 年 12 月,第三届论坛仍然以线上和线下相结合的方式在北京举行,主题是"确保人工智能服务共同利益,促进教育变革"。这三个国际论坛共呈现了 200 多次讲座和演示,吸引了来自 150 多个国家的 8 000 多名国际参与者和观众实时参与。[35]2022 年 12 月,第四届国际人工智能与教育会议以线上方式举行,联合国教科文组织大会主席穆朗、教育助理总干事贾尼尼在线致辞。包括南非、印度尼西亚、西班牙等 17 国部长、副部长在内的 50 余个国家的代表、有关国际机构代表、专家学者和私营部门代表、国内地方教育行政机构和高校代表共 500 余人在线出席会议。[36]这一系列论坛旨在成为一个可持续的平台,促进知识分享,推动在 AI 与教育领域达成国际协议。这些论坛和会议均由教科文组织联合中国教育部和教科文组织中国全国委员会共同主办,体现了中国在引领和塑造未来教育发展方向的努力和贡献以及日益增长的影响力。[37]

第三节　教科文组织在传统业务领域持续发力并为争议议题降温

阿祖莱上任后,在教科文组织的非政治传统领域也持续推进各项工作,推动实现可持续发展目标的实现。在教育领域,阿祖莱致力于推进全球公民素养教育。特别是在反对种族主义的教育工作方面,教科文组织的努力是独创性的。新冠肺炎疫情暴发后,教科文组织努力应对疫情对学校教育的冲击;在文物和遗产保护方面,教科文组织主导了伊拉克摩苏尔老城的文化遗产的修复重建工作;在促进性别平等方面,大力推进性别平等的教育和科研;气候环境的研究保护以及气象灾害的防治、海洋学研究和海洋环境保护等。

教育是教科文组织的优先事项,也是教科文组织的最核心的职能和业务领域。确保包容、公平的优质教育,促进全民享有终身学习的机会也是可持续发展目标第四项的要求。[38]教科文组织为此发起了全球教育会议(Global Education Meeting)对 SDG 第四项目标的完成情况进行跟踪评估,成立了可持续发展目标 4-教育 2030 指导委员会(SDG4-Education 2030 Steering Committee)[39],在地区层面发起了 SDG 第四项目标的咨商会议。为推进终身教育的议程,在 2022 年教科文组织分别在塔什干、巴塞罗那和马拉喀什发起了主题分别为:儿童早期教育、高等教育和成人教育的三场国际会议。[40]

新冠肺炎疫情暴发后,教育事业面临着学校关停带来的危机。在中低收入国家,这导致了文盲率从 2019 年的 57% 上升到 2022 年的 70%。[41]教科文组织发起了全球教育联盟(Global Education Coalition),通过国际组织、私人企业、慈善机构等组建的 150 个机构构成的伙伴关系网络协调行动,来帮助各国应对疫情对教育事业的冲击,并支持疫情冲击之下的教育事业的恢复,呼吁为师生的教学活动提供支持方案。全球教育联盟成员在 70 个国家开展活动,在其框架下的活动丰富多样,能够适应不同国家的不同教育需求,教科文组织负责教育事业的助理总干事斯蒂芬妮亚·贾尼尼(Stephania Giannini)对此高度评价,认为全球教育联盟已经成为"国家间团结合作以及多边主义的新模式"。[42]到2021年,这一联盟内部的成员超过175个,在2020年至2021年间,至少1 200万教师和4亿学生在全球教育联盟的行动中获益,从2022年开始,全球教育联盟将工作重点从危机应对调整为建立适应性和恢复重建,主要开展的工作有:帮助国家重开学校、组织高效补习、推广数字转型。[43]

教育是防范任何形式的种族主义和种族歧视的主要方式,教科文组织着力于通过全球公民素养教育的方式去除人们思想中的种族主义和反犹主义,阿祖莱在2018年的总部演讲中提道:"支持教师和教育工作者们在他们的日常工作中反对反犹主义是我们的责任。"[44]教科文组织联合欧洲安全与合作组织民主与人权事务办公室出版了《以教育的方式应对反犹主义政策制定者指南》。"指南"汇集了来自中亚、北美、欧洲的专家学者的智慧,展示了反犹主义对犹太族群的偏见和误解的方方面面,为教育系统指明了应当如何强化青年人对反犹主义、极端主义和各种形式的歧视的思想防线。新冠肺炎疫情的全球大流行为极端思想和种族主义提供了滋养的温床,一些民族和国家受到了污名化的困扰。为防范极端思想和种族主义的蔓延,尤其是这类思想能够通过网络社交媒体的方式快速传播。2021年10月,教科文组织联合联合国种族灭绝预防特别顾问办公室召开了一次全球多利益相关方论坛和一次全球教育部长会议,讨论通过教育方式来应对仇恨言论。教科文组织的全球公民素养教育(Global Citizenship Education)项目之下,通过对大屠杀和种族灭绝、防范暴力极端主义的教育等方式,教科文组织全方位应对极端思想和种族主义带来的冲击。[45]

极端组织"伊斯兰国"自2014年占据伊拉克第二大城市摩苏尔之后,对该城市的历史遗迹进行疯狂破坏。多年打击"伊斯兰国"的武装冲突也使得摩苏尔成为地面战场,完好的历史遗迹寥寥无几,世界文化濒危遗产哈特拉古城考古遗址在2015年惨遭破坏,世界文化遗产候选名单中的尼姆鲁德古城遗址绝大部分被摧毁。[46]2018年2月,总干事阿祖莱在科威特城举办的伊拉克重建国际会议上发起了"重振摩苏尔精神"(Revive the Spirit of Mosul)的倡议。以修复文化遗产和重开教育和文化设施为目标,教科文组织与伊拉克政府合作,作为伊拉克政府的重建和发展计划的一部分来推进这一项目,这一倡议还得到了阿拉伯联合酋长国、欧盟的资金支持。[47]这一倡议在 2020 年取得了实质性的进展。著名的努里清真寺(Al-Nouri Mosque)建筑群的第一阶段修复任务在 2020 年 1 月完成,其内部主要结构得到稳定。此外,教科文组织帮助摩苏尔恢复文教事业,重建图书馆、重开博物馆等文化事业,重建被摧毁的学校等教育设施,向摩苏尔地区的小学教师、家长提供反对暴力极端主义的培训。恢复摩苏尔的历史遗迹的工作在 2022 年也进入了收尾阶段,截至 2022 年,"重振摩苏尔精神"的倡议已经通过 15 个国际合作伙伴方投入 1.055 亿美元,这也是教科文组织近年来投入最大的项目之一。[48]

性别平等作为可持续发展目标的第五项目标,对于教科文组织来说,是其全球优先议题之一(另一个全球优先议题是非洲),也是促进其他议题如全民教育实现的关键所在。在教科文组织中,促进性别平等的工作主要着力点在于促进性别平等的教育和提升女性在科学事业中的代表性和参与度。首先在性别平等的教育方面,教科文组织深刻意识到女童作为社会中的弱势群体,面临失学的风险更高,在一些中低收入国家,失学女童面临着过早的强迫性婚姻、青春期受孕和暴力的社会性问题。在新冠肺炎疫情导致的学校封闭的情况下,女童成为最先受到负面影响的群体,仅在 2020 年,未能复学的女童和青年女性就超过 1 100 万,这为性别平等和推进全民教育事业带来了巨大的挑战。为此教科文组织在 2018 年之后作出了诸多的努力。针对疫情期间女性失学问题,教科文组织在上述全球教育联盟之下推进"重视女孩"(Keeping Girls in the Picture)国家运动在国家层面展开,通过动员家长和监护人的支持来促进女童复学,在尼日利亚,这项运动影响了 600 万女童和青年女性,帮助该国贫困的中北部和西北部地区的女童入学率提升 2.5 到 3 个百分点。[49]在科学事业存在的性别不平等问题上,教科文组织发起了"STEM(科学、技术、工程、数学)与性别的发展"(STEM and Gender Advancement)项目,在瑞典政府的资助下,支持成员国在科学技术和创新领域为性别平等订立政策。[50]

气候变化、海洋环境和陆地生态是可持续发展目标的第 13、14 和

15 项。教科文组织的行动侧重点是收集并提供真实可靠的科学数据,支持相关的科学研究项目来寻找应对之道,并对威胁人类生存的气候变化、生物多样性丧失、海洋生态环境恶化和水资源短缺问题发布警告。此外,教科文组织还能够通过内部的机制如人与生物圈计划、世界遗产、世界地质公园和政府间水文计划来保护自然资源与环境。例如在 2022 年 11 月教科文组织发布了一份研究报告,预测世界遗产地的冰川融化前景,指出三分之一的冰川将在 2050 年消失,但剩下三分之二的冰川仍有希望存留,前提是全球升温幅度保持在相较于前工业时代不超过 1.5 ℃ 的水平,这也印证了国际气候变化框架公约设定的 1.5 ℃ 目标的正确性。[51]教科文组织的政府间海洋学委员会也发挥着调查研究和危机预警的功能,2021 年政府间海洋学委员会的一份报告《海洋碳的综合研究》显示,如果不采取有效的措施,海洋将失去它吸收碳的能力,这将加剧全球变暖的趋势。[52]政府间海洋学委员会还在全球海啸预警检测,帮助提升海啸应急能力方面发挥着全球领导者的角色。[53]

曾经"政治化"的议题领域在教科文组织总干事阿祖莱的改革努力之下,也不断降温,阿祖莱观察到"一种趋向共识的潮流正在涌现"[54]。自上任后,总干事建立了关涉中东议题的协商协调机制,保证了执行局和各遗产委员会的文本都是按照共识的方式来草拟的,也有助于相关决议和决定在不损害团结一致的情况下通过。总干事与几任执行局主席密切合作,充分发挥筹备工作组机制(preparatory group)的作用,将争议议题的讨论前移,为正式的执行局会议奠定一定的共识基础。在第 43 届世界遗产委员会的会议上,与中东相关的四项决定以共识的方式被采纳,在此之前,在教科文组织秘书处的协调下,以色列、约旦和巴勒斯坦三方代表进行了建设性的讨论。[55]2018 年关涉中东议题的十几份决定都是通过协商一致实现的。同样是以色列、约旦和巴勒斯坦三方在其中发挥了关键性的作用。[56]

第四节 美国第二次重返教科文组织始末

2021 年 1 月 20 日,拜登就任美国第 46 任总统。就任后,拜登延续民主党一贯的政策,承诺美国将重新回到多边主义的轨道。在其第一份外交政策《拜登总统关于美国在世界中的地位的讲话》中宣称"美国回来了"（America is back）、"外交重回美国对外政策的中心"（Diplomacy is back at the center of our foreign policy）。[57]这代表着新一任美国政府开始调整特朗普时期美国外交政策中"美国优先"的单边主义趋向。就在新政府就任当天，拜登政府就向联合国交存了重新加入气候变化《巴黎协定》的法律文件，[58]并宣布撤销特朗普政府退出世界卫生组织的决定。[59]次日，美国宣布参与新冠病毒疫苗国际分配机制《2019 冠状病毒疫苗实施计划》（COVID-19 Vaccines Global Access Facility，简称 COVAX），[60]并向后者提供 40 亿美元。[61]

根据拜登政府在美国国内社会的表态，其主张美国重返教科文组织的决定则更多地出于对中国作为最大的出资国与教科文组织关系日益密切的担忧。自 2011 年后美国拒缴教科文组织的会费开始，中国事实上成为教科文组织中出资最多的国家。教科文组织 2023 年分摊比额表（Assessment and Contributions of Member States for 2023）显示，分摊比额前五名的国家为中国（19.704%）、日本（10.377%）、德国（7.894%）、英国（5.651%）、法国（5.578%）。其中中国分摊了 52 700 000 美元，位居第一名。[62]与此同时，在教科文组织高层中任职的中国籍职员数量也有所提升。2013 年 11 月 5 日，中国教育部副部长郝平当选联合国教科文组织第 37 届大会主席；2018 年 3 月 29 日，驻比利时大使曲星当选教科文组织副总干事。教科文组织领导层与中国的联系也日益紧密。2014 年 3 月 27 日，习近平主席访问教科文组织巴黎总部，并会见了时任总干事博科娃，这是习近平就任国家主席后访问的第一个联合国机构。2017 年 5 月，博科娃总干事访问中国参与"一带一路"国际合作高峰论坛，并与时任国务院副总理刘延东会晤，表示将"与中国加强在'一带一路'领域的务实合作"，并与中国政府签署了《谅解备忘录（2017—2020）》。[63]2018 年 7 月 16 日，阿祖莱访问中国，并与习近平主席进行了"历史性"会晤，这是阿祖莱任总干事上任后的第一次正式访问。

中国也更加有效地参与教科文组织的各类项目和规范标准的制定过程。2014 年，第三十八届世界遗产大会批准通过"丝绸之路：起始段和天山廊道的路网"世界遗产名录申遗项目，中国与吉尔吉斯斯坦、哈萨克斯坦联合提交的系列跨国文化遗产项目正式列入《世界遗产名录》。[64] 2023 年 5 月 22 日,执行局第 216 届会议决定在上海设立教科文组织 STEM 教育一类机构,这是教科文组织首次在华创立一类机构,也是教科文组织在欧洲以外的第一个教育领域的一类机构。[65] 此外,中国还提议开设教科文组织的一类机构——国际教育局平行于日内瓦的办公室。[66] 上文提到的教科文组织与中国在人工智能和教育领域的合作也是中国领导未来规则和标准设定的努力以及中国和教科文组织关系日益密切的体现。

有鉴于此,美国认为,中国在教科文组织地位的提升是美国缺席教科文组织的结果。对此,美国国务院负责管理事务的国务卿约翰·巴斯(John Bass)认为:"美国离开教科文组织增强了中国的地位并削弱了我们在全世界推广我们的自由世界愿景的能力,如果美国在意与中国在数字时代的竞争的话,那么继续缺席的代价将是我们无法承受的。"[67]

美国重返教科文组织的过程并非一帆风顺。尽管拜登在一上任就承诺将多边主义重新带回美国外交之中,即"重回世界舞台"(Restore Engagement Internationally),[68] 但对于重返教科文组织来说,仍然面临许多更加棘手的问题,比美国同时面临的撤销退出世界卫生组织的程序要复杂许多。其一,重返教科文组织意味着重新提交入会申请。由于美国拖欠七年的会费,必须就财政义务及履行的安排与教科文组织达成一致,这需要经教科文组织召开全体会员国代表出席的特别大会投票。而美国在世界卫生组织的会员资格问题只需要美国在提出退出到正式退出之间的一年"缓冲期"内撤销退出决定,无需世界卫生组织各成员国投票表决。[69] 其二,从教科文组织的角度看,理论上美国重返教科文组织需清缴长年累月拖欠的会费以及待缴会费,而这根据美国国内法需要国会同意为政府向教科文组织出资提供一项"豁免法案",来绕开此前因教科文组织接纳巴勒斯坦为会员国引发的国会对向教科文组织交纳会费的法律限制。在国会通过重返教科文组织所必需的豁免法案后,美国也需要就具体需清缴的会费数额以及清缴方式的具体安排与教科文组织进行协商。[70] 其三,从美国的视角看,鉴于巴勒斯坦已成为教科文组织的正式会员国,美国重新加入教科文组织会产生间接承认美国与巴勒斯坦具有相同的"主权国家身份"的观感。[71]美国的行动也将对其盟友以色列的利益和行动产生重要的影响。美国与巴勒斯坦同为教科文组织的会员国的事实是否会促动巴勒斯坦以正式会员身份加入其他国际组织，也是美国担心的问题。特别是在2011年联合国给予巴勒斯坦"非会员观察员国"地位之后，巴勒斯坦就可以申请加入联合国的相关机构了。[72]以上因素都决定了美国重返教科文组织的计划不可能一蹴而就。

拨款问题、清偿欠缴和待缴会费是美国重返教科文组织最大的障碍。2021年10月，在拜登政府的努力下，参议院拨款委员会提交了一项豁免授权法案，以绕开此前国会立法对教科文组织出资的限制。但这项法案还需要拜登政府和国会的拨款委员会都确认加入教科文组织将有利于对抗中国的影响力，或能够推进美国的其他利益。[73]2022年12月22日，美国国会通过了对101—246号和103—236号公法的豁免授权条款（waiver authority），表示"如果总统确定并向众议院议长、参议院临时议长和国会委员会做书面报告，指出豁免条款将使美国能够对抗中国的影响或促进美国的其他国家利益，则总统可以免除公法101—246号第414条和公法103—236号第410条关于联合国教科文组织的规定"。该法案同时包含了回溯条款，即"如果在本法颁布后，在以色列和巴勒斯坦谈判达成的协议之外，巴勒斯坦人在联合国或其任何专门机构中获得与成员国相同的地位或正式的国家成员，本节的授权将不再有效"。关于本授权的期限，法案提到，除非在之后的法案中被延长，否则将在2025年9月30日终止。[74]值得注意的是，法案内明确指出该豁免的主要关注点是对抗中国的国际影响力。回溯性条款的设置减少了国会内部保守力量对于法案的阻力，这样美国就扫清了最大的障碍。

能否获得以色列的同意是美国重返教科文组织的又一大障碍。这不仅将关涉美国国会能否同意通过上述豁免条款，而且也将影响到美国与其中东地区的关键盟友的利益关系。因此，拜登政府需要以色列至少不反对美国重返教科文组织。教科文组织与以色列的矛盾焦点在于以色列认为前者存在"反以色列"倾向。为化解这一矛盾，拜登政府和总干事阿祖莱作出了共同努力。前者派出官员与以色列就美国重返教科文组织举行了会谈，双方达成谅解，美以都肯定了教科文组织在改变反以立场上的努力和成效，美国将努力防止任何反以色列的议程，并推动更多的以色列文化遗产列入世界遗产名录。后者自上任以来在缓和教科文组织的反以倾向、推动反对否认大屠杀历史事件教育（holocaust education）和与反犹主义（anti-semitism）、在教科文组织关涉巴以的议题上去政治化等方面做出了不懈努力。她也游说美国国会并向以色列保证她不会容许在教科文组织内部存在反以倾向。一名以色列官员也证实："以色列得到保证，教科文组织将不会像之前那样对待以色列。"[75]另外，一些重要的文化遗产被认定为归属巴勒斯坦，也使其本身意识到，"离开教科文组织使得以色列更难延展其外交利益"，以色列也在反思其退出教科文组织的决定。[76]最后以色列告诉美国政府，它并不反对美国重返教科文组织的决定。[77]

以上障碍清除之后，2023 年 6 月 11 日，美国管理与资源事务常务副国务卿理查德·维尔马（Richard V. Verma）致信总干事阿祖莱，通告美国重新加入教科文组织的决定。在信中，美国表示注意到教科文组织在实施关键的管理和行政改革以及减少"政治化"的辩论，特别是在中东问题的纷争方面的努力，并提出了美国重返的一整套计划和方案，还呼吁会员国尽早召开大会特别全会来商议美国的重返问题。[78]阿祖莱总干事欢迎美国的这一决定，并认为"这一举动显示了对教科文组织和对多边主义的强烈的信心"[79]。

教科文组织能否与美国就待缴和欠缴会费的偿付计划达成一致并据此恢复美国在教科文组织的大会和执行局的投票权和代表权是美国面临的最后障碍。美国并不希望一次性缴清所有拖欠的和待缴的会费。其拖欠的自 2011 至 2018 年的会费欠款为 611 773 808 美元。鉴于美国计划将在 2023 年 7 月重返，还需清缴 2023 年剩余月份和 2024 年整年的评定会费。美国认为在国家财政紧缩的情况下，一次性清偿超过八年的会费是困难的。[80]美国提出的清缴计划是：（1）当即提供资金，清缴 2023 年自交存《组织法》同意书之日起至 2023 年年底的剩余月份的评定会费；（2）与国会一道，提供 1 000 万美元的自愿贡献，用于支持教科文组织的项目的实施，如反对否认大屠杀历史事件教育、记者的安全、乌克兰的文化遗产保护、非洲的 STEM 教育事业；（3）要求国会提供1.5亿美元来清偿2024财年的评定会费以及分期支付拖欠的会费,在来年再向国会提出类似请求,直到所有欠款缴清。[81]

由此观之,美国在履行重返的财政义务方面诚意不足,其能够当即兑现的前两项仅仅是其总清缴数额的一小部分。最主要的部分通过第三项计划按照"分期付款"的方式清偿,但需每年向国会提出"请求",这就给教科文组织开具了一张"空头支票"。而美国却坚持要求重返之时即恢复其所有会员国权利,这充分暴露了其多边主义主张的虚伪性以及"美国例外"思维。与此同时,美国仍将会费作为影响教科文组织和其他联合国机构的重要杠杆。2025年美国国会对豁免授权的延长也取决于国会认为教科文组织是否采取了合美国之意的政策,以及国会是否认为美国保持教科文组织的会员国身份有助于美国实施其针对中国的战略。

美国提出的偿付方案是分期偿付,并要求在第42届大会即时恢复其会员国身份和权利,即参加第42届大会会议的表决,并有资格参加在该届大会上举行的执行局委员选举。[82]然而,《大会议事规则》第80条和第99条第4款规定了会员国无力偿付应缴会费的情况下,保持会员国在大会和执行局投票表决权和执行局的选举权所需承担的义务。其中提到,会员国应在大会前的执行局届会开幕日向总干事提交援引第Ⅳ.C条第8款第(c)项[83]的来函,不提交来函的会员国将不再被允许参加该届大会期间的表决。总干事将来函转交大会行政委员会,并设立会费问题工作组,向大会提交一份附有建议的报告,指出,"通常是在三个双年度期间内以年度分期付款的方式偿还所欠会费,会员国还应在今后定期缴纳其年度会费作出一切努力的承诺"[84]。第80条第8款规定,"允许某个拖欠会费的会员国参加表决的任何决定,应根据该会员国是否遵守大会提出的解决其拖欠会费问题的建议而定"[85]。第99条规定,"第80条所规定的程序和决定经适当变动也适用于担任执行局委员的资格"[86]。美国在6月12日向总干事提出的信函中表示,指出拖欠会费系"无法控制之情况",[87]但美国提出的偿付计划也未能按照通则保证"三个双年度期间内以年度分期付款的方式偿还所欠会费",更没能作出今后定期缴纳其年度会费努力的承诺。按照上述规定的程序与义务,美国无法在第42届大会上获得投票权和被选举为执行局委员的资格。

为解决这一问题,2023 年 6 月 13 日,日本常驻教科文组织大使衔代表尾池厚之(Atsuyuki Oike)向总干事发出一封 65 个会员国签署的信函,要求根据《组织法》第Ⅳ条第 D.9(a)款和《大会议事规则》第 5 条第 1 款的规定,在 2023 年 7 月之前召开一次教科文组织大会特别会议,审议"与美利坚合众国作为会员国重返本组织有关的财务问题"。[88]由于 65 个会员国超过了《组织法》第Ⅳ.D.9(a)和《大会议事规则》第五条第一款设定的召开特别大会须有三分之一会员国联署的门槛,第五届教科文组织大会特别会议 6 月 29 日至 30 日在巴黎总部召开。[89]特别会议针对上述问题对美国作出了让步,最后以 132 票赞成、10 票反对(白俄罗斯、中国、朝鲜、厄立特里亚、印度尼西亚、伊朗伊斯兰共和国、尼加拉瓜、巴勒斯坦、俄罗斯、叙利亚)、15 票弃权(安哥拉、孟加拉国、波斯尼亚和黑塞哥维那、博茨瓦纳、柬埔寨、古巴、刚国民主共和国、萨尔瓦多、赤道几内亚、马来西亚、马里、莫桑比克、瑙鲁、南非、委内瑞拉)的投票结果通过了 5XC/1 号决议。[90]其中决定"暂停适用《大会议事规则》第 80 条和第 99 条第 4 款的相关规定",并认为"美利坚合众国未缴纳以往会费系由于其无法控制之情况",决定"如果美利坚合众国于 2023 年 7 月 31 日前作为会员国加入本组织,该会员国可参加大会第四十二届会议的表决,有资格参加将在大会第四十二届会议上举行的执行局委员选举"[91]。教科文组织在会费偿付计划和会员权利恢复的问题上向美国作出了让步,在大会第五次特别会议上为其扫清了最后一个障碍。与重返相关的财务问题的解决也意味着美国恢复教科文组织的会员资格成为既成事实,美国在向教科文组织交存接受《组织法》同意书之后即再次成为正式会员国。

美国只享受全部权利但不完全履行义务的行为和教科文组织对美国重返的财政义务"开绿灯"的行为也引起了其他教科文组织会员国的不满。中国代表认为,教科文组织和其他会员国不应当将美国国会的决定或者其国内法律当作美国不缴纳会费的"不可控因素"。不可控因素的标准按照大会第 30 届会议第 82 号决议应当分为三类:对一个国家造成影响的战争和武装冲突、经济和财政状况以及自然灾害,按照这一标准,美国有义务按时足额缴纳会费,教科文组织也不应当因此而暂停适用上述《大会议事规则》第 80 条和第 99 条第 4 款的规定。[92]俄罗斯认为,仅仅为了美国重返而暂停适用大会的议事规则的条款将给美国创造一种"特权地位"(привилегированном положении),因为一些不可控的因素导致无法按时清缴会费的情况下,任何一个国家也应当有理由获得暂停适用《议事规则》条款的权利。[93]巴勒斯坦、印度尼西亚、朝鲜等国家也都表明了相似的立场,对该项决议所涉及的双重标准等问题提出了批评质疑。[94]

　　2023 年 7 月 10 日,美国正式签署了《美国接受联合国教科文组织组织法同意书》,随后将文书交由英国政府代存。这一系列程序完成后,美国成为教科文组织第 194 个成员国。[95]2023 年 7 月 25 日,美国第一夫人吉尔·拜登(Jill Biden)参加了在教科文组织总部的升旗仪式。[96]

注释

1. 参见 Patricia Zengerle and John Irish, "U.S. Takes Steps to Return to U.N. Cultural Body that Trump Quit," Oct. 23, 2021, *Reuters*, https://www.reuters.com/world/us/us-takes-steps-return-un-cultural-body-that-trump-quit-2021-10-22/,访问时间:2023 年 10 月 9 日;Vincent Noce, "U.S. Considers Rejoining Unesco Despite more than \$616m Membership Debt and Israel-Palestine Controversies," *The Art Newspaper*, Jan. 11, 2023, https://www.theartnewspaper.com/2023/01/11/us-considers-rejoining-unesco-despite-616m-membership-debt-and-israel-palestine-controversies,访问时间:2023 年 10 月 9 日。

2. Unesco, "The United States becomes the 194th Member State of UNESCO," 21 July 2023, https://www.unesco.org/en/articles/united-states-becomes-194th-member-state-unesco,访问时间:2023 年 9 月 23 日。

3. U.N., "France's Former Culture Minister Appointed New Unesco Chief," 10 Nov. 2017, https://news.un.org/en/story/2017/11/570382-frances-former-culture-minister-appointed-new-unesco-chief,访问时间:2023 年 9 月 25 日。

4. UNESCO, "Unesco's Strategic Transformation is Crucial in Face of Today's Global Challenges," Nov. 10, 2020, https://www.unesco.org/en/articles/unescos-strategic-transformation-crucial-face-todays-global-challenges?TSPD_101_R0=080713870fab2000e47e-9d4ecd4ffd11b69d17fa40e89f357717d380ca13fcc1b2c567f22aa0bc6f081fc10ec51430004c9b-a87d0ae318a6b0959cce10c9ee3aefb50cfa33f862ad1078705aad0d946d3ea4d0d7a81bcfe4a4-a92eef033ce1a5,访问时间:2023 年 10 月 30 日。

5. Unesco, "Strategc Transformation," https://www.unesco.org/en/strategic-transformation,访问时间:2023 年 9 月 26 日。

6. Unesco, "Online Meeting between the Director-General and the Reflection Group at the Midway Mark," 4 September 2020, https://www.unesco.org/en/articles/online-

meeting-between-director-general-and-reflection-group-midway-mark，访问时间：2023 年 9 月 26 日。

7. Unesco，"Unesco 'World in 2030' Survey Report Highlights Youth Concerns over Climate Change and Biodiversity Loss," March 31，2021，https：//en. unesco. org/ news/unesco-world-2030-survey-report-highlights-youth-concerns-over-climate-change-and-biodiversity，访问时间：2023 年 9 月 26 日。

8. 注：MOPAN 成立于 2002 年，由 20 个成员国组成（澳大利亚、比利时、加拿大、丹麦、芬兰、法国、德国、爱尔兰、意大利、日本、韩国、卢森堡、荷兰、挪威、卡塔尔、西班牙、瑞典、瑞士、英国、美国），它们在由它们出资的多边国际组织的绩效方面有共同利益，其使命是：通过向其成员国提供国际组织的绩效评估，来提升问责水平；通过战略性的沟通和接触，在多边机构和其合作方之间加强相互了解。2017—2018 年，MOPAN 共评估了 14 个国际组织，教科文组织是其中之一。

9. Unesco，"MOPAN assessed the performance of Unesco," 15 March，2019，https：// www. unesco. org/en/articles/mopan-assessed-performance-unesco，访问时间：2023 年 10 月 9 日。

10. Unesco，*Unesco Snapshots*，*2020*，Paris：United Nations Educational，Scientific and Cultural Organization，2020，p.22.

11. Unesco，*Unesco 2018：A Year in Snapshots*，Paris：United Nations Educational，Scientific and Cultural Organization，2019，p. 6，https：//unesdoc. unesco. org/ark：/ 48223/pf0000367747?posInSet＝1&queryId＝f252ca5f-b98f-4054-8638-6e7c4c29e163♯，访问时间：2023 年 10 月 4 日。

12. 联合国教育、科学和文化组织：《2014—2021 年中期战略》，巴黎：联合国教育、科学和文化组织 2014 年版，第 14 页，https：//unesdoc. unesco. org/in/documentViewer. xhtml?v＝2. 1. 196&id＝p.：usmarcdef_0000227860_chi&file＝/in/rest/annotationSVC/ DownloadWatermarkedAttachment/attach_import_80551464-6aed-4f5e-bfba-e7d1de229-bd6％3F_％3D227860chi. pdf&locale＝en&multi＝true&ark＝/ark：/48223/pf0000-227860_chi/PDF/227860chi. pdf♯％5B％7B％22num％22％3A124％2C％22gen％22％3A0％7D％2C％7B％22name％22％3A％22XYZ％22％7D％2Cnull％2Cnull％2C0％5D，访问时间：2023 年 10 月 5 日。

13. 参见 Audrey Azoulay，"Towards an Ethics of Artificial Intelligence," *UN Chronicle*，Vol.55，No.4，pp.24—25；Unesco，*Unesco 2018：A Year in Snapshots*，Paris：United Nations Educational，Scientific and Cultural Organization，2019，p.23，https：//unesdoc. unesco. org/ark：/48223/pf0000367747? posInSet＝1&queryId＝f252-ca5f-b98f-4054-8638-6e7c4c29e163♯，访问时间：2023 年 10 月 4 日。

14. 联合国教育、科学、文化组织：《关于拟定人工智能伦理问题准则性文书之适宜性的技术和法律方面的初步研究》，巴黎：联合国教育、科学和文化组织 2019 年版，第 3 页，https：//unesdoc. unesco. org/ark：/48223/pf0000367422_chi。

15. Unesco，*Unesco 2018：A Year in Snapshots*，Paris：United Nations Educational，Scientific and Cultural Organization，2019，p.23.

16. Ibid.

17. Unesco，*Unesco Snapshots*，*2019*，Paris：United Nations Educational，Scientific and Cultural Organization，2020，p.8.

18. 联合国教育、科学、文化组织：《人工智能与教育北京共识》，2019 年版，第 58—63 页，https：//unesdoc. unesco. org/ark：/48223/pf0000368303，访问时间：2023 年 10 月 6 日。

19. Unesco, *Unesco Snapshots*, *2019*, Paris：United Nations Educational，Scientific and Cultural Organization，2020，p.8.

20. 联合国教育、科学和文化组织：《关于拟定人工智能伦理问题准则性文书之适宜性的技术和法律方面的初步研究》，巴黎：联合国教育、科学和文化组织 2019 年版，第 65 页，https://unesdoc.unesco.org/ark:/48223/pf0000367422_chi。

21. Unesco, "Prelininary Study on A Possible Standard-setting Instrument on the Ethics of Artificial Intelligence," 40C/37, 12 November-27 November 2019，https://unesdoc.unesco.org/in/documentViewer.xhtml?v＝2.1.196&id＝p：：usmarcdef_0000-372579&highlight＝40th%20resolution&file＝/in/rest/annotationSVC/DownloadWatermarkedAttachment/attach_import_f95aa79b-711f-472f-9bc6-36b4349a12b0%3F_%3D372579eng.pdf&locale＝en&multi＝true&ark＝/ark:/48223/pf0000372579/PDF/372579eng.pdf♯%5B%7B%22num%22%3A111%2C%22gen%22%3A0%7D%2C%7B%22name%22%3A%22XYZ%22%7D%2C54%2C182%2C0%5D,访问时间：2023 年 10 月 4 日。

22. 联合国教育、科学和文化组织执行局第 206 届会议：《关于拟定人工智能伦理问题准则性文书之适宜性的技术和法律方面的初步研究》，206EX/42，2019 年 3 月 27 日，第 4 页，https://unesdoc.unesco.org/ark:/48223/pf0000367422_chi,访问时间：2023 年 10 月 5 日；关于人工智能伦理问题建议书草案的政府间专家会议：《关于人工智能伦理问题建议书草案文本的最后报告》，2021 年 3 月 31 日，第 2 页，https://unesdoc.unesco.org/ark:/48223/pf0000376712_chi,访问时间：2023 年 10 月 5 日。

23. Unesco, *Unesco Snapshots*, *2020*, 2020，p.22，https://unesdoc.unesco.org/ark:/48223/pf0000375163?posInSet＝2&queryId＝8633f925-ed81-4a04-aaee-3bf03a4de1f2,访问时间：2023 年 10 月 4 日。

24. Unesco, *Unesco Snapshots*, *2020*, Paris：United Nations Educational，Scientific and Cultural Organization，2020，p.22，https://unesdoc.unesco.org/ark:/48223/pf0000375163?posInSet＝2&queryId＝8633f925-ed81-4a04-aaee-3bf03a4de1f2,访问时间：2023 年 10 月 4 日。

25. Unesco, *Unesco Snapshots*, *2020*, Paris：United Nations Educational，Scientific and Cultural Organization，2020，p.22.

26. 关于人工智能伦理问题建议书草案的政府间专家会议：《关于人工智能伦理问题建议书草案文本的最后报告》，2021 年 3 月 31 日，第 3 页，https://unesdoc.unesco.org/ark:/48223/pf0000376712_chi,访问时间：2023 年 10 月 5 日。

27. 同上，第 1 页，https://unesdoc.unesco.org/ark:/48223/pf0000376712_chi,访问时间：2023 年 10 月 5 日。

28. Unesco, *Unesco Snapshots*, *2021*, Paris：United Nations Educational，Scientifc and Cultural Organization，2022，p.20，https://unesdoc.unesco.org/ark:/48223/pf-0000381065?posInSet＝1&queryId＝e7ac8bac-89a2-47e6-bab4-c39a4fdb87af,访问时间：2023 年 10 月 5 日。

29. 参见联合国教育、科学和文化组织：《人工智能伦理问题建议书》，SHS/BIO/REC-AIETHICS/2021，2021 年版，第 10—15 页，https://unesdoc.unesco.org/ark:/48223/pf0000380455_chi,访问时间：2023 年 10 月 6 日。

30. 同上，第 16—29 页，https://unesdoc.unesco.org/ark:/48223/pf0000380455_chi,访问时间：2023 年 10 月 6 日。

31. Unesco, "Artificial Intelligence and the Futures of Learning," Sept. 12, 2023，https://www.unesco.org/en/digital-education/ai-future-learning?TSPD_101_R0＝08-

0713870fab2000e5a5453aa2e9e8dd079d3084b9bd5c4010039b50d893cd67f9b91ce859279eb-f080726a771143000831b7d0e4648d3e1c2e6376d9f87f3e6c144187f40a01e277bf83e8707cc0-825314c4dbaa478ced68f225bec156c453e,访问时间：2023 年 10 月 7 日。

32. 参见苗逢春、韦恩·霍姆斯、黄荣怀、张慧：《人工智能与教育：政策制定者指南》，巴黎：联合国教育、科学和文化组织 2021 年版，https：//unesdoc. unesco. org/ark：/48223/pf0000378648,访问时间：2023 年 10 月 7 日；联合国教科文组织：《中小学阶段的人工智能课程：对政府认可人工智能课程的调研》，巴黎：联合国教育、科学和文化组织 2022 年版，https：//unesdoc. unesco. org/ark：/48223/pf0000380602_chi,访问时间：2023 年 10 月 7 日；Miao Fengchun and Waynes Holmes, *Guidance for generative AI in education and research*, Paris：United Nations Educational, Scientific and Cultural Organization, 2023, https：//unesdoc. unesco. org/ark：/48223/pf0000386693?posInSet＝3&.queryId ＝7054bf22-1d9b-4ed5-804a-4eace09eb62b,访问时间：2023 年 10 月 7 日。

33. 参见田瑞颖：《人工智能伦理迈向全球共识新征程》，《中国科学报》2021 年 12 月 2 日版，https：//news. sciencenet. cn//htmlnews/2021/12/470064. shtm?id＝470064,访问时间：2023 年 10 月 7 日；Zhu Junhua, "AI Ethics with Chinese Characteristics? Concerns and Preferred Solutions in Chinese Academia," *AI&Society*, 2022, https：//link. springer.com/article/10.1007/s00146-022-01578-w,访问时间：2023 年 10 月 7 日。

34. 中华人民共和国教育部：《国际人工智能与教育大会在京闭幕》，2019 年 5 月 18 日，http：//www. moe. gov. cn/jyb_xwfb/gzdt_gzdt/moe_1485/201905/t20190518_382468.html,访问时间：2023 年 10 月 8 日。

35. Unesco, "International Forum on AI and Education Steering AI to empower Teachers and Transform Teaching," https：//aiedforum. org/♯/home,访问时间：2023 年 10 月 8 日。

36. 中华人民共和国教育部：《引领人工智能赋能教师，引领教学智能升级：2022 国际人工智能与教育会议开幕》，2022 年 12 月 5 日，http：//www. moe. gov. cn/jyb_xwfb/gzdt_gzdt/moe_1485/202212/t20221205_1021972.html,访问时间：2023 年 10 月 8 日。

37. 参见《教育部长陈宝生出席国际人工智能与教育会议，提出 4 个"着力"》,《中国教育报》2020 年 12 月 9 日版，https：//baijiahao. baidu. com/s?id=1685569191406451396&.wfr＝spider&.for＝pc,访问时间：2023 年 10 月 8 日；中华人民共和国教育部：《创新技术服务教学进步 人工智能助力未来教育：2021 国际人工智能与教育会议举行》，2021 年 12 月 8 日，http：//www. moe. gov. cn/jyb_xwfb/gzdt_gzdt/moe_1485/202112/t20211208_585822. html,访问时间：2023 年 10 月 8 日；中华人民共和国教育部：《引领人工智能赋能教师，引领教学智能升级：2022 国际人工智能与教育会议开幕》，2022 年 12 月 5 日，http：//www. moe.gov. cn/jyb_xwfb/gzdt_gzdt/moe_1485/202212/t20221205_1021972. html,访问时间：2023 年 10 月 8 日。

38. 联合国：《可持续发展目标 4：确保包容和公平的优质教育，让全民终身享有学习机会》，https：//www. un. org/sustainabledevelopment/zh/education/♯tab-8516193ae018-d7c609a,访问时间：2023 年 10 月 23 日。

39. 这是推进 2030 年可持续发展议程中的第四项教育议程的最主要的咨询和协调机制，成员来自教科文组织会员国、公共和私人组织，以及志愿服务团体等。

40. Unesco, *UNESCO Snapshots*, *2022*, Paris：United Nations Educational, Scientific and Cultural Organization, 2023, p. 19, https：//unesdoc. unesco. org/ark：/48223/pf0000385408?posInSet＝1&.queryId＝8992b67c-ddf3-4714-843e-0ac38c1d96b5,访问时间：2023 年 10 月 23 日。

41. Ibid.

42. 参见 Unesco, *Unesco 2018：A Year in Snapshots*, Paris：United Nations Educational, Scientific and Cultural Organization, 2019, p.11, https://unesdoc. unesco. org/ark:/48223/pf0000367747?posInSet＝1&queryId＝f252ca5f-b98f-4054-8638-6e7c4c29e-163♯, 访问时间：2023 年 10 月 4 日；Unesco, *Unesco Snapshots*, 2021, Paris：United Nations Educational, Scientifc and Cultural Organization, 2022, p.11, https://unesdoc. unesco. org/ark:/48223/pf0000381065? posInSet＝1&queryId＝e7ac8bac-89a2-47e6-bab4-c39a4fdb87af,访问时间：2023 年 10 月 5 日。

43. Unesco, *Unesco Snapshots*, 2021, Paris：United Nations Educational, Scientifc and Cultural Organization, 2022, p. 11, https://unesdoc. unesco. org/ark:/48223/pf0000381065? posInSet＝1&queryId＝e7ac8bac-89a2-47e6-bab4-c39a4fdb87af, 访问时间：2023 年 10 月 5 日。

44. UNESCO, *Unesco 2018：A Year in Snapshots*, Paris：United Nations Educational, Scientific and Cultural Organization, 2019, p.15, https://unesdoc. unesco. org/ark:/48223/pf0000367747?posInSet＝1&queryId＝f252ca5f-b98f-4054-8638-6e7c4c29e-163♯,访问时间：2023 年 10 月 4 日。

45. Unesco, *Unesco Snapshots*, 2021, Paris：United Nations Educational, Scientifc and Cultural Organization, 2022, p.33, https://unesdoc. unesco. org/ark:/48223/pf-0000381065?posInSet＝1&queryId＝e7ac8bac-89a2-47e6-bab4-c39a4fdb87af,访问时间：2023 年 10 月 5 日。

46. 参见 Unesco, *UNESCO 2017*, Paris：United Nations Educational, Scientifc and Cultural Organization, 2022, p. 47, 2018, https://unesdoc. unesco. org/ark:/48223/pf0000261971?posInSet＝5&queryId＝73af0179-5cdf-4840-86aa-97f638057b26,访问时间：2023 年 10 月 24 日；新华社：《破碎的守护神"拉马苏"——探访被"伊斯兰国"摧毁的伊拉克尼姆鲁德遗址》,新华社伊拉克尼姆鲁德 6 月 19 日电,https://baijiahao. baidu. com/s? id＝1636783771424588087&wfr＝spider&for＝pc,访问时间：2023 年 10 月 24 日。

47. Unesco, *Unesco 2018：A Year in Snapshots*, Paris：United Nations Educational, Scientific and Cultural Organization, 2019, p. 25, https://unesdoc. unesco. org/ark:/48223/pf0000367747?posInSet＝1&queryId＝f252ca5f-b98f-4054-8638-6e7c4c29e163♯,访问时间：2023 年 10 月 24 日。

48. Unesco, *Unesco Snapshots*, 2022, Paris：United Nations Educational, Scientifc and Cultural Organization, pp.3, 9, 35.

49. Ibid., p.42.

50. Unesco, *Unesco 2018：A Year in Snapshots*, Paris：United Nations Educational, Scientific and Cultural Organization, 2019, p. 18, https://unesdoc. unesco. org/ark:/48223/pf0000367747?posInSet＝1&queryId＝f252ca5f-b98f-4054-8638-6e7c4c29e163♯,访问时间：2023 年 10 月 24 日。

51. Unesco, *Unesco Snapshots*, 2022, Paris：United Nations Educational, Scientifc and Cultural Organization, p.15.

52. Unesco, *Unesco Snapshots*, 2021, Paris：United Nations Educational, Scientifc and Cultural Organization, 2022, p. 16, https://unesdoc. unesco. org/ark:/48223/pf0000381065?posInSet＝1&queryId＝e7ac8bac-89a2-47e6-bab4-c39a4fdb87af,访问时间：2023 年 10 月 24 日。

53. Unesco, *Unesco Snapshots*, 2022, Paris：United Nations Educational, Scientifc and Cultural Organization, p.17.

54. Unesco, "Decisions on the Middle East adopted once again by consensus at Unesco," Oct. 10, 2018, https：//en. unesco. org/node/297270,访问时间：2023 年 10 月 22 日。

55. Unesco World Heritage Convention, "World Heritage Committee Adopts by Consensus Decisions on the Middle East," Wednesday, 3 July 2019, https：//whc. unesco. org/en/news/1998,访问时间：2023 年 10 月 22 日。

56. Unesco, "Decisions on the Middle East Adopted Once Again by Consensus at Unesco," Oct. 10, 2018, https：//en. unesco. org/node/297270,访问时间：2023 年 10 月 22 日。

57. Joseph Biden, "Remarks by President Biden on America's Place in the World," Feb. 4, 2021, https：//www. whitehouse. gov/briefing-room/speeches-remarks/2021/02/04/remarks-by-president-biden-on-americas-place-in-the-world/,访问时间：2023 年 10 月 10 日。

58. United Nations, "Paris Agreement Paris, 12 December 2015, United States of America：Acceptance," *C. N. 10. 2021. TREATIES-XXVII. 7. d* (*Depositary Notification*), Jan. 20, 2021, https：//treaties. un. org/doc/Publication/CN/2021/CN. 10. 2021-Eng. pdf,访问时间：2023 年 10 月 10 日。

59. White House, "Letter to His Excellency António Guterres," Jan. 20, 2021, https：//www. whitehouse. gov/briefing-room/statements-releases/2021/01/20/letter-his-excellency-antonio-guterres/,访问时间：2023 年 10 月 10 日。

60. Anthony S. Fauci, "Dr. Anthony S. Fauci Remarks at the Wolrd Health Organization Executive Board Meeting," Jan. 21, 2021, https：//geneva. usmission. gov/2021/01/21/dr-anthony-s-fauci-remarks-at-the-who-executive-board-meeting/,访问时间：2023 年 10 月 10 日。

61. U.S. Dep't of State Press Release, "President Biden to Take Action on Global Health Through Support of COVAX and Calling for Health Security Financing," Feb. 18, 2021, https：//www. whitehouse. gov/briefing-room/statements-releases/2021/02/18/fact-sheet-president-biden-to-take-action-on-global-health-through-support-of-covax-and-calling-for-health-security-financing,访问时间：2023 年 10 月 10 日。

62. Unesco, "Member States' Contribution," 22 September, 2023, https：//unesdoc. unesco. org/ark：/48223/pf0000386913,访问时间：2024 年 1 月 10 日。

63. State Council of People's Republic of China, "China, UNESCO to Enhance Cooperation on Belt and Road," May 14, 2017, https：//english. www. gov. cn/state_council/vice_premiers/2017/05/14/content_281475655089356. htm,访问时间：2023 年 10 月 15 日。

64. 景峰：《我亲历的首次跨境申遗》,《人民日报》2019 年 6 月 8 日第 6 版,http：//travel. people. com. cn/n1/2019/0608/c41570-31125579. html,访问时间：2023 年 11 月 18 日。

65. 上海市人民政府：《联合国教科文组织执行局通过决议　沪将设教科文组织 STEM 教育一类机构》,2023 年 5 月 24 日,https：//www. shanghai. gov. cn/nw4411/20230524/f4f18342e9eb4bbeb9f1f00911f9ef59. html,访问时间：2023 年 10 月 15 日。

66. Unesco Executive Board, "Future of the International Bureau of Education," 209 EX/12. INF, June 30, 2020, https：//unesdoc. unesco. org/ark：/48223/pf0000373801,访问时间：2023 年 10 月 15 日。

67. Angela Charlton, "U.S. Decides to Rejoin UNESCO to Counter Chinese Influ-

ence，Will Pay Arrears，" *Los Angeles Times*，June 12，2023，https://www.latimes.com/world-nation/story/2023-06-12/us-rejoin-unesco-counter-chinese-influence，访问时间：2023 年 10 月 16 日。

68. Joseph Biden，"Remarks by President Biden on America's Place in the World，" Feb. 4，2021，https://www.whitehouse.gov/briefing-room/speeches-remarks/2021/02/04/remarks-by-president-biden-on-americas-place-in-the-world/，访问时间：2023 年 10 月 10 日。

69. 事实上，《世界卫生组织组织法》中并没有规定任何有关成员脱退的权利和程序，1948 年美国国会批准加入世界卫生组织的同时，也生效了一份决议，要求世界卫生组织赋予美国以自由脱退的权利。后者作为美国国会批准美国加入世界卫生组织的条件，也经所有世界卫生组织成员国接受，因此，自由脱退是美国独有的保留权利。在脱退提出和生效之间，也预留了一年的"观察期"，在此期间美国可以对提出的脱退决定进行"反悔"。参见 Tiaji Salaam-Blyther，Luisa Blanchfield，Matthew C. Weed and Cory R. Gill，"U.S. Withdrawal from the World Health Organization：Process and Implications，" Congressional Research Service，Oct. 21，2020，https://sgp.fas.org/crs/row/R46575.pdf；世界卫生组织：《世界卫生组织组织法》，第三章，第 3—4 页，https://apps.who.int/gb/bd/PDF/bd47/CH/constitution-ch.pdf?ua＝1，访问时间：2023 年 10 月 12 日。

70. 缺少一项针对国家利益相关事务的"豁免条款"是 1990 年和 1994 年的《外交授权法案》的缺陷，这束缚了此前奥巴马政府和现任拜登政府的手脚，但这也是突破《外交授权法案》限制的突破口，参见 J. Brian Atwood，"Rejoining Unesco is A Critical Step for Regaining Global Influence，" *The Hill*，Sept.18，2021，https://thehill.com/opinion/international/572853-rejoining-unesco-is-a-critical-step-for-regaining-global-influence/，访问时间：2023 年 10 月 12 日。

71. 现行《教科文组织组织法》并没有明确规定成员国资格与主权国家身份的关系，但《组织法》分类了三类国际行为体：联合国会员、非联合国会员的国家、对其国际关系不自行承担责任之领土或领土群，其中前两类行为体有资格成为教科文组织的正式会员，而后一类行为体仅能成为准会员。巴勒斯坦作为非联合国会员成为正式的教科文组织会员国的先决条件是，教科文组织将其认定为"非联合国会员国的国家"。根据《奥斯陆协议》规划的路线图，巴以问题任何具有实质性意义的进展都需要巴以双方达成协议，然而巴以和谈遥遥无期，巴勒斯坦成为一个真正意义上的主权国家还有很大距离，巴勒斯坦民族权力机构作为一个过渡政府仅对其领土有限自治，巴勒斯坦在国际法上不具有主权国家的资格，对外也不具有外交权，也不能拥有自己的国防军队，应属于第三类行为体。而 2011 年教科文组织接纳巴勒斯坦为会员国的决定，意味着教科文组织不仅将巴勒斯坦接纳为会员，而且承认了其"国家"地位。尽管美国始终不承认巴勒斯坦的主权，但重返教科文组织将产生"间接承认巴勒斯坦的主权"的观感。参见联合国教科文组织：《联合国教育、科学和文化组织组织法（2022 年版）》，第 Ⅱ 条第 1、2、3 款，https://unesdoc.unesco.org/in/documentViewer.xhtml?v＝2.1.196&id＝p：：usmarcdef_0000382500_chi&file＝/in/rest/annotationSVC/DownloadWatermarkedAttachment/attach_import_e834e1a3-1fa8-4527-9831-1dd384a6e9dc%3F_%3D382500chi.pdf&locale＝en&multi＝true&ark＝/ark：/48223/pf0000382500_chi/PDF/382500chi.pdf♯Constitution%202022_C_INT.indd%3A.13878%3A10899，访问时间：2023 年 10 月 11 日；Kavitha Giridhar，"Legal Status of Palestine，" https://www.drake.edu/media/departmentsoffices/dussj/2006-2003documents/PalestineGiridhar.pdf，访问时间：2023 年 10 月 11 日；王孔祥：《从国际法视角看巴勒斯坦的国家身份》，《中国与国际关系学刊》2016 年第 2 期，第 116—135 页；Alan Baker，Wade Ze'ev Gittleson and Lea Bilke，"A Possible US Return to

UNESCO is A Very Bad Idea," *Jewish News Syndicate*, Dec. 19, 2021, https：//www.
jns.org/a-possible-us-return-to-unesco-is-a-very-bad-idea/,访问时间：2023 年 10 月 12 日。

72. 王孔祥：《从国际法视角看巴勒斯坦的国家身份》,《中国与国际关系学刊》2016
年第 2 期,第 126 页。

73. Patricia Zengerle and John Irish, "U.S. Takes Steps to Return to U.N. Cultural
Body that Trump Quit," *Reuters*, Oct. 23, 2021, https：//www.reuters.com/world/us/
us-takes-steps-return-un-cultural-body-that-trump-quit-2021-10-22/,访问时间：2023 年
10 月 12 日。

74. U. S. Congress, *Consolidated Appropriations Act*, *2023*, Dec. 22, 2022,
pp.1544— 1545, https：//www. congress. gov/117/bills/hr2617/BILLS-117hr2617eas2.
pdf,访问时间：2023 年 10 月 12 日。

75. Rina Bassist, "'Education is Key to Fighting Holocaust Denial,' Unesco Head
to Post," *The Jerusalem Post*, Jan. 26, 2022, https：//www.jpost.com/diaspora/article-
694669,访问时间：2023 年 10 月 13 日；Barak Ravid, "Scoop：Israel Wouldn't Oppose
U.S. Return to Unesco," *Axios*, Feb 9, 2022, https：//www.axios.com/2022/02/09/is-
rael-us-return-unesco,访问时间：2023 年 10 月 13 日。

76. Ramona Wadi, "America's Return to UNESCO Will Work in Israel's Favor,"
Middle East Monitor, Feb. 16, 2022, https：//www. middleeastmonitor. com/20220215-
americas-return-to-unesco-will-work-in-israels-favour/,访问时间：2023 年 10 月 13 日。

77. Barak Ravid, "Scoop：Israel wouldn't oppose U.S. Return to Unesco," *Axios*,
Feb 9, 2022, https：//www. axios. com/2022/02/09/israel-us-return-unesco,访问时间：
2023 年 10 月 13 日。

78. 参见 Audrey Azoulay, "Speech by the Director-General of UNESCO, Audrey
Azoulay, at the Information Meeting for Member States Regarding the Return of the
United States of America to UNESCO," 12 June 2023, DG/2023/32, pp.1—3, https：//
unesdoc. unesco. org/ark：/48223/pf0000385702?posInSet＝3&queryId＝e0595489-b187-
4c42-ae11-e16b29996e5c,访问时间：2023 年 10 月 18 日。

79. Unesco, "The United States of America Announces its Intention to Rejoin
UNESCO in July," 12 June 2023, https：//www. unesco. org/en/articles/united-states-
america-announces-its-intention-rejoin-unesco-july,访问时间：2023 年 10 月 18 日。

80. Audrey Azoulay, "Speech by the Director-General of UNESCO, Audrey Azou-
lay, at the Information Meeting for Member States Regarding the Return of the United
States of America to UNESCO," 12 June 2023, DG/2023/32, p.2.

81. Unesco, "Financial Matters Related to the Return of the United States of Ameri-
ca to the Organization as a Member State, as Per of the Letter from the United States of
America Presented to Member States by the Director-General of UNESCO on 12 June
2023," 27 June 2023, p. 3, https：//unesdoc. unesco. org/ark：/48223/pf0000385835/
PDF/385835eng. pdf.multi,访问时间：2023 年 10 月 12 日。

82. Audrey Azoulay, "Speech by the Director-General of UNESCO, Audrey Azou-
lay, at the Information Meeting for Member States Regarding the Return of the United
States of America to UNESCO," 12 June 2023, DG/2023/32, p.2.

83. 该条款规定了"大会如认为拖欠确由该会员国无法控制之情况,得准许该会员国
投票",参见联合国教育科学和文化组织：《联合国教育、科学和文化组织基本文件(2018
年版)》,巴黎：联合国教科文组织 2018 年版,第 12 页,https：//unesdoc. unesco. org/ark：/
48223/pf0000261751_chi?posInSet＝8&queryId＝5c05b3de-195d-4686-9acb-be4a8045619d。

84. 联合国教育、科学及文化组织:《大会议事规则(2022 年版)》,第 80 条第 7c 款,第 50—51 页,https://unesdoc. unesco. org/ark:/48223/pf0000380874_chi?posInSet＝1&queryId ＝28018fd1-8de1-4538-8f90-1f9724cd3324。

85. 同上,第 80 条第 8 款,第 51 页。

86. 同 上,第 99 条第 4 款,第 61 页。

87. Audrey Azoulay, "Speech by the Director-General of UNESCO, Audrey Azoulay, at the Information Meeting for Member States Regarding the Return of the United States of America to UNESCO," 12 June 2023, DG/2023/32, p.2.

88. 联合国教育、科学及文化组织:《与美利坚合众国作为会员国重返本组织有关的财务问题(依据教科文组织总干事 2023 年 6 月 12 日向会员国通报的美利坚合众国的信函)》,5XC/PLEN/DR.1,2023 年 6 月 27 日,第 3 页,https://unesdoc. unesco. org/ark:/48223/pf0000385835_chi? posInSet ＝ 10&queryId ＝ N-EXPLORE-d5f0ced2-c757-4328-9820-2b5ad93a26de,访问时间:2023 年 10 月 17 日。

89. 联合国教科文组织总干事:《邀请参加大会第五次特别会议》,CL/4440,第 1 页,https://unesdoc. unesco. org/ark:/48223/pf0000385714_chi,访问时间:2023 年 10 月 17 日。

90. 这次投票采取的是出席并参加表决的会员国三分之二多数表决通过门槛,通过门槛是 95 个赞成票,由于决议中涉及暂停实施《大会议事规则》某一条款,因此对整个决议草案的投票门槛提升为三分之二多数,参见 Unesco, "Second Plenary Meeting of the 5th Extraordinary Session of the General Conference," 5XC/VR.2 Unedited, June 30th, 2023, p.29。

91. 联合国教育、科学及文化组织:《与美利坚合众国作为会员国重返本组织有关的财务问题(依据教科文组织总干事 2023 年 6 月 12 日向会员国通报的美利坚合众国的信函)》,第 5XC/1 号决议, https://unesdoc. unesco. org/in/documentViewer. xhtml? v ＝ 2.1.196&id＝p::usmarcdef_0000386259_chi&file＝/in/rest/annotationSVC/Download-WatermarkedAttachment/attach_import_e4f26dd6-61bf-405e-a345-afb7de55c25c%3F_% 3D386259chi. pdf&locale ＝ zh&multi ＝ true&ark ＝/ark:/48223/pf0000386259_chi/ PDF/386259chi. pdf♯%5B%7B%22num%22%3A27%2C%22gen%22%3A0%7D% 2C%7B%22name%22%3A%22XYZ%22%7D%2C54%2C644%2C0%5D,访问时间: 2023 年 10 月 16 日。

92. Unesco, "Second Plenary Meeting of the 5th Extraordinary Session of the General Conference," 5XC/VR.2 Unedited, June 30th, 2023, pp.23—24, 30.

93. Ibid. , p.22.

94. Ibid. , pp.27—28.

95. Unesco press office, "The United States Becomes the 194th Member State of Unesco," July 11, 2023, https://www. unesco. org/en/articles/united-states-becomes-194th-member-state-unesco,访问时间:2023 年 10 月 18 日。

96. U.S. Department of State, "The United States Raises its Flag at Unesco," July 25, 2023, https://www. state. gov/the-united-states-raises-its-flag-at-unesco/,访问时间:2023 年 10 月 18 日。

第九章

教科文组织的机构特征及其影响

"战争起源于人之思想,务须于人之思想中筑起保卫和平之屏障。"[1]教科文组织的组织法为其赋予了具有理想主义色彩的使命和任务,然而职能的实现则有赖于成员国与教科文组织的良性互动。制度设计是国际组织的根基。国际组织内一套科学合理的制度可以为各利益相关方提供较为稳定的行为预期,制度产生的路径依赖效应能够不断提升国际多边机构的合法性,帮助它抵御未来国际政治局势变化带来的冲击,使国际组织行稳致远。如果制度设计存在缺陷,国际组织的运作便具有脆弱性,一旦外部形势变化,内部的平衡便会发生改变,国际组织的运营方向也可能偏离成员的初衷。

教科文组织自成立以来,一直是联合国系统中发生政治风险较为频繁的专门机构之一,几十年来时常遭遇成员国的认同危机以及政治化诘问。这种现象的存在不但与它的宗旨可能涉及大众传媒、价值观甚至主权等高敏感性议题领域有关,还与它制度设计中的一些缺陷有关。美国在教科文组织的创立过程中发挥了引领作用,成功推动了一个政府间的教育文化科学国际组织从方案变成现实。然而由于美国在设计教科文组织过程中的种种自利性动机,以及在当时的时代背景下缺乏对国际组织运作规律的系统了解,其主导的制度设计存在一些瑕疵,甚至可谓是结构性缺陷,这为该组织在后世遭遇的多番政治风波和合法性危机埋下了伏笔。

第一节 美国塑造下的联合国教科文组织

美国是教科文组织创设的主导者和制度结构的主要设计者。尽管美国在教科文组织的萌芽阶段并没有参加最初的会议,但自1944年正式参与盟国教育部长会议后,就通过主持草拟组织法的工作成功主导了会议的发展方向,并将教科文组织的制度设计与美国同步形成的全球愿景整合在一起。在教科文组织的制度设计过程中,美国教育部门的官员和教育界人士在盟国教育部长会议的组织机构中担任要职,美国参议员富布莱特身兼"开放会议"主席和宪章起草委员会的主席。这些举措确保了新成立的国际组织与美国所构想的自由主义秩序具有一致性,美国在国际组织创设初期也能够发挥主导优势,将不符合其意图的方案否决。

由于战后美国在经济领域拥有绝对实力,欧洲及广大发展中国家都对其存在不同程度上的非对称依赖,这使得教科文组织的宗旨目标侧重体现了美国战后文化霸权的基本思路,没有充分考虑受战争影响的国家的战后重建的实际需求。在合作目标上,以美国草案为基础的联合国教科文组织《组织法》规定了"该组织的宗旨是通过促进国家与国家之间在教育、科学和文化上的合作,从而形成对正义、法律、人权以及基本自由的普遍尊重,以此共筑和平与安全"[2]。其所设定的"和平与安全"的目标,与美国主导下创建的联合国的"和平与安全"宗旨基本趋同。[3]在合作领域上,美国成功地将盟国教育部长会议确定的合作议程教育和文化重建转向战后国家间思想和文化的交流,并将这议题扩展到教育、科学、文化和大众传媒四个领域。盟国教育部长会议以及后来拟议中的联合国组织起初都是以战时和战后的教育和文化重建援助为导向的,这符合遭受战争摧残的国家重建的需求和愿望。沿着这一方向发展,这一拟议中的组织将成为文化和教育领域的联合国善后救济总署(UNRRA),盟国教育部长会议期待美国加入并扮演领导作用也是因为美国能带来更多的复兴重建所需的资源。而美国担心这一国际组织一旦被赋予重建的使命,就将获得资源的再分配功能,最后导致社会主义阵营的国家获益,也担心美国国会的保守力量反对国际组织以超越主权国家的方式分配资源,因而反对建立一个服务于战后重建的"务实"的组织。尽管希腊、波兰等国家一再要求筹备委员会承担起战后援助的责任,波兰代表甚至表示抗议拒绝签署有关建立筹备委员会的文本,[4]美国政府因担心国会的反对拒绝赋予新组织和筹备委员会以承担战后教育文化重建的职能,反对以国际组织的方式为战后文化和教育重建提供资金支持。这彻底改变了盟国教育部长会议的初心和政策导向。如此一来,教科文组织缺乏强大的物质基础,其合作目标与战后重建的实际需求相脱节,这注定了它从诞生之初就是一个高度理想化和具有"政治化"可能性的国际组织。[5]

从思想中构筑和平则非常契合美国国内高涨的自由主义思潮对于构筑和平的构想,而实现这一目标的方式是加强思想和文化的交流,手段是大众传媒。美国更愿意看到一个"务虚"的国际组织的出现,思想与和平议题也因此代替教育和文化重建成为美国方案最基本的组织创设逻辑。美国在伦敦会议上提议将基于自由原则的大众传媒的条款列入联合国教科文组织的章程中,甚至将大众传媒的作用和重要性提升到与教育、科学和文化同等重要的位置。美国代表麦克雷什甚至声称,联合国教科文组织的目标应当集中于两个方面:一是致力于提高世界各国的大众教育水平,二是通过大众传媒以增进世界各国的相互了解以及自由的国际文化交流。[6]在美国的强力敦促下,伦敦会议接受了美国的主张,将大众传媒及其自由原则作为重要的条款列入联合国教科文组织章程,还在美国的倡导下通过决议,要求教科文组织筹备委员会对大众传媒问题给予特别关注。[7]在伦敦会议上,美国代表团自鸣得意地认为,"(美国代表团)先发制人,将大众传媒——电影和广播列为大会的重点议程,与法国主导下国际智力合作组织一贯的智识合作方式截然不同"[8]。

将大众传媒提升到与教育科学文化相同的地位上,还彰显了美国借其大众传媒行业的先发优势推广美国价值观念,进而主导自由民主的战后世界秩序的野心。时任助理国务卿威廉·本顿认为,"教科文组织能够成为美国实现更广泛的对外政策目标的主要力量……权力也存在于思想领域,这一领域也将成为守成国和崛起国争夺权力的新战线"。[9]事实上,美国在二战之后几乎垄断了大众传媒行业,以新闻行业为例,美国控制了战后超过 60％的新闻出版物,美国还通过一系列的措施来加剧这种资源分配的不平衡性。[10]相比起以往较为缓慢且局限于社会中上层人士的传统通信媒介而言,包括新闻出版和广播电视的大众传媒能够更好地服务于美国的意识形态输出和民主、自由价值观在全世界的传播,也更能取得改变人们见解与政治态度立竿见影的效果。[11]结合冷战序幕即将拉开的背景,不难看出美国将大众传媒列为工作领域是基于其意识形态对抗的政治考量,这一趋势在日后教科文组织的工作中愈发明显并一发不可收拾。

美国推动教科文组织在信息工作中发挥作用和当时时代背景下美国国内的政治思潮及意识形态斗争具有密切相关性。1944 年,美国国会两党就战后美国外交中推广国际信息自由原则达成共识,使"第一修正案"国际化的条款被写入国会决议中。[12]自这一时期至 20 世纪 50 年代初,美国从政府到新闻界掀起了一阵宗教式狂热地输出"第一修正案"的运动,在世界范围内推崇无拘束的新闻自由。苏联和第三世界国家是该项运动重点关注的对象,让这些国家的人民收听美国之音的节目和获取西方电影、书籍和杂志是该项运动的主要目标。[13]推动国际信息自由成为美国对外关系工作的重要内容,杜鲁门认为,"当下国际关系,从本质上要求美国将信息工作作为我们外交工作中必不可少的环节"[14]。教科文组织是与信息工作最密切相关的战后国际组织之一,也自然成为美国推广国际信息自由这一行动的阵地。教科文组织成立之前,美国国内在对教科文组织的相关宣传中反复提到其推动信息自由流动的使命,美国公众对于新成立的国际组织的这一使命抱有非常热切的期待。[15]

由此观之,美国对教科文组织的使命和宗旨的设定与战前法国推崇的,国联之下推动知识分子交流合作的智力合作组织有异曲同工之处。虽然美国设想教科文组织将思想和文化交流通过大众媒介的方式扩展到各国公民,而智力合作组织仅仅以传统的知识分子交流为主,但相同之处在于二者都缺乏足够的资源支持,且宗旨目标都被定位为宏大的推动思想交流,务虚而非务实。与智力合作组织的案例相比较,教科文组织甚至更为虚弱、与现实需求脱节、易受政治性议题的影响。

美国通过对教科文组织合作领域的设定赋予了教科文组织承担东

西意识形态对抗、维护美国在传播和通信领域的霸权的使命,对教科文组织合作方式尤其是其机构设置和决策规则的设定则成功将盟国教育部长会议改造成一个联合国的多边教育和文化机构,使成员国的合作方式组织化、多边化,削弱了教科文组织的欧洲中心色彩。

在 1942 年盟国教育部长会议召开之初,美国对盟国教育部长会议的合作方式并不感兴趣,也并不赞同。特别是尚未组织化、程序化、制度化的初期,盟国教育部长会议以协商和共识而非投票达成协议,国家代表的数量也并不固定(其中英国代表团的数量远远超过七大国家的代表数量),英国在会议进程中扮演着决定性的角色。在美国参与推动盟国教育部长会议向新组织过渡的过程中,降低战后教育文化合作领域的欧洲中心色彩是美国的一个重要目标,对此其也采取了一系列相应的做法。

首先,在拟议中的国际组织与盟国教育部长会议的关系处理上,美国的最初构想是将后者转变为该国际组织的欧洲区域局,为充满欧洲中心主义色彩的盟国教育部长会议降格。虽然这个想法最终未能落实,但在筹备新组织过程中美国成功使更多的欧洲域外国家得以参与其中,如此则便于将拟议中的国际组织的成员基础扩大到所有的"联合国家"。所有"联合国家"均可加入其中的规定也延续下来,成为《组织法》中所有的联合国成员自动获得教科文组织会员资格这一规定的滥觞,这种做法扩充了教科文组织的成员基础,也因此降低欧洲国家的比例。

其次,在国家代表数量分配原则问题上,美国关于每个国家派出相同的两名代表的立场得以贯彻,成功将英国在教育部长会议中的 13 名代表压缩为 2 名。[16] 在投票权分配问题上,在关于成立一个筹备委员会的问题上,美国代表富布莱特提出成立一个所有的联合国家成员国都有相同权利的筹备委员会,并尽可能地包含更多的国家,而法国代表保罗·沃谢提出的以索莫菲尔特-格拉瑟委员会为基础、加入美国和英国的代表和盟国教育委员会之外的专家代表的方案由于过于欧洲中心倾向而被富布莱特拒绝,最终的协调方案是建立一个每个成员国代表都有相同投票权利的"开放会议"。[17] 这代表了美国的多边主义和机会均等的倾向,也为一个多边化、全球化的联合国机构的建立提供了决策程序,并成功削弱了欧洲的影响力。开放会议"一国一票"的投票程序为新成立的教科文组织大会所接纳，这也成为日后美国日益难以影响教科文组织决策的重要原因之一。

第三，美国倡导的政府间主义的合作方式成为主流并融合进机构设计之中。"美-法"方案之争以美国-CAME 方案的最终获胜而告终，政府间主义也最终战胜知识分子合作的传统欧洲文化合作方式。从大会到执行局再到秘书处，处处存在国家意志的身影。大会国家代表自不待言，虽然执行局成员在创立之初至 1954 年一直是 18 位独立个人专家代表，但也是由国家代表组成的大会从国家指派的代表中按照在艺术、人文、科学、教育、信息传播领域的个人能力、文化多样性和地理平衡分配代表的原则选出。[18]秘书处的职员也不再遵循知识分子合作的原则由知识分子组成，而是依照行政能力标准，如效率和业务能力选出。[19]美国从合作形式设定上实现了为教科文组织去"欧洲中心化"与知识分子合作传统的意图。

第二节　教科文组织内部治理机制及其评述

教科文组织的内部治理机制整体上由宗旨设定、会员构成、组织结构、决策机制几个核心要素构成，它们共同确定了教科文组织存续的形态、活动的目标与活动所遵循的基本程序。组织的设计者们确立的内部治理方案既体现了当时国际社会对教育科学文化领域内多边合作事业的理解，也是各方政治势力权力博弈的结果。在宗旨目标上，欧洲国家在盟国教育部长会议时期设计的教科文组织是一个低政治的、事务性的机构，教育科学领域的合作主要由成员国以双边协议的方式进行。欧洲的主要期待之一就在于从制度上减少它对各国教育主权的干预。而美国在介入教科文组织的设计后，不但把欧洲国家视为主权范围内的教科书审查作为组织的重要工作，把大众传媒提升到与教育科学文化相同的地位上，还把一个欧洲设计的带有非官方色彩的机构完全转变为一个政府间组织。这些操作增加了教科文组织职能的政治敏感性，为成员国与组织之间、成员国之间的矛盾激化埋下了伏笔。

美国在增进教科文组织宗旨目标的政治敏感性的同时，并未做好与组织高政治敏感特征相匹配的制度设计。美国在二战后的综合国力跃居世界第一。正如它凭借政治、经济优势筹建了联合国和布雷顿森林体系，以此巩固其在国际政治经济领域的霸权一样，它也试图凭借其在大众传媒领域的优势推广美国价值观。从主权国家的理性主义假设来看，这种想法并非难以理解。然而国际组织的治理机制设计本身还是一个技术性问题。无论是高政治或是低政治领域的多边合作，国际组织的治理机制设计必须依托于成员的共识，并与其宗旨目标相匹配，才能保障组织的顺利运行。这就要求组织的设计者对组织的宗旨、结构、决策机制有着完整而深入的理解。与联合国、世界银行、国际货币基金组织等国际组织属于美国的"原创作品"不同，教科文组织是美国在英法主导的"半成品"基础上嫁接自身战后战略目标的产物。为此美国对教科文组织的一些制度设计方案并非从教科文组织本身的运作出发，而是出于与英法争夺主导权而采取的权宜之策，这就使得教科文组织的治理结构和其要服务的宗旨目标产生了撕裂。此外经常被忽视的一个重要因素是，在知识层面，尽管美国在二战后开始全面采用多边机制维系其全球霸权，但它对国际组织本身的运作逻辑缺乏全面而科学的理解，而主要是在霸权主导的逻辑之下开展行动。缺乏系统化的国际组织理论支撑使得美国战后多边外交战略在变动的国际环境中日益偏离美国的最初设想。

一、宗旨设定

教科文组织《组织法》第 1 条规定了组织的宗旨："通过教育、科学及文化来促进各国之合作，对和平与安全作出贡献，以增进对正义、法治及《联合国宪章》所确认之世界人民不分种族、性别、语言或宗教均享有的人权与基本自由之普遍尊重。"《组织法》进一步规定为实现该宗旨："a)通过各种大众传播工具，为增进各国人民间的相互认识与了解而协力工作，并为达此目的，建议订立必要的国际协定，以便于运用文字与图像促进思想的自由交流。b)通过下列办法予教育之普及与文化的传播以新的推动力：应会员国的请求，与其协作开展各种教育活动；建立国家间的协作以促进实现不分种族、性别及任何经济或社会差异均享有平等教育机会的理想；推荐最适宜培育世界儿童担负自由责任的教育方法。c)通过下列办法维护、增进及传播知识：确保对图书、艺术作品及历史和科学文物等世界遗产之保存与维护，并建议有关国家订立必要之国际公约；鼓励国家间在文化活动各个部门进行合作，包括国家间教育、科学及文化领域中积极从事活动的人士之间的往来，交换出版物、艺术及科学物品及其他情报资料；创造各种国际合作的方式以利于各国人民获得其他国家的印刷品与出版物。"[20]

和早期的欧洲方案相比，教科文组织的宗旨在最终设定上呈现出以下几方面特征。其一，将促进"和平与安全"设定为教科文组织的基本目标之一。这与美国主导下创建的联合国的"和平与安全"的宗旨基本趋同，而同期其他全球性组织则鲜有这样的表述。这使得教科文组织的使命从看似"低政治"的教育科学文化议题扩展至"高政治"的范畴。冲突中的遗产保护问题、和平与裁军教育问题、与战争相关的信息传播议题能够轻松进入议程。

其二，业务领域大幅度拓展，强调大众传媒领域合作。盟国教育部长会议设定的教育和文化重建目标被扩展为教育科学文化和大众传媒四个业务领域，使教科文组织一成立，就成为联合国系统内职能最广泛、最复杂的国际组织。这直接造成教科文组织的项目过于分散，难以确定重心。时任教科文组织总干事路德·埃文斯回忆，"成员国代表对教科文组织的主要批评意见中，就有对教科文组织的项目过于分散化的批评"，[21]将大众传媒议题纳入教科文组织宗旨的做法体现了当时在大众传媒领域占据绝对优势的美国试图塑造国际教育科学文化领域的秩序的整体目标和思路——通过教科文组织向世界各国输出美国价值观和西方自由主义意识形态，这也意味着教科文组织自始即具有政治化倾向——这是曾经的法国和英国方案所努力避免的。

其三，实现了各大国方案的整合。法国方案曾经将组织宗旨设定为推动"文化发展""普遍团结""更高的道德和智识标准"，并倡导让知识分子而非国家代表成为教科文组织的主体。与之相应，美国和英国方案则聚焦国际和平与安全，反对将参与方限定在对和平与安全议题影响有限的知识分子范围内。[22]最终《组织法》对宗旨的表述整合了二者，在《组织法》第1条第2款(c)项中明确规定："组织将通过鼓励在教科文领域活跃的人士之间的国际往来，来传播、增长和保护（maintain）

知识。"[23]

其四,以塑造宏大的战后自由主义国际秩序为核心任务,以此取代了最初以援助重建为主的职能设定。教科文组织《组织法》最终确定的组织宗旨聚焦构建和平与安全的宏大目标,并强调通过加强不同民族、不同国家之间的交流和理解、建立起保卫和平的思想屏障来实现这一目标。各国在教科文组织筹建初期将其职能确定为支持教育科学文化领域的战后重建,美国最初也对此表述赞同。但随着美国在规划联合国和布雷顿森林体系的过程中逐渐形成完整的全球战略体系构想,美国的想法在 1944 年开始改变,打算以双边的形式开展援助,而不再同意在教科文组织的框架下推进战后援助项目,教科文组织则主要被定位为以"促进国家间相互理解"为目标的价值观塑造的机构。例如在 1946 年成员国向筹备会议提交的 53 个项目中,美国代表提出的项目为调查包括文盲在内的教育问题、促进教育交流、为促进国际理解教育推动国际合作项目。[24]

二、组织定位和会员准入

教科文组织性质上是一个独立的、拥有普遍会员制的政府间组织。[25]根据联合国大会在 1946 年 12 月 14 日通过的《联合国教科文组织与联合国经社理事会协定》,教科文组织是联合国的 16 个专门机构之一。[26]

教科文组织与联合国的关系有着作为专门机构的共性。首先,在宗旨上与《联合国宪章》保持一致,即《联合国宪章》第一条所规定的"促成国际合作,以解决国家间属于经济、社会、文化及人类福利性质之国际问题"[27]。其次,专门机构有其独立性和自主性,它们有各自的宪章、规则、成员、治理模式和财政预算。[28]但和其他联合国专门机构相比,教科文组织与联合国的关联更为紧密。1946 年 11 月 4 日教科文组织建立后,《组织法》第 10 条规定了教科文组织在性质上是联合国的专门机构之一,在《组织法》规定的权限范围内拥有自主权。1946 年 12 月 6 日教科文组织大会通过了《联合国与联合国教育、科学及文化组织的协定》;1946 年 12 月 14 日,联合国大会根据《联合国宪章》第 57 条和第

63 条批准了《联合国与联合国教育、科学及文化组织的协定》，教科文组织成为联合国的专门机构。

教科文组织在住所、人员、预算等事项上的独立性都昭示其是一个独立的多边机构。然而和其他专门机构相比，教科文组织的种种特征又使它未能与联合国彻底划清界限。其一，在名称上，教科文组织是联合国系统中为数不多的以"联合国"来冠名的机构（此外还有联合国粮食及农业组织和联合国工业发展组织）。其二，教科文组织在业务往来上和联合国组织也具有密切联系。根据《联合国与联合国教育、科学及文化组织的协定》，教科文组织同意与经社理事会合作，应安理会之请求，向安理会提供信息及协助，包括协助执行安理会维持或恢复国际和平及安全之决议（协定第Ⅶ条）。教科文组织同意将该组织与任何其他专门机构、政府间或非政府性组织订立之任何正式协定之性质及范围，通知经社理事会，特别是在缔结此类协定之前通知经社理事会（协定第ⅩⅧ条）。[29]

更为典型的事例是教科文组织的会员准入和退出机制。《组织法》第 2 条规定了组织的会员资格。根据该条规定，教科文组织的会员主要来自两个渠道。一是联合国组织之成员国自动获得成为教科文组织的会员资格。[30]教科文组织的会员准入问题与联合国成员资格绑定在一起，这为苏东国家在 1954 年之后加入/重返联合国教科文组织、广大亚非国家独立之后迅即获得成员国身份提供了通道，也为联合国成员国退出并再次加入教科文组织免除了门槛。二是在非联合国成员国加入教科文组织的问题上，教科文组织成立的初期，根据《教科文组织与联合国的关系协定》，非联合国会员国需要首先向教科文组织执行局申请，执行局将这一请求转达联合国经济与社会理事会。在执行局的推荐以及联合国经社理事会的批准后方能向大会推荐表决其成员国资格，再经教科文组织大会三分之二表决通过才能成为教科文组织的新会员国。如果经社理事会拒绝新成员的批准，教科文组织必须接受。只有当接收期 6 个月内经社理事会未做出任何建议时，才能够依照教科文组织组织法的相关规定处理。[31]这意味着早期的教科文组织既不能独立地拒绝联合国成员的加入，又不能独立地允许非联合国成员的加入。此外，根据《组织法》的规定，经联合国中止其在该组织内之会员权利与特权时,教科文组织亦应中止其在本组织内之权利与特权。[32]

联合国经社理事会的资格审查这一前置程序直至经社理事会第33届会议上才由教科文组织提议并批准删除。[33]自此非联合国会员进入教科文组织不再需要教科文组织执行局与联合国经社理事会磋商,仅需获得执行局推荐及大会三分之二表决通过即可。教科文组织的会员资格成为非联合国成员"入联"的敲门砖,由于非联合国成员国的入会请求首先需要得到联合国经社理事会的推荐,后者作为联合国的主要执行机构,本身就代表联合国的意志,获得其推荐教科文组织成员的机会就意味着行为体不仅是与教科文组织的成员身份,而且是与联合国会员国身份近在咫尺。即使在后来经社理事会第33届会议上,这一前置程序被经社理事会批准删除,非联合国会员进入教科文组织不需经社理事会磋商的推荐,教科文组织成员国身份与联合国成员国资格之间相互捆绑的联系也已经深入人心,教科文组织的成员身份亦成为争夺不休的政治资源。

由于联合国会员资格有严格的准入门槛,加入联合国比加入教科文组织更加困难。教科文组织的第二条准入规则——执行局推荐和大会三分之二多数通过,即成为了一些具有重大争议的、不能成功加入联合国的政治实体谋求国际认同的替代渠道。依据上述条款,负有二战战争罪责的日本以非联合国成员的身份申请加入教科文组织,虽然遭到了菲律宾和社会主义阵营的国家在经社理事会审议过程中的反对,以及在教科文组织大会投票过程中菲律宾的反对,但是日本仍凭借多数的支持成功闯关。[34]从20世纪50年代后期开始,伴随着亚非国家相继独立的浪潮,联合国教科文组织的会员国数量呈现出迅速递增的趋势。截至2023年10月,教科文组织的会员数量为194个,但成员国名单与联合国并不完全重合。其中库克群岛、纽埃、巴勒斯坦三国未被批准加入联合国,以色列、列支敦士登这三个联合国成员不在联合国教科文组织内。教科文组织还有12个副代表成员(associate member)。[35]

横向对比来看,不同类型的国际组织所适用的准入门槛各不相同。联合国、欧盟、东盟、北约等国际组织在会员资格上有全体一致的门槛要求,国际货币基金组织、世界银行等则涉及大国一票否决权的适用,国际民用航空组织要求得到联合国许可并经过大会五分之四多数通过。万国邮政联盟则和教科文组织类似，其会员资格对联合国成员国开放，非联合国成员经万国邮联成员三分之二批准即可加入。国际电信联盟、世界卫生组织在会员准入上则更为宽松。联合国会员可直接成为世界卫生组织的成员，其他会员经世界卫生组织大会多数通过即可。

在有关退出和重新加入教科文组织的流程方面，教科文组织的相关规定也较为宽松。组织任何会员国或准会员，经通知总干事后即可退出本组织，而重新加入教科文组织则只需重新提交入会申请即可。这种宽松的退出和重返政策让退出后再次加入几乎没有成本也使得会员国在退出时更加轻率，也使会员国肆无忌惮地以退出教科文组织作为施压秘书处的手段。实践中，教科文组织自成立以来始终是成员"退群率"最高的全球性国际组织之一，几乎只有已经解散的国际联盟可以与之比肩。历史上波兰、匈牙利、捷克斯洛伐克、南非、印度尼西亚、葡萄牙、新加坡、美国、英国、以色列等多个国家都曾在退出后又重新回到教科文组织。其中波兰曾于 1952 年 12 月退出，匈牙利曾于 1952 年退出，捷克斯洛伐克曾于 1953 年退出，后三国于 1954 年与教科文组织重新恢复了合作关系。南非曾于 1956 年退出，后于 1994 年 12 月重返教科文组织。印度尼西亚于 1965 年 2 月将退出决定告知总干事，但在 1966 年 7 月，印度尼西亚政府宣布取消尚未失效的退出通知。葡萄牙曾于 1972 年退出，1974 年重返。英国曾于 1985 年退出，1997 年重返。新加坡曾于 1985 年退出，2007 年重返。作为教科文组织核心创始国的美国更是曾两次退出，以色列跟随美国也两次退出。

三、机构设置和决策机制

根据《组织法》第 3—6 条，教科文组织设大会、执行局和秘书处三个主要机构，分别代表国际组织的全体机构、执行机构和秘书机构，这种机构设置和绝大多数国际组织相同。

大会是教科文组织的全体机构，由各会员国代表构成，1954 年之前每年召开一次大会，1954 年之后每两年召开一次大会。大会主要负责决定组织的政策及工作方针并就执行局提交大会的工作计划作出决定,召开关于教育科学人文学科及知识传播之国际会议,选举执行局委员,并经执行局推荐任命总干事,等等。大会决策机制采用"一国一票＋多数决"的形式。每个会员国在大会都拥有一票表决权,大会大部分决策由二分之一简单多数投票决定,重要事项(如经执行局推荐接纳非联合国成员国为会员国、《组织法》修正案等)则需要出席并参加表决的会员国三分之二多数表决通过。涉及对组织宗旨之根本性改变或增加会员国义务之修正案,则须再经三分之二会员国接受后方能生效。会员国拖欠会费总数超过其在当年及前一日历年所应缴纳之会费总数时,该会员国即丧失其在大会之表决权。大会如认为由于该会员国不可抗力因素导致拖欠会费的情况,得准许该会员国投票。

执行局是教科文组织的执行机关。执行局委员由大会选举产生,自成立以来,执行局的成员组成在性质、数量和任期上经历过多次重大变化。1946 年联合国教科文组织执行局由 18 名独立个人代表组成,1954 年第 8 届教科文组织大会决定执行局委员今后将各自代表它们国家的政府,并改为由国家代表而非各领域专家组成执行局。[36] 1991年大会第 26 届会议决定,执行局由大会选出的 51 个会员国组成,选举执行局委员国而非执行局代表个人一直沿用至今。执行局委员个人虽代表国家但《组织法》同时规定了执行委员国应当任命在一个或者多个教科文组织的工作领域中有胜任力,并能够以必要的经验和能力胜任执行局的行政与执行职责的个人作为国家代表。[37] 数量上,1995 年大会第 28 届会议将执行局委员数量修改为 58 个,该标准一直沿用至今。[38]

任期上,1946 年教科文组织成立时执行局委员任期 3 年,可连选连任,但连任不能超过两届。当前执行局委员任期为 4 年,可以连选连任,每两年改选半数。执行局每年召开两次会议,经执行局主席倡议或应执行局六名委员之请求可由主席召集举行特别会议。执行局的职能包含为大会准备议程,审查总干事提出的工作计划和预算并连同其建议提交大会。执行局应在大会的授权下执行大会通过的工作计划,根据两次常会之间的情况采取必要措施保证总干事有效、合理地执行工作计划,并负责向大会推荐接纳新会员,等等。

大会主席依据其职权以顾问身份列席执行局会议。为推动讨论,执行局设置主席团,主席团没有决策权。主席团由 12 个成员组成,包括 1 位主席、分别来自 6 个选举区域小组的 6 位副主席和 5 个常设附属机构的主席。执行局决策机制也采用"一国一票＋多数决"的形式。执行局每一名成员有一票表决权,大多数决策由二分之一简单多数投票决定,涉及重要问题(提案的重新审议、以信函的方式进行协商、议事规则的修正案、暂停执行议事规则、邀请参与大会的观察员国名单)则需要三分之二多数投票通过。[39]

秘书处是教科文组织的常设秘书机构,由总干事一人及所需工作人员组成。秘书处下设若干部门,分别实施教育、自然科学、社会科学、文化和交流等领域的业务活动,以及行政和计划工作。负责秘书处总体工作的各部门由一名助理总干事领导,由巴黎总部及各地区办事处的国际公务员组成。总干事及其工作人员的履职属于国际性质,应对教科文组织本身负责而不能接受任何政府的指示。总干事为组织的行政首长,由执行局简单多数提名,大会任命。总干事的任期历经多次变化。1945 年组织法规定总干事任期为 6 年、可以连任。1989 年修改组织法后规定总干事任期为 6 年不变,但连任两届后将不得再次连续任职。2001 年大会将总干事任期修改为 4 年、最多连任两届,此即现行标准。

美国为教科文组织设计了一个相当强大的总干事作为行政领导核心,教科文组织总干事作为"最高级别的行政官员"为此享有广泛的职权,秘书处的职员也必须服从总干事的领导。[40]其职权包括但不限于:(1)列席大会和执行局的会议,享有议事权和建议权。总干事或其代表可以参与大会、执行局及教科文组织所属各委员会会议,但在各项会议中没有表决权。他可以为执行局的行动提供建议,或就正在讨论的问题进行口头或书面的陈述。在执行局的全体会议上,总干事需对大会通过的项目执行情况、执行局和大会在之前会议上通过决议的后续情况进行报告、提交关于项目和预算的草案。总干事应拟定并向各会员国及执行局送交关于教科文组织活动的定期报告。(2)项目方案和预算概算制定权。总干事负责拟定项目方案和相应的财务预算概算方案并提交执行局审查,执行局应审核总干事所拟定的预算概要并提交大会审议。总干事也可以直接接受符合《财务条例》所规定之条件的政府、公立和私立机构、协会及个人之自愿捐款、遗赠及补助金。(3)人事任免权。总干事可按大会批准的《工作人员条例》按照最高标准的正义、效率和技术能力的要求并兼顾地域范围的广泛性原则来任用秘书处工作人员。[41]

此外,总干事还拥有《组织法》未规定的隐性权力,包括:虽然没有投票权利但是有权出席所有大会以及执行局会议;有权在大会上作总干事报告,从而影响成员国的关注点;掌握着项目外资金的分配情况从而掌握教科文组织的项目安排。[42]由于《组织法》未对总干事的职责与权力划定明确的界限和条件,总干事能够极大扩展自己的权力。[43]例如,《组织法》赋予了总干事以向大会和执行局提交其草拟的行动提案的权力,以及向执行局提交组织的项目活动草案的权力,[44]而并未对项目和组织活动的范畴设置限制,给总干事影响国际组织的议程设置提供了便利。[45]这些职权所涉及的事项对成员国的利益具有重要影响,而成员国缺乏对总干事的监督制约机制。

在议事机构的成员构成上,教科文组织的大会与联合国大会、世界卫生组织大会等政府间国际组织的代表构成相同(除了国际劳工组织的国际劳工大会由政府、劳工和雇佣方三方代表组成),即各成员国派出官方代表组成,这是政府间国际组织的政府间主义和多边主义的本质体现,也是成员国向国际组织输出其意志的必然要求。而作为执行机构的执行局由各国选任的会员国组成,本质上是一种"国家代表制",即由被选举的部分成员国代替全体成员国在授权范围内行使职权。在独立的主权国家组成的国际体系之下,由于国际社会并不同于建立在较高水平政治认同基础上的现代民族国家,各国代表缺乏超乎各国利益的共同体意识,"国家代表制"对于国际组织而言并非天然合理的制度安排,缺乏合法性基础。

国际组织执行机构的构成总体上有三种情形:第一种情形是执行机构由所有成员的代表构成,典型示例是世界贸易组织,其总理事会和专门理事会都是成员国组成的全体机构并以协商一致的模式决策。[46]尽管这种决策模式使得世贸组织决策效率低下,但它在很大程度上避免了组织沦为成员间争夺制度话语权的场所。第二种情形是由代表国家的执行董事个人构成,类似情形主要存在于国际货币基金组织、世界银行、亚投行等金融机构。国际货币基金组织、世界银行的执董会分别由24、25名执行董事构成,亚投行的执董会规模则缩小到了12名。[47]国际货币基金组织和世界银行中为数不多的几个重要大国可以独立委派自己的执行董事,其他国家则以选区的形式联合推荐代表它们的执行董事。这种规则使所有国家的利益在国际组织的执行机构都能够得到表达。而实践中这些组织的执董会内部决策始终努力谋求全体一致的传统,也在很大程度上避免了会员国的"不安感"。

第三种情形是由获选的理事国构成,类似情形主要存在于联合国机构中的安理会、经社理事会等。其中安理会由"5个常任理事国＋10个非常任理事国"组成,经社理事会则由54个理事国组成。安理会的业务政治敏感度较高,但由于安理会常任理事国拥有一票否决权,且对非常任理事国有连任限制,这在授予常任理事国特权的同时,大大限制了会员国借由担任非常任理事国左右国际事务的空间。而经社理事会相关业务政治敏感度较低,理事国借此争夺利益的动力也相对较低。

这种看似和教科文组织执行局构成相似的国家代表模式,却因为议题领域的不同和配套规则的存在降低了权力博弈的可能,而教科文组织执行局并不具备前述条件。[48]执行局委员由获选国家代表构成这一规则再加上"一国一票＋多数决"的投票权分配和集中规则,在实际效果上使得执行局成为各会员国争夺组织内话语权、推进国家利益的权力旋涡。[49]而后执行局委员数量的持续扩张以及六大选区席位的争夺都是这种性质转化的后果。此外国家代表制的另一项后果即是使职业外交官而非各领域专家发挥主导作用,使执行局议事向着政治化而非专业化的方向发展。[50]一个非常鲜明的例子是,在非联合国成员加入教科文组织一事上,执行局委员有权推荐或不推荐某一国家,这一环节在本质上起到大会最终表决之前的资格审查的功能,对最终结果起到至关重要的作用。在执行局委员资格转变为国家代表之后,各国代表必然在各重大议题上与其国家立场保持一致,这样一来就加剧了国家与国家之间以及意见集团之间的斗争,从而增加了问题的复杂性和斗争性。

在决策机制上,根据上文所述,"一国一票＋多数决"机制是美国与欧洲盟国权力博弈的结果。这一问题体现在盟国教育部长会议讨论在战后建立处理教育和文化问题的联合国组织的初期阶段成员国代表权的分配上,即每个国家应当拥有相同数量的代表,还是应当让大国拥有更多的代表。美国支持前一种分配方式,但考虑到大英帝国及其自治领的代表数量将扩张为 12 个,于是美国也动员其拉美盟国和菲律宾自治政府加入,以削弱英国的主导地位。[51] 1944 年美国获得了教科文组织设计的主导权后,会议采用了美国籍大会主席富布莱特的提议,以每一个成员国无论大小都具有平等投票权的"公开会议"的形式召开盟国部长会议的起草委员会会议。[52] 而美国时任副国务卿爱德华·斯退丁纽斯(Edward Stettinius)在提交给罗斯福总统的备忘录中则提议"沿用民主原则构建一个联合国教育与文化重建机构"。[53] "一国一票+多数决"规则便顺理成章地成为教科文组织大会和执行局的决策程序。

"一国一票+多数决"的决策规则既是联合国体系国际组织通用的决策方式,也符合二战后国际社会推崇国家主权平等和现代民主决策的舆论氛围。"每个成员国拥有相同投票权"正是这些国家在教科文组织创立大会上构想的未来议事规则。[54] 不高于三分之二多数的决策门槛也有利于提升教科文组织的议事效率,避免因事事追求共识而拖延议决过程,从而有利于在战后迅速建立起国际秩序。

对作为发起国的美国而言,能够获得诸如在联合国安理会、布雷顿森林体系所拥有的特殊权力无疑是最优结果。然而与美国占据主导地位的布雷顿森林体系不同,欧洲在教科文组织的设计中拥有很大的话语权,美国获得特殊权力的意图很难得到其他国家的支持。"一国一票+多数决"的决策模式尽管没有授予美国特权,使它无法直接控制教科文组织的决策流程,但当时的美国作为西方阵营的领袖,在教科文组织内部能够稳定地获得其他西方国家以及拉美等亲美的第三世界国家成员的支持,其议案冲关二分之一或三分之二决策门槛并非难事,宽松的决策机制有利于美国利用教科文组织的平台推行符合自身利益的议题。从这种意义上看,"一国一票+多数决"的决策机制是在当时的情境下美国能够争取到的最有利的结果。[55] 然而,教科文组织的"多数决"决策机制与高敏感议题存在不适配性。

国际组织的决策机制决定了哪些议案将顺利通过议决程序产生效力,进而指导和规范国际组织的具体活动。决策机制主要由决策权分配规则和决策权集中规则构成。前者决定各成员在组织决策中分别获得的投票权重,可分为平权制(一国一票)和加权制两种模式,后者则决定决议生效所需要的最低赞成票总数额。决策权集中规则有简单多数、绝对多数、全体一致几种类型。当前教科文组织采用"一国一票"的决策权分配规则和"多数决"的决策权集中规则。国际组织的决策机制的合理性取决于议题的性质。一般而言,政治敏感性越低、对国家主权损害越小的议题领域,越倾向采用简单多数,而政治敏感性越高、对国家主权损害越大的议题领域,越倾向绝对多数甚至全体一致。涉及内部治理机制变更的事项,如组织法修改、成员准入、机构增减、规模变化等等,通常要适用比组织的一般业务更为严苛,乃至接近全体一致的决策权集中规则,以确保成员国加入该组织的初衷得到充分尊重。

实践中,欧盟治理结构变动的决策要求以全体一致的形式作出;联合国关于宪章修改、秘书长选任、新成员加入、机构增减等特别重要事项不仅要求大会三分之二的绝对多数通过,还适用安理会常任理事国的否决权。国际货币基金组织、世界银行中涉及组织运营的基础性事项也要求拿到85%的最严苛标准的赞成票,这事实上赋予了作为主导国的美国一票否决权,以及欧盟国家整体的一票否决权。而实践中相关组织在做出类似决策时,国际货币基金组织总裁和世界银行行长在类似事项中会努力以全体一致的形式做出决定,力图减少成员国之间的矛盾冲突。而东盟、上海合作组织等机制,更是明确要求以全体一致的决策形式。以上种种决策权规则和实践都说明了国际组织在涉及内部治理模式变动的事项上必须采取审慎原则,努力保障国际组织基础结构的安定性和国际组织的谦抑性,避免引发国际组织的宪法性危机。

就教科文组织而言,根据《组织法》第 4 条和第 5 条所载,教科文组织的任何成员国和当选的执行局委员,不论大小和会费摊派的比重,都能够在大会和执行局投票中享有平等的投票权。教科文组织大会和执行局投票采取多数通过制。大会除了《教科文组织大会决策程序》第 82 条规则所载的例外情况应采取三分之二多数外,其余决议均采用简单多数通过;执行局中除了《教科文组织执行局决策程序》第 49 条规则所载的例外情况应采取三分之二多数外,其余决议均采用简单多数通过。[56]

教科文组织的决策权分配规则设计相对合理,决策权集中规则则存在重大缺陷。国际组织决策中,多数决规则意味着少数成员的意志可能被具体决策所忽视。这种规则的正当性建立在一个隐含的假设基础之上——即便特定决议忽视了少数成员的意志,这种忽视对于国际组织宗旨目标的实现本身是有益的,对被忽视的少数成员个体是可接受的。如果这两项假设不能满足,即忽视少数成员的意志可能违背国际组织的宗旨,或者背离少数成员的个体意志可能引发严重的不公正结果或导致成员采取对抗行动,多数决的门槛便应该朝着顾及更多成员意志的方向偏移,直至采用全体一致的决策方式。

为此在国际组织决策中,高政治敏感性的议题需要高门槛的决策权集中规则,以维护组织内部的团结、增强决策的可执行性。例如《世界贸易组织协定》规定世界贸易组织内一国一票且有协商一致和投票表决两种决策方式,但贸易政策本身具有很强的国家利益关联性,美国等西方国家担心单纯采用多数决可能使组织被小国支配,为此在美国的倡议下,实践中世界贸易组织一直遵循关税与贸易总协定时期形成的共识决策方式。[57]国际货币基金组织和世界银行在制度层面采用"加权投票+绝对多数"的决策机制,但实践中相关组织的决策常常以共识的形式推进,很少真正进行投票表决。[58]

由于教科文组织的宗旨目标自设立之初便从原定的低政治、协调性机构转变为囊括国际安全目标、大众传媒议题的高政治敏感内容,相关议题常常关涉成员国的主权或根本国家利益。这套决策机制中的"多数决"规则意味着一些关系到成员国主权或重要国家利益的决议可以在少数或个别成员国强烈反对的情况下获得通过,这已经显著违背了成员国建立教科文组织的初衷。从实际效果看,这套决策机制中的"多数决"机制与教科文组织的宗旨目标相悖,有违功能主义的基本理念,同时又缺乏现实主义考量,没能体现教科文组织内部的权力政治格局,从而为日后组织内部成员国爆发剧烈的冲突埋下了隐患。

四、议程设置规则

国际组织的宪法性文件里规定的宗旨目标需要接受漫长岁月的检验,因此具有高度概括的特征,需要通过实践中的具体议程将之落到实处。从这种意义上,议程设置既是成员国合作目标得到忠诚实现的重要渠道,也是守护成员国合作共识、防范国际组织越权行事的第二道防线。为此,国际组织的议程设置规则应该兼具进取性和约束性,促使国际组织积极践行职能的同时,还应建立不适宜议题的阻却机制。国际组织议题从产生到进入议程,需要经历国际组织征集议题,成员国/总干事提出议题,形成临时性议程,投票通过正式议程四个阶段。若能在形成临时性议程之前通过阻遏机制将缺乏共识和协商空间的议题革除,那么就能够避免高级政治议题进入功能性的国际组织的议程中。

根据《联合国教科文组织执行局议事规则》,在执行局会议召开至少三个星期之前,临时性议程应当送交执行局委员,临时性议程应当包含大会成员国或者执行局委员提请考虑的任何问题,对议程的任何修改应当及时通知所有执行局委员。在执行局会议的开幕之时,执行局应通过其议程。在执行局会议进程中,如有须提交的新问题,应当在之后的会议中进行讨论。根据《联合国教科文组织大会议事规则》第9条规定,教科文组织大会特别会议和经常性会议的临时性议程由执行局负责拟定。第12条规定,总干事和任何成员国,在每届大会开幕之时的至少八个星期之前,可以对议程提出增添请求,新增议题将汇总为附加议程清单在每届大会开幕至少二十天之前分发给成员国。第15条规定,在大会的常会进程中如需增删议程,则需要半数以上出席成员的投票方能通过。[59]

对于执行局来说,所有委员均享有议程制定和修改权,而且不对议程内容进行限制。对于大会来说,议程制定权虽然由执行局掌握,但成员国享有向议程中增添议题的权力,因而成员国能够随心所欲向大会提交希望讨论的议题。执行局拟定大会议程的过程中没有审查程序,即缺乏共识外议题阻遏机制。大会对执行局拟定的议程照单全收,只有大会开始之后,议程的增删才能够以半数通过的方式实现。宽松的议程设置使得无论何种类型的议题都能够至少通过执行局会议进入大会的审议环节,这在制度上方便了成员国在教科文组织内部推行各类政治性议程。对大会议程的修改设置半数的门槛,使得不论什么议题一旦被提出并加入议程,就需要等到大会进程开始之后,获得半数以上的支持才能从议程中删除,从而增加了删减议题的难度。教科文组织的议程设置规则只具有进取功能而缺乏约束阻遏功能,使大量具有争议性的话题进入教科文组织的议程范围,教科文组织最终成为成员国权力博弈的战场。

第三节 组织规则的"棱镜"效应
与成员权力结构的演变

国际组织的良性运作要求它具备切实可行的、求取成员最大公约数的公共目标,并通过科学的组织架构设计来促进目标的实现。国际组织的组织方案是一套程序规则。和实体规则不同,它不告诉人们应当如何处理具体事务,而是规定了人们应当依照怎样的程序来制定处理具体事务的规则。这意味着,国际组织的组织方案决定了国际组织的机构设定以及业务活动的规则和程序,却不能决定国际组织机构和活动本身。为此,尽管国际组织的组织方案本身具有稳定性,其宗旨、组织行动规则、机构设置在岁月长河中变化较少,这套稳定的机制却可能在剧烈变动的社会环境中产生"棱镜"效应,延宕、弱化甚至逆转国际组织既有的权力结构和活动方向。在教科文组织内,国际社会权力结构的变化在组织机构的棱镜作用之下甚至产生更剧烈的组织内部的权力结构的变化,从而带来更加激进、动荡的政策方向和立场上的变化。

美国谋求文化霸权的战略意图使教科文组织的目标具有政治上的冒进特性,美欧权力博弈又使得教科文组织的内部治理机制沦为竞争和妥协的结果,缺乏系统性。这就导致在内部权力格局变化之后,教科文组织组织方案中的这种"棱镜"效应尤为显著。1946 年《组织法》生效后,其关于成员准入、机构设置、总干事职能、决策机制的规定便开始现实地指导教科文组织的运作。几十年来,尽管相关组织方案本身并未发生显著的调整,但教科文组织内部的权力结构、活动内容的政治化趋向却越演越烈,组织内部成员国之间、成员国与秘书处之间的矛盾冲突日益严重,使教科文组织被一些学者称为联合国体系中"最为政治化"的专门机构。[60]

教科文组织内部权力结构的演变主要表现在三个方面,一是大量发展中国家加入教科文组织使得西方发达国家失去对教科文组织议题的掌控能力,转而采用权力政治手段来达到目的。二是执行局的国家代表制使得委员数量不断扩充,机构臃肿低效,成为成员国权力博弈的场所,在教科文组织内部追求协商一致达成决议也更加困难。三是总干事的预算制定和项目安排权力的扩张不受成员国和执行局的监督和限制。

一、大会准入规则和决策机制使"多数派"和"少数派"轮换与对抗

在冷战两极对抗的背景下,教科文组织中的成员国也分化为资本主义和社会主义两大阵营,其中西方发达国家掌握绝对话语权,社会主义阵营则处于弱势地位。1946 年教科文组织成立之初,大会成员国只有 37 个,其中 14 个成员国是来自"第一区域集团"(西欧、美国、加拿大、澳大利亚和新西兰)的西方发达国家,非西方成员有 23 个,大部分也是支持美国立场的拉美国家。社会主义阵营的国家只有捷克斯洛伐克、南斯拉夫和波兰,苏联作为社会主义阵营的领导国家并没有参与教科文组织。[61] 在这种成员结构中,美国等西方国家处于绝对优势地位,教科文组织陆续通过一系列服务冷战意识形态对抗的议题。一方面是美国支持的议题顺利通过,在美国的授意下教科文组织顺利通过了对朝鲜战争的谴责提案、负有二战战争罪责的西德和日本被接纳为教科文组织的新成员。另一方面是社会主义阵营的国家支持的议题频频受阻:在教科书审查和新中国的代表权等议题上与西方成员国激烈冲突,于 1948 年集体缺席了贝鲁特教科文组织大会,波兰、捷克斯洛伐克和匈牙利还曾经在 1949 年和 1950 年的大会上愤然离席,并于 1952 年 12 月退出教科文组织。[62]

20 世纪 50 年代,教科文组织中的权力结构开始发生变化。1954 年,苏联凭借其联合国成员国的身份当然地获得了教科文组织成员国的身份。美苏双方就非联合国成员国的保加利亚和罗马尼亚的入会申请展开了激烈的博弈,但最终未能阻止这两个国家于 1956 年加入。在向总干事申明恢复成员国资格的意愿后,1952 年、1953 年退出的捷克斯洛伐克、波兰和匈牙利在苏联之后凭借其联合国成员身份也重新恢

复了教科文组织成员国身份。[63] 20 世纪 60 年代民族解放运动的兴起使大量发展中国家加入教科文组织，彻底打破了组织内部西方主导的权力格局。1960 年被认为是"非洲独立年"，仅在 1960 年就有 19 个非洲国家加入教科文组织，同年第 11 届大会产生了第一位来自非洲的大会主席。非洲国家的加入也大大增加了大会中非西方成员国的数量。

教科文组织的表决机制使得成员国数量的变化直接转化为决策权分配的变化，数量相对较少的西方发达国家失去对决策的控制权。在教科文组织内，无论是大会还是执行局中，采取多数决议适用简单多数、少数决议适用三分之二多数的决策规则。随着大会中非西方国家比例的上升，西方发达国家即便协调立场，也无法阻止非西方国家通过不利于己方的动议，更无法确保有利于己方的动议得以通过。例如，在人权问题上，教科文组织在第三世界国家的推动下将人权议题的关注点转向推动非殖民化和去种族隔离制度。1960 年，教科文组织大会宣布"一切形式的殖民主义和它的各种表现形式都必须尽快废止"，并认定教科文组织"在推动殖民地国家的解放和独立事业中扮演的重要角色"。[64] 1963 年的执行局会议认定了教科文组织在帮助解决"种族问题"方面的建设性角色。[65] 教科文组织还以实际行动支持人权议题。1963 年，教科文组织和国际教育局在一次联合举办的会议上将葡萄牙代表驱逐，理由是"拒绝给予非洲葡属殖民地人民应有的人权"。1965 年，应联合国大会决议的要求，教科文组织投票并通过了一项决议，"拒绝为葡萄牙和南非政府提供任何形式的援助，直到这两个国家的政府放弃殖民政策和种族歧视政策"。[66] 美国对教科文组织内部讨论这一人权议题的态度是消极的，时任美国国务卿腊斯克在 1963 年执行局会议上要求美国代表强调在种族问题上的反对立场，以防范苏联针对美国的反美宣传，[67] 美国同时还动员印度、墨西哥和尼日利亚的代表，但是未能阻止执行局和大会对此做出相关决议。

随着这种对抗的加剧，西方国家无计可施。由于非西方国家呼声强烈的议题一旦进入议程，西方国家无法动员半数以上足够的支持将其从议程中删除，更无法避免非西方国家在大会议事规则的辅助下在关键议题上以关键少数的西方国家利益为代价实现其自身利益。因此，在教科文组织的组织结构外，西方国家只能动用权力政治的手段来对教科文组织施压。随着 20 世纪 70 年代美国国内政治中的立法机关——国会在外交事务中的参与度越来越高,美国国会通过国内立法"长臂管辖"国际组织事务的做法屡见不鲜。在通信和大众传媒议题上,非西方国家孜孜以求通过教科文组织建立其"新世界信息与通信秩序",在具体议题上与西方国家激烈交锋。在贝尔格莱德举行的第 21 届大会上,关于保护记者的提案引起了轩然大波,[68]美国等西方国家将这一提议解读为实行新闻记者许可证制度来控制信息的流动,并出台了一系列国内法案来抵制破坏信息自由流动的行动。1981 年 6 月,美国参议院通过了第一份制裁教科文组织的立法《奎尔/莫伊尼汉修正案》(*Quayle/Moynihan Amendment to the Foreign Relations Authorization Act*.)。该法案首先谴责了教科文组织在约束新闻内容和为世界新闻业务设置规则的行动,其"国会的意见"决议更是包含了"如果教科文组织发起的项目推动了记者许可证制度、审查或妨碍信息自由流动或者实施强制性的新闻职业道德,那么国务院应当在教科文组织的总预算中扣除上述项目的 25% 的预算(即美国在教科文组织的会费份额)"的条款。[69]同年 9 月,美国参议员罗宾·彼尔德(Robin L. Beard)提出了一项《联邦政府拨款法案》(*State Department Appropriation Act*)的修正案并得到了国会的通过,规定"不管教科文组织采取什么政策,只要其政策影响是限制新闻记者或者新闻出版,那么美国总统将被授权终止对该组织的会费贡献"[70]。在美国的压力下,1982 年的第四届教科文组织巴黎临时特别大会上,为了延续教科文组织内部的共识,大会开始淡化"新世界信息与通信秩序"支持者的最初理想,并将新秩序的创立看作一个"持续性渐进"的过程而非建立一个管制性的机制的目标。[71]而这一转变的过程则是起草与协商委员会在其中发挥了重要的过程管理作用的结果。

又如拟定一个保护文化多样性的国际公约的提案从 2001 年开始就在每两年一度的大会议程上频繁出现。虽然这一提案极富争议,美国不希望订立这一国际公约的进程与既有的法律框架和义务相冲突,特别是可能导致限制文化商品的对外出口和信息自由流动的条款。由于不存在任何议程筛查机制,相似的提案一经提出,便毫无疑问进入大会议程,美国和以色列均难以动员大会半数以上的成员国删除议程。

事实上,这一国际公约的部分条款本身就将矛头指向文化产品对外输出强国美国。作为最大的利益相关方,美国无法在大会议程设置上对其进行限制,也无法号召超过三分之一的国家在大会上反对这一公约的订立。

二、执行局的"国家代表制"与决策机制加剧了成员间的权力博弈

教科文组织执行局的构成本质上是一种"国家代表制",部分国家代表另外一些国家作出决策,这种模式与国家主权原则相矛盾,会直接引发被代表国家的不安全感,诱使成员围绕代表权展开激烈争夺,在涉及敏感议题的国际组织中尤其如此。为此国际组织的执行机构中要慎用国家代表制,确有必要时也需要适宜的配套制度来克服其内生缺陷。

教科文组织执行局的国家代表制使职业外交官而非各领域专家在执行局决策中发挥主导作用,其与执行局的"一国一票＋多数决"决策规则叠加,使得执行局成为各会员国争夺组织内话语权的中心。[72]随着会员国数量的增多,成员国围绕着执行局席位的博弈日益激烈,执行局的规模因而也不断扩大。[73]这种扩大又使得内部对立现象趋于严重,其决策也因此失去了效仿世界银行、国际货币基金组织、世界贸易组织等机构基于协商一致做出决策的根基。

过去几十年来,执行局的规模不断扩大。教科文组织成立时执行局委员数量为 18 个,这一数字于 1952 年、1954 年、1956 年、1962 年、1968 年、1972 年、1976 年、1980 年、1991 年分别改为 20、22、24、30、34、40、45、51、58 个。[74]非西方国家后来居上逐渐占据执行局的数量多数。1946 年执行局的 18 个席位中有 10 个席位的代表来自西方国家(北美、西欧和澳大利亚新西兰),而只有 6 个席位的代表来自拉丁美洲、亚洲、中东和非洲,东欧国家代表仅占两席。执行局在 1968 年进行了一次选举集团制改革,将执行局委员划分为北美西欧澳新、苏东国家、拉丁美洲国家、亚洲、中东非洲 5 个选举集团,并以选举集团为单位分配委员名额。[75]改革之后,"第一区域集团"的 27 个国家仅分配到 9个席位,占总席位的 26％,而亚洲、中东和非洲、拉美、苏东国家集团则

获得了剩下的 74％的席位。1984 年,不平衡的格局更是进一步加强,
"第一区域集团"只占全部 51 个席位中的十个席位,比例不足 20％,非
西方国家则占据了剩下的 80％。[76]

执行局委员身份不言而喻的重要性,使得成员国将争夺执委席位
视为重要的目标。同时,随着执行局席位数的增加,成员国利益更加庞
杂。而为了平衡各方诉求,教科文组织不得不通过扩大执行局席位来
解决这一问题,执行局因此成为联合国体系中变动最频繁的专门机构
之一。选举集团制改革之后,更是将执行局变为集团政治的舞台。多
数表决制的普遍应用使得执行局被多数委员挟持,在超越成员间共识、
挑战执行局内部团结的关键议题上采取支持多数、忽视少数利益的
立场。

美国第一次和第二次拒缴会费均与此相关。1967 年第三次中东
战争之后,以色列在耶路撒冷旧城进行的考古发掘活动和基础设施建
设工程改变了文化遗产的历史原貌。教科文组织执行局几乎全体一致
的决议和大会上大多数成员国的同意要求教科文组织参与其中。1973
年第四次中东战争爆发,阿拉伯民族主义波及各国际组织,1974 年教
科文组织最终对以色列采取了惩罚性的行动,要求总干事切断一切对
以色列的援助,[77]将以色列从执行局的"欧洲区域集团"中驱逐出去。[78]
美国眼见盟国被剥夺执行局委员这一重要席位的选举资格,1974 年国
会立即通过了《对外援助法案》(Case Amendment to the 1974 Foreign
Assistance Act),要求"立即中断美国对教科文组织的财政支持,直到总
统向国会认定该组织'已经采取了与其教育、科学、文化目标充分一致
的政策'以及'采取了具体行动以纠正最近开展的政治化的活动'为
止"。[79] 2010 年巴以和谈失败之后,同情和支持巴勒斯坦的国家越来越
多,教科文组织执行局汇集了强大的支持巴勒斯坦的力量,这使得总干
事游说执行局委员国推迟讨论这一议题的努力变得几乎不可能。[80]在
2011 年 10 月,24 个国家向教科文组织执行局提交了《教科文组织接受
巴勒斯坦为成员国的请求》(Request for the admission of Palestine to
UNESCO)的决定草案,在投票环节有 40 个国家支持、4 个国家反对这
一决定,另有 14 个国家弃权,在半数通过制的投票规则之下,这一决定
草案轻松获得了足够的支持。[81]执行局多次让步于国家间政治压力的

历史事实充分说明了国际组织制度运行的规律:科学审慎的制度和规则设计有助于国际组织缓冲国家间政治局势的瞬息变化带来的冲击,维持内部政治环境和总体政治立场的稳定,反之则容易遭受突如其来的国际热点问题和危机事件的冲击,带来总体政治立场的颠覆和内部环境的紊乱,这是美国等西方国家诟病教科文组织"政治化"的问题的一个重要侧面。

三、总干事选任规则加剧了组织内部的阵营分化

教科文组织的任命规则和大会权力结构的变化客观上促成了总干事权力的扩张。根据教科文组织《组织法》第 6 条第 2 款和《执行局议事规则》第 49 条的规定,总干事由执行局提名,大会任命,执行局提名总干事适用简单多数规则,执行局的"一国一票"制意味着执行局委员无论贡献多少,也只能拥有相同的投票权,任何委员不具有否决权,美国和西方国家无法像在联合国和国际金融组织那样可以阻却其强烈反对的人选担任总干事。因此对总干事而言,获得执行局相对多数委员的支持是其获得选任和连任的关键。这种选任规则看似符合西方多数民主的基本精神,实则为总干事出于自身利益需求在议程设置、预算制定等事项上顾及多数成员的偏好、忽视少数成员需求埋下了伏笔。

教科文组织建立初期,西方国家几乎掌握了总干事的人事任免权,总干事因此常常被迫屈从西方国家的意志,甚至不得不辞职。自 20 世纪 50 年代执行局在美国的影响下被国家代表化后,执行局提名的总干事很难摆脱执行局内部国家或国家集团的影响,成员国也热衷推荐本国国民竞选这一职位。[82]20 世纪 60 年代,随着发展中国家成为教科文组织中的多数,总干事便不再对西方国家唯命是从。自 1960 年,教科文组织的两任总干事都与第三世界特别是广大非洲新兴独立国家保持密切的联系,在一定程度上与第三世界国家结成了"同盟",转而在一些关键议题上对抗西方国家。然而无论是和西方国家还是和第三世界国家"站在一起",本身都会使总干事偏离其原本所应具有的中立和忠诚于职能本身的立场。

总干事与执行局之间的关系也发生了变化。《组织法》规定,执行

局负责日常项目的监督和执行,与总干事共同负责起草项目安排和预算方案,并"采取一切必要的手段保证总干事高效和理性地执行项目"。然而,20世纪60年代以来,总干事凭借与执行局内部的大多数成员保持"前所未有的密切联系",并通过内在于其中"微妙的讨价还价"关系,其职权得到空前强化。[83]同时,由于总干事独揽预算制定权,而且项目安排的拟定权与预算制定权是紧密联系的两种权力,总干事因而能够凭借职权和事权以及与执行局和大会多数集团的密切关系,广泛影响执行局的日常活动,甚至限制《组织法》赋予执行局的项目制定权和监督权。

此外,总干事职能及其选任规则使得总干事在预算制定上的偏好和主要出资国存在天然分歧。主要出资国试图限制财政预算的倾向和总干事及广大非主要出资国扩大财政预算的倾向冲突不断,使得组织内部经常因为预算问题争执不下。按照教科文组织《组织法》的规定,总干事负责拟定预算方案。[84]每一任总干事都希望获得更多的资源来提升自己的"政绩",因而自然倾向采用扩张的财政路线。一些出资额较小的国家为了给本国争取更多项目,也具有争取更多预算、扩张组织权限的天然趋向。而负担着大部分财政支出的出资大国对于出资数额和资金流向反而缺乏监督控制权。

教科文组织建立初期,鉴于西方国家实质控制着总干事的任免权,前述分歧常常以总干事的妥协告终。20世纪60年代,随着大批发展中国家进入教科文组织并成为执行局和大会上塑造议程的关键力量后,主要出资国渐渐失去了对财政预算的控制权。在组织内部,广大发展中国家不断推动增加预算以加快对自身的技术援助,这种呼吁常常得到总干事的支持。1962年,作为代理总干事的法国人勒内·马厄(René Maheu)在巴西和印度代表的支持下提出了一份4 000万美元的预算方案,而在此前,执行局向大会提交的双年度财政预算方案是不超过3 800万美元,后者得到了执行局内英国、美国、苏联和法国这些主要出资国代表的支持。马厄则并不愿顺从这一预算限制,他将自己的预算方案绕过执行局的监督作为独立的议题带入了大会,大会最终同意将财政预算定在3 900万美元。[85]然而即使是这样一位在美国眼中不遵守预算节约精神的代理总干事,却在执行局内成功获得提名,并于

1962 年在大会上以史无前例的巨大优势升任新一届教科文组织总干事。[86]

20 世纪 70 年代,总干事一方面顺应第三世界国家的呼声,推动"新世界信息与通信秩序"的建立,另一方面扩大财政预算规模,满足第三世界国家要求教育科学文化事业援助的需求的同时提升自己的"政绩"。这种做法引发了作为主要出资国的西方国家的强烈不满。他们厉声批评总干事与第三世界国家"串联"的做法,斥之为教科文组织内的"分赃政治"(Pork Barrel Politics),"将总干事的绩效立足于挫败主要出资国限制教科文组织的活动规模和左右项目方向的企图和行动之上",[87]并发起了主要由西方国家组成的"日内瓦集团"来加强在会费分摊上的统一立场。[88]即便如此,教科文组织的预算仍然以美国不希望看到的速度不断增长。[89]直到 1984—1985 财年,在美国的退出压力下,大会才采纳了北欧国家为预算设置的限度,但由于仍高于美国的"零增长"预期,美国也因此成为唯一反对 1984—1985 双年度预算的国家。[90]

表 9.1　教科文组织 1948—1985 年预算及增速(不考虑通胀)

年　　度	预算(美元)	较上一财年的增长率
1948	7 682 637	
1949	7 780 000	1.267%
1950	8 000 000	2.828%
1951	8 200 000	2.500%
1952	8 718 000	6.317%
1953—1954	18 712 964	7.324%
1955—1956	21 629 330	15.585%
1957—1958	23 849 355	10.264%
1959—1960	27 185 124	13.987%
1961—1962	31 597 628	16.231%
1963—1964	39 000 000	23.427%

续表

年　　度	预算(美元)	较上一财年的增长率
1965—1966	50 276 000	28.913%
1967—1968	61 506 140	22.337%
1969—1970	77 413 500	25.863%
1971—1972	89 898 560	16.128%
1973—1974	119 954 000	33.433%
1975—1976	169 992 000	41.714%
1977—1978	224 413 000	32.014%
1979—1980	303 000 000	35.019%
1981—1983(三年度)	625 374 000	37.596%
1984—1985(双年度)	374 410 000	−10.195%

数据来源:作者根据教科文组织历年大会预算决议整理而成。

注释

1. 联合国教育、科学和文化组织:《教科文组织组织法》,2005 年,http://www.moe.gov.cn/srcsite/A23/jkwzz_other/200510/t20051021_81409.html,访问时间:2022 年 11 月 20 日。

2. "Constitution of the United Nations Educational, Scientific and Cultural Organization," 16 November 1945, Article I, https://treaties.un.org/doc/Publication/UNTS/Volume%204/Volume-4-I-52-English.pdf,访问时间:2022 年 10 月 24 日。

3. 闫晋、白建才:《美国在联合国教科文组织创立过程中的影响探析》,《近现代国际关系史研究》2015 年第 1 期,第 94 页。

4. "MacLeish to Acheson," November 10, 1945, Decimal File 501.PA/11-1045, box 2233, RG 59; Luther H. Evans, *The United States and UNESCO*, Dobbs Ferry, N.Y.: Oceana Publications, 1971, pp.125—127; F. R. Cowell, "Planning the Organization of UNESCO 1942—1946, A Personal Record," p.226.

5. Sam Lebovic, *A Righteous Smokescreen: Postwar America and the Politics of Cultural Globalization*, Chicago and London: The University of Chicago Press, 2022, p.9.

6. Charles S. Ascher, "The Development of UNESCO's program," *International Organization*, Vol.4, No.1, 1950, pp.13—14.

7. Bryon Dexter, "UNESCO Faces Two Worlds," *Foreign Affairs*, Vol.25, No.3, 1947, p.397.

8. "Memorandum by the Assistant Secretary of State(Benton) to the Secretary of State," *FRUS*, 1945, Volume I, p. 1524.

9. William Benton, "Report on the First General Conference of UNESCO," *Depart-

ment of State Bulletin 2720，5 January 1947，pp.20—21.

10. William Preston J.R. et al., *Hope and Folly：The United States and UNESCO：1945—1985（Media and Society）*，Minneapolis：University of Minnesota Press，1989，p.55.

11.［美］弗兰克·A.宁科维奇：《美国对外文化关系的历史轨迹［续］（美〈文化外交：1938—1950 美国的外交政策和对外关系〉）》，钱存学编译，《编译参考》1991 年第 8 期，第 58 页。

12. 第一修正案，即 1791 年 12 月 15 日批准的美国宪法前十条修正案的第一条，内容为："国会不得制定关于下列事项的法律：确立国教或禁止新教自由；剥夺言论自由或出版自由；剥夺人民和平集会和向政府请愿申冤的权利。"宪法第一修正案是美国新闻自由的法律根源，参见程曼丽、乔云霞：《新闻传播学词典》，新华出版社 2012 年版，第 152 页。关于将该法案国际化的讨论参见 Henry S.Villard，"The Positive Approach to an Enduring Peace,"*Department of State Bulletin 2256*，January 28，1945，pp.136—137。

13. Margaret A. Blanchard，*Exporting the First Amendment：The Press-Government Crusade of 1945—1952*，White Plains：Longman，1986，p.352.

14. "Assignment of Additional Duties to the Department of State," *FRUS*，1945，Volume I：General，p.X.

15. S. E. Graham，*Culture and Propaganda：The Progressive Origins of American Public Diplomacy，1936—1953*，Burlington：Ashgate Publishing Company，2015，p.124.

16. "The Ambassador in the United Kingdom（Winant）to the Secretary of State,"London，Oct. 7，1943，*FRUS*，1943，General，Vol.I，p.1157.

17. H. H. Krill de Capello，"The Creation of the United Nations Educational，Scientific and Cultural Organization," *International Organization*，Vol.24，No.1，1970，p.9.

18. "Constitution of the United Nations Educational，Scientific and Cultural Organization. Signed at London on 16 November 1945," Article V.（A）.

19. Ibid.，Article VI.4；William R. Pendergast，"UNESCO and French Cultural Relations 1945—1970," *International Organization*，Vol.30，No.3，1976，p.456.

20. "Constitution of the United Nations Educational，Scientific and Cultural Organization," Article I，Item 2，https：//heinonline.org/HOL/Page?collection＝journals&handle＝hein.journals/intcon24&id＝496&men_tab＝srchresults，访问时间：2022 年 9 月 22 日。

21. Luther H. Evans，"Some Management Problems of UNESCO," *International Organization*，Vol.17，No.1，Winter 1963，p.80.

22. William R. Pendergast，"UNESCO and French Cultural Relations 1945—1970," *International Organization*，Vol.30，No.3，1976，pp.455—457.

23. "Constitution of the United Nations Educational，Scientific and Cultural Organization," Article I，Item 2(c).

24. "Record of the First Meeting of the 5th session of the Preparatory Commission,"July 5，1946，UNESCO/Prep.Com/5th Session，P.V.1.（1），UNESCO PC，Vol.2.

25. Klaus Hüfner，"UNESCO—United Nations Educational，Scientific and Cultural Organization," in Helmut Volger，ed.，*A Concise Encyclopedia of the United Nations*，Leiden：Martinus Nijhoff Publishers，2010，p.557.

26. Ibid.

27. 晋继勇：《试析联合国专门机构的政治化——以世界卫生组织为例》，《国际论坛》2009 年第 1 期，第 12 页；《联合国宪章》第一条，https://www. un. org/zh/about-us/un-

charter/full-text,访问时间,2022 年 5 月 13 日。

28. Luisa Blanchfield and Marjorie Ann Browne, *Membership in the United Nations and Its Specialized Agencies*, *Congressional Research Service*, June 19, 2014, p.1, https://sgp.fas.org/crs/row/R43614.pdf.

29. "Agreement Between U.N. and UNESCO," July 10, 1948 in Amos J. Peaslee, ed., *International Governmental Organizations Constitutional Documents*, The Hague: Martinus Nijhoff, 1956, p.730.

30. 这是联合国系统的惯例,除世界银行、国际货币基金组织、世界贸易组织等少数几个例外,国际海事组织、联合国工业与发展组织、国际电信联盟、万国邮政联盟、世界气象组织、世界卫生组织、国际民用航空组织等众多联合国专门机构也有类似规定。

31. "Constitution of the United Nations Educational, Scientific and Cultural Organization," Article II, Item 2; "Agreement Between U.N. and UNESCO," July 10, 1948 in Amos J. Peaslee, ed., *International Governmental Organizations Constitutional Documents*, The Hague: Martinus Nijhoff, 1956, p.724.

32. "Constitution of the United Nations Educational, Scientific and Cultural Organization," Article II, Item 4.

33. "Art. 63, Repertory, Supplement 3, Vol. II(1959—1966)," https://legal.un.org/repertory/art63/english/rep_supp3_vol2_art63.pdf,访问时间:2024 年 2 月 23 日。

34. Takashi Saikawa, "Returning to the International Community: UNESCO and Post-war Japan, 1945—1951," in Duedahl, P., eds., *A History of UNESCO: Global Actions and Impacts*, London: Palgrave Macmillan, 2016, pp.123—124.

35. Unesco, "Member States," https://www.unesco.org/en/countries,访问时间:2023 年 10 月 31 日。

36. Sewell, "Unesco: Pluralism Rampant," in Robert W. Cox et al., eds., *The Anatomy of Influence: Decision-Making in International Organization*, New Haven and London: Yale University Press, 1973, pp.167—168.

37. "UNESCO Constitution," Article V, Item 2.(b).

38. "Constitution of the United Nations Educational, Scientific and Cultural Organization," Article V, Item 1.(a), 24th June, 2022, https://www.unesco.org/en/legal-affairs/constitution,访问时间:2022 年 10 月 27 日。

39. "Rules of Procedure of the Executive Board(2019 Edition)," Article X, Rule 51, 2019, https://unesdoc.unesco.org/ark:/48223/pf0000366759,访问时间:2022 年 9 月 23 日。

40. 强大的行政领导核心对于美国来说尤其重要。美国认为一个政治组织应当天然赋予官僚机构的首席行政官员最大的权力,对于联合国系统的初始设计来说,需要一个具有活力和自主性的总干事/秘书长。参见 Finkelstein Lawrence S., "The Political Role of the Director-General of UNESCO," in Finkelstein Lawrence S, eds., *Politics in the United Nations System*, Durham and London: Duke University Press, 1988, p.398; Leon Gordenker, "Development of the UN System," in Toby Trister Gati, ed, *The UN, and the Management of Global Change*, New York: New York University Press, 1983, p.28; Charles S. Ascher, *Program-Making in Unesco*, 1946—1951, Chicago: Public Administration Service, 1951, p.16。

41. Unesco, "Constitution of the United Nations Educational, Scientifc anf Cultural Organization," Articke VI, Item 3, 4, 22 November 2023, https://www.unesco.org/en/legal-affairs/constitution,访问时间:2023 年 11 月 3 日。

42. Lawrence S. Finkelstein, "The Political Role of the Director-General of UNESCO," in Lawrence S. Finkelstein, ed., *Politics in the United Nations System*, Durham and London: Duke University Press, 1988, pp.398—409.

43. U. S. Government Accounting Office, "Improvements Needed in UNESCO's Management, Personnel, Financial, and Budgeting Practices," Nov.30, 1984.

44. "UNESCO Constitution," Article Ⅵ, Item 3.(a).

45. Lawrence S. Finkelstein, "The Political Role of the Director-General of UNESCO," in Lawrence S. Finkelstein, ed., *Politics in the United Nations System*, Durham and London: Duke University Press, 1988, p.399.

46. 世界贸易组织的协商一致是指：出席会议的成员未正式反对拟定的决议，那么就认定为通过协商一致做出了决定，关于世界贸易组织执行机构的机构设定，参见世界贸易组织：《马拉喀什建立世界贸易组织协定（1994 年 4 月 15 日）》，http://policy.mofcom. gov.cn/pact/pactContent.shtml? id=1009&wd=&eqid=a3f51e1c0069b5430000000-4643241d3&wd=&eqid=b929972900015a8f0000000664648f86，访问时间：2023 年 11 月 3 日。

47. 参见国际货币基金组织：《国际货币基金组织协定》，华盛顿特区：国际货币基金组织 2020 年版，第 26 页，https://www.imf.org/external/chinese/pubs/ft/aa/aac.pdf，访问时间：2023 年 11 月 4 日；世界银行：《机构组织》，https://www.shihang.org/zh/about/leadership，访问时间：2023 年 11 月 4 日；AIIB, "Board of Director," https://www.aiib.org/en/about-aiib/governance/board-directors/board-members/index.html，访问时间：2023 年 11 月 4 日。

48. 执行局投票权分配采取平权制，每一成员享有相同的一票，表决时，除了提案的重新审议、休会时因紧急事项需通过执行局主席致函成员国的情况、修改议事规则、暂停执行议事规则、投票通过每届大会开幕之前草拟的大会观察员国名单之外，其他情况均适用简单多数。参见 Rules of Procedures of the Executive Board, Article X, Rule 46, Rule 49, https://unesdoc.unesco.org/ark:/48223/pf0000105581? 1=null&queryId=9ce-5cfdb-a887-4331-99c2-c356533b9531，访问时间：2022 年 3 月 15 日。

49. 刘铁娃：《霸权地位与制度开放性：美国的国际组织影响力探析（1945—2010）》，北京大学出版社 2013 年版，第 269—270 页。

50. 谢喆平、宗华伟：《从"客场"到"主场"：中国参与联合国教科文组织实践的变化》，《外交评论》2021 年第 2 期，第 92 页。

51. "The Ambassador in the United Kingdom(Winant) to the Secretary of State," *Foreign Relations of the United States: Diplomatic Papers*, 1943, General, Vol.Ⅰ, p.1157.

52. Raymond E. Wanner, *UNESCO's Origins, Achievements, Problems and Promise: An Inside/Outside Perspective from the US*, Hong Kong: Comparative Education Research Center, The University of Hong Kong, 2015, p.13.

53. "The Secretary of the State to the Ambassador in the United Kingdom(Winant), March 21, 1944," *Foreign Relations of the United States*, 1944, Vol. 1: General, pp.967—968.

54. 参见 Richard Sack, "From Inherent Contradictions to Open Crisis," *Comparative Education Review*, Vol.30, No.1, 1986, p.113。

55. 刘莲莲、姜孜元：《国际组织的"去政治化"：制度理性与谦抑性品格》，《清华社会科学》2021 年第 1 辑，第 103 页。

56. 以上简单多数和三分之二多数均为出席并投票的有效票数，弃权票不属于有效票,关于教科文组织大会和执行局的议事规则,参见 UNESCO, *Basic Texts*, Paris: the United Nations Educational, Scientific and Cultural Organization, 2020, p. 51; UNESCO, *Basic Texts*, Paris: the United Nations Educational, Scientific and Cultural Organization, 2020, pp.85—86。

57. 韩立余:《从总干事的选任看 WTO 的决策机制》,《法学家》2008 年第 2 期,第 160 页。

58. 刘莲莲、姜孜元:《国际组织的"去政治化":制度理性与谦抑性品格》,《清华社会科学》2021 年第 1 辑,第 102 页。

59. 参见联合国教育、科学及文化组织:《大会议事规则(2014 年版)》,第 9 条、第 12 条、第 15 条,第 15—18 页,https://unesdoc. unesco. org/ark:/48223/pf0000231663_chi? posInSet=2&queryId=05884558-5db7-4265-88d8-19f4a49383e7,访问时间:2021 年 11 月 1 日。

60. Kerstin Martens, "Non-governmental Organization as Corporatist Mediator? An Analysis of NGOs in the UNESCO System," *Global Society*, Vol. 15, No. 4, 2001, p.399.

61. Joyner et al., "The United States and UNESCO: Rethinking the Decision to Withdraw," *International Journal*, No.1, 1985, p.43.

62. J. A. Armstrong, "The Soviet Attitude toward UNESCO," *International Organization*, Vol.8, No.2, 1954, pp.220—223.

63. President of the United States, *The U.S. Participation in the United Nations: Report by the President to the Congress for the Year 1954*, Washington, D.C.: U.S Government Printing Office, 1955, p.149.

64. UNESCO, "Records of the General Conference, Eleventh Session," 1960, https://unesdoc. unesco. org/ark:/48223/pf0000114583? 1 = null&queryId = faeaeb5d-b46d-4ee4-b2a7-94f0b0723465,访问时间:2021 年 11 月 8 日。

65. Anthony Q. Hazard Jr., *Postwar Antiracism The United States, UNESCO, and "Race", 1945—1968*, New York: Palgrave Macmillan, 2012, p.153.

66. United States. Congress. House. Committee on International Relations. Subcommittee on International Organizations, *UNESCO, Challenges and Opportunities for the United States: Hearing Before the Subcommittee on International Organizations of the Committee on International Relations*, U. S. Government Printing Office, June 14, 1976, p.82.

67. United States Department of State, Outgoing Telegram, September 14, 1963, General Records of the Department of State, Subject Numeric File 1963, Box 4247, NARA II, College Park, Maryland.

68. Robert S. Jordan, "Boycott Diplomacy: The U.S., the U.N., and UNESCO," *Public Administration Review*, Vol.44, No.4, p.287.

69. George Gerbner et al., *The Global Media Debate: Its Rise, Fall and Renewal*, Ablex Publishing Corporation, second printing, 1994, pp.43—44.

70. *U.S. Withdrawal From UNESCO: Hearings Before the Subcommittee on Human Rights and International Organizations and on International Operations of the Committee on Foreign Affairs House of Representatives*, Ninety Eighth Congress Second Session, April 25th, 26th, And May 2nd, 1984, Washington: U. S. Government Printing Office, 1984.

71. William J. Drake et al., *Governing Global Electronic Networks: International*

Perspectives on Policy and Power，Cambridge：MIT Press，2008，p.295.

72. 刘铁娃：《霸权地位与制度开放性：美国的国际组织影响力探析（1945—2010）》，北京大学出版社 2013 年版，第 269—270 页。

73. 教科文组织成立时执行局委员数量为 18 个，该数字于 1952 年、1954 年、1956 年、1962 年、1968 年、1972 年、1976 年、1980 年、1991 年分别变更为 20、22、24、30、34、40、45、51、58 个，教科文组织也因此成为联合国体系治理结构变动最频繁的专门机构之一。刘莲莲、姜孜元：《国际组织的"去政治化"：制度理性与谦抑性品格》，第 106—107 页。

74. 刘莲莲、姜孜元：《国际组织的"去政治化"：制度理性与谦抑性品格》，第 106—107 页。

75. 席位分配分别为：第一集团 9 个席位、第二集团 3 个席位、第三集团 6 个席位、第四集团 5 个席位、第五集团 11 个席位，参见 UNESCO，"Records of the General Conference Fifteenth Session：Resolutions," Paris：United Nations Educational，Scientific and Cultural Organization，1968，pp.120—103。

76. Lawrence S. Finkelstein，"The Political Role of the Director-General of UNESCO," Lawrence S. Finkelstein，ed，*Politics in the United Nations System*，Durham and London：Duke University Press，1988，p.396.

77. "UNESCO Adopts Resolution to Deny Israel Cultural Aid," *The New York Times*，Nov. 21，1974，https：//www. nytimes. com/1974/11/21/archives/unesco-adopts-resolution-to-deny-israel-cultural-aid. html，访问时间：2021 年 8 月 12 日。

78. Nan Robertson，"Vote in UNESCO Keeps Israel Out of European Unit," *The New York Times*，Nov. 22，1974，https：//www. nytimes. com/1974/11/22/archives/vote-in-UNESCO-keeps-israel-out-of-european-unit-israel-kept-out-of. html，访问时间：2021 年 8 月 12 日。

79. "Briefing Memorandum From the Deputy Assistant Secretary of State for International Organization Affairs（Buffum）to Secretary of State Kissinger，Washington，January 31，1975," *FRUS*，1969—1976，Vol. E-14，part 1，Documents on the United Nations，1973—1976，document 19，pp.1—8，https：//history. state. gov/historicaldocuments/frus1969-76ve14p1/d19，访问时间：2021 年 8 月 13 日。

80. 参见唐虔：《我在国际组织的 25 年》，中信出版集团 2020 年版，第 90 页。

81. 向教科文组织推荐非联合国会员国加入教科文组织的决定在执行局通过仅仅需要半数以上支持，参见联合国教科文组织：《执行局议事规则（1995 年版）》，第 48、49 条，第 23 页，https：//unesdoc. unesco. org/ark：/48223/pf0000105581_chi，访问时间：2023 年 11 月 1 日；Unesco，*Executive Board Manual：Edition 1984*，Rule 45 and 46，p.20，cited in Lawrence S. Finkelstein，"The Political Role of the Director-General of UNESCO," Lawrence S. Finkelstein，ed.，*Politics in the United Nations System*，Durham and London：Duke University Press，1988，p.420，at note 22。

82. 正如负责教育事务的前教科文组织助理总干事尼古拉斯·博内特（Nicholas Burnett）认为："虽然每个国家都希望看到自己的国民成为国际组织的领袖，但是这样的想法在教科文组织内部很过火。人事问题的政治化即发端于选举产生而非任命产生的总干事。"Nicholas Burnett，"How to Develop the UNESCO the World Needs：The Challenges of Reform," *Journal of International Cooperation in Education*，Vol.13，No.2，2010，p.91.

83. 参见 Pierre de Senarclens，"Fiasco at Unesco：the Smashed Mirror of Past Illusions," *Society*，Vol.22，September and October，1985，p.10。

84. "UNESCO Constitution," Article VI, 3(a).

85. J. P. Sewell, *UNESCO and World Politics*, Princeton: Princeton University Press, 2015, pp.212—213.

86. Ibid., 2015, p.213.

87. Lawrence S. Finkelstein, "The Political Role of the Director-General of UNESCO," Lawrence S. Finkelstein, ed., *Politics in the United Nations System*, Durham and London: Duke University Press, 1988, pp.387, 397.

88. Günther Altenburg, "Geneva Group," Helmut Volger, ed., *A Concise Encyclopedia of the United Nations (second edition)*, Leiden and Boston: Martinus Nijhoff, 2010, p.198.

89. Gregory J. Newell, "Perspective on the U. S. Withdrawal from UNESCO," *Department of States Bulletin*, Vol.85, January 1985, Washington D.C.: Government Printing Office, January 1985, p.3.

90. The United States. Congress. House. Committee on Foreign Affairs, *Membership and participation by the U.S. in the United Nations Educational, Scientific, and Cultural Organization: Hearings Before the United States House Committee on Foreign Affairs*, Seventy-Ninth Congress, Second Session, on Apr. 3—5, 1946, U.S. Government Printing Office, 1946, pp.24—26.

第十章

美国教科文组织政策的经验教训

从国际组织制度的视角看,联合国教科文组织过去几十年内遭遇的种种合法性危机在其创设之时便有迹可循。既有理论认为,国际组织的制度设计根据国家在国家间合作的功能性需求而定,制度设计的具体方案是国家和其他行为体为解决实际问题而理性互动的结果。[1]然而制度一旦被创设并反复使用,便会逐渐形成其自身的运行逻辑,不以某一个国家的意志为转移,且会对国家行为体的偏好和权力产生影响。[2]因此,国际组织的制度设计者在考虑自身功能性需求的同时,还应从国际组织法的视角考虑制度设计本身的逻辑。首先,国际组织的初衷在于凝聚共识、群策群力,实现若非凝聚合力则难以实现的目标,组织方案设计理念上要服务共识。设计者因此需要将自身的利益诉求整合进共识,而非强加和扭曲共识。其次,国际多边机构的制度和规则应当经得起外部环境调整变化带来的考验,缓冲外部环境的剧变对组织内部生态环境的冲击。国际组织的程序性规则反复适用,路径依赖效应显著,对程序性规则进行修改的通过门槛较高,实现难度较大,因此在初始设计上应当具备韧性。非程序的实体性规则更是如此。这类规则涉及权力与义务的分配,调整难度更大。例如国际组织成员分摊自愿贡献的比例虽然时有调整,但大国尤其是经济发展水平较高的大国出资份额较多的规则难以被撼动。此外,国际组织并非生存在权力政治真空的环境中,大到国际格局的变迁,小到地区热点问题局势的变化,都会对国际组织的内部环境产生影响。不稳定的内部环境也将冲击国际组织的合法性和公信力。设计者因此需要全面了解组织机构的运作规律,否则在漫长岁月中由于制度惯性和权力结构变化带来的冲击会导致无法预知的后果。作为设计者的美国,在上述两个方面都犯了错误。

第一节　美国教科文组织政策的主要特征

其一,组织建构上,美国在教科文组织建构中的主导地位源自其对英国和法国的"夺权"。1942 年至 1943 年,战时的英国带领被占领的欧洲国家,试图通过盟国教育部长会议开展战时和战后的教育文化领域合作。当时的合作更多是英国与欧陆国家以及欧陆国家之间的教育合作,英国充分发挥其主场优势,通过其教育局和英国文化教育协会主导双边协议框架的拟定,美国并未特别关注。在欧洲国家表现出将会议转变为联合国家在教育文化领域的专门机构的意思后,美国开始对该机构产生兴趣,自 1943 年 5 月开始以观察员的身份列席会议,并将会议发展状况向国务院汇报。1943 年 10 月,美国学者和官员参加盟国教育部长会议后,开始对该会议的欧洲中心主义表示忧虑。1944 年3 月,美国总统罗斯福批准美国正式参加会议,并和国务院共同构想了战后教育文化领域重建与合作的蓝图。

此后,美国在教科文组织的筹建中扮演着日益积极的角色。美国代表首先在 1943 年的第六届盟国教育部长会议上表示了对建立一个联合国教育局设想的浓厚兴趣。1944 年 4 月 5 日,美国代表富布莱特提出建立一个"公开会议"来调查研究建立未来的国际组织的可能性,并主张该会议中所有成员国拥有同样的投票权。这样做的目的实质上是为了排除筹建组织的欧洲中心主义趋向。当时法国代表沃谢的建议是以其与索莫菲尔特和格拉瑟组成的负责组织方案审查与建议的委员会为基础,纳入美国和英国的代表和盟国教育委员会之外的专家代表。这无疑将固化盟国教育部长会议时期的权力格局,美国在其中将只能发挥参与者的角色。为此美国推翻了这一思路,并用所有会员国拥有相同投票权的方案代之,进而以其远超过英国和欧洲国家的政治经济实力获取独特的话语权。富布莱特随后被教育部长会议选举为"公开会议"的主席。美国在 1944 年第一次公开盟国会议上再次提议希望建立一个成员国覆盖所有联合国成员的机构,原来的盟国教育部长会议则降格为这一新的联合国机构下的欧洲区域局。当时欧洲国家的多位教育部长认为这样的做法将削弱盟国教育部长会议的影响力,拒绝了这一提议,却无力改变新组织的既定走向。

随后以富布莱特为主席的组织法起草委员会掌握了新组织的组织法起草主导权,并调整了组织的宗旨目标。按照美国和欧洲国家最初达成的共识,新组织将延续盟国教育部长会议的工作总基调——聚焦教育文化领域的战后重建问题。但自 1944 年起,美国逐渐认识到通过双边渠道运作欧洲援助项目比多边渠道更为有效,进而希望将该组织变成一个"促进国家间思想交流与文化合作"的组织。为此在 1944 年底,美国坚持重新审议此前已经拟定的新组织草案,修改了新组织的名称和宗旨。1945 年 11 月的伦敦会议中,美国再次建议将拟议中的国际组织更名为联合国教育、科学及文化组织,并设立了一个负责处理该组织筹建工作的筹备委员会。而在最终方案的竞争中,以盟国教育部长会议通过的草案为基础的美国方案"联合国教育与文化组织草案"得到了大多数国家的认同,而法国戴高乐政府"关于联合国智力合作组织的章程草案"则落败。

其二,目标塑造上,美国主导的教科文组织植根于西方自由主义意识形态、以推行美国价值观为导向。早在二战正酣的 1940 年,美国就认识到教育文化议题的重要性,并将其与国际和平与安全联系起来。时任美国国务卿的赫尔即主张"在为公正而持久的和平而奠基的事业中,教育的重要性是第一位的",美国介入战后的国际教育和文化合作事业是迟早的事。英国组织的盟国教育部长会议显示出向联合国机构转变的倾向之时,美国趁势而上,夺取了组织方案设定的主导权。按照最初的设想,该组织的使命是文化和教育领域的重建援助,旨在清除纳粹政权在人民大众中灌输的战争思想,为此这一组织将只在战后的一段短暂的时间内发挥作用。美国对于筹建中的教育与文化组织给予了高度关注并开始积极介入。国务院和罗斯福总统共同构想了战后教育文化领域重建与合作的蓝图。当时美国的关注点在于:第一,通过援助各类学校,提供专业教育人员培训,援助图书馆建设等方式开展战后的教育和文化重建;第二,美国政府实现这一目标的方式是寻求"沿用民主原则构建一个联合国教育与文化重建机构"。1944 年 4 月 5 日,在盟国教育部长会议第九次会议上,美国代表富布莱特进一步指出该机构的目标包括:第一,为从法西斯主义之下解放出来的国家提供教育方面的物质援助并帮助培训足够的教师;第二,图书馆和档案室的重建工作,以及归还被法西斯政权掠夺的艺术品。这两个提议大体上与盟国教育部长会议提出的方案相一致。

　　然而美国从 1944 年下半年开始调整其政策目标,从原先建立一个联合国的战后文化和教育重建的组织向建立一个聚焦于"促进国家间的思想交流与文化合作"的组织转变,而教育领域的援助和重建工作则留待双边渠道推进。如第二章第三节所述,1945 年 4 月,参加盟国教育部长会议第 17 次会议的美国代表即宣称美国政府认为以直接的或双边的渠道运作欧洲援助项目将比通过一个国际组织的援助工作更为有效。在 1945 年 4 月至 6 月举行的旧金山会议上,美国总统杜鲁门表达了建立一个致力于"持久与全面的思想与观念交流方面"的国际机构的愿望。1945 年 4 月,美国国务院对新组织的重新规划基本完成,修订版的新草案将组织更名为"联合国教育与文化合作组织",新组织的宗旨也相应变为"促进世界各民族的相互理解,维护国际和平与安全"。从这一历史事实可以看出,美国将目光放在了更加长远的思想和文化交流层面,而不是战后临时的教育领域救援和重建等短期活动。

　　美国在教科文组织伦敦会议上更为直接地将其战略意图植入到教科文组织的宗旨目标之中。1945 年 11 月,美国派出了阿奇博尔德·麦克利什为团长、助理国务卿威廉·本顿为副团长的阵容强大的代表团出席了此次会议,建议将拟议中的国际组织更名为联合国教育、科学及文化组织并通过了《联合国教育、科学及文化组织章程》,提议将基于自由原则的大众传媒条款列入联合国教科文组织的章程中,甚至将大众传媒的作用和重要性提升到与教育,科学和文化同等重要的位置。相比起以往较为缓慢、局限于社会中上层人士的传统通讯媒介而言,包括新闻出版和广播电视等媒介的大众传媒能够更好地服务于美国的意识形态输出和民主、自由价值观在全世界的传播,也更能立竿见影地改变人们的见解与政治态度。在美国的强力敦促下,伦敦会议接受了美国的主张,还在美国的倡导下通过决议,要求教科文组织筹备委员会对大众传媒问题给予特别关注。

　　其三,制度设计上,美国方案沿用西方民主的平等投票权以及多数决策制。1944 年 2 月,美国副国务卿爱德华·斯退丁纽斯向罗斯福总统提交的备忘录中即提出,美国和盟国教育部长会议在教育文化领域开展合作的重要目标是"沿用民主原则构建一个联合国教育与文化重建机构"。在 1944 年 4 月的盟国教育部长会议上,美国倡导建立一个所有会员国拥有平等投票权的国际组织来处理战后重建阶段的教育文化问题。这一方案在与当时法国设想的由专家主导的专业性机构的方案竞争中获胜,组织方案最终定格为一个由主权国家主导的全球性多边组织,增加了教科文组织的政府间主义的色彩;欧洲国家的比例下降,配套民主决策机制,美国顺理成章地实现了去欧洲中心主义的目的,这也使得传统上思想文化交流居于世界中心地位的欧洲国家失去了与之能力相匹配的话语权。而从教科文组织的创始成员国来看,其构成主要为西方国家及其盟友,社会主义阵营国家话语权较弱,苏联甚至直接缺席。此外,美国方案至多只是将民主决策程序引入制度架构中,而并未在教科文组织的方案制定和选择上充分吸纳各国的意见,对于多数国家提出的支持战后重建的需求,美国选择了无视。

与法国提供的智力合作组织方案相比起来,美国方案更多体现了美国政治制度中注重行政权力和行政效率的逻辑。法国方案的构想是相对弱小的总干事和强大的执行局,赋予前者以人事任命、出席会议以及其他必要的权力,赋予后者以包括项目执行在内的主持组织日常工作的职权,并设立包含总干事在内的常务委员会在执行局常会之间持续地推进组织各项工作。美国方案则更突出总干事的行政职权,执行局的权力则被削弱。总干事领导的秘书处成为唯一的常设机关,总干事能够据此主持组织的一切日常工作,执行局被定位为负责准备大会议程、推荐总干事、行使监督权力的非常设机关。总干事主持日常工作的安排体现了美国方案中对于组织的执行效率的偏好,因为如此可以避免推诿现象的发生,同时秘书处的职员选拔方式也讲究执行效率和行政能力,这与美国民主中行政权力的代表——总统是国家政治生活的中心有异曲同工之处。[3]这也侧面说明了斯退丁纽斯备忘录所载"按照民主原则构建一个联合国教育与文化重建机构"所指的民主,是以美国的民主而非欧洲国家的民主为蓝本的。

其四,在参与模式上,教科文组织建成后,美国与教科文组织的互动上也体现了美国的霸权主义行为模式。美国在许多内部治理事务上绕开制度渠道,试图利用自身强大的经济政治实力,直接控制秘书处人事任免并对其施压,甚至采取威慑惩罚性措施达成目标,将自己的战略利益直接强加在议程设置之上。这主要体现在以下几个方面:

一是美国始终积极介入总干事人选的任命——尽管它并不总能成功,同时努力确保秘书处重要的岗位由美国人担任。1946 年教科文组织首届大会召开后,美国总统杜鲁门即提议由前总统罗斯福的大法官弗朗西斯·比德尔担任这一职位。但由于是时的执行局委员由独立专家担任,而弗朗西斯资历与教科文组织并不匹配,因此他未能得到多数的支持。英国提名的科学家朱利安·赫胥黎虽然遭到美国的反对,却得到了执行局委员的支持。但在美国的压力下,赫胥黎的任期被压缩到两年,而非组织法规定的四年。赫胥黎也不得不同意教科文组织分管人事、行政和财政事务的副总干事由美国人担任。在第二任总干事的选任上,美国仍做出了积极努力,但教科文组织最终迎合了拉美国家的愿望支持了墨西哥籍的托雷斯·博德成为总干事。但随后几年的总干事席位则由美国人占据。

二是美国常常通过向教科文组织总干事和秘书处直接施压来达到其政治目的。国际组织的秘书处职员以国际公务员的身份公正履职,这是国际组织的通行惯例。教科文组织《组织法》第 6 条第 5 款规定:"教科文组织的总干事和职员职责是国际性的,在他们履行职责时不能寻求或者接受来自任何国家政府或权威的指令,并应当避免做出任何有损其国际公务员的地位的行为。每一个成员国承担着尊重教科文组织总干事和职员的义务并避免干扰他们正常履职。"然而美国在冷战开启后则了严重破坏这一规则。在麦卡锡主义的影响下,美国凭借其政治经济力量在包括教科文组织在内的联合国系统推行"忠诚度调查"。早在 1947 年,美国政府就针对教科文组织内部的共产主义渗透问题进行调查,认为赫胥黎总干事存在"亲共倾向"。1953 年 1 月 9 日,即将离任的美国总统杜鲁门签署了 10422 号行政令,要求建立一个国际组织雇员忠诚局对所有在联合国机构就职的美国人进行背景调查和忠诚度审核。1953 年 2 月 6 日,美国常驻教科文组织代表向所有的教科文组织职员提出配合忠诚度调查的要求,限期一个星期之内完成。2 月

20 日,美国助理国务卿约翰·希克森甚至警告教科文组织代理总干事约翰·泰勒,如果不全力配合美国政府的这一调查,那么联合国的专门机构可能无法得到美国始终如一的支持。此外,对于那些"被证明参与或者可能参与颠覆性活动"的职员,美国政府希望他们能够被立即停职。例如教科文组织重建部门的美国职员大卫·莱夫在被美国政府认为参与了"颠覆性"活动之后,美国要求其配合调查,甚至要求其返回美国接受法院审判。同时总干事泰勒和埃文斯二人都向其本人施压要求其服从要求,甚至以停职相威胁。然而秉持着中立性原则的教科文组织上诉委员会一再驳回了总干事的无理要求。此外美国还在 1953 年建立了所谓的"国际组织雇员忠诚委员会"并要求莱夫 1954 年 4 月之前在巴黎的美国大使馆接受质询。莱夫对此表示拒绝之后,总干事埃文斯警告莱夫,他的雇员合同将不会在到期之前续约,这一决定又一次被教科文组织的上诉委员会否决。1954 年,埃文斯总干事在蒙得维的亚教科文组织大会上推动了一项修正案,要求职员不得从事除选举以外的任何政治性活动,并获得了追溯调查其职员的政治背景的权力,这授予了总干事埃文斯解雇莱夫等被认为从事"颠覆活动"的教科文组织雇员的最终权力。

三是美国也常常将其国家战略利益强行列入教科文组织的优先议程。随着冷战大幕的拉开,美国开始将教科文组织当作政策工具。在1946 年的第一届教科文组织大会上,美国代表就要求教科文组织将"信息自由"作为教科文组织的重点工作。在美国的支持和赞助下,"信息自由"成为了教科文组织内部的财政优先领域。1947 年的预算显示,大众通信项目的经费是 596 765 美元,高于在教育、文化、科学的重建工作,为国际相互理解的教育工作、人员往来、自然科学工作、图书馆部门工作的经费总和。为了赢得朝鲜战争的宣传战,美国于 1950 年朝鲜战争爆发之后不久就要求教科文组织召开执行局特别会议,要求执行局支持美国为首的联合国军事行动,商讨"采取适当而有效的行动处理朝鲜战争对世界和平造成的影响,并关切其他地区可能发生的侵略行动"。此外美国负责公共事务的官员发动了一场"朝鲜的真相运动",国务卿艾奇逊敦促教科文组织阐明共产主义的残酷"战争本性"以及"世界已经被共产主义宣传所蒙蔽和歪曲"的事实。

四是拒缴会费和威胁退出也是美国向教科文组织和其他国际组织的常规施压手段。第四次中东战争之后,教科文组织通过了一项惩罚以色列的决议。美国国家科学院谴责了该决议,国家艺术与科学院甚至成立了一个调查小组来调查教科文组织的政治滥用行为。1974年美国国会立即通过了《对外援助法案》,即"凯斯修正案"(*Case Amendment to the 1974 Foreign Assistance Act*),要求"立即中断美国对教科文组织的财政支持,直到总统向国会认定该组织'已经采取了与其教育、科学、文化目标充分一致的政策'以及'采取了具体行动以纠正最近开展的政治化的活动'为止"。[4]随着美国和教科文组织的矛盾激化,美国1975年创立的应对联合国政策特设小组于1981年10月发表了一份文件,控诉了联合国内部"多数的暴政",将有关教科文组织的部分描述为"可能是意识形态和带有偏见的政治斗争最糟糕的例证"。特设小组建议:如果政治化以及严重的低效问题无法通过美国在机构内部的努力得到解决的话,那么"我们就不应当排除拒缴会费甚至退出机构的可能性"。[5]对于教科文组织日益增长的预算问题,美国试图强力在教科文组织推行严格的零增长预算政策,在未获其他成员国支持、教科文组织大会投票通过了高于零增长的预算目标的方案后,美国采取了最极端的单边方式——退出。1990年美国通过的《外交授权法案》要求,如果任何联合国的机构授予巴勒斯坦解放组织以会员国身份,美国将拒绝向其提供资金。1994年《外交授权法案》规定,任何联合国的机构如授予不具有国际社会认可的主权国家身份的机构或团体以会员国身份,美国将不对其提供资金支持。基于这两份法律,美国在教科文组织第36届大会宣布接纳巴勒斯坦之日起再次停止了对教科文组织的资助。

第二节　美国教科文组织政策成效评述

过去几十年间,美国借助自己在教科文组织的优势地位和在世界传媒领域的主导权,以"信息自由流动"为幌子对世界各国进行信息的单向输送。这对于其赢得在意识形态领域的战争发挥了重要作用,其所推行的自由主义思想至今在世界范围内仍有着不可撼动的地位。美国所采取的一系列对教科文组织施加影响的措施,也都得到了教科文组织的回应,并在一定度上达到了其希望的效果。

许多单边措施如长臂管辖、拒缴会费、退出等带有大国强权政治霸凌多边机制的色彩。从结果上看,这些行为也推动了教科文组织共识决策机制的建立、内部行政效率的提升、敏感议题的去政治化和温和化。这些措施部分实现了美国的政策意图,但代价也是巨大的。美国的单边主义做法给教科文组织酿成了数次危机,财政收入锐减带来秘书处项目执行部门员额的削减,教科文组织的治理绩效大幅下降,退出、拒缴会费的行为也大大损害了美国多边承诺的可信度。同时,退出即意味着美国"不在场",美国的态度立场难以有效传达。美国作为教科文组织中曾经具有实质性影响的大国也很难发挥其影响力,错失了在 21 世纪初和近几年教科文组织主导的国际规范制定的过程发挥影响的机会。

从为教科文组织设置宗旨目标到难以扭转"新世界信息与通信秩序"迅猛发展的势头,从巴勒斯坦入会议题频频受挫到成功闯关,从成功施压总干事采取紧缩性预算到强推预算零增长的失败,可以看到美国在教科文组织的内部治理和诸多关键议题上影响力的衰退。其中必然有瞬息万变的国际局势和权力格局变迁的影响存在,但作为初始制度的设计者和主导者,美国并没有为教科文组织带来一个能够对冲不稳定因素的科学、稳健的制度方案。甚至由于美国在教科文组织成立之初对该组织的性质、功能存在一系列误判,随着外部环境的变迁,美国与教科文组织的矛盾逐步变得不可调和,最终导致美国两度退出教科文组织。这对作为领导者的美国而言无疑是重大"失败",足以引起美国自身及后来者的反思。

详细观之,美国的战略误判包括但不限于以下几个方面。

一是组织目标和宗旨设定上的激进做法。教育文化传媒事宜具有很强的主权关联性,涉及成员国的核心利益,为此美国从利己主义出发的一系列激进措施都遭到了顽强的"抵抗"。威斯特伐利亚体系时代的多边合作要求各国在相互尊重主权的基础上寻求"最大公约数"。教科文组织早期的设计者英国、法国都恪守这一原则,将教育文化领域的主要决策权保留在主权国家层次,拟建的组织机构职能保持在低政治领域,主要以专家身份提供指导意见,并扮演协调者的角色。美国介入教科文组织的筹建后即改变了这一初衷,不但将拟建组织的职能范围扩大到大众传媒领域,还试图增加组织决策对主权国家的直接影响力。

对于信息自由原则,不同国家对于信息自由流动规范有着不同的定义,美国却以其"第一修正案"为蓝本炮制了教科文组织的信息自由原则。1945 年 11 月的伦敦会议上,尽管美国代表极力渲染信息自由流动的"多元主义和民主"的色彩,但是与会代表都非常担心美国将强大物质力量优势与其在短波技术领域的优势地位和战后霸权地位相结合,从国际广播和其他的媒体渠道的开放化中牟利。[6]冷战开始后,美国大众传媒和信息自由领域的议程和项目服务于冷战的政治宣传,这不但引发了社会主义阵营会员国的强烈反对,也引发了其欧洲盟友的不满。

早在第一届教科文组织大会上,美国提出的建立世界范围内的广播网络的建议就遭到了成员国的普遍反对。其中苏东国家反对最为强烈,认为美国所谓信息自由原则的决议案是"法西斯的",并号召教科文组织的其他成员国反对某些国家的"战争贩子行径以及对虚假信息的传播"。波兰代表在 1947 年提出了针锋相对的动议,要求将"战争宣传"罪名化。欧洲国家作为二战法西斯意识形态宣传的受害者,对教科文组织的大众传播项目以及信息自由流动原则也表示忧虑,认为它将改变教科文组织的中立状况。英国代表即表示美国所主张的信息自由流动无非是"通过一个范围广大的媒体网络来传播美国文化的措施",法国则认为美国这一行径是"大众传媒帝国主义"。1948 年在日内瓦召开的联合国信息自由大会上,代表们也仅仅支持无线电接收器的国际贸易相关的技术性质的决议。[7]

1950 年朝鲜战争爆发后,美国推行"朝鲜真理运动"的企图也遭到了成员国的一致抵制。法国表示强烈反对,英国也质疑此类项目的可行性。博德总干事向执行局提交了一份决议草案,23 个发表评论的成员国中仅有 6 个对美国持支持立场。此外,美国组织目标上的冒进主义还遭到了来自总干事的抵制。第一届总干事赫胥黎即表示反对"促进某一宗教或国家利益"和"传播虚假的、歪曲的或者不全面的信息"的大众媒体项目。第二任总干事在抵抗"朝鲜真理运动"时甚至以暂时辞职表明立场。即便教科文组织最终在大幅度修改决议草案后回应了美国的关切,但美国的初衷也未能实现。

这种局面在 20 世纪 60 年代广大发展中国家进入教科文组织后更加明显。这意味着,美国对教科文组织作为多边组织的天然独立性质认知不足,对其他会员国坚守国家主权的决心以及对信息自由的不同理解认识不足,也对教科文组织总干事和秘书处立场和利益的独立性认识不足,对自己作为最大出资国在政治敏感议题上的实际控制力过于乐观。

二是决策模式上缺乏深谋远虑。从教科文组织后世的运作可见,"一国一票+多数决"为基础的决策机制是美国彻底丧失对教科文组织控制权的关键原因——而这一制度却是美国亲手设计的。美国采取这种做法的原因有三:一是为了将当时筹建中的教科文组织从盟国教育部长会议规划下的带有欧洲合作传统色彩的专家型机构转变为国家间机构,以凭借其在大众传媒领域的优势推行意识形态输出;二是战后美国凭借其政治经济实力可以获得大会多数席位的支持,而多数决的门槛越低越有利于美国快速推广其发起的议题;三是在教育和文化领域,美国很难像联合国安理会或世界银行那样谋求特殊的大国否决权。

然而美国对教科文组织会员的扩张以及由此带来的权力结构改变缺乏充分的预见。类似的事件也曾发生在联合国内部。联合国建立初期,由于苏联凭借安理会一票否决权常常否决美国提出的动议,美国为此试图修改联合国的决策规则以绕开苏联的否决权。然而随着联合国内部成员结构的变化,美国在联合国大会也常常沦为少数,为此不得不转而捍卫安理会的否决权制度来维护自身的利益。如果说安理会中美国的一票否决权使得它对联合国新成员国的加入还拥有一定的控制权,教科文组织的成员准入规则使得美国几乎没有任何决定权,也无力阻止任何被其视为"敌对"国家的加入。随着广大亚非拉国家进入教科文组织,美国要获取多数席位支持变得日益困难,与此同时其他国家可以凭借多数优势通过不利于美国的决议,从而使美国在教科文组织内的行动转"攻"为"守",最终在无法有效防守的情况下选择退出。同样的情况也发生在教科文组织改革、预算制定、总干事选任等议题领域。20 世纪 70 年代美国推崇"内罗毕精神",主张以全体一致的形式通过决议,即是对教科文组织已经暴露出缺陷的决策模式的一次有效纠正。

三是管理模式上过于奉行霸权主义和强权政治,使其在会员国中丧失了道义制高点。和欧洲奉行基于大国协商的多边主义不同,美国多边主义是美国享有特权的多边主义。由于美国在教科文组织中并未给自己任何制度性特权,其在实践中便常常通过公然践踏和违反国际组织的基本原则来达到目的。尽管美国的策略因其强大的政治军事实力通常能够得到回应,但该过程中受到极大的阻力,最后的效果也事倍功半。最典型事例即是冷战初期美国对教科文组织的工作人员发起的忠诚度调查,这几乎站在了教科文组织所有工作人员的对立面,也遭到众多会员国的诟病。在教科文组织的美国职员大卫・莱夫被美国政府认为参与了"颠覆性"活动后,美国要求其配合调查甚至返回美国接受审判,当时的总干事也向莱夫本人施压,然而秉持中立的教科文组织上诉委员会一再驳回了总干事的要求。美国 1953 年建立的"国际组织雇员忠诚委员会"要求莱夫在巴黎的美国大使馆接受质询、莱夫对此表示拒绝后,总干事一度以停职向莱夫施压,而这一决定又遭到教科文组织上诉委员会的否决。这种拉锯使得美国的霸权主义行径遭到组织内部工作人员的厌恶。在无法全权控制组织的预算又无法控制组织人事任免的情况下,美国在教科文组织内逐渐处于自我孤立的状态,其意见无论是通过组织内渠道还是组织外渠道都得不到积极的回应,这既表现在预算制定、总干事人选选任等涉及组织内部治理的领域,也表现在教科文组织更广泛的业务领域。1984 年,教科文组织在美国的退出压力下曾经进行重大改革,但仍无法令美国满意,当时教科文组织总干事在与美国的书信中即表示"政治化"冰冻三尺非一日之寒,在教科文组织建立之时便已经注定,且是美国在教科文组织内部率先开启了"政治化"的风气,并非秘书处所能控制。

第三节　美国在组织原初制度设计上的问题

整体上,美国作为教科文组织的主要设计者,因为自身的过失和疏漏,对于组织原初制度结构上存在的缺陷负有一定的责任。这里所谓"过失"是指国际组织的设计者为了使国际组织服务自身的利益诉求而故意违背国际组织的运作规律，对国际组织在实践中偏离既定方向存在"知其不可为而为"的主观过错。美国在教科文组织原初制度结构的若干项设计上是存在这种主观过错的，具体体现在美国为了服务冷战期间与苏联的意识形态斗争而在教科文组织宗旨目标设计、执行局机构改革等议题上僭越成员间共识、强行将超范围"敏感议题"纳入议程等事项上。

一、美国在组织原初制度设计上的"过失"

（一）为服务自身对战后国际秩序的规划而突破成员共识设定国际组织的宗旨目标

国际组织的宗旨目标规定了成员国开展合作的基本规范、努力达成的使命以及开展业务的国际公共事务领域。主权国家间的合作以成员国同意为前提，其具体合作事项、范围和路径都由成员国共同设定。为此，被载入国际组织宪章的宗旨目标作为国家间合作的基本纲领，应当以成员国共识为限。如若突破了成员国共识、将不能体现成员国真实意志的目标强加在国际组织之上，就会扭曲成员国成立国际组织的初衷，削弱成员国的合作基础，加剧组织内部的分裂。

美国在教科文组织宗旨目标设计上具有两点过失：一是为了自身利益改变教科文组织的定位，二是将大众传媒和信息自由流动原则加入教科文组织。如前所述，盟国教育部长会议筹建教科文组织的初衷是促进"英国与欧洲大陆国家的知识合作"。美国凭借其强大的经济实力获得设计教科文组织的主导权后，将教科文组织从一个拟议中的负责战后重建的临时性组织转变为一个服务于战后秩序的联合国多边机构。这次重新定位使得筹建中的国际组织的议程范围从原定的"低政治"的重建领域延伸到可能触及思想文化、意识形态、和平与安全的"高政治"领域。尽管各国对此有诸多不满，但由于当时美国国会对多边援助的怀疑，各国担心美国国会反对美国加入教科文组织，使得缺乏美国的参与的国际联盟的历史重演，不得已同意了美国的主张。然而，由于大多数成员国对教科文组织的期望未能实现，组织的合作基础从一开始就不稳固。

此外，美国通过国内宪法修正案的方式确立信息自由原则的宪法地位，并凭借在大众传媒领域内技术和资本的优势地位将大众传媒和信息自由强行加入教科文组织的宗旨目标。这一举动并未考虑其他成员国对于美国在大众传媒领域内的垄断地位的忧虑、非西方国家对于信息自由流动下信息主权受到威胁的担忧。美国在冷战初期也未能有理有节地善意推动信息自由的议程，而是单方面将教科文组织作为冷战宣传战的工具。大众传媒和信息自由流动原则自教科文组织成立之时就成为引发西方和非西方，甚至是西方国家内部矛盾的议题领域。教科文组织成立初期，即使是西方国家也担心以教科文组织为平台推动相关议题会加强美国在大众传媒领域的垄断地位，苏东国家的教科文组织代表甚至谴责信息自由项目是"战争贩子和传播虚假信息的行径"。[8]而当 20 世纪 70 年代第三世界国家以教科文组织为平台力推动"新世界信息和通信秩序"之时，相关的具体议题如建立记者许可证制度引起了西方国家同样的抗议与反击，这说明大众传媒和信息自由原则作为宗旨和目标的共识空间很小，不同的规范之间几乎无法兼容。一旦教科文组织发生权力转移，新的规范也将随之确立并冲击旧的规范，不同规范之间的矛盾将损害国家间合作的基础。

（二）基于权力政治目的而推进执行局的"国家代表制"改革

作为教科文组织日常事务的执行机构，执行局行使大会授予之权力，如执行大会通过的工作计划，审查总干事提出的本组织的工作计划以及与之相应的预算概要，保证总干事有效、合理地执行工作计划。[9]同时，其作为联结秘书处和大会的枢纽部门，在财政预算的拟定和项目方案的制定上发挥着重要的监督作用，在诸如非联合国成员入会的重要议题上执行局扮演着"守门员"的角色。执行局在大会的授权下开展工作，对效率、专业性、公正性有很高的要求，为此其成员构成应当与负责汇聚成员国意志的国家全体代表机构——大会有显著的区分，以达到相互制衡并各司其职的目的。

现行教科文组织的执行局"国家代表"方案，仍旧是美国意志突破成员国共识的结果。作为"美-法"方案之争的妥协之举，执行局在建立之初在成员构成上采用法国方案，由 18 名来自艺术、人文、科教领域的知识界独立人士构成，执行局被要求行使权力时应尽量独立而非代表各自的政府。英国代表最先提出执行局成员应当代表各自国家,但未获支持。不久后,执行局的这种个人代表制很快和美国对教科文组织的政治定位发生了冲突。冷战序幕拉开后,教育、科学、文化、大众传媒领域的专家对于教科文组织内部的优先事项安排存在较大争议,美国政府所认可的优先事项很难顺利排上教科文组织的议程。曾经支持教科文组织执行局保持非政府性的美国逐渐改变了态度,提出执行局的成员应当代表自己的国家。[10] 1954 年第 8 届大会会议上,美国正式提出将执行局委员变成会员国国家代表的修正案,并得到了足够的支持,自此执行局"在政治上成为一个小的大会"。这虽然有利于教科文组织从成员国那里获得财政支持,但也使得知识分子合作的传统一去不复返。[11]在 1991 年第 26 届大会上,执行局委员从会员国国家代表又改革为大会选出的 51 个会员国。[12]

执行局委员由获选国家构成这一规则使得执行局的实际决策者从各领域专家变成了职业外交官。代表的不同身份决定了他们在多边场合的行事逻辑不同,各与会者的意见表达不再从专业出发,而成为其母国政府的"传话筒"。这在实际效果上使得执行局成为各会员国争夺组织内话语权、推进国家利益的权力旋涡,其中集团政治之风盛行。[13]也正因此,教科文组织总干事姆博在回应美国关于教科文组织过度政治化的指责时曾表示,正是美国最先将教科文组织"政治化"的,"1954 年(教科文组织)决定执行局委员今后各自代表它们国家的政府。在此以前,执行局是由知识界独立的人士组成,因为那时,教科文组织创始国的意愿是让知识界在舆论和行动方面,与它们的政府相比,拥有最大程度的自由。自此以后,执行局失去了它的自主性"[14]。

执行局"国家代表制"改革的另一个后果是它激发了成员国争夺执行局席位的斗争和相互拉帮结派。教科文组织成员规模的持续扩大及相对宽松的宪章修改程序使得执行局委员数量持续扩张,从最初的 18个增至如今的 58 个,庞大的规模使得执行局内部决策难以通过共识的方式达成,而不得不诉诸表决。为了避免沦为被表决制牺牲和忽视的"少数派",所有的成员都常常在紧张不安的氛围中积极奔走和"拉帮结派","国家代表制"使执行局沦为各国争夺话语权的"名利场",团结的氛围因此遭到破坏。

（三）为服务冷战将超共识的"敏感议题"植入组织议程之中

国际组织的制度安排从方方面面体现了制度设计者对于议题领域内的国际合作的方式、权力分配、合作规范的认识与构想。一旦方案获得其他国家的认可并付诸实践，主要设计者有义务率先垂范，遵守"游戏规则"。如若主要设计者首先突破原则与共识，那么将开不良风气之先，进而"上行下效"。

尽管美国对教科文组织的设计自始便暗藏着服务冷战的目的，但在整个制度设计的过程中并未将之宣之于众。从外部看，教科文组织仍旧是二战后雅尔塔体系的组成部分。彼时大国合作的基础仍未完全动摇，经历了两次世界大战，和平与安全的宗旨是国家间甚至东西阵营间都具有共识的公共价值观，这也是它成立时未受到显著阻力的重要原因之一。然而随着冷战的推进，美国试图将教科文组织演变为其意识形态斗争工具的意图日益明显，不断试图将一些不在教科文组织既定议事范围之中的、具有显著对抗性的议题植入教科文组织的事务。美国在第一届教科文组织大会上提出的建立全球范围的广播网络的提议、朝鲜战争中服务反苏宣传战的"朝鲜真理运动"、推动二战中负有战争罪责的日本、西班牙等国家以非联合国成员的身份加入教科文组织等，都是这类尝试的体现。这些议题在教科文组织内引起了争议。例如，在印度代表看来，建立全球广播网络的提议应当以"纠正商业电台对大众品位的误导"为先。[15]"朝鲜真理运动"更是受到了教科文组织其他成员国的孤立。法国在这一问题上强烈反对美国，即使是美国在教科文组织的亲密盟友英国，也质疑教科文组织从事公共信息这样的短期项目的合理性和可行性。[16]美国强推的日本入会申请首先在联合国经社理事会的审议过程中受到了来自菲律宾和共产主义国家的反对，虽然最终仍以简单多数得到经社理事会的推荐，但是在教科文组织大会投票过程中也受到了曾经被日本殖民统治过的菲律宾的反对。[17]美国的做法打开了将共识外的高政治敏感议题引入组织议程的"潘多拉魔盒"，破坏了教科文组织作为一个多边平台的合作氛围，使得教科文组织内部日益深陷政治斗争的漩涡。而当20世纪70年代后非西方国家用同样的方法推进超共识议题，美国成为了"受害者"并愤然指责教科文组织是"最政治化的国际组织"时，却忘了诸如巴勒斯坦通过执行局的推荐加入教科文组织的案例是有先例可循的,而自己正是开启此类先例的始作俑者。

二、美国在组织原初制度设计上的"疏漏"

所谓设计者的"疏漏"是指国际组织的设计者并不具有违背成员国共识、扭曲国际组织宗旨目标的主观意图,而是由于缺乏关于如何构建一个稳定有效的国际组织制度框架的背景知识、未能准确把握国际组织运作规律、对制度设计的后果缺乏预见性等认识层面的原因,在国际组织制度设计上出现差错,从而导致国际组织在实际运作中偏离航向。美国在教科文组织的制度设计中,除了前述过错责任之外,也存在一定的无主观过错而导致的疏漏,具体体现在组织定位不清、行动规则设计不合理、对总干事职权监督约束不力、在预算制定上缺乏审慎的制度安排等事项上。

(一)组织定位不够清晰

根据联合国大会在 1946 年 12 月 14 日通过的《联合国教科文组织与联合国经社理事会协定》,教科文组织是联合国的 16 个专门机构之一。[18] 教科文组织在与联合国的关系上有着作为专门机构的共性,首先,在宗旨上与《联合国宪章》保持一致,即《联合国宪章》第一条所规定的,"促成国际合作,以解决国际间属于经济、社会、文化及人类福利性质之国际问题"[19]。其次,专门机构有其独立性和自主性,它们有各自的宪章、规则、成员、治理模式和财政预算。[20]

然而专门机构的会员基础与联合国并不相同,16 个专门机构也各自适用不同的会员准入规则。在包括联合国教科文组织在内的 11 个专门机构中,联合国的成员国资格无需专门机构的批准即可转化成专门机构的成员资格。[21] 联合国粮农组织和联合国世界旅游组织成员准入则需要大会三分之二多数投票通过。世界银行集团和国际货币基金组织则适用更为特殊的规则。对于国际货币基金组织来说,接纳会员意味着对总体的出资份额和投票权进行调整,因此,拥有最大出资额份额的美国对接纳新成员持有否决权。而世界银行集团的会员资格则取决于是否拥有国际货币基金组织的会员资格。[22] 因此,专门机构有权制定独立的会员标准,而不必与联合国成员结构和数量的变化亦步亦趋。过往专门机构的实践经验表明,制定独立的会员标准的联合国专门机构,如世界银行和国际货币基金组织,往往能够避免会员资格问题上的政治斗争,而世界卫生组织、国际劳工组织等不具备独立的会员标准的专门机构则经常成为会员资格问题相关政治斗争的发源地。

联合国教科文组织未在会员准入上与联合国保持一定的独立性,会员准入问题与联合国成员资格绑定在一起,使得教科文组织在这一问题上成为对联合国"惟命是从"的附属机构,不仅后者的成员结构和数量的变化将直接影响到教科文组织内部权力结构的变化,而且在一定意义上使得教科文组织与联合国大会具有同质性。

上述"第一路径"让未获得教科文组织成员国身份的联合国会员国可即时获得教科文组织的成员身份,而已退出的教科文组织会员国只要还保持联合国成员国身份,便可无条件再次加入教科文组织。20 世纪 50 年代苏东国家重新加入铁板一块的教科文组织,60 年代教科文组织的成员结构的剧烈变化都是因此而起。美国设计会员准入规则时若能在"第一路径"中加入大会审议并投票表决的程序,那么不仅能够抵挡因成员数量和结构发生变化带来的政治冲击,还能够提高成员国退出教科文组织的成本,避免成员国将"退群"作为权宜之计。

为会员国身份设定的"第二路径"更是为不被联合国承认、身份具有争议的行为体提供了获得国际社会承认以"入联"的渠道。由于非联合国成员国的入会请求首先需要得到联合国经社理事会的推荐,后者作为联合国中主管经济和社会事务的执行机构和教科文组织的协调机构,[23] 本身就代表联合国的意志,获得其推荐教科文组织成员的机会就意味着行为体不仅是教科文组织的成员,而且与联合国会员国身份近在咫尺。即使后来在经社理事会第 33 届会议上,这一前置程序被经社理事会批准删除,非联合国会员进入教科文组织不需经社理事会磋商的推荐,教科文组织成员国身份与联合国成员国资格之间相互捆绑的联系也已经深入人心,教科文组织的成员身份亦因此成为争夺不休的政治资源。

概言之,美国在为教科文组织设计会员准入规则时,未赋予教科文组织相对于联合国的独立性,两个国际组织理应互不隶属却又有着近似于附属机构的捆绑关系,这为日后教科文组织会员资格问题的"政治化"埋下隐患。

(二) 行动规则设计与业务领域的政治敏感度不匹配

国际组织的行动规则包括决策规则和议程设置规则。其中决策规则可以分为决策权分配规则和决策权集中规则。决策权分配规则有平权制和加权制等模式。关系国家身份、涉及国家主权事务的决策,如联合国大会决策等,通常采取平权制,而经济金融领域的国际组织如世界银行、国际货币基金组织、亚投行等,则可能采用加权制。决策权集中规则有简单多数、特定多数、全体一致等类型。政治敏感性越低的领域越倾向于采用简单多数,而政治敏感性越高、主权关涉度越高的领域,越倾向采用特定多数甚至全体一致等高门槛集中规则,特殊情形下还会赋予关键大国以特别否决权。20 世纪 60 年代,欧洲一体化的进程中,欧共体试图将一致通过规则改为多数赞成的决策方式以加强欧共体执委会对财政事务的控制,遭到法国的反对并引发了"空椅子危机",最终欧共体成员一致同意在成员国具有重大利益关切的问题上采取全体一致的原则,任何成员国都拥有否决权。[24]

在上述决策权分配规则和集中规则的一般性设定之外,还存在决策补充机制,即通过设置附加规则来提升高政治议题得以通过的门槛。例如联合国安理会决策时采用了"一国一票＋绝对多数"的决策权分配和集中规则,同时还给予常任理事国一票否决权。一些议题广泛的综合性组织则会根据议题的政治敏感程度设置不同的决策机制,例如欧盟内部设置了"建设性弃权"[25]和"紧急刹车"[26]两项补充机制来调和少数派核心利益和国际组织决策效率间的矛盾。因此在涉及政治敏感性高的议题时,应当要么采取协商达成共识或全体一致的集中规则,要么给予重大利益关切的成员国差异化的投票权,或者允许决策不对反对者生效,从而维护组织内部的团结,增加决策的可执行性。

然而,教科文组织内部大会和执行局决议采用了"一国一票＋多数决"的决策规则。就决策权分配规则而言,"一国一票"是在教科文组织成立的背景之下美国能够争取到的最佳方案。和美国主导的联合国和布雷顿森林体系不同,教科文组织的设计最初是在欧洲的主导下进行的,美国是该机制的后来者。在盟国教育部长会议向一个联合国机构转变的过程中,出于消除欧洲中心主义的目的,美国希望在盟国教育部长会议中引入投票机制,让更多的国家主体参与并享有相同的投票权而不是成为英国的"一言堂"。在教科文组织的制宪阶段,美国即主张建立一个每个会员国都有一票的"公开会议"来决定战后国际文化教育合作机构的制度安排,这一提议得到了各国的支持。[27] 鉴于盟国教育部长会议低政治、协调性的导向,大国在决策上获得特殊权力的意图很难得到其他国家的支持,设置像联合国安理会那样的大国否决权更是难以想象,因此美国在设计制度方案之初就希望教科文组织在投票规则方面体现平等分配而非大国集中的原则。

教科文组织决策机制的真正问题是决策权集中规则中的多数决与所涉及的议题的敏感性无法匹配,少数国家的核心利益得不到保障,导致组织成员之间冲突严重。[28] 如前所述,决策权集中规则的门槛设定的合理性取决于议题的性质。一般而言,政治敏感性越低,对成员国利益影响越小的议题,越倾向采用低门槛的多数决来提高决策效率,而政治敏感性越高、对成员国利益影响越大的议题,越倾向高门槛多数决甚至全体一致。美国在多维度扩展了教科文组织的议题领域,将大众传媒事务纳入其中之后,教科文组织深度涉足直接关系国家主权的事务。这类具有高政治敏感性的议题需要匹配一套高门槛的决策权集中规则。美国自恃于二战后在西方国家和广大发展中国家中赢得的广泛支持,且鉴于当时大国合作仍未完全破裂,广大前殖民地国家尚未获得独立等多方面的情况,相信自己能够凭一己之力凝聚较一致的意见,从而高效推动各项决议的最终达成并迅速建立起战后的世界秩序。美国忽视的恰恰是多数决背后的分配性制度逻辑:教科文组织的多数决规则设定意味着即使是最高门槛的决策也仅需要三分之二多数赞成票,通过一份意识形态领域的国际公约草案或其修正案最终的决策可能忽视甚至背离多达三分之一成员的利益关切。若决议关系到三分之一少数的核心利益,将带来极不正义的分配性后果。如被忽视的三分之一中有关键国家的存在,决议将难以得到有效执行。[29]

同样被美国忽视的是,多数决规则使教科文组织成为国家间权力结构变化首当其冲的对象。在20世纪六七十年代世界局势"大动荡、大分化、大改组"的时代背景下,"多数决"加剧了成员内部的权力斗争。

233

教科文组织多数决规则与美国国家利益的正相关假设建立在美国战后强大的国家实力的基础之上,时过境迁,美国实力必然相对衰落,那么美国也可能成为"多数决"规则下的少数派。教科文组织成立早期,美国利用西方国家在大会和执行局中的优势地位掌控议程并通过了反映自身偏好的决议,东欧国家就朝鲜战争、新中国代表权等问题的呼声在组织的"多数决"机制下被忽视。相同的决策程序之下,随着苏联和大量第三世界国家加入,美国等西方国家成为少数,教科文组织大会和执行局大量讨论涉及南北国家政治事务的议题并作出有利于发展中国家的决定,美国和西方国家反而成为"多数决"机制的"受害者",这是美国在最初做制度设计时所始料未及的。

为此,美国也试图在"多数决"的框架下推动协商一致。1976年的内罗毕大会上,美国开始提倡遵照协商一致的原则来通过重要提案,这种倡议得到了认可,被称为"内罗毕精神"。"内罗毕精神"得到了一定程度的遵守,缺乏共识的议题采取全体一致的议事规则,饱受争议的《大众媒体宣言》得以融会成员国的共识。遗憾的是,一致的精神并未最终制度化,尽管美国坚持要求,教科文组织始终未能从制度上进行改革以实现重大议题上的协商一致,也未能按照美国的要求在预算议题上按照出资额51%设置通过门槛,这是美国1984年退出教科文组织的重要原因,也说明了国际组织成立后进行根本性改革的艰难。

与决策机制类似,美国在议程设置规则上,也未考虑设计与议题性质相匹配的议程设置规则,使得教科文组织的执行局和大会议程中总是充塞超越成员间共识的议题。议程设置是国际组织内部的重要权力。美国政治学者彼得·巴克拉克(Peter Bachrach)和莫顿·巴拉茨(Morton S. Baratz)提出,权力存在于阻止某些议题进入决策程序的无形因素之中,即权力的"第二张面孔",它决定了什么议题能够在多边场合讨论,而什么不能。[30]议程设置是成员国皆趋之若鹜的权力。无选择的议程设置规则不仅将堵塞议程,还会因为缺乏共识的议题进入议程而增加矛盾分歧,损害成员国的共识与团结。

议题从产生到进入议程,需要经历国际组织征集议题、成员国提出议题、形成临时性议程、投票通过正式议程若干阶段。如能通过在临时性议程之前设立前置的议题选择机制将难以形成共识的议题排除,那么就能消除这类议题在正式的多边场合制造矛盾、引发纷争的机率。一般而言,涉及"高政治"的国际组织一般都设置了此类"议题筛选"机制,如联合国安理会的所有议程都是联合国秘书长起草的,由秘书长列举出所有须与成员国和联合国的其他机构沟通并解决的事项,随后再提交安理会主席决定是否通过该议程。如通过,则为临时性议程。临时性议程还需要提交其他安理会成员来决定是否通过临时性议程。只有通过了,才能够在正式会议上提交安理会成员讨论。[31]因此,安理会的议程设置中存在"秘书长—安理会主席—安理会成员国"三重议题选择机制,在安理会成员磋商之前就已经将议程内容进行层层把关,从而大大降低了安理会议程上出现危害团结的议题出现的风险,安理会也得以将讨论的重点放在较为紧迫的安全事务上。

与安理会不同,上述教科文组织的议程设置过程中几乎无议题筛选的环节。执行局对成员国提出的议题照单全收,形成临时性议程并提交大会,由大会对议程进行投票,以半数通过为修改门槛对议题进行事后选择。这样不仅使各种议题能够轻松闯关,进入大会这一环节,还让各种分裂共识的议题因为难以得到半数以上的修改支持而无法从议程中抹去。如"新世界信息与通信秩序"以及非联合国会员国的入会问题反复进入大会议程,即使经总干事努力调解被一再推迟审议,但是此类议题反复进入大会议程使其"曝光度"不断提升,即使不能进入审议和最终表决环节,议题所反映的诉求也能为各成员国熟知,从而间接推动了议题的进程。

另外,由于教科文组织缺乏议题选择机制,无法避免数目繁多的议题拥塞议程,教科文组织总干事在拟定项目安排方案时无法聚焦于重点领域。教科文组织的议题领域较为广泛,而组织资源相对来说较为匮乏,各成员国对于教科文组织工作重点的看法不一,这就使得在议程形成的过程中,成员国一拥而上,纷纷提出教科文组织应当重视的提案,给教科文组织带来非常大的资源压力,秘书处集中资源以发展优先项目的工作也难以推进。教科文组织在首届大会的筹备会议上就收到了53项提案,内容覆盖出版物的跨国交换、去文盲化运动和反对教科书中的欧洲中心主义、促进教育交流、促进国际相互理解的国际合作等非常广泛的领域。[32]时至今日,教科文组织的议程仍非常庞杂,其中不乏诸如可持续发展目标这样的具有广泛覆盖面的议题。[33]由此带来的问题是项目制定和预算分配的重点不突出,对此教科文组织负责教育事务的前助理总干事唐虔评价道:"总部各部门每次制订的计划与预算总是像撒胡椒面那样想面面俱到但结果是'谁都饿不死,谁都吃不饱'。"[34]

（三）缺乏与总干事职权相对应的监督约束机制

总干事是国际组织的行政长官,作为桥梁连接着代议机构、执行机构和行政机构,在整个国际组织中扮演着中枢作用。在大会中,总干事负责对其就预算的安排和执行问题、国际组织日常工作、项目规划和安排作出报告。在执行机构,总干事与执行局在日常工作和项目安排与执行方面密切配合。在行政机构(秘书处),总干事作为其核心,全权负责包括人事任免在内的各项重要工作。其权责覆盖国际组织的各个主要机构,具有举足轻重的影响。为此,对总干事权力的监督、约束和问责非常重要,否则国际组织就可能违背其成立时的初衷,损害成员间共识和成员国的利益。

国际组织对总干事的监督约束和问责机制主要体现在对总干事选任和履职两个方面的约束。一般来说,国际组织的执行机构(理事会)提名总干事并就总干事的连任作出决定,因此由执行机构选出或批准连任的总干事天然对执行机构负责,受其约束,特别是有连任意愿的总干事履职时更是如此。此外,国际组织的日常工作中,执行机构因其常设性、与总干事职能和工作的高度关联性,也是唯一能够对总干事履职进行监督的机构。

国际组织章程通常对这一机制有明确的规定,例如,《国际货币基金组织章程》规定,执行总裁由执行董事会选出。[35]总干事选任的具体问题通常尽可能寻求执行机构成员的共识,在最终人选问题上体现关键大国意志。联合国秘书长人选由安理会以不少于9票赞成票推荐产生,五大常任理事国享有否决权;世界银行行长依照惯例历来由美国人担任,在实践中由美国总统提名,经过世行执董会面试考察并以简单多数(半数)通过(然而实际操作上则是由执董会全体一致通过)。[36]如此安排,总干事的人选就是执行机构闭门磋商以求共识的问题,关键大国的意志在其中也能发挥重要作用。总干事在日常履职中必须对执行机构整体负责,受其约束和监督,也必须平衡少数与多数的关系。在总干事日常履职方面,国际组织章程通常明确规定执行机构的监督权,《国际货币基金组织章程》规定,一旦执行董事会作出总裁停止履职的决定,后者应立即执行;在执行董事会的总体控制下,总干事负责调动、任命、解雇国际货币基金组织职员。[37]

反观教科文组织,总干事从选任到履职都缺乏执行机构有效的制约和监督机制。在选任上,执行局简单多数通过的规则下,起决定作用的始终是相对多数成员的意志,能否连任也取决于此,这意味着总干事只需向部分成员负责便可以一劳永逸,迎合多数成员便成了理所当然。而少数成员对总干事的选任和连任无决定性话语权。在履职上,虽然教科文组织章程规定了执行局对总干事的监督权,但总干事在任期内往往与执行局多数成员结成投桃报李的共生关系,只要其日常工作是有利于多数的,执行局便可睁一只眼闭一只眼。执行局的监督失能导致姆博总干事任内任人唯亲现象非常严重,他甚至可以绕开执行局监督,将组织内的高级职务包揽给其亲属。[38] 因其广受执行局多数成员——亚非国家的支持,《组织法》规定的执行局的监督权名存实亡。从一定意义上说,执行局对总干事的监督机制在 20 世纪 60 年代之后的弱化根源于总干事在执行局中由简单多数提名的选任制,执行局整体无法在总干事的履职过程中起到有效的监督作用。

（四）财政预算制定缺乏审慎协调机制

财政预算是国际组织的生命之源,不受控制的财政预算将催生不受控制的国际组织。成员国尤其是出资大国作为国际组织财政预算的主要来源,对财政预算和资金流向应具有合理的监督约束权力。实践中适用全体一致决策或加权投票制的国际组织中出资大国拥有对财政预算制定的监督约束权限自不待言,国际组织还通常内设负责预算监督、审查、咨询的机制,例如联合国大会内部设有第五委员会和辅助第五委员会的行政和预算问题咨询委员会(第五委员会有相对独立的审议权)。第五委员会在审议议程和问题时尽一切努力促成成员达成共识,只有在极端情况下才诉诸表决,这为不同利益主体的观点表达和充分沟通提供了通道。[39]

和联合国及其他机构相比,教科文组织预算决定机制缺乏审慎机制。其一,出资大国对预算规模无制度化的监督渠道。"一国一票＋多数决"的表决机制之下,所有国家无论出资份额大小,拥有相同的表决权利,少数出资大国的意愿被忽略。其二,预算的拟定权掌握在总干事一人手中,总干事出于提升政绩和服务大多数成员国发展需求的意图,有扩张财政预算的天然偏好。根据《联合国教科文组织财务条例》第三条,财务期之预算概要应由总干事拟定,执行局应审核总干事所拟定之预算概要,然后连同其认为必要之建议提交大会常会,预算应由大会根据一国一票的决策原则通过。[40]总干事作为组织本身的代表,有扩张组织职能的天然动机。同时,总干事出于赢得大多数成员国的支持和使预算方案通过投票的目的,也倾向考虑多数成员国的利益偏好,并可能有选择地牺牲少数国家的利益,包括出资大国。在既有预算规则之下,总干事拟定财务预算如经执行局、大会表决通过就能获得效力,出资大国若对预算概要存有异议,在体制内并没有表达意见和阻却预算概要通过的渠道。[41]特别是在实践中总干事与执行局大多数成员国形成的密切联系弱化了执行局对总干事财政预算拟定权的监督与制衡力,使得这项权力在总干事的手中空前强化。

这种决策模式使得出资大国和总干事极易就预算问题发生矛盾。[42]例如第二任总干事博德获任后即坚持首任总干事赫胥黎的财政扩张路线,在1952年的执行局会议上提出了一份1953年的预算方案,较上一个预算周期增加了1 267 029美元。对此执行局的项目委员会主席、美国人路德·埃文斯对总干事施压,认为"教科文组织应当专注于其'项目焦点'"。1952年的大会上,总干事在预算报告中提到"教科文组织需要更多的资源来支持其项目的发展壮大"。然而在美国的支持下,英国代表要求组织的预算冻结在1952年的水平。由于当时的执行局和大会仍以西方国家为主导,西方国家代表提出的预算方案在大会顺利通过,总干事认为这一预算方案不可接受而选择辞职。[43]教科文组织成立初期由于西方国家作为主要出资国通过其多数优势能够对总干事的预算制定权进行有效制衡,但是由于缺乏机制的有效约束,总干事在获得第三世界国家的支持后得以违逆出资大国的意愿扩张预算,"在多数成员国的支持下,姆博总干事的预算方案能够战胜美国在1983年提出的反对预算方案的意见"[44]。

　　组织财务预算缺乏监督机制不仅激化了出资大国和秘书处的矛盾,还可能鼓励部分国家利用教科文组织"搭便车"的行为。20世纪六七十年代,随着大批中小国家进入教科文组织并成为塑造议程的关键力量,他们不断推动教科文组织增加预算以支持教科文组织对他们的技术援助。大会成员结构的改变也使得总干事和出资大国双方在组织内的博弈筹码变化。美国与教科文组织关系的第一次全面危机发生之后,美国意识到可以施压教科文组织在预算问题上修补机制,以提升出资大国的话语权。1984年纽厄尔对教科文组织的改革建议之一便是要求预算需获得为组织至少累计提供51%资金的成员国的积极支持才可通过。[45]然而由于美国并未与教科文组织达成妥协并最终退出了教科文组织,这一改革建议并未得到真正执行。

注释

1. Barbara Koremenos et al., "The Rational Design of International Institutions," *International Organization*, Vol.55, No.4, 2001, p.762.

2. Robert O. Keohane, "International Institutions: Two Approaches," in Robert O. Keohane, ed., *International Institutions and State Power: Essays in International Relations Theory*, London and New York: Routledge, 2018, p.161.

3. 曹沛霖、陈明明、唐亚林主编:《比较政治制度》,高等教育出版社2005年版,第242页。

4. "Memorandum From the President's Assistant for National Security Affairs (Scowcroft) to President Ford, Washington, undated," *FRUS*, 1969—1976, Vol.E-14, Part 1: Documents on the United Nations, 1973—1976, p.1, https://history.state.gov/historicaldocuments/frus1969-76ve14p1/d103_pg2,访问时间:2023年5月8日。

5. *Ad Hoc* Group on U.S. Policy toward the United Nations, "The United States and the United Nations: A Policy for Today," cited in Seymour Maxwell Finger, "Reform or Withdrawal," *Foreign Service Journal*, Vol.61, No.6, 1984, p.20.

6. S. E. Graham, *Culture and Propaganda: The Progressive Origins of American Public Diplomacy*, *1936—1953*, Burlington: Ashgate Publishing Company, 2015, p.124.

7. James Patrick Sewell, *UNESCO and World Politics*, Princeton: Princeton University Press, 2015, p.98.

8. Byron Dexter, "Yardstick for UNESCO," *Foreign Affairs*, Vol.28, No.1, 1949, p.57.

9. 《联合国教科文组织组织法》,第V条,2005年10月21日,http://www.moe.gov.cn/srcsite/A23/jkwzz_other/200510/t20051021_81409.html。

10. James Patrick Sewell, *UNESCO and World Politics*, Princeton: Princeton University Press, 2015, p.169.

11. Lawrence S. Finkelstein，"The Political Role of the Director-General of UNESCO，" in Lawrence S. Finkelstein，ed.，*Politics in the United Nations System*，Durham and London：Duke University Press，1988，p.395.

12. 刘连连、姜孜元：《国际组织的"去政治化"：制度理性与谦抑性品格》，《清华社会科学》2021年第1辑，第107页。

13. 刘铁娃：《霸权地位与制度开放性：美国的国际组织影响力探析（1945—2010）》，北京大学出版社2013年版，第269—270页。谢喆平、宗华伟：《从"客场"到"主场"：中国参与联合国教科文组织实践的变化》，《外交评论》2021年第2期，第92页。

14. ［塞内加尔］阿马杜—马赫塔尔·姆博：《教科文组织总干事姆博给美国国务卿舒尔茨的信》，1984年1月18日，第7页，https://unesdoc.unesco.org/ark:/48223/pf0000-059131_chi。

15. "General Conference First Session，" UNESCO/C/30，Paris：United Nations Educational Scientific and Cultural Organization，p.157.

16. S. E. Graham，"The Real Politiks of Culture：U. S. Cultural Diplomacy in Unesco，1946—1954，" *Diplomatic History*，Vol.30，No.2，2006，p.247.Telegram from Foreign Office to Washington，"UNESCO and the Korean Situation，" FO371/88901，UK National Archives，Public Record Office，Kew，10th August 1950.

17. 菲律宾的反对原因是：日本没有为其在二战中对菲律宾的战争破坏承担责任。参见 Takashi Saikawa，"Returning to the International Community：UNESCO and Postwar Japan，1945—1951，" in P. Duedahl，eds.，*A History of UNESCO：Global Actions and Impacts*，London：Palgrave Macmillan，2016，pp.123—124。

18. Klaus Hüfner，"UNESCO—United Nations Educationa，Scientific and Cultural Organization，" in Helmut Volger，ed.，*A Concise Encyclopedia of the United Nations*，Leiden：Martinus Nijhoff Publishers，2010，p.557.

19. 晋继勇：《试析联合国专门机构的政治化——以世界卫生组织为例》，《国际论坛》2009年第1期，第12页；《联合国宪章》第一条，https://www.un.org/zh/about-us/un-charter/full-text，访问时间：2022年5月13日。

20. Luisa Blanchfield and Marjorie Ann Browne，*Membership in the United Nations and Its Specialized Agencies*，Congressional Research Service，June 19，2014，p.1，https://sgp.fas.org/crs/row/R43614.pdf.

21. 这11个国际组织分别是：国际民航组织、国际农业发展基金、国际劳工组织、国际海事组织、国际电信联盟、联合国工业发展组织、万国邮政联盟、世界卫生组织、世界知识产权组织、国际气象组织和联合国教科文组织。

22. Luisa Blanchfield and Marjorie Ann Browne，*Membership in the United Nations and Its Specialized Agencies*，Congressional Research Service，June 19，2014，pp.8—9，https://sgp.fas.org/crs/row/R43614.pdf.

23. "Charter of the United Nations，" Article 63，in Amos J. Peaslee，ed.，*International Governmental Organizations Constitutional Documents*，The Hague：Martinus Nijhoff，1956，p.687.

24. 方连庆、王炳元、刘金质主编：《国际关系史（战后卷）》，北京大学出版社2006年版，第308—309页。

25. 注：《阿姆斯特丹条约》Article J.13规定，这一条款之下的任何决定都采用全体一致的方式，欧盟委员会的成员有权投弃权，但是并不妨碍决定的通过，该决定也不适用于弃权的国家即"建设性弃权"，参见 *The Treaty of Amsterdam：Amending the Treaty on European Union，the Treaties Establishing the European Communities and Certain*

Related Acts，2 October 1997，p.12，https：//web. archive. org/web/20120829111957/ http：//www.eurotreaties.com/amsterdamtreaty.pdf，访问时间：2023 年 11 月 9 日。

26. 注：即在共同外交和安全政策领域，允许成员国出于重大的、已申明的国内政策原因反对欧盟通过某一决定，该决定须提交欧盟理事会按照全体一致的方式重新裁定。参见邵景春：《欧洲联盟的法律与制度》，人民法院出版社 1999 年版，第 34—35 页。

27. 参见 H. H. Krill De Capello，"The Creation of the United Nations Educational，Scientific and Cultural Organization，" *International Organization*，Vol.24，No.1，1970，pp.9—10。

28. 维克托・伊夫・盖巴利、马克・伊伯等多位学者都曾经将教科文组织的政治化现象与其多数决机制联系起来。参见 Victor-Yves Ghebali，"The 'Politicization' of UN Specialized Agencies：The UNESCO Syndrome，" in D. Pitt and T.G. Weiss，eds.，*The Nature of United Nations Bureaucracies*，Boulder，Colo：Westview Press，1986，p.124；Mark F. Imber，*The USA，ILO，UNESCO and IAEA：Politicization and Withdrawal in the Specialized Agencies*，New York：Palgrave Macmillan，1989，p.100。

29. UNESCO，"Rules of Procedure of the General Conference，" Rule 49，Item(C)，1946，p. 20，https：//digital. archives. unesco. org/fr/collection/governing-documents-2/ detail/84699cb6-962f-11e8-8718-d89d6717b464/media/90a609a1-93e1-cefb-2215- 9e70d93cb8dc?mode＝detail，最后访问时间：2022 年 11 月 17 日。

30. Peter Bachrach and Morton S. Baratz，"Two Faces of Power，" *The American Political Science Review*，Vol.56，No.4，1962，p.948.

31. 参见 Yukari Iwanami，"Setting the Agenda of the UN Security Council，" August 30，2011，https：//www. rochester. edu/College/gradstudents/yiwanami/agenda. pdf，访问时间：2021 年 12 月 11 日。

32. "Summary of Proposals Received by the Secretariat Concerning the Future Work of UNESCO，" February 6，1946，UNESCO/Prep.Com/22；"Organization of an International Campaign against Illiteracy，" April 12，1946，UNESCO/Prep.Com/24；"Proposal for a Textbook on World History Submitted by the Mexican Delegation，" April 12，1946，UNESCO/Prep.Com/25；"Recommendations for the Program of UNESCO in the Educational Field：Proposals Submitted by the United States Government，" May 21，1946，UNESCO/Prep.Com/46 all in UNESCO PC，Vol.1.

33. 参见 UNESCO，"Agenda of 41st session of General Conference，" 41C/1，24 Nov. 2021，https：//unesdoc. unesco. org/ark：/48223/pf0000377718，访问时间：2022 年 11 月 20 日。

34. 唐虔：《我在国际组织的 25 年》，中信出版集团 2020 年版，第 86 页。

35. 参见 "Agreement of IMF，" Art. XII，Sec. 4，Item(a)。

36. http：//www.worldbank.org/en/about/articles-of-agreement，访问时间：2022 年 5 月 5 日；"Selecting the World Bank President，" Congressional Research Service，May 10，2023，https：//sgp. fas. org/crs/row/R42463.pdf；这样的安排的原因是，美国是战后唯一的资本盈余国，世界银行资金将主要源于美国债券市场，而这样的安排也有利于世行在美国债券市场成功发行债券。参见 Ngaire Woods，"The United States and the International Financial Institutions：Power And Influence Within the World Bank and the IMF，" in Rosemary Foot，Neil MacFarlane and Michael Mastanduno，eds.，*US Hegemony and International Organizations*，Oxford：Oxford University Press，2003。

37. 参见"Agreement of IMF，" Art. XII，Sec. 4，Item(a)&(b)。

38. J. P. Singh，*United Nations Educational，Scientific，and Cultural Organiza-*

tion (*UNESCO*)：*Creating Norms for a Complex World*，New York：Routledge，2011，p.132.

39.《第五委员会：行政和预算》，联合国大会，https：//www.un.org/zh/ga/fifth/faq.shtml,访问时间：2021 年 12 月 11 日。

40. 参见 UNESCO，"Financial Regulations，" Article 3，27 April 2023，https：//www.unesco.org/en/legal-affairs/financial-regulations,访问时间：2024 年 2 月 23 日。

41. U.S. Department of State，*US/UNESCO Policy Review*，Feb. 27，1984，p.5 cited in Mark F. Imber，*The USA*，*ILO*，*UNESCO and IAEA*：*Politicization and Withdrawal in the Specialized Agencies*，New York：Palgrave Macmillan，1989，p.110，at note 32.

42. 谢喆平、宗华伟：《从"客场"到"主场"：中国参与联合国教科文组织实践的变化》，《外交评论》2021 年第 2 期，第 93 页。

43. J. P. Sewell，*UNESCO and World Politics*，Princeton：Princeton University Press，2015，p.153.

44. Lawrence S. Finkelstein，"The Political Role of the Director-General of UNESCO，" in Lawrence S. Finkelstein，ed.，*Politics in the United Nations System*，Durham and London：Duke University Press，1988，p.387.

45. Gregory Newell，"Letter to Mr A. M'Bow Presented by US Permanent Representative，" Jean Gerard，13 July 1984，p.3.

结　语

国际组织的创设运作与大国领导力

　　尽管学界对于国际组织与成员国之间的关系有不同的解释,但整体上都承认国际组织通常是由国家推动产生的。[1]国际组织作为国家间集体行动的产物和平台,有效促成各国共同的合作目标是其行稳致远、获得持久合法性的根本所在。与此同时,国际组织并非一座孤岛,难以隔绝外部政治环境变化带来的影响和冲击,需要在漫长的岁月中妥善处理内外部关系,以抵御国际政治风云变幻带来的系统性压力,维持自身的稳健运行。考虑到国际组织的运作是依据一套严密的程序性规则的指引,且这套程序性规则在实践中将对国际组织的运作产生强大的路径锁定效果,设计者如何在创设国际组织之初充分了解成员国利益诉求的最大公约数,尊重国际组织的运行逻辑,保持国际组织在国际政治事务中的谦抑性,便非常重要。具体来说,国际组织成员准入、财政预算规划、各机构设置及权责分工、国际组织的议事与决策规则等制度设计,便需要在充分考虑国际组织的政治基础和功能目标的前提下做精细的考量。

　　同样需要注意的是,国际组织的创设从来都不是源自众多国家行为体突然间的共同觉醒,而是在部分国家的引领及国际社会的共同推动下逐步完成合作共识、制度设计、权力分配等各个步骤的工作。在特定合作领域具有影响力或利益关切的大国常常在该过程中发挥着决定性的作用。国际关系的现实主义理论将国际组织的创设与霸权国维系霸权这一自利性动机联系起来。尽管学界从规范的视角对霸权稳定论有不同的评价,但如果我们承认国际关系理论关于国家是理性行为体这一基本假设,那么国家本身追求利益是其本质属性,其试图通过国际组织实现自身利益最大化这一目标本身无可厚非。真正值得进一步讨

243

论的是,这种行为逻辑本身能否促成全体成员共同目标的实现,以及能否促成大国自身目标的实现。

因循这一逻辑,作为领导者和主要设计者的大国在国际组织的创设中既需要具备从政治的视角妥善处理自身利益与国际社会公共利益关系的眼界和胸襟,还需要能够从科学的视角洞察国际组织的本质及运作规律,并基于此开展制度设计、推行多边外交政策。反之,如果作为领导者和主要设计者的大国在国际组织的创设中不能高瞻远瞩地通盘考量,而是以短期局部利益为目的创设制度规则,借此将国际组织"私有化",或是对多边合作与国际组织本质及活动规律认知不足,其创设的国际组织便可能存在"先天不足",在漫长的岁月变迁和政治风浪中容易因成员结构变更、官僚机构惰性等各种因素而不断偏离成员国成立它的初衷,国际社会的公共利益难以顺利实现,作为领导者和设计者的大国自身的利益诉求也可能因此落空。

本书所探讨的美国与联合国教科文组织互动的案例中,美国作为教科文组织的主要发起者之一,对教科文组织的成功建立起到了重要的推动作用。然而其在该组织的制度设计过程中对国际组织的本质和运作规律认知不够充分,并出于服务冷战期间价值观斗争这一短期利益的目的,忽视了对组织在时间长河中的运作前景的规划与考量,使得教科文组织的基础结构自始便存在诸多漏洞。这些漏洞在变迁的国际政治环境中不但没有缓冲成员国间日益凸显的矛盾,反而放大了国际权力格局变动对组织活动的冲击。教科文组织议题政治化、机构政治化的问题在过去几十年已经给教科文组织的运作造成损害,也加剧了教科文组织成员国之间的冲突,以及官僚机构与大国之间的矛盾。

教科文组织作为当今最有影响力的联合国专门机构之一,其能否行稳致远既关系到国际社会的整体利益,也关系到作为其最大会费国之一的中国的国家利益。为此中国有必要从美国引领教科文组织创设与运作的历程中吸取经验和教训,并参照英国、法国、日本、苏联参与教科文组织内部治理改革的诸多做法,实现从参与教科文组织活动向参与其管理与运营改变,提升参与教科文组织议程设置及内部治理改革的能力,确保教科文组织能够在国际政治风浪中坚守初衷,规避政治化风险,长期有效地服务全球教育、科学、文化事业的合作。在这一点上,中国和美国、英国、法国等教科文组织发起国具有共同的利益与合作空间。

美国与教科文组织互动的历程也对其他领域的国际组织创设与改革具有重要的借鉴意义。当代中国作为全球治理中的主要大国之一，在国际机制创新和改革上发挥着日益显著的作用。未来的中国在国际组织的创设过程中应当注意哪些问题？如何通过国际组织的制度设计整合国际社会的公共利益与中国的价值诉求，防止国际组织机构与活动的"政治化"，确保其在时代与社会的变迁中保持功能的稳定性与合作的有效性？美国与教科文组织互动的历程可以给予我们一些启示。

国际组织创设之初的基础制度架构对其在未来的运作具有决定性作用，值得高度重视。无论是 20 世纪 80 年代初里根政府试图推动的改革，还是 21 世纪初美国在小布什总统时期再度回归教科文组织后的新举措，都无法缓解美国和教科文组织之间根本性的矛盾，以致作为设计者的美国不得不以两度退出来结束与教科文组织的关系。就中国引领国际组织创设而言，可以从美国与联合国教科文组织的互动中吸取以下几方面的经验和教训。

其一，就大国与国际组织的关系而言，在全球多边合作中扮演领导者角色的大国需要充分认识自己在国际事务中的战略利益诉求，并将其与国际组织战略有效结合，从国际组织的运行和发展规律出发设定国际组织的宗旨目标，完善国际组织的制度设计。第二次世界大战期间及结束后美国时任总统罗斯福和杜鲁门领导下的国务院积极参与联合国、布雷顿森林体系和教科文组织宗旨目标、组织结构、行动规则的设计之中，从而奠定了美国在战后国际秩序中倡导数十年的领导地位，这是美国留下的重要经验之一。

其二，作为国际秩序引领者的大国需要充分认识到自身作为多边关系的参与者和组织运营方向的监督者的双重身份，不宜过度看重在国际组织议程中一城一池的得失，而应维系国际组织本身的健康运作不偏离航向，进而服务大国自身在相关领域的整体利益诉求。作为主导者的大国应避免将国际组织视为谋求短期利益的直接工具，而应将其作为植入国家长期利益的战略性工具。美国多次试图违背其他会员国和组织本身的意志、将教科文组织变成自身宣传工具的做法，不但未能如愿，反而使其在组织中的权威大打折扣，这是其政策失败的又一个重要教训。此外，美国在教科文组织建立之初试图依仗自身的政治经济实力掌握教科文组织内部的多数席位、进而推广美国意识形态，最终因为教科文组织内成员结构的变化而沦为少数派、被边缘化，这是其政策失败的另一个重要教训。

其三，当今世界的国际组织数量众多、性质各异。具有全球影响力的大国必须分而之，因地制宜，在参与之初就准确把握国际组织宗旨目标、组织结构上的特性，并基于此制定政策。美国用西式民主的一般法则来应对教科文组织内具有高度政治敏感性的议题，是其政策失败的又一重要教训。国际组织是一套拥有相对稳定目标和行事规则的合作机制，其形态、活动、功能、内部权力结构图并非一成不变，而是随着时间迁移而发展变化。大国在参与国际组织活动之初就必须在宏观层次制定与国际组织互动的远景规划图，对未来的各种变数有充分的预期和对策。具体制度设计层面应努力通过内部治理机制创设与改革确保国际组织的生命线——会员准入、人事任免、预算决策，争取后续组织目标和结构变动处于有效的监管之中，例如在涉及组织治理结构变更的重要事项上保留一票否决权或者设定全体一致的决策规则，以确保国际组织在世界政治的风云变幻中行稳致远，同时保障大国自身的利益在岁月变迁中不被其主导设立的国际组织制度"绑架"或"反噬"。而在涉及组织运营的关键环节，如规范制定、议程设置、人事任免、重要决策等事项上，则应采取更积极的态度，努力通过外交或法律措施拓展话语权。二战后美国虽然在这些事项上未能掌握控制权，但这些方向一直是其努力的重点。而英国、法国、日本等大国，以及其他中小国家，都深谙教科文组织总干事、大会主席、执行局主席等席位对于教科文组织内部决策的重大影响，为此在相关席位存在空缺时国内外事负责人常常投入巨大的外交资源游走斡旋，也不乏有国家元首和政府首脑参与为本国候选人"拉票"的先例。而相关候选人当选后，都能在不同程度上服务国家的战略利益。

其四，扮演领导者角色的大国作为国际组织的最大外交资源和资金贡献者，对国际组织的有效合法运作、官僚机构是否忠实履职具有监督的权利和责任。为此其应认识到自身在与其他成员的外交关系之外，与秘书处的合作与权力博弈关系也具有高度的重要性。其必须主动参与国际组织管理事务,强化与总干事、秘书处的日常沟通,灵活运用法律和政治手段,以"润物细无声"的形式将国家战略利益植入国际组织的议程之中,而不能一味地当"好好先生"。虽然美国过去几十年在该问题上显得过犹不及,但它所采用的频繁沟通、公开表态、拒缴会费等做法,事实上对教科文组织施加了很大的影响力。例如美国在 20世纪 80 年代退出教科文组织的初衷是其失去了对教科文组织的控制权,但美国公开宣称的理由是教科文组织过度政治化及官僚机构的低效,这给总干事和秘书处造成了很大的压力。在美国之后英国、日本退出或威胁退出教科文组织的做法,也事实上阻却了总干事姆博的连任。

然而同样值得注意的是,在国际组织多边平台,将政治考量植入法律手段之中,比直接使用政治手段更能达到良好的效果。美国在筹建教科文组织的过程中倡导"一国一票"、全部参与的原则,本质上是对欧洲国家的夺权,但由于其倡议符合国际社会普遍认同的价值观念,也符合各参与谈判国家的利益,为此轻易得到了多数支持。再例如 20 世纪70 年代美国在自身沦为大会少数派的情况下,开始支持以协商一致的形式做出决策(其在世界贸易组织创建的过程中也有类似做法)。美国支持协商一致的目的是避免自身的意见被忽视,但观感上符合国际社会公认的主权原则,故而也得到了其他国家的支持。

就大国引领国际组织的设计而言,首先,国际组织作为各国基于共识建立的合作机构(而非世界政府),在国际事务中应保持谦抑审慎的品格,以成员共识为根基开展活动。其各个机构和部门设置以及日常活动中应尽量将成员共识不足、甚至存在严重分歧的事项拒之门外。

在国际组织的宗旨设定上,应以创设成员国基于真实意愿的合作共识为基础。各国参与多边合作的意愿、对多边合作范围和路径的共识是国际组织得以产生并获得生命力的力量之源。国际组织的宗旨是国际组织活动的基本纲领,决定了国际组织的主要工作目标和价值取向。设计者在设定国际组织的宗旨时必须紧扣成员国的合作共识。违背成员国的真实意愿、突破成员国的合作共识范围设定国际组织的宗旨,国际组织的合法性根基就会被动摇,也可能导致国际组织在运作中出现成员离心离德的情况,这些都是设计者需要预见和避免的问题。

在国际组织的组织规则设计上,应制定适宜的成员准入规则,确保国际组织全体机构的相对稳定性。政府间国际组织的会员身份承载着兼具政治性和功能性的意涵。这一身份的获取既意味着行为体参与某一特定功能领域的多边国际事务的权利,还意味着国际社会对行为体的自治能力和主权国家身份的认可,同时也直接影响国际组织内部的权力格局。发起国在国际组织的筹建中投入大量外交资源的情况下,也始终面临着被边缘化的风险。为避免这种情况,设计者在设计国际组织时应高度重视成员准入制度的设计,将之与国际组织本身的定位、自身在多边合作领域的立场以及国际组织决策机制的设计结合起来,尽可能通过大国特殊否决权或者基于共识原则而获得的普遍否决权来确保国际组织不因成员结构的变动而偏离初衷,以致出现创设成员国被边缘化的情况。

在国际组织的组织机构设计上,执行机构的设计应以其工作效率和专业能力为导向。执行机构的职责在于依据全体机构决议制定行动方案和项目安排,将国家间共识落实为具体行动,行动的高效性和专业性是其履职表现的重要参数。要实现这一目标,执行机构在功能上应与全体机构区别与互补,避免出现二者重复或竞争的状况,进而避免执行机构的选任成为激化成员国矛盾的因素;在构成上应以专家和行业精英而非职业外交官为主体——专业类国际组织尤其如此,确保其履职行为以落实全体机构决议而非各国自身利益为导向;规模上也不应过于庞大,席位数宜有所控制以免影响议事效率和凝聚共识的氛围。同时,作为国际组织的工作人员,执行机构成员因专业身份而获得的履职自由需以忠诚服务国际组织及其成员利益为限。国际组织秘书机构的设置上则应以确保秘书机构恪尽职守、忠诚履职为导向,注重建立对秘书机构人员的约束和监督制衡机制,尤其是要防止行政负责人或其他工作人员在人员选任、预算制定、项目开展等事项上形成与国际组织整体利益相左的集团利益。

在国际组织的行动规则设计上,首先要制定适宜的议程设置规则,尤其要重视超合作范围议题的筛除规则。国际组织的议程设置决定了国际组织活动的内容和空间,其制度设计是国际组织设计者应关注的重点。一方面,设计者应通过程序规则努力保证议程设置渠道的畅通,确保国际组织的宗旨目标得到落实。另一方面,设计者应通过程序规则来筛除那些突破成员共识、与国际组织本身宗旨相违背、不具有合作空间的议题,以确保国际组织不被个别国家或国家集团利用来打压其他成员国,避免其沦为成员国间政治斗争的场所。其次,要制定与国际组织活动领域相适应的决策规则。为了保障国际组织内部的团结氛围和决策的有效性,国际组织决策应始终以协商一致谋求共识为根本目标。在不能以共识原则通过决议的情况下,应根据议题本身的性质设定决策权分配规则和集中规则。对于关系到成员国切身利益、具有高度政治敏感性的事项,应适用高门槛的决策机制,将防止轻率通过决议而非促成快速通过决议视为首要目标。在特定国家存在特殊利益的领域,应考虑采用差异化的投票权分配和集中规则,并在具体决策中充分考虑当事方的意见和诉求。国际组织的预算制定、成员准入等涉及触动国际组织基础结构变更的事项,需要采用高门槛决策规则,必要时设置专门委员会作为前置性的审核机制。

最后,国际组织的治理机制有着非常强大的制度惯性,一旦形成系统化的运作模式,一国甚至多国都很难促成其发生实质性的变化。从美国与联合国教科文组织的互动历程可以看出,即便具有强大综合实力的美国与教科文组织本身都具有强烈的改革意愿,改革也仍旧无法触及组织结构的根基本身。然而即便如此,在组织法框架下对国际组织进行"增量改革"来补强现有机制、重塑其行动模式,仍旧具有可行性。典型的案例是美国对教科文组织预算制定制度的改革。尽管美国在过去几十年中始终未能在教科文组织的财政预算方案的制定和监督机制中获得额外的投票权,但是无论是美国采取的政治手段(例如停缴会费或威胁退出)还是制度手段(例如构建"日内瓦集团"以及执行局的财政和行政事务专家小组),都事实上增强了其和其他出资大国对教科文组织预算制定的话语权。当然在诸如后者这类国际组织中的"小多边机制"在实践中日益频繁出现的情况下,其在透明度、代表性等维度的合法性问题,又是国际组织研究领域另一个值得探讨的话题。

注释

1. 作者注:本书语境中的国际组织概念等同于国际政府间组织,不将非政府组织纳入其范畴之中。

参考文献

中文文献

习近平:《加强党对全面依法治国的领导》,《求是》2019 年第 4 期。

[法]布尔迪厄、[美]华康德:《反思社会学导引》,李猛、李康译,商务印书馆 2015 年版。

曹沛霖、陈明明、唐亚林主编:《比较政治制度》,高等教育出版社 2005 年版。

程曼丽、乔云霞:《新闻传播学词典》,新华出版社 2012 年版。

方连庆、王炳元、刘金质:《国际关系史(战后卷)》,北京大学出版社 2006 年版。

[美]弗兰克·宁科维奇:《美国对外文化关系的历史轨迹(续)(美〈文化外交:1938—1950 美国的外交政策和对外关系〉)》,钱存学编译,《编译参考》1991 年版。

韩立余:《从总干事的选任看 WTO 的决策机制》,《法学家》2008 年第 2 期。

晋继勇:《试析联合国专门机构的政治化——以世界卫生组织为例》,《国际论坛》2009 年第 1 期。

刘莲莲:《国际组织发生学的反思与再造》,《中国社会科学报》2022 年第 3 期。

刘莲莲:《国际组织理论:反思与前瞻》,《厦门大学学报(哲学社会科学版)》2017 年第 5 期。

刘莲莲:《国际组织学:知识论》,社会科学文献出版社 2021 年版。

刘莲莲:《后发大国视域下的国际组织创设逻辑》,《厦门大学学报(哲学社会科学版)》2024 年第 2 期。

刘莲莲、姜孜元:《国际组织的"去政治化":制度理性与谦抑性品格》,《清华社会科学》2021 年第 1 辑。

刘莲莲、吴焕琼:《美国领导和设计联合国教科文组织何以失败》,《国际展望》2022 年第 5 期。

刘铁娃:《霸权地位与制度开放性:解释美国对联合国教科文组织影响力的演变》,《国际论坛》2012 年第 6 期。

刘铁娃:《霸权地位与制度开放性:美国的国际组织影响力探析(1945—2010)》,北京大学出版社 2013 年版。

毛俊响:《国际人权机制的生成逻辑》,《当代法学》2022 年第 6 期。

邵景春:《欧洲联盟的法律与制度》,人民法院出版社 1999 年版。

舒建中、陈露:《敦巴顿橡树园会议与联合国的建立》,《史学月刊》2021 年第 6 期。

舒建中:《美国对外政策与联合国教科文组织的建立》,《史学集刊》2014 年第 6 期。

唐虔:《我在国际组织的 25 年》,中信出版集团 2020 年版。

王孔祥:《从国际法视角看巴勒斯坦的国家身份》,《中国与国际关系学刊》2016 年第 2 期。

谢喆平、宗华伟:《从"客场"到"主场":中国参与联合国教科文组织实践的变化》,《外交评论》2021 年第 2 期。

徐蓝:《国际联盟与第一次世界大战后的国际秩序》,《中国社会科学》2015 年第 7 期。

闫晋、白建才:《美国在联合国教科文组织创立过程中的影响探析》,《近现代国际关系史研究》2015 年第 1 期。

英文文献

Armstrong, John A., "The Soviet Attitude toward UNESCO," *International Organization*, Vol.8, No.2, 1954.

Ascher, Charles S., 1951, *Program-Making in UNESCO, 1946—1951*, Chicago: Public Administration Service.

Ascher, Charles S., "The Development of UNESCO's program," *International Organization*, Vol.4, No.1, 1950.

Azoulay, Audrey, "Towards an Ethics of Artificial Intelligence," *UN*

Chronicle, Vol.55, No.4, 2019.

Azzi, Stephen, "Negotiating Cultural Space in the Global Economy: The United States, UNESCO, and the Convention on Cultural Diversity," *International Journal*, Vol.60, No.3, 2005.

Bachrach, Peter and Morton S. Baratz, "Two Faces of Power," *The American Political Science Review*, Vol.56, No.4, 1962.

Beigbeder, Yves, 1997, *The Internal Management of United Nations Organizations: The Long Quest for Reform*, Ipswich: The Ipswich Book Company Ltd.

Berger, Morroe, 1954, *Racial Equality and the Law: The Role of Law in the Reduction of Discrimination in the United States*, Paris: United Nations Educational, Scientific and Cultural Organization.

Blanchard, Margaret A., 1986, *Exporting the First Amendment: The Press-Government Crusade of 1945—1952*, White Plains: Longman.

Bolton, John R., 1989, *The United States and UNESCO: 1989*, Washington D. C.: United States Department of State Bureau of Public Affairs, Office of Public Communication, Editorial Division.

Brendebach, Jonas et al., eds., 2018, *International Organizations and the Media in the Nineteenth and Twentieth Centuries: Exorbitant Expectations*, Abingdon and New York: Routledge.

Brindley, Thomas A., 1968, *American Goals in the Education Policy of UNESCO, 1946—1964*, Ph.D. Dissertation, The University of Michigan.

Bullen, Dana, 2002, *Voices of Freedom: The Story of the World Press Freedom Committee*, Reston, VA: World Press Freedom Committee.

Burnett, Nicholas, "How to Develop the UNESCO the World Needs: The Challenges of Reform," *Journal of International Cooperation in Education*, Vol.13, No.2, 2010.

Burri, Mira, "The UNESCO Convention on Cultural Diversity: An Appraisal Five Years after its Entry into Force," *International Journal of Cultural Property*, Vol.20, 2014.

Cerone, John, "Introductory Note to the Admission of Palestine to UNESCO and Related Documents," *International Legal Materials*, Vol.51,

No.3, 2012.

Coate, Roger A., "Changing Patterns of Conflict, The United States and UNESCO," in Margaret P. Karns and Karen A. Mingst, eds., *The United States and Multilateral Institutions*, London: Routledge, 1992.

Coate, Roger A., 1988, *Unilateralism, Ideology & U.S. Foreign Policy: The United States In and Out of UNESCO*, Boulder and London: Lynne Rienner Publishers.

Cowell, F. R., "Planning the Organization of UNESCO 1942—1946, A Personal Record," *Journal of World History*, Vol.10, No.1, 1966.

Cox, Robert W. et al., eds., 1973, *The Anatomy of Influence: Decision-making in International Organization*, New Haven and London: Yale University Press.

Davis, Saville R., "Documentary Study of the Politicization of UNESCO," *Bulletin of the American Academy of Arts and Sciences*, Vol.29, No.3, 1975.

De Capello, H. H. Krill, "The Creation of the United Nations Educational, Scientific and Cultural Organization," *International Organization*, Vol.24, No.1, 1970.

Dexter, Bryon, "UNESCO Faces Two Worlds," *Foreign Affairs*, Vol. 25, No.3, 194.

Dexter, Bryon, "Yardstick for UNESCO," *Foreign Affairs*, Vol. 28, No.1, 1949.

Dorn, Charles and Kristen Ghodsee, "The Cold War Politicization of Literacy: Communism, UNESCO, and the World Bank," *Diplomatic History*, Vol.36, No.2, 2012.

Dorn, Charles, "The World's Schoolmaster': Educational Reconstruction, Grayson Kefauver, and the Founding of UNESCO, 1942—46," *History of Education*, Vol.35, No.3, 2006.

Drake, William J. et al., eds., 2008, *Governing Global Electronic Networks: International Perspectives on Policy and Power*, Cambridge, MA: MIT Press.

Duedahl, P., ed., 2016, *The History of UNESCO: Global Actions and*

Impacts, London: Palgrave Macmillan.

Duedahl, Poul, "Selling Mankind: UNESCO and the Invention of Global History, 1945—1976," *Journal of World History*, Vol.22, No.1, 2011.

Dumper, Michael and Craig Larkin, "The Politics of Heritage and the Limitations of International Agency in Contested Cities: a Study of the Role of UNESCO in Jerusalem's Old City," *Review of International Studies*, Vol.38, No.1, 2012.

Dumper, Michael, "Israeli settlement in the Old City of Jerusalem," *Journal of Palestine Studies*, Vol.21, No.4, 1992.

Dutt, Sagarika, 1995, *The Politicization of the United Nations Specialized Agencies, A Case Study of UNESCO*, Lewiston: Edwin Mellen Press.

El-Haj, Nadia Abu, 2001, *Facts on the Ground: Archaeological Practice and Territorial Self-Fashioning in Israeli Society*, Chicago and London: The University of Chicago Press.

Evans, Luther H., "Some Management Problems of UNESCO," *International Organization*, Vol.17, No.1, 1963.

Evans, Luther H., 1971, *The United States and UNESCO*, Dobbs Ferry, N.Y.: Oceana Publications.

Fägerlind, Ingemar and Lawrence J. Saha, 1983, *Education and National Development: A Comparative Perspective*, Oxford: Elsevier Ltd, Pergamon Press.

Finger, Seymour Maxwell, "Reform or Withdrawal," *Foreign Service Journal*, Vol.61, No.6, 1984.

Finkelstein, Lawrence S., "The Political Role of the Director-General of UNESCO," in Lawrence S. Finkelstein ed., *Politics in the United Nations System*, Durham and London: Duke University Press, 1988.

Finnemore, Martha, 1996, *National Interests in International Society*, Ithaca: Cornell University Press.

Foot, Rosemary et al., eds., 2003, *US Hegemony and International Organizations*, Oxford: Oxford University Press.

Gati, Toby Trister, ed., 1983, *The UN, and the Management of Global Change*, New York: New York University Press.

Gauhar, Altaf and Amadou Mahtar M'bow, "Amadou Mahtar M'Bow," *Third World Quarterly*, Vol.6, No.2, 1984.

Gerbner, George et al., 1994, *The Global Media Debate: Its Rise, Fall and Renewal*, New York: Ablex Publishing Corporation.

Ghebali, Victor-Yves, "The 'Politicization' of UN Specialized Agencies: The UNESCO Syndrome," in D. Pitt and T.G. Weiss, eds., *The Nature of United Nations Bureaucracies*, Routledge, 1986.

Graham, S.E., 2016, *Culture and Propaganda: The Progressive Origins of American Public Diplomacy: 1936—1953*, Burlington: Ashgate Publishing Company.

Graham, S.E., "The Real Politiks of Culture: U.S. Cultural Diplomacy in UNESCO, 1946—1954,"*Diplomatic History*, Vol.30, No.2, 2006.

Götz, Norbert and Heidi Haggrén, 2009, eds., *Regional Cooperation and International Organizations: the Nordic model in Transnational Alignment*, Abingdon and New York: Routledge.

Halloran, James D., 1970, *Mass Media in Society: The Need of Research*, Paris: United Nation Educational Scientific and Cultural Organization.

Have, Henk A. M. J. and Michèle S. Jean, eds., 2009, *The UNESCO Universal Declaration on Bioethics and Human Rights: Background, principles and application*, Paris: UNESCO Publishing.

Hazard, Anthony Q. Jr., 2012, *Postwar Anti-racism The United States, UNESCO, and "Race", 1945—1968*, New York: Palgrave Macmillan.

Helmut, Volger, ed., 2010, *A Concise Encyclopedia of the United Nations*, Leiden and Boston: Martinus Nijhoff.

Hüfner, Klaus and Jens Naumann, "Only the Crisis of a 'Politicized' UN Specialized Agency?" *Comparative Education Review*, Vol.30, No.1, 1986.

Hüfner, Klaus, "The Financial Crisis of UNESCO after 2011: Political Reactions and Organizational Consequences," *Global Policy*, Vol.8, Supplement 5, 2017.

Hüfner, Klaus, "UNESCO-United Nations Education, Scientific and Cultural Organization," in Helmut Volger, ed., *A Concise Encyclopedia of the United Nations*, Leiden: Martinus Nijhoff, 2010.

Hilderbrand, Robert, 1992, *Dumbarton Oaks*, *The Origins of the United Nations and the Search for Postwar Security*, Chapel Hill: University of North Carolina Press.

Hurd, Volney D., "American Delegation Backs Radio Network for UNESCO," *Christian Science Monitor*, 20 November 1946.

Imber, Mark F., 1989, *The USA*, *ILO*, *UNESCO and IAEA: Politicization and Withdrawal in the Specialized Agencies*, New York: Palgrave Macmillan.

Johnson, Larry D., "Palestine's Admission to UNESCO: Consequence within the United Nations?" *Denver Journal of International Law and Policy*, Vol.40, No.1—3, 2011.

Jones, P.W. and David Coleman, 2005, *The United Nations and Education: Multilateralism*, *development and globalization*, Abingdon and New York: Routledge Falmer.

Jordan, Robert S., "Boycott Diplomacy: The U. S., the U. N., and UNESCO," *Public Administration Review*, Vol.44, No.4, 1984.

Joyner, Christopher C. and Scott A. Lawson, "The United States and UNESCO: Rethinking the Decision to Withdraw," *International Journal*, Vol.41, No.1, 1985.

Karns, Margaret P. and Karen A. Mingst, eds., 1992, *The United States and Multilateral Institutions*, London: Routledge.

Keohane, Robert O. ed., 2018, *International Institutions and State Power: Essays in International Relations Theory*, London and New York: Routledge.

Keohane, Robert O., "International Institutions: Two Approaches," in Robert O. Keohane, ed., *International Institutions and State Power: Essays in International Relations Theory*, London and New York: Routledge, 2018.

Kolasa, Jan, 1962, *International Intellectual Cooperation: The League Experience and the Beginnings of UNESCO*, Wroclaw: Zakład Narodaowy im. Ossolińskich.

Koremenos, Barbara et al., "The Rational Design of International Institutions," *International Organization*, Vol.55, No.4, 2001.

Lebovic, Sam, 2022, *A Righteous Smokescreen : Postwar America and the Politics of Cultural Globalization* , Chicago and London: The University of Chicago Press.

Littoz-Monnet, Annabelle, "Expert Knowledge as a Strategic Resource: International Bureaucrats and the Shaping of Bioethical Standards," *International Studies Quarterly*, No.61, 2017.

Maldonado, Alma and Antoni Verger, "Politics, UNESCO and Higher Education: A Case Study," *International Higher Education*, Vol.58, 2010.

Marshall, Joanne, "The UNESCO Crisis: A Critical Examination of the U.S. Withdrawal from UNESCO Based on State Theory Analysis," Master Graduation Thesis, Carleton University, 1987.

Martens, Kerstin, "Non-governmental Organization as Corporatist Mediator? An Analysis of NGOs in the UNESCO System," *Global Society*, Vol.15, No.4, 2001.

M'Bow, Amadou-Mahtar, ed. , 1977, *UNESCO and the Solidarity of Nations : the Spirit of Nairobi* , Paris: the UNESCO.

McPhail, Thomas, 1987, *Electronic Colonialism* , Newbury Park: Sage Publications.

Mulcahy, Kevin V. , "Cultural Diplomacy and the Exchange Programs: 1938—1978," *The Journal of Arts Management, Law and Society*, Vol.29, No.1, 1999.

Ninkovich, Frank A. , 1981, *The Diplomacy of Ideas : U. S. Foreign Policy and Cultural Relations, 1938—1950* , Cambridge: Cambridge University Press.

Nordenstreng, Kaarle, 1984, *Mass Media Declaration of UNESCO*, Norwood: Ablex Publishing Corporation.

Nordenstreng, Kaarle, "U.S. Policy and the Third World: A Critique," *Journal of Communication*, Vol.32, No.3, 1982.

Notter, Harley A. , ed, 1949, *Postwar Foreign Policy Preparation, 1939—1945* , Washington D.C. : U.S. Government Printing Office.

Ojo, Olusola, "Israeli-South African Connections and Afro-Israeli Relations," *International Studies*, Vol.21, No.1, 1982.

Palmer, Allen W., "Tammany Hall on the Seine: Gregory J. Newell and the 1984 U. S. Withdrawal from UNESCO," *The Journal of International Communication*, Vol.3, No.2, 1996.

Park,David W. and Jefferson Pooley, eds., 2008, *The History of Media and Communication Research: Contested Memories*, New York: Peter Lang.

Peaslee, Amos J., ed., 1956, *International Governmental Organizations Constitutional Documents*, The Hague: Martinus Nijhoff.

Pendakur, Manjunath, "The New International Information Order after the Macbride Commission Report: An International Powerplay between the Core and Periphery Countries,"*Media, Culture and Society*, Vol.5, No.3—4.

Pendergast, William R., "UNESCO and French Cultural Relations 1945—1970," *International Organization*, Vol.30, No.3, 1976.

Pitt, D. and T.G.Weiss, eds., 1986, *The Nature of United Nations Bureaucracies*, Boulder, Colo: Westview Press.

Ponticelli, Charlotte M., 1989, *U.S.-UNESCO Relations Current Policy*, Washington, D.C.: United States Department of State, Bureau of Public Affairs, Office of Public Communication, Editorial Division.

Porter, Louis H., 2018, *Cold War Internationalism: The USSR in UNESCO, 1945—1967*, Ph.D. Dissertation, University of North Carolina at Chapel Hill.

Preston, William et al., 1989, *Hope & Folly: The United States and UNESCO: 1945—1985 (Media and Society)*, Minneapolis: University of Minnesota Press.

Reubens, Edwin P., ed., 2019, *The Challenge of the New International Economic Order*, Abingdon and New York: Routledge.

Russell, Ruth B., 1958, *A History of the United Nations Charter: The Role of the United States 1940—1945*, Washington D.C.: Brookings Institute.

Sack, Richard, "From Inherent Contradictions to Open Crisis," *Comparative Education Review*, Vol.30, No.1, 1986.

Samuel, Lewis, 1976, *UNESCO: Challenges and Opportunities for the United States*, Washington: U.S. Government Printing Office.

Sathyamurthy, T. V., 1964, *The Politics of International Cooperation*,

Geneva: Librairie Droz.

Sathyamurthy, T. V., "Twenty Years of UNESCO: An Interpretation," *International Organization*, Vol.21, No.3, 1967.

Senarclens, Pierre de, "Fiasco at UNESCO: the Smashed Mirror of Past Illusions," *Society*, Vol.22, 1985.

Sewell, James Patrick, 2015, *UNESCO and World Politics*, Princeton: Princeton University Press.

Sharp, Walter R., "The Role of UNESCO: A Critical Evaluation," *Proceedings of the Academy of Political Science*, Vol.24, No.2, 1951.

Shephard, Ben, 2010, *The Long Road Home: the Aftermath of Second World War*, New York: Anchor Books.

Singh, J. P., 2011, *United Nations Educational, Scientific, and Cultural Organization (UNESCO): Creating Norms for a Complex World*, New York: Routledge.

Snead, O. Carter, "Bioethics and Self-Governance: The Lessons of the Universal Declaration on Bioethics and Human Rights," *Journal of Medicine and Philosophy*, Vol.34, No.3, 2009.

Sussman, Leonard R., "Information Control as an International Issue," *Proceedings of the Academy of Political Science*, Vol.34, No.4, 1982.

Theberge, Leonard J., "UNESCO's 'New World Information Order' Colliding with First Amendment Values," *American Bar Association Journal*, Vol.67, 1981.

Thompson, C. Mildred, "United Nations Plan for Post-War Education," *Foreign Policy Reports*, Vol.20, 1945.

Toye, John and Richard Toye, "One World, Two Cultures? Alfred Zimmern, Julian Huxley and the Ideological Origins of UNESCO," *History*, Vol.95, No.3, 2010.

Valderrama, Fernando, 1995, *A History of UNESCO (UNESCO Reference Books)*, Paris: Presses Universitaires de France.

Volger, Helmut, ed., 2010, *A Concise Encyclopedia of the United Nations*, Leiden: Martinus Nijhoff Publishers.

Wanner, Raymond E., 2015, *UNESCO's Origins, Achievements, Prob-*

lems and Promise: *An Inside/Outside Perspective from the US*, Hong Kong: Comparative Education Research Center, The University of Hong Kong.

Weiss, Martin A., 2023, *Selecting the World Bank President*, Washington D.C.: Congressional Research Service.

Wells, Clare, 1987, *The UN*, *UNESCO and the Politics of Knowledge*, New York: Palgrave Macmillan.

White, Robert A. and James M. McDonnell, "Priorities for National Communication Policy in the Third World," *The Information Society*, Vol.1, No.2, 1983.

Zhu, Junhua, "AI Ethics with Chinese Characteristics? Concerns and Preferred Solutions in Chinese Academia," *AI & Society*, 2022.

网络资料、判例及其他资料

[丹麦]詹斯·鲍尔:《国际联盟:历经时间考验的全球梦想》,2020 年 2 月 3 日,https://zh. unesco. org/courier/2020-1/guo-ji-lian-meng-li-jing-shi-jian-kao-yan-quan-qiu-meng-xiang。

《第五委员会:行政和预算》,联合国大会,https://www. un. org/zh/ga/fifth/faq.shtm l。

《国际货币基金组织协定》(2020 年版),https://www. imf. org/external/chinese/pubs/ft/aa/aac.pdf。

《教育部长陈宝生出席国际人工智能与教育会议,提出 4 个"着力"》,《中国教育报》2020 年 12 月 9 日版,https://baijiahao. baidu. com/s? id = 16855-69191406451396 & wfr=spider& for=pc。

联合国:《目标 4:确保包容和公平的优质教育,让全民终身享有学习机会》,https://www. un. org/sustainabledevelopment/zh/education/ # tab-8516-193ae018d7c609a。

联合国教科文组织:《2008—2009 年计划与预算草案》,34 C/5 DRAFT 2nd version,联合国教科文组织 2007 年版,https://unesdoc. unesco.org/ark:/48223/pf0000150144_chi? posInSet = 1&queryId = 9b33a5df-fe04-43b9-a684-3075ffa6c251。

联合国教科文组织:《2008—2013 年中期战略》,34C/4,联合国教科文组织 2007 年版,https://unesdoc.unesco.org/ark:/48223/pf0000149999_chi?pos-InSet=1&qu eryId=3b44749f-4ecb-43a3-aded-4c96434db88b。

联合国教科文组织:《2014—2021 年中期战略》,联合国教科文组织 2014 年版, https://unesdoc.unesco.org/ark:/48223/pf0000227860_chi?posInSet= 2&queryId=84929864-60b8-4015-88a4-51f507da4321。

联合国教科文组织:《大会第十九届会议正式记录第一卷:决议》,https://unesdoc.unesco.org/ark:/48223/pf0000114038_chi。

联合国教科文组织:《关于拟定人工智能伦理问题准则性文书之适宜性的技术和法律方面的初步研究》,206EX/42,联合国教科文组织 2019 年 3 月 27 日, https://unesdoc.unesco.org/ark:/48223/pf0000367422_chi。

联合国教科文组织:《关于人工智能伦理问题建议书草案文本的最后报告》,SHS/IGM-AIETHICS/2021/APR/INF.1,联合国教科文组织 2021 年 3 月 31 日, https://unesdoc.unesco.org/ark:/48223/pf000037 6712_chi。

联合国教科文组织:《联合国教育、科学及文化组织组织法 2022 年版》,https:// unesdoc. unesco. org/ark:/48223/pf0000382500 _ chi? posInSet = 1&que-ryId=54849de1-b557-43e6-9800-f320fd0c6561。

联合国教科文组织:《美利坚合众国国务卿关于美利坚合众国退出的来函》,执行局,119EX/14,https://unesdoc.unesco.org/ark:/48223/pf0000059131_chi。

联合国教科文组织:《拟定一份关于文化多样性的国际准则文件的可行性》,大会第三十二届会议,32C/52,2003 年, https://unesdoc. unesco. org/ ark:/48223/pf0000130798_ chi? posInSet = 1&queryId = 3f585c81-6b92-4512-9e8e-08f7aeb5d2cb。

联合国教科文组织:《人工智能伦理问题建议书》,SHS/BIO/REC-AI-ETHICS/2021,联合国教科文组织 2021 年版,https://unesdoc. unesco. org/ ark:/48223/pf0000 380455_chi。

联合国教科文组织:《人工智能与教育北京共识》,联合国教科文组织 2019 年版,https://unesdoc.unesco.org/ark:/48223/pf0000368303,访问时间:2023 年 10 月 6 日。

联合国教科文组织:《世界生物伦理与人权宣言(序言)》,联合国教科文组织 2006 年,https://unesdoc.unesco.org/ark:/48223/pf0000146180_chi,访问时间:2023 年 9 月 11 日。

联合国教科文组织:《与美利坚合众国作为会员国重返本组织有关的财务

问题(依据教科文组织总干事 2023 年 6 月 12 日向会员国通报的美利坚合众国的信函)》,大会第五次特别会议,5 XC/PLEN/DR.1,2023 年 6 月 27 日,https://unesdoc.unesco.org/ark:/48223/pf0000385835_chi? posInSet＝1&queryId＝869df234-2617-4907-98cb-283c358cd0a3。

联合国教科文组织:《与美利坚合众国作为会员国重返本组织有关的财务问题(依据教科文组织总干事 2023 年 6 月 12 日向会员国通报的美利坚合众国的信函)》,5XC/PLEN/DR.1,2023 年 6 月 27 日,https://unesdoc.unesco.org/ark:/48223/pf0000385835_chi? posInSet＝10&queryId＝N-EXPLORE-d5f0ced2-c757-4328-9820-2b5ad93a26de。

联合国教科文组织:《执行局第一百七十二届会议通过的决定》,172EX/Decisions,2005 年 11 月 21 日,https://unesdoc.unesco.org/ark:/48223/pf0000142311_chi。

联合国教科文组织:《执行局第一七五届会议通过的决定》,175EX/Decisions,2006 年 11 月 13 日,https://unesdoc.unesco.org/ark:/48223/pf0000148150_chi。

联合国教科文组织:《执行局议事规则》,联合国教科文组织 1995 年版,https://unesdoc.unesco.org/ark:/48223/pf0000105581_chi。

联合国教科文组织:《中小学阶段的人工智能课程:对政府认可人工智能课程的调研》,联合国教科文组织 2022 年版,https://unesdoc.unesco.org/ark:/48223/pf0000380602_chi。

联合国教科文组织:《总干事关于改革进程的报告》,169 EX/6 PART I-III 联合国教科文组织 2004 年 3 月 1 日,https://unesdoc.unesco.org/ark:/48223/pf0000133691_chi。

联合国教科文组织总干事:《邀请参加大会第五次特别会议》,CL/4440,https://unesdoc.unesco.org/ark:/48223/pf0000385714_chi。

《美国宣布退出联合国教科文组织》,《人民日报》2017 年 10 月 13 日 21 版,http://world.people.com.cn/GB/n1/2017/1013/c1002-29584407.html。

上海市人民政府:《联合国教科文组织执行局通过决议　沪将设教科文组织 STEM 教育一类机构》,2023 年 5 月 24 日,https://www.shanghai.gov.cn/nw4411/20230524/f4f18342e9eb4bbeb9f1f00911f9ef59.html。

世界贸易组织:《马拉喀什建立世界贸易组织协定(1994 年 4 月 15 日)》,http://policy.mofcom.gov.cn/pact/pactContent.shtml?id＝1009&wd＝&eqid＝

a3f51e1c0069b54300000004643241d3&wd = &eqid = b929972900015a8f000-0000664648f86。

世界卫生组织:《世界卫生组织组织法》,https://apps. who. int/gb/bd/PDF/bd47/CH/constitution-ch. pdf?ua＝1。

世界银行:《机构组织》,https://www. shihang. org/zh/about/leadership。

《十九大报告全文》,新华网,2017 年 1 月 18 日,https://www. spp. gov. cn/tt/201710/t20171018_202773. shtml?ivk_sa＝1024320u。

田瑞颖:《人工智能伦理迈向全球共识新征程》,《中国科学报》2021 年 12 月 2 日,https://news. sciencenet. cn//htmlnews/2021/12/470064. shtm? id＝470064。

新华社:《破碎的守护神"拉马苏"——探访被"伊斯兰国"摧毁的伊拉克尼姆鲁德遗址》,新华社,2019 年 6 月 19 日,https://baijiahao. baidu. com/s?id＝1636783771424588087&wfr＝spider&for＝pc。

中华人民共和国教育部:《创新技术服务教学进步 人工智能助力未来教育:2021 国际人工智能与教育会议举行》,2021 年 12 月 8 日,http://www. moe. gov.cn/jyb_xwfb/gzdt_gzdt/moe_1485/202112/t20211208_585822.html。

中华人民共和国教育部:《国际人工智能与教育大会在京闭幕》,2019 年 5 月,http://www. moe. gov. cn/jyb_xwfb/gzdt_gzdt/moe_1485/201905/t2019-0518_382468.html。

中华人民共和国教育部:《引领人工智能赋能教师,引领教学智能升级:2022 国际人工智能与教育会议开幕》,2022 年 12 月 5 日,http://www. moe. gov.cn/jyb_xwfb/gzdt_gzdt/moe_1485/202212/t20221205_1021972.html。

《追溯〈世界遗产公约〉的历史渊源》,丝绸之路世界遗产 2018 年 9 月 13 日,http://www. silkroads. org. cn/portal. php?mod＝view&aid＝15741。

AIIB, "Board of Director," https://www. aiib. org/en/about-aiib/governance/board-directors/board-members/index. html.

American Council on Public Affairs, "Education and the United Nations, a Report of a Joint Commission of the Council for Education in World Citizenship and the London International Assembly," *American Council on Public Affairs*, 1943, https://nla. gov. au/nla. obj-52879052/view? partId = nla. obj-107740057♯page/n113/mode /1up.

Anthony S. Fauci, "Dr. Anthony S. Fauci Remarks at the World Health

Organization Executive Board Meeting," U.S. Mission to International Organization in Geneva, Jan. 21, 2021, https://geneva.usmission.gov/2021/01/21/dr-anthony-s-fauci-remarks-at-the-who-executive-board-meeting/.

"Art. 63, Repertory, Supplement 3, Vol. II (1959—1966)," https://legal.un.org/repertory/art63/english/rep_supp3_vol2_art63.pdf.

"Assessment of U.S.-UNESCO Relations: Report of a Staff Study Mission to Paris-UNESCO to the Committee on Foreign Affairs House of Representatives," Washington, D.C.: U.S. Government Printing Office, 1985.

Atwood, J. Brian, "Rejoining UNESCO is A Critical Step for Regaining Global Influence," *The Hill*, Sept. 18, 2021, https://thehill.com/opinion/international/572853-rejoining-UNESCO-is-a-critical-step-for-regaining-global-influence/.

Baker, Alan, Wade Ze'ev Gittleson and Lea Bilke, "A possible US Return to UNESCO is a very bad idea,"*Jewish News Syndicate*, Dec. 19, 2021, https://www.jns.org/a-possible-us-return-to-unesco-is-a-very-bad-idea/.

Bassist, Rina, "'Education is Key to Fighting Holocaust Denial' UNESCO head to Post,"*The Jerusalem Post*, Jan. 26, 2022, https://www.jpost.com/diaspora/article-694669.

Better World Campaign, "Congress Takes Important Step Toward Keeping Presidents' Pledge to Rejoin UNESCO," July 16, 2003, https://betterworldcampaign.org/press-release/congress-funds-u-s-return-to-UNESCO.

Beacon, Bill, "UNESCO Leader Amadou Mahtar M'Bow, under Pressure from Western," UPI Archives, Oct. 6th, 1986, https://www.upi.com/Archives/1986/10/06/UNESCO-leader-Amadou-Mahtar-MBow-under-pressure-from-Western/8712528955200/.

Biden, Joseph, "Remarks by President Biden on America's Place in the World," Feb. 4, 2021, https://www.whitehouse.gov/briefing-room/speeches-remarks/2021/02/04/remarks-by-president-biden-on-americas-place-in-the-world/.

Blanchfield, Luisa and Marjorie Ann Browne,*Membership in the United Nations and Its Specialized Agencies*, Congressional Research Service, June 19, 2014, https://sgp.fas.org/crs/row/R43614.pdf.

British Council, "Our History," https://www.britishcouncil.org/about-us/history.

Bush, George W., "President's Remarks at the United Nations General Assembly," September 12, 2002, http//georgewbush-whitehouse. archives. gov/news/releases/2002/09/20020912-1.html.

Charlton, Angela, "U.S. Decides to Rejoin UNESCO to Counter Chinese Influence, Will Pay Arrears," *Los Angeles Times*, June 12, 2023, https://www. latimes. com/world-nation/story/2023-06-12/us-rejoin-UNESCO-counter-chinese-influence.

Chloé Maurel, "Mayor Zaragoza, Federico" in Bob Reinalda, Kent J. Kille and Jaci Eisenberg, eds., *IO BIO, Biographical Dictionary of Secretaries-General of International Organizations*, www.ru.nl/fm/iobio.

Clarity, James F., "UNESCO's Board Votes for Softer Stand on Israel," *The New York Times*, October, 9, 1975, https://www. nytimes. com/1975/10/09/archives/UNESCOs-board-votes-for-softer-stand-on-israel.html.

Clarity, James F., "12 Nations Walk Out at UNESCO Parley as a Protest Against Anti-Israel Action," *The New York Times*, Dec.19, 1975, https://www. nytimes. com/1975/12/19/archives/12-nations-walk-out-at-unesco-parley-as-a-protest-against.html.

Cody, Edward, "UNESCO Picks New Director," *The Washington Post*, Oct. 17, 1987, https://www. washingtonpost. com/archive/politics/1987/10/18/unesco-picks-new-director/cf467eed-c183-4ea9-86a6-e3655ba6ee49/.

Conference of Allied Ministers of Education, "Proposed Draft Constitution for a United Nations Organization for Educational Scientific and Cultural Reconstruction," CAME document, doc.AME/A/53.

Congressional Quarterly, "Congressional Quarterly Almanac 1981: Vol.37," Congressional Quarterly Inc., 1982, https://archive.org/details/sim_cq-almanac_1981_37/page/n189/mode/2up.

Constitution of The United Nations Educational, Scientific and Cultural Organisation, London, 16 November 1945, United Nations Treaty Series, No.52, https://treaties. un. org/doc/Publication/UNTS/Volume％ 204/Volume-4-I-52-English.pdf.

CR Education, "Council for Education in World Citizenship (CEWC)," https://creducation.net/intl-orgs/council-for-education-in-world-citizenship-cewc/.

Declaration of Guiding Principles on the Use of Satellite Broadcasting for the Free Flow of Information, the Spread of Education, and Greater Cultural Exchange, Paris, 15, November, 1972, UNESCO 17th General Conference, available from https://www. unesco. org/en/legal-affairs/declaration-guiding-principles-use-satellite-broadcasting-free-flow-information-spread-education-and.

Edwards, Emma, "Tracking the Evolution of Wartime Internationalism the London International Assembly," Holinshed Revisited Irish, European and World History Blog, 2014, https://holinshedrevisited. wordpress. com/2014/08/11/tracking-the-eVolution-of-wartime-internationalism-the-london-interna-tional-assembly/.

Engel, L. C. and D. Rutkowski, "UNESCO without US Funding? Impli-cations for Education Worldwide," Scholar Works, Center for Evaluation & Education Policy, 2022, https://scholarworks. iu. edu/dspace/bitstream/han-dle/2022/23258/SP_UNESCO.pdf?sequence=1.

Erlanger, Steven, "U. S. Will Oppose Move to Re-elect Top U. N. Offi-cial," *The New York Times*, June 20, 1996, https://www. nytimes. com/1996/06/20/world/us-will-oppose-move-to-re-elect-top-un-official.html.

Falk, Pamela, "UNESCO U.S. withdrawal Citing anti-Israel bias, Trump Aadministration Leaves Agency," *CBS News*, Oct.12, 2017, https://www. cbsnews.com/news/UNESCO-us-withdrawal-anti-israel-bias-trump-administration/.

Fobes, John E. et al., "Why the U. S. Should Support UNESCO," *The Christian Science Monitor*, December 4, 2000, https://www.csmonitor.com/2000/1204/p10s3.html.

Giridhar, Kavitha, "Legal Status of Palestine," Drake University, 2006, https://www. drake. edu/media/departmentsoffices/dussj/2006-2003documents/Palestin eGiridhar.pdf.

Hammarsjöld, Knut and P.S. Wilenski, *Final Report (of the Independent Commission to advise the Director-General on ways and means of Improving staff efficiency and management in the UNESCO Secretariat)*, UNESCO Programme Document, Dec. 20, 1989, https://unesdoc. unesco. org/ark:/48223/pf0000085993.

Henley, Jon, "Family and Mistresses Dip in UNESCO," *The Guardian*, Oct. 17th, 1999, https://www.theguardian.com/world/1999/oct/18/united-nations.

"How UNESCO Countries Voted on Palestinian Membership," *The Guardian*, Nov.1, 2011, https://www.theguardian.com/world/2011/nov/01/UNESCO-countries-vote-palestinian-membership.

Intergovernmental Oceanographic Commission, "The UNESCO Strategy for Action on Climate Change," UNESCO Programme and Meeting Document, doc. IOC/BRO/2009/3, August 2009, https://unesdoc.unesco.org/ark:/48223/pf0000162715? posInSet = 1&queryId = 3535488a-3f3e-49f9-a3ac-8b93-6f866466.

International Bureau of Education, "The 48th session of the International Conference on Education(ICE) was held at the International Conference Centre, in Geneva, from 25 to 28 November 2008 on the theme 'Inclusive Education the Way of the Future'," https://www.ibe.unesco.org/en/international-conference-education/48th-session-2008.

International Commission for the Study of Communication Problem, "Interim report of the International Commission for the Study of Communication Problems," 25 September 1978, UNESCO Doc. 20C/94, https://unesdoc.unesco.org/ark:/48223/pf0000028576.

Irish, John, "UNESCO to Rebuke Syria but Keep it In Rights Committee," *Reuters*, March 8, 2012, https://www.reuters.com/article/us-syria-UNESCO/UNESCO-to-rebuke-syria-but-keep-it-in-rights-committee-idUSTRE-8261NL20120307.

Irish, John, "UNESCO Chief says U.S. Funding Cuts 'Crippling' Organization," *Reuters*, October 11, 2012, https://www.reuters.com/article/us-UNESCO-funding-idUSBRE89A0Q620121011.

Iwanami, Yukari, "Setting the Agenda of the UN Security Council," August 30, 2011, https://www.rochester.edu/College/gradstudents/yiwanami/agenda.pdf.

Jewish Virtual Library, "United Nations 'Palestine' admitted as UNESCO Member State," Nov. 2011, https://www.jewishvirtuallibrary.org/

quot-palestine-quot-admitted-as-UNESCO-member-state.

John, Tara, "Why the United States Is Saying Goodbye to UNESCO?" *TIME Magazine*, Oct. 12, 2017, https://time.com/4979481/UNESCO-us-leaving/.

"Joint Resolution providing for Membership and Participation by the United States in the United Nations Educational, Scientific and Cultural Organization, and Authorizing an Appropriation therefor," https://avalon.law.yale.edu/20th_century/decad050.asp#1.

Kaushik, Amit, "UNESCO Regional Conferences in Support of Global Literacy: Addressing Literacy Challenges in Europe with A Sub-regional Focus: Building Partnerships and Promoting Innovative Approaches; Report of the Conference," UNESCO Programme and Meeting Document, doc. ED/UNP/UNLD/RP/08/1, 2008, https://unesdoc.unesco.org/ark:/48223/pf0-000183524.

Kaushik, Amit, "UNESCO Regional Conferences in Support of Global Literacy: Regional Literacy and CONFINTEA VI Preparatory Conference for Latin America and the Caribbean: From Literacy to Lifelong Learning: Towards the Challenges of the 21st Century," 10-13 September 2008, Mexico City, Mexico; report of the conference, doc.ED/UNP/UNLD/RP/08/4,2009, https://unesdoc.unesco.org/ark:/48223/pf0000183527.

League of Nations, "Annex 795, Work of the Committee on Intellectual Co-operation," League of Nations Official Journal, doc.A.44,1925.XII, October, 1935, https://libraryresources.unog.ch/ld.php?content_id=31430653.

Lewis, Paul, "Reporter Licensing Weighed by UNESCO: Plan, Opposed by the West, to Be Introduced at Organization's Paris Session Next Week," *The New York Times*, Feb. 15, 1981, at A11, col. 1, https://www.nytimes.com/1981/02/15/world/reporter-licensing-weighed-by-unesco.html.

Lynch, Column, "U.S. to Pull Out of UNESCO, Again," *Foreign Policy*, October 11, 2017, https://foreignpolicy.com/2017/10/11/u-s-to-pull-out-of-UNESCO-again/.

Massing, Michael, "UNESCO Under Fire While Attacking UNESCO's Shortcomings, the Reagan Administration has Ignored its Many Strengths," *the Atlantic*, July 1984, https://www. theatlantic. com/magazine/archive/ 1984/07/UNESCO-under-fire/666637/.

Maurel, Chloé, "Mayor Zaragoza, Federico," in Bob Reinalda, Kent J. Kille and Jaci Eisenberg, eds., *IO BIO, Biographical Dictionary of Secretaries-General of International Organizations*, www.ru.nl/fm/iobio.

"M'Bow Withdraws Name from UNESCO Race," *Orlando Sentinel*, October 18, 1987, https://www. orlandosentinel. com/1987/10/18/mbow-withdraws-name-from-UNESCO-race/.

McHugh, Lois, *UNESCO Membership: Issues for Congress*, Congressional Research Service, November 20, 2003, https://www. everycrsreport. com/files/20031120 _ RL30985 _ e03af874e629604f513ea11ba97563f1b96a5e17. pdf.

"Member countries of UNESCO," *WorldData. info*, February 2024, https://www.worlddata.info/alliances/unesco.php.

"Multilateralism at Any Cost? The Obama Administration and UNESCO," *American Action Forum*, March 16, 2012, https://www. americanactionforum. org/insight/multilateralism-at-any-cost-the-obama-administration-and-UNESCO/.

Newell, Gregory, "Letter to UNESCO Director-General M'Bow," July 13, 1984, Washington, D.C.: U.S. Government Printing Office.

Newell, Gregory, "Letter to Mr A. M'Bow Presented by US Permanent Representative," Jean Gerard, 13 July 1984.

Newell, Gregory, "Perspective on the U.S. Withdrawal from UNESCO," *Department of States Bulletin*, Vol. 85, January 1985, Washington D. C.: Government Printing Office, January 1985.

Noce, Vincent, "U.S. Considers Rejoining UNESCO Despite more than $616m Membership Debt and Israel-Palestine Controversies," *The Art Newspaper*, Jan. 11, 2023, https://www. theartnewspaper. com/2023/01/11/us-considers-rejoining-UNESCO-despite-616m-membership-debt-and-israel-palestine-controversies.

Omang, Joanne, "UNESCO Withdrawal Announced," *The Washington Post*, Dec. 20th, 1984, https://www. washingtonpost. com/archive/politics/ 1984/12/20/UNESCO-withdrawal-announced/b9c6dc92-a31f-443a-977b-f346-

8faf44fe/.

Pryor, Cathy, "UN Signs on Diversity," *The Australian*, 20 Oct. 2003.

Ravid, Barak, "Scoop Israel Wouldn't Oppose U.S. Return to UNESCO,"*Axios*, Feb 9, 2022, https://www.axios.com/2022/02/09/israel-us-return-UNESCO.

Robertson, Nan, "Vote in UNESCO Keeps Israel Out of European Unit," *The New York Times*, Nov. 22, 1974, https://www.nytimes.com/1974/11/22/archives/vote-in-UNESCO-keeps-israel-out-of-european-unit-israel-kept-out-of.html.

Rosenberg, Eli and Carol Morello, "U.S. Withdraws from UNESCO, the UN's Cultural Organization, Citing Anti-Israel Bias," *The Washington Post*, October 12, 2017, https://www.washingtonpost.com/news/post-nation/wp/2017/10/12/u-s-withdraws-from-UNESCO-the-u-n-s-cultural-organization-citing-anti-israel-bias/.

Rubin, Jennifer, "UNESCO and the failure of U.S. Diplomacy,"*The Washington Post*, Nov.1, 2011, https://www.washingtonpost.com/blogs/right-turn/post/UNESCO-and-the-failure-of-us-diplomacy/2011/10/31/gIQA-8awwaM_stor y.html.

"Rubio, Kirk Lead Successful Effort to Stop U.S. Funding For Anti-Israel UNESCO," Marco Rubio Senator for Florida, Dec. 17, 2015, https://www.rubio.senate.gov/es/rubio-kirk-lead-successful-effort-to-stop-u-s-funding-for-anti-israel-unesco/.

Salaam-Blyther, Tiaji, Luisa Blanchfield, Matthew C. Weed and Cory R. Gill, *U.S. Withdrawal from the World Health Organization: Process and Implications*, Congressional Research Service, Oct. 21, 2020, https://sgp.fas.org/crs/row/R46575.pdf.

Secretary of State, "United States Participation in the United Nations-2006," the U.S. Department of State, 2008, https://2009-2017.state.gov/p/io/rls/rpt/c25829.htm.

Singh, J.P., "A 21st-Century UNESCO: Ideals and Politics in an Era of (Interrupted) US Re-Engagement,"*Future United Nations Development System*, No. 23, November 2014, https://futureun.org/media/archive1/briefings/FUNDS_Briefing23_UNESCO_Singh.pdf.

State Council of China, "China, UNESCO to enhance cooperation on Belt and Road," 2017, https://english.www.gov.cn/state_council/vice_premiers/2017/05/14/content281475655089356.htm.

"Suggestions for the Development of the Conference of Allied Ministers of Education into the United Nations Organization for the Educational and Cultural Reconstruction," Open Edition Books, https://books.openedition.org/psorbonne/48878.

The American Presidency Project, "Harry S. Truman Address in San Francisco at the Closing Session of the United Nations Conference," June 26, 1945, https://www.presidency.ucsb.edu/documents/address-san-francisco-the-closing-session-the-united-nations-conference.

"Text of Statement by U.S. on Its Withdrawal from UNESCO,"*The New York Times*, Dec. 20, 1984, Section A, p.10, https://www.nytimes.com/1984/12/20/world/text-of-statement-by-us-on-its-withdrawal-from-unesco.html.

"Text of the Declaration of Talloires, Adopted by Leaders of Independent News Gathering Organizations from 24 Countries at the Conclusion of A Meeting Here May 15—17," May 18, 1981, https://www.upi.com/Archives/1981/05/18/Text-of-the-Declaration-of-Talloires-adopted-by-leaders/6298359006400/.

The Treaty of Amsterdam, Amending the Treaty on European Union, the Treaties Establishing the European Communities and Certain Related Acts, 2 October 1997, https://web.archive.org/web/20120829111957/http://www.eurotreaties.com/amsterdamtreaty.pdf.

The United Nations, "Non-Member States Having Received A Standing Invitation to Participate as Observers in the Sessions and the Work of the General Assembly and Maintaining Permanent Observer Missions at Headquarters," https://www.un.org/en/about-us/non-member-states.

The United Nations, "US Marks Return to UNESCO with Paris Flag Raising," 29 September 2003, https://news.un.org/en/story/2003/09/80842.

The White House Office of the Press Secretary, "Remarks by President Trump at the Reforming the United Nations Management, Security, and Development Meeting," Sept. 18, 2017, https://it.usembassy.gov/remarks-president-trump-reforming-united-nations-management-security-development-meeting/.

The White House, "Fact Sheet United States Rejoin UNESCO," September 12, 2002, https://georgewbush-whitehouse. archives. gov/news/releases/2002/09/20020912-4.html.

The White House, "Letter to His Excellency António Guterres," Jan. 20, 2021, https://www. whitehouse. gov/briefing-room/statements-releases/2021/01/20/letter-his-excellency-antonio-guterres/.

The White House, "Mrs. Bush's Remarks to UNESCO Plenary Session in Paris," 2003, https://georgewbush-whitehouse. archives. gov/news/releases/2003/09/20030929-6.html.

"The World,"*Los Angeles Times*, Oct. 14, 1987, https://www.latimes.com/archives/la-xpm-1987-10-14-mn-9219-story.html.

The World Bank, "Agreement of IMF,"http://www. worldbank. org/en/about/articles-of-agreement.

UK National Archives, "UNESCO and the Korean Situation," doc. FO371/88901, Telegram from Foreign Office to Washington, Public Record Office, 10th August 1950.

U.N. Charter, https://www.un.org/en/about-us/un-charter/full-text.

UNCOPUOS, "Canada and Sweden: Draft Principles Governing Direct Television Broadcasting by Satellite," doc. A/AC. 105/117/WG Annex IV, 1973.

"UNESCO Adopts Resolution to Deny Israel Cultural Aid," *The New York Times*, Nov. 21, 1974, https://www. nytimes. com/1974/11/21/archives/unesco-adopts-resolution-to-deny-israel-cultural-aid.html.

"UNESCO Elects Maheu as Director," *The New York Times*, 15th November 1962, https://www. nytimes. com/1962/11/15/archives/unesco-elects-maheu-as-director.html.

UNESCO, "Financial Regulations," Article 3, 27 April 2023, https://www.unesco.org/en/legal-affairs/financial-regulations.

UNESCO, "Report of the Director-General on the Activities of the Inspectorate-General," UNESCO Executive Board, Meeting Document, doc.102 EX/

36 REV., 1977, https://unesdoc.unesco.org/ark:/48223/pf0000031173?pos-InSet=4&queryId=f9c9a9ae-6959-4258-8156-faeb7aa3d9fa.

UNESCO, "UNESCO Evaluation Insights, 25: Review of the Frequency and Modalities of the UNESCO Structured Financing Dialogue(SFD)," IOS Evaluation Office, 2019, https://unesdoc.unesco.org/ark:/48223/pf000037-1170?posInSet=4&queryId=a6bab0ae-dbd0-47bc-89ab-e62984a0c15e.

UNESCO, "World Heritage Committee adopts by consensus decisions on the Middle East," World Heritage Convention, Wednesday, 3 July 2019, https://whc.unesco.org/en/news/1998.

UNESCO and India Ministry of Human Resource Development, "UNESCO Regional Conferences In Support of Global Literacy: Addressing Literacy Challenges in South, South-West and Central Asia: Building Partnerships and Promoting Innovative Approaches, 29 and 30 November 2007, New Delhi, India; conference brochure," 2007, https://unesdoc.unesco.org/ark:/48223/pf0000157019.

UNESCO Preparatory Commission, "Conference for the Establishment of United Nations Educational, Scientific and Cultural Organisation, the Institute of Civil Engineers, London, from the 1st to 16th November, 1945," UNESCO Meeting Document, doc.ECO/CONF/29, 1946, https://unesdoc.unesco.org/ark:/48223/pf0000117626.

UNESCO press office, "The United States becomes the 194th Member State of UNESCO," July 11, 2023, https://www.unesco.org/en/articles/united-states-becomes-194th-member-state-UNESCO.

UNESCO, "Address by Mr Federico to the Institute on Global Conflict and Co-operation, Restructuring UNESCO," UNESCO Director General, doc. DG/88/55, 1987, https://unesdoc.unesco.org/ark:/48223/pf0000082375?pos-InSet=3&queryId=b8bd3695-8429-440c-ade0-897cde6256c9.

UNESCO, "Agenda of 41st session of General Conference," UNESCO 41st General Conference, Programme and Meeting Document, doc. 41C/1, 2021, https://unesdoc.unesco.org/ark:/48223/pf0000377718.

UNESCO, "Amendments to the Rules of Procedure of the Executive Board," 197EX/44, 2015, https://unesdoc.unesco.org/ark:/48223/pf000023-

4864.

UNESCO, "Artificial Intelligence and the Futures of Learning," Sept. 12, 2023, https://www. unesco. org/en/digital-education/ai-future-learning? TSPD _ 101 _ R0 = 080713870fab2000e5a5453aa2e9e8dd079d3084b9bd5c40100- 39b50d893cd67f9b91ce859279ebf080726a771143000831b7d0e4648d3e1c2e6376- d9f87f3e6c144187f40a01e277bf83e8707cc0825314c4dbaa478ced68f225bec156c- 453e.

UNESCO, "Assessed Contribution," Member State Portal, Dec. 1, 2022, https://www. unesco. org/en/member-states-portal/assessed-contribu- tions.

UNESCO, "Basic Texts," 2020, https://www. unesco. org/en/legal-af- fairs/basictexts.

UNESCO, "Conference for the Establishment of the United Nations Edu- cational, Scientific and Cultural Organization Held at the Institute of Civil En- gineers, London," UNESCO Preparatory Commission Meeting Document, doc. ECO/CONF./29, 1946, https://unesdoc. unesco. org/ark:/48223/pf00- 00117626.locale=en.

UNESCO, "Conference for the Establishment of the United Nations Edu- cational, Scientific and Cultural Organisation, held at the Institute of Civil En- gineers, London, from the 1st to the 16th November, 1945," UNESCO Pre- paratory Commission, doc. ECO/CONF/2, 1946, http://unesdoc.unesco.org/ images/0011/001176/117626e.pdf.

UNESCO, "Consequences of the Withdrawal of a Member State from UNESCO: Report by the Director General," UNESCO Document 4X/EX/2, January 28, 1985, *International Legal Materials*, Vol. 24, No. 2, March 1985, pp. 493—527, https://www. cambridge. org/core/services/aop-cam- bridge-core/content/view/6CD6B208DD917FD504759C674659D7EF/S0020782- 900028163a.pdf/the-united-states-withdrawal-from-unesco.pdf.

UNESCO, "Constitution of the United Nations Educational, Scientific and Cultural Organization," https://www.unesco.org/en/legal-affairs/constitution ♯article-vi---secretariat.

UNESCO, "Decisions adopted by the Executive Board at Its 132nd Session,

Paris, 13 December 1989," UNESCO Executive Board Document, doc.132 EX/Decisions, 1989, https://unesdoc.unesco.org/ark:/48223/pf0000084504?posInSet=1&queryId=50c82351-2dbb-417d-b2cc-9c2ff1c8b351.

UNESCO, "Decisions Adopted by the Executive Board at Its 170th Session," UNESCO Executive Board, Programme and Meeting Document, doc.170 EX/Decisions, 2004, https://unesdoc.unesco.org/ark:/48223/pf0000137349?posInSet=3&queryId=2739551d-6166-4bbe-bebb-ea40f84db705.

UNESCO, "Decisions Adopted by the Executive Board at Its 175th Session," UNESCO Executive Board, Programme and Meeting Document, doc.175 EX/Decisions, 2006, https://unesdoc.unesco.org/ark:/48223/pf0000148150?posInSet=10&queryId=0b86021d-1809-49bb-9ddf-6a74e3d6293e.

UNESCO, "Decisions Adopted by the Executive Board at its 177th Session," UNESCO Executive Board, Programme and Meeting Document, doc.177EX/Decisions, 2007, https://unesdoc.unesco.org/ark:/48223/pf0000155612.

UNESCO, "Decisions Adopted by the Executive Board at its 179th Session," UNESCO Executive Board, Programme and Meeting Document, doc.179EX/Decisions, 2008, https://unesdoc.unesco.org/ark:/48223/pf0000159780?posInSet=1&queryId=1f5a0f18-ab52-448e-8c2e-d17d031317a8.

UNESCO, "Decisions Adopted by the Executive Board at Its 180th Session," UNESCO Executive Board, Programme and Meeting Document, doc.180 EX/DECISIONS, 2008, https://unesdoc.unesco.org/ark:/48223/pf0000177800?posInSet=9&queryId=1203955e-93c0-4811-909a-3d695c653c3c.

UNESCO, "Decisions Adopted by the Executive Board at Its 180th Session," UNESCO Executive Board, Programme and Meeting Document, doc.180EX/Decisions, 2008, https://unesdoc.unesco.org/ark:/48223/pf0000177800?posInSet=1&queryId=6856034d-8000-45f9-98d6-67ad8ce9ce93.

UNESCO, "Decisions Adopted by the Executive Board at Its 184th Session," UNESCO Executive Board, Programme and Meeting Document, doc.184 EX/DECISIONS, 2010, https://unesdoc.unesco.org/ark:/48223/pf0000187904?posInSet=12&queryId=4b2ae057-6289-4de6-900a-a20bb2fc7258.

UNESCO, "Decisions adopted by the Executive Board at Its 194th Session," UNESCO Executive Board, Meeting Document, doc. 194 EX/DECISIONS +

CORR, 2014, https://unesdoc.unesco.org/ark:/48223/pf0000227488?posInSet= 1&queryId=b0915063-e191-4bd6-8411-8426555d7d53.

UNESCO, "Decisions on the Middle East Adopted Once Again by Consensus at UNESCO," Oct. 10, 2018, https://en.unesco.org/node/297270.

UNESCO, "Desirability of Drawing Up An International Standard-setting Instrument on Cultural Diversity," UNESCO 32nd General Conference document, doc.32C/52, 18 July, 2003, https://unesdoc.unesco.org/ark:/48223/ pf0000130798.

UNESCO, "Draft Decisions Recommended by The Finance and Administrative Commission," UNESCO Executive Board, Meeting Document, doc.137 EX/32 1991, https://unesdoc.unesco.org/ark:/48223/pf0000089551?posInSet =5&queryId=c7753d43-5fe7-4cf8-94e0-19a72eb3d245.

UNESCO, "Draft Resolution Submitted by United States of America: Desirability of Drawing Up An International Standard-setting Instrument on Cultural Diversity," UNESCO 32nd General Conference, Meeting Document, doc. 32 C/COM. IV/DR. 5, 2003, https://unesdoc.unesco.org/ark:/48223/ pf0000132045.

UNESCO, "Executive Board in Brief," https://www.unesco.org/en/executive-board/brief.

UNESCO, "Executive Board Manual: Edition 1984," cited in Finkelstein Lawrence S., "The Political Role of the Director-General of UNESCO," in Finkelstein Lawrence S, ed., *Politics in the United Nations System*, Durham and London: Duke University Press, 1988.

UNESCO, "Explanatory Note on Integrated Budget Framework and Structured Financing Dialogue," UNESCO 201st Executive Board, Meeting Document, doc.201 EX/15.INF.3, 2017, https://unesdoc.unesco.org/ark:/ 48223/pf0000248134.

UNESCO, "Final act of the Intergovernmental Conference on the Protection of Cultural Property in the Event of Armed Conflict, Hague," 1954, UNESCO Meeting Document, https://unesdoc.unesco.org/ark:/48223/pf00-00373966?posInSet=6&queryId=154366c1-d910-4755-8646-45f27c1455ae.

UNESCO, "Financial Matters Related to the Return of the United States of America to the Organization as a Member State, as Per of the Letter from the United States of America Presented to Member States by the Director-General of UNESCO on 12 June 2023," General Conference 5th Extraordinary Session, doc. 5 XC/PLEN/DR. 1, 2023, https://unesdoc. unesco. org/ark:/48223/pf0000385835/PDF/385835eng.pdf.multi.

UNESCO, "Follow-up to Decisions and Resolutions Adopted by the Executive Board and the General Conference at Their Previous Sessions, Part III: Management Issues," UNESCO Executive Board, Programme and Meeting Document, doc. 202EX/5, 2017, https://unesdoc. unesco. org/ark:/48223/pf0000252788.

UNESCO, "Future of the International Bureau of Education," Executive Board, doc. 209EX/12. INF, 2020, https://unesdoc. unesco. org/ark:/48223/pf0000373801.

UNESCO, "Inspectorate-General," UNESCO DG Note, doc. DG/Note/89/11, 1989, https://unesdoc. unesco. org/ark:/48223/pf0000218913?posInSet=6&queryId=4ec6a3ee-4159-4c22-81cd-5d2835e4ff22.

UNESCO, "Interim report of the International Commission for the Study of Communication Problems," UNESCO Programme Document, Doc.20C/94, 1978, https://unesdoc.unesco.org/ark:/48223/pf0000028576_spa?posInSet=2&queryId=6886ae84-2dc8-4b32-b564-29eeba7e40f8.

UNESCO, "International Forum on AI and Education Steering AI to Empower Teachers and Transform Teaching," https://aiedforum.org/#/home.

UNESCO, "Introduction to the General Policy Debate and Report by the Executive Board on its own Activities in 1988—1989 Including the Reform Process by Jose I. Vargas," UNESCO General Conference 25th Session, UNESCO Meeting Document, 18 Oct. 1989, https://unesdoc. unesco. org/ark:/48223/pf0000083974.

UNESCO, "Jerusalem and the Implementation of 25C/Resolution 3.6," UNESCO General Conference 26th Session, Programme and Meeting Document, doc.26C/14, 1991, https://unesdoc.unesco.org/ark:/48223/pf0000089401.

UNESCO, "Koïchiro Matsuura: A Decade of Action Day by Day 1999—2009, Vol. 1," Programme Document, 2009, https://unesdoc. unesco. org/

ark：/48223/pf0000187570.

UNESCO, "Literacy：1965—1967," UNESCO Publication, doc. ED.68/
D.36/A, 1968, https：//unesdoc.unesco.org/ark：/48223/pf0000037480?posIn-
Set＝1&queryId＝ae37003c-1573-487d-9235-64be2ee7bf95.

UNESCO, "Many Voices One World：Towards A New More Just and
More Efficient World Information and Communication Order," UNESCO In-
ternational Commission for the Study of Communication Problem, 1980.

UNESCO, "Member States Participation Programme," Last update：21
Dec. 2023, https：//www.unesco.org/new/en/member-states/mscontent/par-
ticipation-programme/.

UNESCO, "Member states," https：//www.unesco.org/en/countries.

UNESCO, "MOPAN Assessed the Performance of UNESCO," 15
March, 2019, https：//www.unesco.org/en/articles/mopan-assessed-performa-
nce-UNESCO.

UNESCO, "New Communication Order：Historical Background of the
Mass Media Declaration," UNESCO Programme Document, 1982, https：//
unesdoc.unesco.org/ark：/48223/pf0000047669?posInSet＝1&queryId＝3238-
695f-0f1f-4c46-b782-2560e8dfe6c0.

UNESCO, "Online Meeting between the Director-General and the Reflec-
tion Group at the Midway Mark," 4 September 2020, https：//www.unesco.
org/en/articles/online-meeting-between-director-general-and-reflection-group-
midway-mark.

UNESCO, "Organization of an International Campaign against Illiteracy,"
UNESCO Preparation Committee, doc. UNESCO/Prep.Com/24, April 12,
1946.

UNESCO, "Preliminary Study on the Technical and Legal Aspects Rela-
ting to the Desirability of A Standard-setting Instrument on the Ethics of Arti-
ficial Intelligence," UNESCO 206th Executive Board, Programme and Meeting
Document, doc.206 EX/42, 2019, https：//unesdoc.unesco.org/ark：/48223/
pf0000367422.

UNESCO, "Preparation of A Convention for the Protection of Indigenous
and Endangered Languages," UNESCO Executive Board, doc.176EX/59,

2007, https://unesdoc.unesco.org/ark:/48223/pf0000150360_eng?posInSet=3&queryId=f408c8cb-4851-438d-9fd1-c5e3a525d7f4.

UNESCO, "Proposal for a Textbook on World History Submitted by the Mexican Delegation," UNESCO/Prep.Com/25, April 12, 1946.

UNESCO, "Recommendation on International Principles Applicable to Archaeological Excavations," UNESCO 9th General Conference, 1956, https://icahm.icomos.org/wp-content/uploads/2017/01/1956-New-Delhi-Recommendations-International-Principles-Applicable-to-Archaeology-Excavations-1. pdf.

UNESCO, "Recommendations for the Program of UNESCO in the Educational Field: Proposals Submitted by the United States Government," UNESCO Preparation Committee, doc. UNESCO/Prep. Com/46, UNESCO PC, Vol.1, 1946.

UNESCO, "Record of the First Meeting of the 5th session of the Preparatory Commission," UNESCO Preparation Committee, doc. UNESCO/Prep. Com/5th Session, UNESCO PC, Vol.2, 1946.

UNESCO, "Records of the 40th session of the General Conference Volume 1: Resolutions," 40th General Conference, Meeting Document, doc.40C/37, 2019, https://unesdoc.unesco.org/ark:/48223/pf0000372579?posInSet=1&queryId=ace1591a-8e1e-454f-8335-80a18758cfbb.

UNESCO, "Records of the General Conference 23rd Session, Vol.1: Resolutions," UNESCO 23rd, General Conference, doc.23C/Resolutions, 1986.

UNESCO, "Records of the General Conference First Session," UNESCO 1st General Conference, Programme and Meeting Document, doc. UNESCO/C/30, 1947, https://unesdoc.unesco.org/ark:/48223/pf0000114580.

UNESCO, "Records of the General Conference, 15th session, Volume 1: Resolutions," UNESCO 15th General Conference, Meeting Document, doc. 15 C/Resolutions, 1968, https://unesdoc.unesco.org/ark:/48223/pf0000114047?posInSet=1&queryId=2bee6626-f111-4757-b90d-ed428e815049.

UNESCO, "Records of the General Conference, 19th session, Vol. 1: Resolutions," UNESCO 19th General Conference, Meeting Document, doc. 19C/Res.4.143, 1977, https://unesdoc.unesco.org/ark:/48223/pf0000114038.

UNESCO, "Records of the General Conference, 19th session, Vol.2: Proceedings," UNESCO 19th General Conference, Meeting Document, doc.19C/Proceedings, 1978, https://unesdoc.unesco.org/ark:/48223/pf0000032618? posInSet = 1&queryId=48da2fcf-4d21-4d2b-b160-5c5788616ce4.

UNESCO, "Records of the General Conference, 20th session, Vol.3: Proceedings," UNESCO 20th General Conference, Meeting Document, doc.20C/Proceedings, 1980, https://unesdoc.unesco.org/ark:/48223/pf0000223868? posInSet = 1&queryId=c2410de6-913b-461d-9d00-c0cfb944a401.

UNESCO, "Records of the General Conference, 24th Session, Vol.1: Resolutions," UNESCO 24th General Conference, Meeting Document, doc. 24 C/Resolutions, 1987, https://unesdoc.unesco.org/ark:/48223/pf0000076995? posInSet = 1&queryId=aa2d2ecf-4914-4730-aebe-50ee395ec1bf.

UNESCO, "Records of the General Conference, 31st session. Vol.1: Resolutions," UNESCO 31st General Conference, Meeting Document, doc. 31 C/Resolutions, 2001, https://unesdoc.unesco.org/ark:/48223/pf0000124687? posInSet = 1&queryId=caeaaea5-3c00-4965-8360-6309ee7ea05c.

UNESCO, "Records of the General Conference, 32nd session, Vol.1: Resolutions," UNESCO 32nd General Conference, Meeting Document, doc. 32 C/Resolutions, 2004, https://unesdoc.unesco.org/ark:/48223/pf0000133171? posInSet = 1&queryId=719da41a-1548-4e05-889d-d9854bf15139.

UNESCO, "Records of the General Conference, 32nd Sessions: Proceedings, Vol. 2". UNESCO Meeting Document, doc.32 C/Proceedings, 2005, available from https://unesdoc.unesco.org/ark:/48223/pf0000139984.

UNESCO, "Records of the General Conference, 35th session, Vol.1: Resolutions," UNESCO 35th General Conference, Meeting Document, doc. 35 C/Resolutions, 2009, https://unesdoc.unesco.org/ark:/48223/pf0000186470? posInSet = 1&queryId=a4bc1bb3-3164-4f6c-aba8-2f899c94dfb0.

UNESCO, "Records of The General Conference, Eighth Sessions, Resolutions," UNESCO 8th General Conference, Programme and Meeting Document, doc. 8C/Resolutions, 1954, https://unesdoc.unesco.org/ark:/48223/pf0000114586.

UNESCO, "Records of the General Conference, Eleventh Session, Resolutions," UNESCO 11th General Conference, Meeting Document, doc. 11 C/Resolutions, 1961, https://unesdoc. unesco. org/ark:/48223/pf0000114583? 1 = null&queryId=faeaeb5d-b46d-4ee4-b2a7-94f0b0723465.

UNESCO, "Report by the Director-General on a detailedplan of action for the UNESCO Strategy for Action on Climate Change," Executive Board, doc.181EX/15, 2009, https://unesdoc. unesco. org/ark:/48223/pf0000181143? posInSet = 1&queryId=81fbf778-acff-4d4a-a4f9-e7059f149551.

UNESCO, "Report of Commission IV," UNESCO 32nd General Conference, doc.32 C/74, 2003, https://unesdoc.unesco.org/ark:/48223/pf0000132141.

UNESCO, "Resolutions and Decisions Adopted by the Executive Board at its Twenty Third Session," UNESCO Executive Board document, doc.23EX/Decisions, 1950, https://unesdoc. unesco. org/ark:/48223/pf0000113905/PDF/113905eng.pdf.multi,

UNESCO, "Response of UNESCO to the situation in the Syrian Arab Republic," UNESCO 189th Executive Board, Meeting Document, doc.189EX/24, 2012, https://unesdoc.unesco.org/ark:/48223/pf0000215268.

UNESCO, "Review of the Frequency and Modalities of the UNESCO Structured Financing Dialogue," UNESCO Meeting Document, doc.IOS/EVS/PI/180, 2019, https://unesdoc. unesco. org/ark:/48223/pf0000370866?posInSet=1&queryId=868e7ff6-000b-4ca0-b1c3-c3f3f409fee9.

UNESCO, "Revised provisional agenda(of the 184th session of the Executive Board)," UNESCO Executive Board, Meeting Document, doc.184 EX/1 PROV.REV, 2010, https://unesdoc. unesco. org/ark:/48223/pf0000187110? posInSet=4&queryId=87395cb0-3349-459f-b9ca-a0ccca930f53.

UNESCO, "Rules of Procedure of the Executive Board(2019 Edition)," UNESCO Programme and Meeting Document, doc. 205 EX/RULES OF PROCEDURE, 2019, https://unesdoc.unesco.org/ark:/48223/pf0000366759.

UNESCO, "Rules of Procedure of the Executive Board," UNESCO Executive Board, 1996, https://unesdoc. unesco. org/ark:/48223/pf0000105581?1 =null&queryId=9ce5cfdb-a887-4331-99c2-c356533b9531.

UNESCO, "Rules of Procedure of the General Conference," Last update: 22 June 2023, available from https://www. unesco. org/en/legal-affairs/rules-procedure-gc.

UNESCO，"Scales of assessments and currency of Member States' contributions for 2012—2013，" 36th General Conference，Meeting Document，doc. 36C/34，2011，https：//unesdoc. unesco. org/ark：/48223/pf0000210828？posInSet＝2&queryId＝40249962-fb0d-42a3-8ad8-0026cf7ee63b.

UNESCO，"Second Plenary Meeting of the 5th Extraordinary Session of the General Conference，" UNESCO General Conference Meeting Document，doc. 5XC/VR. 2，2023，https：//www. unesco. org/sites/default/files/medias/fichiers/2023/09/5-XC-02-init-multilangue-unedited. pdf.

UNESCO，"Speech by the Director-General of UNESCO，Audrey Azoulay，at the Information Meeting for Member States Regarding the Return of the United States of America to UNESCO，12 June 2023，" UNESCO Meeting Document，doc. DG/2023/32，https：//unesdoc. unesco. org/ark：/48223/pf-0000385702.

UNESCO，"Strategic Transformation，" https：//www. unesco. org/en/strategic-transformation，2023-9-26.

UNESCO，"Summary of Proposals Received by the Secretariat Concerning the Future Work of UNESCO，" UNESCO Preparation Committee，doc. UNESCO/Prep.Com/22，February 6，1946.

UNESCO，"Summary records（of the 179th session of the Executive Board，1—17 April 2008），" UNESCO 179th Executive Board，doc.179 EX/SR. 1—10 REV，2008，https：//unesdoc.unesco.org/ark：/48223/pf0000161292？posInSet＝1&queryId＝N-EXPLORE-6abfc883-0c6b-4ef1-8b56-89db034c3c86.

UNESCO，"Summary Records of the 172nd Session of the Executive Board，April 16—27，2007，" UNESCO Executive Board，UNESCO Meeting Document，doc. 172EX/SR.，2005，https：//unesdoc. unesco. org/ark：/48223/pf0000143230？posInSet＝1&queryId＝c0565d74-cd88-4050-bc13-567bf5699cb7.

UNESCO，"Summary Records of the 174th session of the Executive Board，3—13 April 2006，" UNESCO Executive Board，UNESCO Meeting Document，doc. 172EX/SR，2006，https：//unesdoc. unesco. org/ark：/48223/pf0000146456？posInSet＝1&queryId＝d93efd60-cf52-4913-8d54-5b0719b878f1.

UNESCO，"Summary Records of the 175th Session of the Executive Board，

2—13 Oct. 2006," UNESCO Executive Board, UNESCO Meeting Document, doc. 175EX/SR, 2007, https://unesdoc.unesco.org/ark:/48223/pf0000149400?posIn-Set=1&queryId=f66a4508-767c-4e2c-9e55-6668354cf27d.

UNESCO, "Summary Records of the 176th Session of the Executive Board, April 16—27, 2007," UNESCO Executive Board, UNESCO Meeting Document, doc.176EX/SR 2007, https://unesdoc.unesco.org/ark:/48223/pf0000151992?pos-InSet=1&queryId=58601759-4a71-4a8e-8aa6-3075766c54d9.

UNESCO, "Summary Records of the 177th session of the Executive Board, 1—31 Oct. 2007," UNESCO Executive Board, UNESCO Meeting Document, doc. 177EX/SR. 2008, https://unesdoc.unesco.org/ark:/48223/pf0000157623?posIn-Set=6&queryId=75920e0c-bf80-4700-a7fe-8f0178ac4795.

UNESCO, "Summary Records of the 179th Session of the Executive Board, 1—17 April 2008," UNESCO Executive Board, UNESCO Meeting Document, doc. 179EX/SR. 2009, https://unesdoc.unesco.org/ark:/48223/pf0000161292?posInSet=4&queryId=da8de33c-008d-491a-b3c2-a44eabb857e7.

UNESCO, "Summary Records of the 181th Session of the Executive Board, April 14—30, 2009," UNESCO Executive Board, UNESCO Meeting Document, doc.181EX/SR. 2010, https://unesdoc.unesco.org/ark:/48223/pf000018266.

UNESCO, "Summary Records of the 187th Session of the Executive Board, 21 Sept—6 Oct 2011," UNESCO Executive Board, UNESCO Meeting Document, doc. 187EX/SR. 2012, https://unesdoc.unesco.org/ark:/48223/pf0000216469?posInSet=7&queryId=a2abcfe3-5b56-4412-a12b-bf931478255a.

UNESCO, "The United States becomes the 194th Member State of UNESCO," 21 July 2023, https://www.unesco.org/en/articles/united-states-becomes-194th-member-state-UNESCO.

UNESCO, "The United States of America Announces its Intention to Rejoin UNESCO in July," 12 June 2023, https://www.unesco.org/en/articles/united-states-america-announces-its-intention-rejoin-UNESCO-july.

UNESCO, "UNESCO 'World in 2030' Survey Report Highlights Youth Concerns Over Climate Change and Biodiversity Loss," March 31, 2021, https://en.unesco.org/news/UNESCO-world-2030-survey-report-highlights-youth-concerns-over-climate-change-and-biodiversity.

UNESCO，"UNESCO 1945—1995: A Fact Sheet," UNESCO Programme Document, doc. ARC.95/WS/1, 1995, https://unesdoc.unesco.org/ark:/48223/pf0000101118.

UNESCO，"UNESCO 2015," UNESCO Programme Document, doc. ERI-2016/WS/2, 2016, https://unesdoc.unesco.org/ark:/48223/pf0000244834.

UNESCO，"UNESCO 2017," UNESCO Director General, doc. ERI-2018/WS/1, 2018, https://unesdoc.unesco.org/ark:/48223/pf0000261971? posInSet=5&queryId=73af0179-5cdf-4840-86aa-97f638057b26.

UNESCO，"UNESCO 2018: A Year in Snapshots," UNESCO Programme document, doc. ERI-2019/WS/3, 2019, https://unesdoc.unesco.org/ark:/48223/pf0000367747? posInSet = 1&queryId = f252ca5f-b98f-4054-8638-6e7c4c29e163#.

UNESCO，"UNESCO Declaration Concerning the Intentional Destruction of Cultural Heritage," 2003, https://www.unesco.org/en/legal-affairs/UNESCO-declaration-concerning-intentional-destruction-cultural-heritage.

UNESCO，"UNESCO Director-General launches Emergency Fund at close of General Conference," UNESCO Press Release No.2011-147, Nov.10, 2011, https://UNESCO.mfa.lt/UNESCO/en/news/UNESCO-director-general-launches-emergency-fund-at-close-of-general-conference.

UNESCO，"UNESCO Metamorphosis," in UNESCO Courier, Vol.XVIII, No.10, 1965, https://unesdoc.unesco.org/ark:/48223/pf0000060639? posInSet=1&queryId=a0dd234d-fb4b-418b-bf2b-669006e83cb0.

UNESCO，"UNESCO Snapshots, 2019," Programme Document, doc. PAX-2020/WS/1, 2020, https://unesdoc.unesco.org/ark:/48223/pf0000373080? posInSet=3&queryId=a0cfc9f2-6a1e-4773-9440-bd77f6008df3.

UNESCO，"UNESCO Snapshots, 2020," Programme Document, doc. DPI-2020/WS/1, 2020, https://unesdoc.unesco.org/ark:/48223/pf0000375163? posInSet=2&queryId=8633f925-ed81-4a04-aaee-3bf03a4de1f2.

UNESCO，"UNESCO Snapshots, 2021," Programme Document, doc. DPI-2022/WS/1, 2022, https://unesdoc.unesco.org/ark:/48223/pf0000381065? posInSet=1&queryId=e7ac8bac-89a2-47e6-bab4-c39a4fdb87af.

UNESCO，"UNESCO Snapshots, 2022," Program Document, doc. CPE-

2023/WS/7, 2023, https://unesdoc. unesco. org/ark:/48223/pf0000385408? posInSet=1&queryId=8992b67c-ddf3-4714-843e-0ac38c1d96b5.

UNESCO, "UNESCO Staff Redeployment in Support of Reform," 5 June 2014, https://www. unesco. org/en/articles/UNESCO-staff-redeployment-support-reform.

UNESCO, "UNESCO: the Will to Reform: An Overview of Reforms Since 1988," Paris: United Nations Educational, Scientific and Cultural Organization, 1996, https://unevoc. unesco. org/bilt/BILT+Library/lang=en/akt=detail/qs=3350♯http://unesdoc. unesco. org/images/0010/001036/10-3663eb. pdf♯.

UNESCO, "UNESCO: the Will to Reform, Supplement," Paris: United Nations Educational, Scientific and Cultural Organization, 1997, https://unesdoc. unesco. org/ark:/48223/pf0000109662? posInSet=2&queryId=4d29-2899-aa43-4f25-9f45-f2d234b45329.

UNESCO, "UNESCO's Strategic Transformation is Crucial in Face of Today's Global Challenges," 10 Nov. 2020, https://www.unesco.org/en/articles/unescos-strategic-transformation-crucial-face-todays-global-challenges.

UNESCO, "World Conference on Higher Education, Final Report, Paris, UNESCO Headquarters, 5 to 8 July 2009," UNESCO Headquarters Meeting Document, doc. ED. 2010/WS/26, 2010, https://unesdoc. unesco. org/ark:/48223/pf0000189242.

UNESCO World Heritage Center, "Church of the Nativity, Bethlehem (Palestine), No.1433," https://whc.unesco.org/document/152667.

U. N., "France's Former Culture Minister Appointed New UNESCO Chief," 10 Nov. 2017, https://news. un. org/en/story/2017/11/570382-frances-former-culture-minister-appointed-new-UNESCO-chief.

"Universal Declaration of Human Rights," Paris, 10 December 1948, United Nations General Assembly, https://www. un. org/en/udhrbook/pdf/udhr_booklet_en_web.pdf.

UN Library & Archives, "League of Nations: Intellectual Cooperation," https://libraryresources.unog.ch/lonintellectualcooperation/ICIC.

UN, "Paris Agreement Paris, 12 December 2015, United States of America: Acceptance," doc. C. N. 10. 2021. TREATIES-XXVII. 7. d (Depositary Notification), Jan. 20, 2021, https://treaties. un. org/doc/Publication/CN/ 2021/CN.10.2021-Eng.pdf.

UN, "Repertory of Practice of the United Nations Organs, Supplement No. 3 (1959—1966)," UN Codification Division, Office of Legal Affairs, Vol.2, Article 63, https://legal. un. org/repertory/art63/english/rep_supp3_ vol2_art63.pdf.

UN, *United Nations Charter*, https://www.un.org/en/about-us/un-charter.

UN, *United Nations Juridical Yearbook 2008*, New York: United Nations, 2010, https://ask. un. org/loader? fid=12419&.type=1&key=116889-c457de85b5d423fb43d2de3487.

UPI, "Singapore Follows U. S. in Withdrawing From UNESCO," Dec. 28th, 1984, https://www. upi. com/Archives/1984/12/28/Singapore-follows-US-in-withdrawing-from-UNESCO/4032473058000/.

U.S. Congress, "Activities and Procedures of UNESCO: United States Senate, Subcommittee on International Organization Affairs of the Committee on Foreign Relations," the U.S. Eighty-Eighth Congress, the Senate, Washington, D.C.: U.S. Government Printing Office, 1963.

U. S. Congress, "Consolidated Appropriations Act," 2023, Dec. 22, 2022, pp.1544—1545, https://www. congress. gov/117/bills/hr2617/BILLS-117hr2617eas2.pdf, 2023-10-12.

U.S. Congress, "Congressional Quarterly Almanac 1981: Vol.XXXVII," U.S. 97th Congress, 1st Session, Washington D.C. Congressional Quarterly Inc, 1981, https://archive. org/details/sim_cq-almanac_1981_37/page/n189/mode/2up.

U.S. Congress. "Membership and Participation by the U. S. in the United Nations Educational, Scientific, and Cultural Organization: Hearings Before the United States House Committee on Foreign Affairs, Seventy-Ninth Congress, Second Session, on Apr. 3—5, 1946," U.S. Congress, Committee on Foreign Affairs, Washington D.C.: U.S. Government Printing Office, 1946.

U.S. Congress, "Recent Developments in UNESCO and Their Implications for U.S. Policy," Hearings Before the Subcommittees on Human Rights and International Organizations and International Operations of the Committee on Foreign Affairs, House of Representatives, 98th Congress, 2nd Session, Government Printing Office, 1985, https://books.google.com.hk/books?id= 0eYjAAAAMAAJ&printsec=frontcover&hl=zh-CN # v=onepage&q&f= false.

U.S. Congress, "Summary: Consolidated Appropriations Act of 2016," Senate Committee on Appropriations, 2015, https://www.appropriations.senate.gov/news/minority/summary-consolidated-appropriations-act-of-2016.

U.S. Congress, "The United Nations Educational, Scientific, and Cultural Organization(UNESCO)," https://www.everycrsreport.com/reports/R42999.html #_Ref376858016.

U.S. Congress, "The United States and UNESCO: 1989," Hearing Before the Subcommittee on International Operations of the Committee on Foreign Affairs, House of Representatives, 101st Congress, First Session, Government Printing Office, 1989, https://books.google.com.hk/books? id= L2BvObqDuHAC&printsec=frontcover&hl=zh-CN # v=onepage&q&f= false.

U.S. Congress, "UNESCO, Challenges and Opportunities for the United States: Hearing before the Subcommittee on International Organizations," the U.S. Ninety-Fourth Congress, House of Representatives Second Session, Washington, D.C.: U.S Government Printing Office, 1976.

U.S. Congress, "U.S. Withdrawal from UNESCO: Hearings Before the Subcommittees on Human Rights and International Organizations and on International Operations of the Committee on Foreign Affairs," the U.S. Ninety-eighth Congress, House of Representatives, Second Session, Washington D.C.: U.S. Government Printing Office, 1984.

U.S. Congress, "U.S. Withdrawal From UNESCO: Hearings Before the Subcommittee on Human Rights and International Organizations and on International Operations of the Committee on Foreign Affairs House of Representatives, Ninety Eighth Congress Second Session, April 25th, 26th, And May 2nd, 1984," Washington: U.S. Government Printing Office, 1984.

U.S. Congress, "U.S. Withdrawal from UNESCO: Report of A Staff

Study Mission February 10—23, 1984 to the Committee on Foreign Affairs,"
the U.S. Ninety-eighth Congress, House of Representatives, Second Session,
Washington, D.C.: U.S. Government Printing Office, 1984.

U.S. Department of State, "About the U.S. and UNESCO," https://
2009-2017.state.gov/p/io/UNESCO/uUNESCO/index.htm.

U.S. Department of State, "An Appraisal of the United Nations Educa-
tional, Scientific and Cultural Organization by the Delegation of the United
States to the Second Extraordinary Session of the General Conference of
UNESCO, July 1—4, 1953," U.S. Department of State Publication 5209,
Washington D.C., 1953.

U.S. Department of State, "Assignment of Additional Duties to the De-
partment of State," *FRUS*, Volume I: General, 1945.

U.S. Department of State, "Assistant Secretaries of State for Educational
and Cultural Affairs," https://history. state. gov/departmenthistory/people/
principalofficers/assistant-secretary-for-educational-cultural-affairs.

U.S. Department of State, "Briefing Memorandum from the Deputy As-
sistant Secretary of State for International Organization Affairs (Buffum) to
Secretary of State Kissinger, Washington, January 31, 1975," *FRUS*,
Vol.E-14, 1969—1976, https://history. state. gov/historicaldocuments/frus-
1969-76vel4p1/d19.

U.S. Department of State, "Congressional Budget Justification, Depart-
ment of State, Foreign Operations and Related Programs, Fiscal Year 2015,"
https://2009-2017.state.gov/documents/organization/222898.pdf.

U.S. Department of States, "Fact Sheet of UNESCO Publication 'Equali-
ty of Rights between Races and Nationalities in the USSR,'" February 14,
1963. Records of the Foreign Service Posts of the Department of States, US
Mission to the United Nations Central Subject Files, 1946—1963, NARA II,
College Park, MD, RG 84.

U.S. Department of State, "The Ambassador in the United Kingdom
(Winant) to the Secretary of State," *FRUS*, 1943, Vol.I, Washington D.C.:
U.S. Government Printing Office, 1943.

U.S. Department of State, "Memorandum by the Assistant Secretary of

State (Benton) to the Secretary of State, December 5, 1945,"*FRUS*, Vol.1, General: the United Nations, 1945.

U.S. Department of State, "Memorandum by the Assistant Secretary of State(Benton) to the Secretary of State," *FRUS*, Volume I, 1945.

U.S. Department of State, "Memorandum by the Under Secretary of State (Stettinius) to President Roosevelt, February 14, 1944, Washington," *FRUS*, General, Vol.I, 1944.

U.S. Department of State, "Memorandum from the Executive Secretary of the Department of State(Brubeck) to the President's Special Assistant for National Security Affairs(Bundy), March 7, 1963, Washington," *FRUS*, Vol.XXV, Organization of Foreign Policy 1961—1963.

U.S. Department of State, "Memorandum from the President's Assistant for National Security Affairs(Scowcroft) to President Ford, Washington, undated," *FRUS*, 1969—1976, Vol. E-14, part 1, https://static. history. state.gov/frus/frus1969-76ve14p1/pdf/d103.pdf.

US Department of State, "Outgoing Telegram, September 14, 1963. General Records of the Department of State. Subject Numeric File 1963, Box 4247. NARA II," College Park, Maryland, cited in Q. Hazard Jr., *Postwar Anti-racism The United States*, UNESCO, and "*Race*", 1945—1968, New York: Palgrave Macmillan, 2012.

U.S. Department of States, "Perspective on the U.S. Withdrawal from UNESCO," Department of States Bulletin, Vol.85, Washington D.C.: Government Printing Office, January 1985.

U.S. Department of State, "President Biden to Take Action on Global Health Through Support of COVAX and Calling for Health Security Financing," Press Release, 2021, https://www.whitehouse.gov/briefing-room/statements-releases/2021/02/18/fact-sheet-president-biden-to-take-action-on-global-health-through-support-of-covax-and-calling-for-health-security-financing.

U.S. Department of State, "President Roosevelt to the Chief Justice of the United States(Stone), April 24, 1943, " Office of the Historians, FRUS: Diplomatic Papers, General, Vol.1, 1943.

U.S. Department of State, "Report on the First General Conference of

UNESCO," Department of State Bulletin 2720, 5 January, 1947.

U.S. Department of State, "Statement of Archibald Macleish to the Committee on Foreign Affairs of the House of Representatives, reprinted in the role of UNESCO in Our Foreign Policy," Department of State Bulletin 2508, 14 April 1946.

U.S. Department of State, "Strategy for Multilateral Diplomacy in 1976: the Role of United Nations," The Office of the Historian, FRUS, 1969—1976, Vol. E-14, part 1, https://static. history. state. gov/frus/frus1969-76ve14p1/pdf/d42.pdf.

U.S. Department of State, "Telegram 307916 From the Department of State to All Diplomatic Posts, December 21, 1976, 0216Z," The Office of the Historian, FRUS, 1969—1976, Vol.E-14, part 1, https://history.state.gov/historicaldocuments/frus1969-76ve14p1/d102.

U.S. Department of State, "Tentative Chinese Proposals for a General International Organization, Washinton, August 23, 1944," The Office of the Historian, FRUS, Vol.1: General, 1944.

U.S. Department of State, "The Acting Secretary of State (Edward R. Stettinius) to Mrs. Franklin D. Roosevelt, Nov. 23, 1944," The Office of the Historian, FRUS, Vol.1: General, 1944.

U.S. Department of State, "The Ambassador in the United Kingdom (Winant) to the Secretary of State, April. 17, 1944," The Office of the Historian, FRUS, Vol.1: General, 1944.

U.S. Department of State, "The Ambassador in the United Kingdom (Winant) to the Secretary of State, London, July 30, 1943," The Office of the Historian, FRUS, General, Vol.1, 1943.

U.S. Department of State, "The Ambassador in the United Kingdom (Winant) to the Secretary of State, London, Oct. 7, 1943," FRUS, General, Vol.1, 1943.

U. S. Department of State, "The Ambassador in the United Kingdom (Winant) to the Secretary of State," FRUS Diplomatic Papers, General, Vol.1, 1943.

U.S. Department of State, "The Defenses of Peace: Documents Relating to UNESCO," Washington, D.C.: U.S. Government Printing Office, 1946.

U.S. Department of State, "The Secretary of State to the Ambassador in the United Kingdom(Winant), April 11, 1945,"*FRUS*, Vol.1, General: the United Nations, 1967.

U.S. Department of State, "The Secretary of State to the Ambassador in the United Kingdom(Winant), August 10," *FRUS*, Vol.1: General, 1944.

U.S. Department of State, "The Secretary of State to the Ambassador in the United Kingdom(Winant), December 16, 1944,"*FRUS*, Vol.1, General, 1944.

U.S. Department of State, "The Secretary of State to the Ambassador in the United Kingdom(Winant)," *FRUS*, General, Volume1, April 17, 1944.

U.S. Department of State, "The Secretary of the State to the Ambassador in the United Kingdom(Winant), March 21, 1944,"*FRUS*, Vol.1: General, 1944.

U.S. Department of State, "The U.S Participation in the United Nations: Report by the President to the Congress for the Year 1954," Bureau of International Organization Affairs, Washington, D. C. U. S Government Printing Office, 1955.

U. S. Department of State, "The United States Raises its Flag at UNESCO," July 25, 2023, https://www. state. gov/the-united-states-raises-its-flag-at-UNESCO/, 2023-10-18.

U.S. Department of State, "United States Participation in the United Nations: A Report by Secretary of State to the Congress for the Year 2003," Bureau of International Organization Affairs, Washington, D. C. U. S. Government Printing Office, 2004, https://2009-2017. state. gov/p/io/rls/rpt/2003/index.htm.

U.S. Department of State, "United States Participation in the United Nations: A Report by Secretary of State to the Congress for the Year 2004," Bureau of International Organization Affairs, Washington, D. C. U. S. Government Printing Office, 2005, https://2009-2017. state. gov/p/io/rls/rpt/c11937.htm.

U.S. Department of State, "United States Participation in the United Nations: A Report by Secretary of State to the Congress for the Year 2005," Bureau of International Organization Affairs, Washington, D.C. U.S. Government Printing Office, 2006, https://2009-2017.state.gov/p/io/rls/rpt/c17893.htm.

U.S. Department of State, "United States Participation in the United Nations: A Report by the President to the Congress for the Year 1999," Bureau of International Organization Affairs, Washington, D. C. U. S. Government Printing Office, 2000, https://2009-2017.state.gov/p/io/rls/rpt/1999/c5700.htm.

U.S. Department of State, "U. S. Participation in the United Nations for 2001," March 2003, https://2009-2017. state. gov/p/io/rls/rpt/2001/c8872. htm.

U.S. Department of State, "World Press Freedom Committee," https://2001-2009.state.gov/p/io/unesco/members/48814.htm.

U.S. Foreign Relations Authorization Act, Fiscal Years 1990 and 1991, § 414, Pub. L. No.101—246, H.R.3792, 1990.

U.S. Foreign Relations Authorization Act, Fiscal Years 1994 and 1995, § 410, Pub. L. No.103—236, H.R.2333, 1994.

U.S. General Accounting Office, "Report to The Committee on Foreign Affairs And Committee on Science and Technology House of Representatives: Improvements needed in UNESCO's management, personnel, financial, and budgeting practices," November 30, 1984, https://www. gao. gov/products/nsiad-85-32.

U.S. General Accounting Office, "Reports to the Chairman, Subcommittee on International Operations, Committee on Foreign Affairs, House of Representatives: UNESCO Improvements in Management Practices," Washington, D.C.: United States General Accounting Office National Security and International Affairs Division, 1993, https://www.gao.gov/assets/nsiad-93-159.pdf.

U.S. General Accounting Office, "UNESCO Status of Improvements in Management Personnel, Financial, and Budgeting Practices," Washington D.C.: National Security and International Affairs Division of United States General Accounting Office, 1992, https://www. gao. gov/products/nsiad-92-172.

U. S. House of Representatives, "U. S. Withdrawal from UNESCO: Report of a Staff Study Mission to the Committee on Foreign Affairs," Washington, D.C.: U.S. Government Printing Office, 1984.

U. S. Mission Israel, "Press Release Ambassador Haley on the United States' Withdrawal from UNESCO," 12 October, 2017, https://il. usembassy. gov/press-release-ambassador-haley-united-states-withdrawal-UNESCO/, 2023-9-16.

U. S. National Commission for UNESCO, "Summary Minutes of the Fifteenth Meeting of the Executive Committee," Document XC(50)54.

"U.S.S.R. Convention on Principles Governing the Use by States of Artificial Earth Satellites for Direct Television Broadcasting," *International Legal Materials*, Vol.11, No.6, Nov. 1972, https://www.cambridge.org/core/journals/international-legal-materials/article/abs/ussr-draft-convention-on-principles-governing-use-by-states-of-artificial-earth-satellites-for-direct-television-broadcasting/CBC8C65334518CB24416 A1947CF66D81.

"U. S. Repeal of UNESCO Funding Misses Big Picture," *Daily Nexus*, Nov. 7, 2011, https://dailynexus. com/2011-11-07/repeal-UNESCO-funding-misses-big-picture/.

"U.S. to Retain Leadership Role at UN Cultural Agency," Nov. 9, 2015, https://www. usatoday. com/story/news/nation/2015/11/09/us-UNESCO-executive-board/75441252/.

U.S. Withdrawal from the United Nations Educational, Scientific and Cultural Organization (UNESCO), Congressional Research Service, October 17, 2017, https://www.everycrsreport.com/reports/IN10802.html.

Villard, Henry S., "The Positive Approach to an Enduring Peace," Department of State Bulletin 2256, Washington D.C.: Government Printing Office, January 28, 1945.

Wadi, Ramona, "America's Return to UNESCO Will Work in Israel's Favor," *Middle East Monitor*, Feb. 16, 2022, https://www.middleeastmonitor.com/20220215-americas-return-to-unesco-will-work-in-israels-favour/.

Zanotti, Jim, "The Palestinians: Background and U.S. Relations," *Congressional Research Service Report*, March 18, 2021, https://sgp. fas. org/

crs/mideast/RL34074.pdf.

Zengerle, Patricia and John Irish, "U.S. Takes Steps to Return to U.N. Cultural Body that Trump quit,"*Reuters*, Oct. 23, 2021, https://www.reuters.com/world/us/us-takes-steps-return-un-cultural-body-that-trump-quit-2021-10-22/.

图书在版编目(CIP)数据

国际组织与大国领导力 ：考察美国和联合国教科文组织的互动 / 刘莲莲，吴焕琼著. -- 上海 ： 上海人民出版社，2024. -- ISBN 978-7-208-18955-3

Ⅰ. D871.20；G113

中国国家版本馆 CIP 数据核字第 2024QS0114 号

责任编辑　王　冲
封面设计　陈绿竞

国际组织与大国领导力
——考察美国和联合国教科文组织的互动
刘莲莲　吴焕琼 著

出　　版　上海人民出版社
　　　　　（201101　上海市闵行区号景路 159 弄 C 座）
发　　行　上海人民出版社发行中心
印　　刷　上海商务联西印刷有限公司
开　　本　635×965　1/16
印　　张　19.25
插　　页　2
字　　数　279,000
版　　次　2024 年 8 月第 1 版
印　　次　2024 年 8 月第 1 次印刷
ISBN 978 - 7 - 208 - 18955 - 3/D・4335
定　　价　96.00 元